프로젝트학습

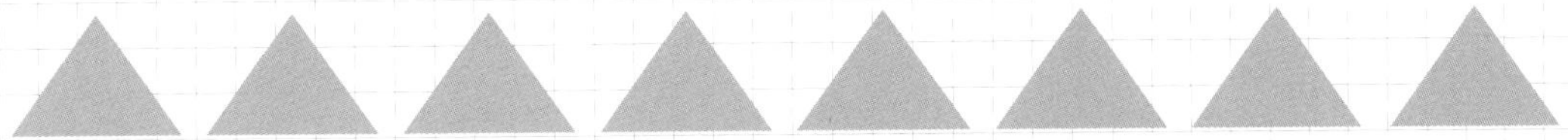

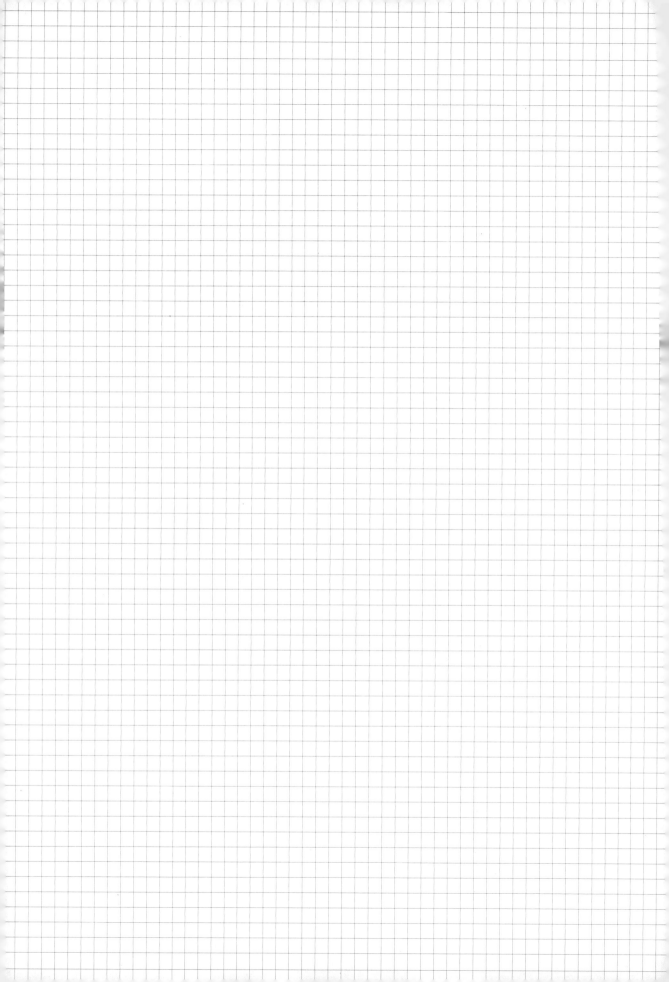

설레는 수업, 프로젝트 학습

_정준환 저

설레는 수업, 프로젝트 학습

PBL 달인되기 3 : 확장

1판 1쇄 인쇄 2020년 7월 1일
1판 1쇄 발행 2020년 7월 8일

지은이 | 정준환
펴낸이 | 모흥숙
펴낸곳 | 상상채널
출판등록 | 제2011-0000009호

_이 책을 만든 사람들
편집 | 김루리, 이지수
기획 | 박은성, 안나영
일러스트 | 김병용

종이 | 제이피시
인쇄 | 현문인쇄

주소 | 서울시 용산구 한강대로 104라길 3 내하빌딩 4층
전화 | 02-775-3241~4
팩스 | 02-775-3246
이메일 | naeha@naeha.co.kr
홈페이지 | http://www.naeha.co.kr

값 23,000원

ISBN 979-11-87510-15-4
ISBN 978-89-969526-8-8(세트)

_〈상상채널〉은 "내하출판사"의 교육서 및 실용서 출판 브랜드입니다.

이 도서의 국립중앙도서관 출판예정도서목록(CIP)은 서지정보유통지원시스템 홈페이지(http://seoji.nl.go.kr)와 국가자료공동목록시스템(http://www.nl.go.kr/kolisnet)에서 이용하실 수 있습니다.(CIP제어번호 : CIP2020025956)

설레는 수업, 프로젝트학습

_정준환 저

실전에 바로 적용하는 **PBL 워크북**
Teacher Tips의 실전지침 수록!

호기심의 출발 _INTRO ▶ 가상의 상황 시작 _문제의 출발점 ▶ 학습의 흐름을 한눈에 파악 _PBL MAP ▶ 활동지를 통한 과제 진행 _퀘스트 ▶ 보충설명 _Fun Tips ▶ 나만의 기록 남기기 _나만의 교과서 평가와 자기점검 _스스로 평가 ▶▶ 적용대상, 연계 가능한 교과 및 단원 정보, 학습예상소요시간, 수업목표에 이르는 자세한 내용 _Teacher Tips까지 프로젝트학습 과정을 직접 진행!

상상채널

프롤로그

혁신이란 말이 불편하게 느껴질 때가 있습니다. 특히 연구학교라서, 혁신학교라서, 어떤 이유에서든 프로젝트학습(Project Based Learning: PBL)을 의무적으로 실천해야 한다는 이야기라도 들으면, 불편한 감정은 더욱 커집니다. 좋은 수업과 나쁜 수업, 낡은 교육과 새로운 교육 등으로 재단하는데 프로젝트학습을 기준으로 내세우면, 정말 화가 날 지경입니다. '혁신학교'와 '일반학교'와의 차이를 프로젝트학습에 두고 설명할 때도 불편하긴 마찬가지입니다.

"진정한 혁신(innovation)은 창조적 파괴와 새로운 결합에 의한 내부적 변혁에서 비롯된다."

\- Joseph Schumpeter

그렇다면 교육에 있어서 혁신이란 무엇일까요? 연령에 따라 일방적으로 나눈 학년제에서 벗어나 개별화 교육에 초점을 둔 무학년제, 교과 중심적 사고에서 탈피하여 통합교과를 지향하면서 지식의 소비보다 생산에 가치를 두는 수업, 3R과 특정교과지식의 기억과 이해보다 비판적 사고력, 창의력, 의사소통능력, 협동능력 등 역량에 중심을 둔 교육과정 편성, 지식의 전달자가 아닌 학습설계자이면서 퍼실리테이터(촉진자, 안내자)로서의 교사 역할변화, 지역사회 네트워크 기반의 학교로 진화 등등을 나열해 볼 수 있을 것입니다. 하나같이 기존의 질서와 형식적 틀을 깨고 거꾸로 뒤집어야만 도달할 수 있는 목표들이죠. 과연, 이런 기준에 부합하는 혁신학교가 우리나라에 얼마나 존재하고 있을지 궁금해집니다. 완전히 다른 생각, 다른 접근, 창조적 파괴를 전제로 다양성과 자유로운 참여가 보장되는 교육환경이 구현되지 않았다면, 적어도 '혁신'이란 말은 어울리지 않습니다. 여기저기 혁신이란 말이 남발될수록 피로감이 누적될 수밖에 없고, 그런 부정적인 감정들이 프로젝트학습에 덧씌워질까봐 솔직히 우려스럽습니다.

사실, 프로젝트학습에서 혁신보다 중요한 것은 공감이며, 이를 통한 자발적 참여입니다. 수업은 교사의 전문적인 행위이며, 법적으로 보장받는 권리임을 모두 알고 있을 겁니다. 제도나 조직은 외부의 힘을 통한 변화를 도모할 수 있다지만, 수업은 근본적으로 불가능합니다. 90년대에 불었던 열린 교육의 열풍이 파격적인 시도에도 불구하고 성공하지 못했던 것은 교사로부터 공감을 얻는데 실패했기 때문입니다. 과감하게 교실 벽을 허물고, 모둠책상으로 교체했지만, 과거수업과 별다를 것 없는 교과서 위주의 기존 수업방식을 고수했습니다. 그렇다고 당시 선생님을 탓할 수만은 없습니다. 물리적 환경변화를 뒷받침할 대안적 콘텐츠의 부재 속에서 선생님이 선택할 수 있는 거라곤 '교과서'가 유일했으니까요.

허나 그때와 지금은 완전히 다릅니다. 책과 연수, 강연 등을 통해 프로젝트학습과 관련된 자료와 사례들을 손쉽게 접할 수 있으니 말입니다. 다양한 주제의 프로젝트학습이 교육현장에 활발하게 적용되고 있으며, 이에 대한 관심도 어느 때보다 높아진 것도 사실입니다. 모든 것을 직접 개발하고 실천해야만 했던 필자의 지난시절을 떠올리면, 그야말로 격세지감이 따로 없습니다. 학교수업에 직접 활용하거나 참고할만한 자료들이 많아진 만큼, 프로젝트학습을 자신의 수업에 녹여내는 일이 한결 수월해진 것만은 틀림없어 보입니다. 약간의 용기와 의지만 있다면, 충분히 도전할 수 있게 된 것입니다.

필자의 책상에는 아인슈타인의 명언으로 짜깁기한 문구가 잘 보이는 자리에 붙어 있습니다. 언제부터인지 특정할 순 없지만 대충 스무 해 가까이는 된 것 같습니다. 교육에 대한 그의 발언들에 꽂이면서 문장 하나하나가 가슴에 와 닿았고, 그의 철학에 전적으로 공감했습니다. 일정한 틀로 짜여 진 수업이 아닌 상호존중의 묘미를 알고, 창조적이 표현과 지식에 대한 기쁨을 깨우쳐줄 수 있는 수업, 프로젝트학습을 선택하게 된 까닭이 그의 말속에 담겨있었기 때문입니다.

"교육의 목적은 인격의 형성에 있다. 교육의 목적은 기계적인 사람을 만드는 데 있지 않고, 인간적인 사람을 만드는데 있다. 또한 교육의 비결은 상호존중의 묘미를 알게 하는 데 있다. 일정한 틀에 짜여 진 교육은 유익하지 못하다. 창조적인 표현과 지식에 대한 기쁨을 깨우쳐주는 것이 교육자 최고의 기술이다. 교사의 임무는 독창적인 표현과 지식의 희열을 일으켜주는 일이다."

– Albert Einstein

여전히 프로젝트학습은 대다수의 선생님들에게 주변적인 수업에 불과합니다. 대부분 프로젝트학습에 대해 '안다'고 여길 정도로 대중적인 수업이 되었지만, 막상 자신의 수업에 적용하는 데는 망설입니다. 프로젝트학습이 무엇인지 알고 있고, 가리키고 있는 방향성에도 동의한다지만, 마음까지 움직이진 못하고 있는 것입니다. 이상적이지만, 현실적인 대안은 될 수 없고, 이해는 가나 공감이 되지 않는 그런 수업, 프로젝트학습이 주변에서 중심으로 이동하기엔 아직까진 갈 길이 멀어 보입니다.

그럼에도 불구하고 용기 내어 프로젝트학습에 도전하는 선생님들이 점차 많아지고 있다는 점은 고무적인 일입니다. 교과서에 담긴 지식을 학습자의 머릿속에 기억시키기 위해 애쓰기보다 이를 무형의 자원으로 삼아 새로운 지식을 끊임없이 창조해내는데 초점을 두려고 합니다. 프로젝트학습의 본래적 특성에 따라 교과, 학년, 공간 등의 제약에 구애받지 않고, 경계를 넘나들며 자유롭게 활동을 펼쳐나갑니다. 감추고 싶은 흑역사가 쌓여 가는데도, 프로젝트학습을 실천하는데 주저함이 없습니다. 오히려 그 과정 자체를 좋아하고 즐기기까지 합니다. 이쯤 되면, '프덕(프로젝트학습 덕후의 준말)'으로 공인해줘도 무방하지 않을까요?

프로젝트학습은 특별하거나 거창한 수업이 아닙니다. 물론 프로젝트학습은 이전교육과 완전히 다른 변화를 요구하지만 강요가 아닌 자발적 참여를 통해서만 이루어집니다. 그 과정은 상호존중의 문화 속에 따뜻하고, 포용적이면서 자유로운 소통과 공감을 통해 채워집니다. 교사대신 학생들의 목소리와 이야기가 중심이 되는 학습환경이 구현됐다면 일단 성공! 선생님은 프로젝트학습의 전 과정에서 '좋은 귀'를 갖진 조력자로서 역할을 한다면 그

것으로 충분합니다. 절대로 교육개혁의 사명을 완수한다는 등의 비장한 각오로 프로젝트학습을 실천하진 말아주세요.

오로지 '프덕'에겐 학생들의 의미 있는 변화와 열렬한 반응만이 프로젝트학습을 실천하는 이유가 됩니다. 그래서 이 책은 프로젝트학습을 통해 학생들이 펼쳐놓은 각본 없는 작은 이야기들에 매료되길 바라며 쓰였습니다. 어느 누군가에게 「교실 속 즐거운 변화를 꿈꾸는 프로젝트학습(2011)」이 되고, 「재미와 게임으로 빚어낸 신나는 프로젝트학습(2015)」이 될 수만 있다면, 그것 자체만으로도 설레는 수업이 될 수 있지 않을까요? 그동안 필자가 「설레는 수업, 프로젝트학습 PBL달인되기」 시리즈를 집필하면서 줄곧 품었던 마음가짐이기도 합니다.

「설레는 수업, 프로젝트학습 PBL달인되기」 시리즈는 1탄 '입문'과 2탄 '진수'에 이어 3탄 '확장'까지 이어지고 있습니다. '확장'이라는 부제에 걸맞게 PBL프로그램을 선택하고 목차를 구성하는데 많은 고민을 했습니다. 형식교육과 비형식교육의 경계를 넘나들며 미술관(1장), 역사유적지(2장), 과학관(3장)과 연계하여 적용할 수 있는 PBL프로그램과 진로(4장), 보건(5장), 안전(6장), 통일(7장) 등 범교과 주제 활동에 적합한 콘텐츠가 수록되어 있습니다. 또한 학급 간의 경계에 구애받지 않고 자유롭게 적용할 수 있는 PBL프로그램들도 다수 제공되고 있는데요. 창업행사(8장), 세계박람회(9장) 등 학습자 입장에서 놀이와 '축제(festival)'로 기억될 활동들로 알차게 구성된 것이 특징입니다. 이 책에 수록된 프로젝트학습 하나하나를 간략하게 소개하자면 다음과 같습니다.

「01. 이색박물관, Creative Art Gallery」는 미술교과를 중심으로 다양한 교과와 주제별 체험학습과 연계하여 진행할 수 있는 수업입니다. 학생들은 가까운 미술관에서 만난 작품에서부터 유명작가의 작품에 이르기까지 기존 작품을 비틀어 자신만의 색깔을 입히는 활동을 벌이게 되는데요. 패러디작가, 이색전시를 기획한 큐레이터와 도슨트의 역할을 수행하며, 미술에 대한 관심과 흥미를 모을 수 있을 것입니다.

「02. 문화재 훼손을 막아라! 나는야 문화재 지킴이」는 역사유적지(문화재)를 직접 방문해 훼손상태를 조사하고, 문화재보존전문가로서 훼손의 원인을 규명하고 해법을 모색하는 활동으로 채워집니다. 학생들이 문화재 관리실태와 훼손상태를 직접 확인함으로써 문화재보존의 중요성에 깊이 공감하게 될 텐데요. 학생과 선생님 모두 역사와 과학의 하모니를 만끽하며 실천해 보시기 바랍니다.

「03. 인터스텔라, 희망을 찾아 떠나다」는 1탄 '입문' 편에 소개된 '석유 없는 세상, 혼란 속에 빠지다'의 후속으로 만들어졌습니다. 제목대로 이야기의 큰 흐름은 영화 인터스텔라에서 영감을 얻은 만큼 주요장면을 활용해 수업을 진행한다면 학습의 흥미와 몰입감을 더할 수 있습니다. 특히 국립과천과학관 첨단기술관(퀘스트1), 스페이스월드(퀘스트2), 천체투영관(퀘스트3), 미래상상SF관(퀘스트4)과 연계한다면 학습의 재미와 효과를 배가 시킬 수 있을 겁니다.

「04. 꿈을 잡아라! Dream Job Fair」는 「재미와 게임으로 빚어낸 신나는 프로젝트학습(상상채널)」에 관련 사례가 소개된바 있습니다. 자기이해, 진로탐색, 진로체험 등 진로활동영역에 해당하는 활동이 골고루 반영되어 있어서 진로교육 프로그램으로 안성맞춤인데요. 학년 전체가 참여하는 직업박람회를 기획한다면, 훨씬 다채롭고 풍성한 진로활동을 학습자에게 경험시킬 수 있습니다.

「05. The Flu」는 치명적인 전염병의 확산을 이야기 배경으로 삼아 진행됩니다. 영화적 상상력을 더한 극적 몰입감과 함께 전염병 예방 및 확산을 막기 위한 실질적인 방법에 대한 모색이 이루어지게 되는데요. 코로나19와 같은 전염병 예방교육을 비롯해 보건교육과 연계하여 진행하면 효과적인 수업입니다.

「06. 세월호, 진실은 침몰하지 않는다」는 그날의 아픔을 기억하며 다시금 불행한 참사가 되풀이되지 않도록 교육하는데 목적을 두고 있습니다. 대한민국의 치부를 여과 없이 보여주었던 그 날의 사건에 대해 학생들은 어떤 평가와 해법을 제시하게 될까요? 타이타닉호의 에드워드 스미스 선장처럼 학생들을 구하기 위해 최후의 순간까지 세월호에 남아계시던 선생님들에 관한 이야기를 시작으로 수업을 진행해보시길 바랍니다.

「07. NORTH KOREA」는 통일교육을 위해 만들어진 프로그램입니다. 남북 간 대결과 갈등의 역사를 되짚어 보고, 북한에 대한 무관심을 관심으로 돌리는데 목적을 둡니다. 부정적이든, 긍정적이든, 비관적이든, 희망적이든 참여하는 학생들의 의견이 모두 수용될 수 있는 허용적인 분위기 속에서 현실적인 통일방안에 관한 심도 있는 논의가 이루어지도록 해주세요.

「08. 우리의 문화를 커피에 담다」는 우리나라의 고유문화를 차별화 요소로 삼아 성공적인 카페(레스토랑) 창업에 도전하는 과정이 담겨 있습니다. 제시된 단계에 따라 각종 활동을 수행해야하는데요. 활동에 몰입하다보면 어느새 성공한 카페사장으로 등극해 있을 지도 모릅니다.

「09. 한마음 축제의 마당, 지구촌 세계박람회」는 세계 여러 나라의 역사와 문화 등을 탐구하고 체험하는 수업입니다. 제목 그대로 축제를 준비하고 즐기는 과정이 게임의 다양한 기법을 반영해 디자인된 것이 특징입니다. 「재미와 게임으로 빚어낸 신나는 프로젝트학습(상상채널)」이나 동명의 에듀니티(eduniety.net) 온라인 직무연수 '27차시 지구촌 세계박람회 프로젝트' 편을 참고해 야심차게 도전해보길 바랄게요.

「10. The Futurist, 미래를 보다」는 4차 산업혁명 시대의 등장할 새로운 직업을 비롯해 미래의 변화를 예측해보는 시간으로 대부분 채워집니다. 특히 미래에 사라지거나 살아남게 될 직업을 예상하며, 자신의 진로에 대한 진지한 고민의 기회를 제공합니다. 미래세대를 주도할 학생들에게 꼭 필요한 수업인 만큼, 자신의 실천현장에 꼭 적용해보세요.

더불어 이번 책에서는 '잼공팩토리(JAMGONG FACTORY)' 섹션을 통해 3개의 PBL수업을 추가로 제공하고 있는데요. '무성영화와 함께하는 재미있는 변사극', '고려, 국제시장이 열리다', '박사장 카페를 열다'는 공연, 학교축제, 학년행사 등과 연계해 적용하는 것이 효과적입니다. 수업의 확장성이 커진 만큼, 학생과 선생님 모두 짜릿하고 신나는 수업경험을 만끽할 수 있을 것입니다.

프로젝트학습을 실천하는데 있어서 앞서 출판한 「재미와 게임으로 빚어낸 신나는 프로젝트학습(2015)」을 참고하는 것이 좋습니다. 풍부한 사례가 수록되어 있어서 수업실천의 막연함을 어느 정도 해소해 줄 수 있습니다. 만일 프로젝트학습에 대한 안목을 높이고, 인식의 폭을 넓히고자 한다면, 「교사, 프로젝트학습에서 답을 찾다 01.THEORY: 아는 만큼 보이는 법(2019)」이 훌륭한 가이드북이 되어줄 수 있습니다. 실제 사례를 활용해 관련 이론을 설명하고 있는데다가 상황을 담은 삽화들이 풍부하게 수록되어 있어서 특별한 배경지식이 없더라도 이해하기 용이합니다.

언제나 그렇듯 그냥 마음 가는 주제하나 골라 무작정 시작해 보는 것도 괜찮습니다. 프로젝트학습의 묘미를 알게 되면 배움의 동기는 저절로 생기는 법! 무모해 보이는 도전이 뜻하지 않는 기쁨과 희열로 다가올지 모를 일입니다. 아무쪼록 이 책을 활용한 선생님들 모두 필자가 느꼈던 감동과 경험들을 자신의 수업에서 만끽하길 바랍니다. 자, 이제 가슴 설레는 수업, 프로젝트학습, 그 세 번째 막이 열립니다. Serious Fun! Serious Play! 진지한 재미로 완성되는 프로젝트학습에 푹 빠져 봅시다!

2020. 06

저자 정 준 환

이 책의 활용방법

'설레는 수업, 프로젝트학습'은 학교교육현장에서 실제 수업운영이 가능하도록 구성된 실전가이드북입니다. 이 책은 각 장마다 크게 프로젝트학습 프로그램과 'Teacher Tips'로 나뉩니다. 프로그램은 수업에 곧바로 활용 가능한 활동지 형태로 제공되며, 해당 주제와 활동에 적합하도록 구성되어 있습니다. 'Teacher Tips'는 수업을 진행하는 교사를 위해 제공됩니다. 각 프로젝트학습마다 어떻게 적용하면 좋을지 세부적인 실천방법을 제시해 줍니다. 이 책의 활용방법을 자세히 살펴보면 다음과 같습니다.

❶ INTRO, 프로젝트학습의 세계로 들어서는 관문으로 활용하자.

INTRO.

이색미술관, CREATIVE ART GALLERY

"그림을 바라보는 기쁨이 어디에서 유래하는지를 인식하는 것은 중요하다. 나의 경우 그 근원은 형태의 감각과 결합되는 '생의 기쁨'이다. 그것이 내가 형태를 통해 감각을 창조하는 문제에 관심을 갖는 이유이다."

콜롬비아 출신의 화가이자 조각가 페르난도 보테로(Fernando Botero Angulo)를 아시나요? 마치 튜브에 바람을 넣은 듯 실제보다 살찐 모습으로 인체에 대한 새로운 해석을 내놓았고 옛 거장들의 걸작에서 소재와 방법을 차용하여 패러디한 독특한 작품을 선보이며 미술계에서 큰 주목을 받았습니다. 고전 명화인 레오나르도 다빈치의 '모나리자'를 패러디한 '12살의 모나리자'를 비롯해 수많은 걸작들이 그의 손을 거쳐 전혀 다른 모습으로 재탄생하였습니다. 물론 명화들을 장난스럽게 혹은 우스꽝스럽게 비튼 그의 방식을 미적으로 저급하고 천박하다는 의미의 '키치(kitsch) 미술'이라고 폄하하는 비평가들도 있습니다.

분명한 것은 그의 작품들이 관람객에게 친근하게 다가간다는 사실입니다. 그의 작품은 기존의 명화를 감상할 때의 진지함과 묵직함에서 벗어나 즐거운 상상을 만끽할 수 있게 해줍니다. 이제 여러분들의 차례입니다. 미술관의 다양한 작품들, 유명 작가의 대표작품들을 탐색해 보고, 이들 중 인상적인 작품을 선택하여 나만의 방식으로 재해석하여 새롭게 표현해 보는 것입니다. 더불어 미술관의 큐레이터와 도슨트의 역할을 수행하며 어린 학생들에게 친숙하게 다가갈 작품전시회를 준비해보도록 하겠습니다. 아무쪼록 이번 프로젝트학습을 통해 미술의 색다른 재미를 경험하길 바랍니다.

* 문제시나리오에 사용된 어휘빈도(횟수)를 시각적으로 나타낸 워드클라우드(word cloud)입니다. 워드클라우드를 통해 어떤 주제와 활동이 핵심인지 예상해 보세요.

학습의 출발점이 호기심임을 상기한다면 프로젝트학습에서 시작은 중요합니다. 각 장의 첫페이지에 등장하는 'INTRO'는 학생들의 경험세계 또는 삶에서 주제와 관련된 이야기를 최대한 끄집어내는 데 목적을 두고 있습니다. 이런 목적이 잘 달성되면 제시될 '문제'에 대한 관심으로 자연스레 옮겨지게 됩니다. 'INTRO'의 내용을 학습자에게 직접 배부하여 공유하는 방법도 있지만 구두로 직접 설명하는 것이 오히려 나을 수도 있습니다. 주제와 관련된 흥미로운 멀티미디어 자료를 활용하는 건 탁월한 선택입니다.

❷ 특별한 상황과 가상의 역할이 문제의 출발점에 담겼다.

Starting Point 문제의 출발점 epic 배경

이색미술관, CREATIVE ART GALLERY

당신은 한국 미술관에서 근무하고 있는 유능한 큐레이터입니다. 주로 어린이와 청소년을 대상으로 한 특별전시회의 기획을 맡고 있습니다. 그동안 미술에 대한 학생들의 관심과 이해를 높이기 위한 행사를 꾸준히 준비해 왔는데요. 그러는 동안 여러 가지 노하우도 갖게 되었습니다. 올해 역시 어린이들에게 친숙한 미술관으로 다가가기위해 특별한 전시회를 준비하고자 합니다. 특히 미술에 대한 어려움, 편견 등을 깨고, 흥미와 호기심을 이끌어낼 수 있는 창의적이고 이색적인 전시회를 기획해 보려는데요. 마르셀 뒤샹(Marcel Duchamp)

문제의 출발점에는 주제를 담고 있는 특별한 상황과 학습자가 맡아야 할 가상의 역할 등이 담겨 있습니다. 여기선 학습자가 주어진 상황과 역할을 정확히 파악하도록 하는 것이 중요합니다. 이 과정에서 과제를 수행해야

하는 이유에 대한 일종의 '공감'이 형성되도록 하는 것도 필요합니다. 문제의 출발점에 수록된 내용을 단순히 읽어보는 차원에 그치지 말고, 이야기의 주인공이 돼서 서로 설명할 수 있는 기회를 제공하는 것도 고려해볼 만합니다. 마치 유대인의 교육방법인 하브루타처럼 말이죠.

❸ PBL MAP을 활용하여 자발적인 관심을 유도해 보자.

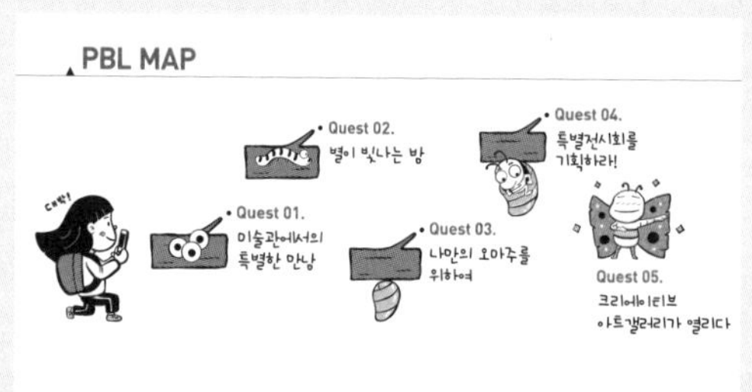

'PBL MAP'은 앞으로 진행될 학습의 흐름을 한눈에 확인할 수 있도록 해 줍니다. 문제의 출발점을 학생들과 충분히 공유한 이후에 제시하도록 설계되어 있지만, 굳이 따라하지 않아도 됩니다. 거꾸로 'PBL MAP'을 먼저 제시하고 경험하게 될 특별한 상황, 과제, 중심활동 등을 예상해 보는 시간을 갖는 것도 효과적인 방법일 수 있습니다. 자발적인 관심이 높아졌을 때, 문제상황을 제시하는 것이 훨씬 의미있는 출발점을 만들 수도 있기 때문입니다.

❹ 퀘스트 활동지는 융통성있게 활용하는 것이 좋다.

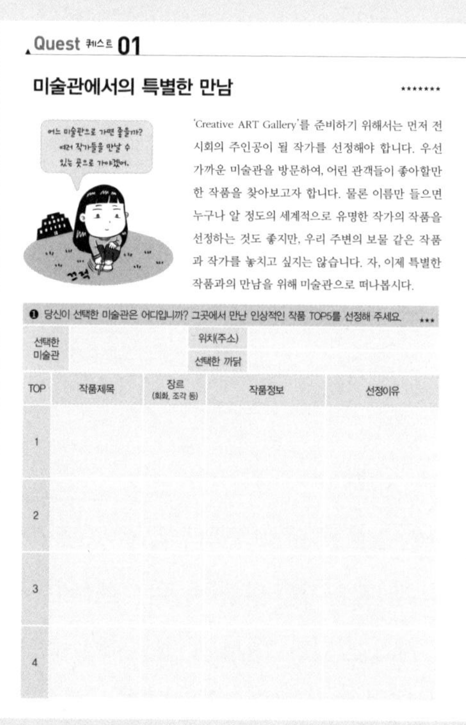

Quest 퀘스트 01

미술관에서의 특별한 만남 *******

'Creative ART Gallery'를 준비하기 위해서는 먼저 전시회의 주인공이 될 작가를 선정해야 합니다. 우선 가까운 미술관을 방문하여, 어린 관객들이 좋아할만한 작품을 찾아보고자 합니다. 물론 이름만 들으면 누구나 알 정도의 세계적으로 유명한 작가의 작품을 선정하는 것도 좋지만, 우리 주변의 보물 같은 작품과 작가를 놓치고 싶지는 않습니다. 자, 이제 특별한 작품과의 만남을 위해 미술관으로 떠나봅시다.

❶ 당신이 선택한 미술관은 어디입니까? 그곳에서 만난 인상적인 작품 TOP5를 선정해 주세요. ***

선택한 미술관		위치(주소)	
		선택한 까닭	

TOP	작품제목	장르 (회화, 조각 등)	작품정보	선정이유
1				
2				
3				
4				

문제마다 제시되는 퀘스트는 보통 4-5개 정도입니다. 각 퀘스트는 과제의 성격에 맞게 구성된 활동양식이 제공됩니다. 대부분의 활동지는 최소한의 개별활동과 과제에 대한 이해를 돕기 위한 목적으로 설계됐습니다. 그러므로 활동지에 기록하는 것을 지나치게 강조할 필요는 없습니다. 학습자의 흥미가 반감되거나 학습의 흐름을 놓치는 경우가 발생하지 않도록 융통성있게 적용해야 합니다. 더불어 수업시수 확보가 필요하다면 퀘스트마다 제공되는 교과정보를 참고하여 교육과정과의 연계가능 여부를 살피도록 합니다.

더불어 각 퀘스트 활동지에는 ★ **미술관에서의 특별한 만남** ******* 그림으로 난이도를 표시하고 있습니다. 수행결과를 점수화하는 근거로 활용하거나 게임 상황에서 부여되는 경험치처럼 다양한 방식의 피드백 환경과 연계해 볼 수 있습니다.

❺ Fun Tips를 학습의 방향타로 활용하라!

'Fun Tips'는 과제에 대한 이해를 돕기 위한 보충설명과 학습의 방향을 잃지 않도록 안내하는 내용이 담겨 있습니다. 참여하는 학생들이 'Fun Tips'의 내용을 놓치지 않고 제대로 짚어가며 살펴볼 수 있도록 하는 것이 중요합니다. 수업을 진행하는 교사 역시 'Fun Tips'의 내용을 사전에 숙지하고 추가해야 할 내용이 있다면 기록하여 알리도록 합니다.

관련교과	국어	사회	도덕	수학	과학	실과			체육	예술		영어	창의적 체험활동	자유학기활동		
						기술	가정	정보		음악	미술			진로 탐색	주제 선택	예술 체육
											●		●			●

Fun Tips

1. 미술의 영역은 판화를 포함한 회화, 조각이 대표적인 미술 장르이지만 현대에 들어와 영역이 한층 넓어졌습니다.
설치예술 – 어떤 것을 설치하여 예술가의 뜻을 전달하는 예술.
비디오아트 – 비디오를 표현 수단으로 하는 영상 예술

❻ 나만의 교과서에 프로젝트학습의 기록을 남겨야 한다.

나만의 교과서는 퀘스트를 수행하며 학습자 본인의 방식대로 기록하는 공간입니다. 다만 이 공간은 4가지 기본항목인 'ideas: 문제해결을 위한 나의 아이디어', 'facts: 문제와 관련하여 내가 알고 있는 것들', 'learning issues: 문제해결을 위해 공부해야 할 주제', 'need to know: 반드시 알아야 할 것'으로 구분되어 있습니다. 각 항목을 자세히 설명한다면 다음과 같습니다.

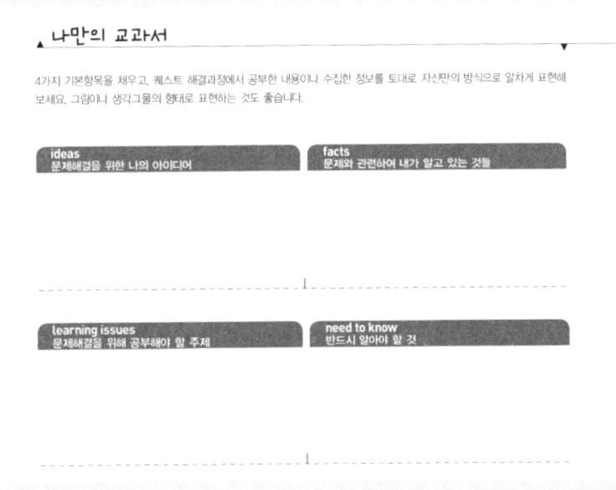
나만의 교과서

4가지 기본항목을 채우고, 퀘스트 해결과정에서 공부한 내용이나 수집한 정보를 토대로 자신만의 방식으로 알차게 표현해 보세요. 그림이나 생각그물의 형태로 표현하는 것도 좋습니다.

ideas
문제해결을 위한 나의 아이디어

facts
문제와 관련하여 내가 알고 있는 것들

learning issues
문제해결을 위해 공부해야 할 주제

need to know
반드시 알아야 할 것

'ideas'는 가설세우기 혹은 글쓰기의 경우 큰 틀 잡기에 해당합니다. 팀 단위로 과제를 해결하기 위한 방안을 자유롭게 토론하고, 해당 내용을 중심으로 기술하는 것이 바람직합니다.

'facts'는 제시된 문제상황과 활동과 관련하여 기존에 알고 있는 개념, 지식, 기술 등을 정리하는 공간입니다. 주어진 과제로부터 알 수 있는 사실 외에 관련하여 알고 있는 내용을 소상히 기록할수록 좋습니다.

'learning issues'는 과제를 해결하는데 있어서 더 배워야 할 학습내용(학습주제)을 기록하는 공간입니다. 여기엔 문제를 해결하는 데 필요한 세상에 모든 지식과 정보가 망라

됩니다. 학습의 효율성을 위해 팀별 논의를 거쳐, 개인과제 혹은 팀 공동과제로 구분하여 진행하는 것이 효과적인 전략일 수 있습니다.

'need to know'는 공부해야 할 주제 가운데 반드시 알아야 할 내용을 정리하는 공간입니다. 특정 교과지식의 습득이 필요할 경우, 교사가 학생들에게 공통과제로 제시할 수도 있습니다. 물론 학습의 흐름에 방해가 되지 않는다는 전제 하에서 말이죠.

❼ 스스로 평가문항을 자기점검 기준으로 삼자!

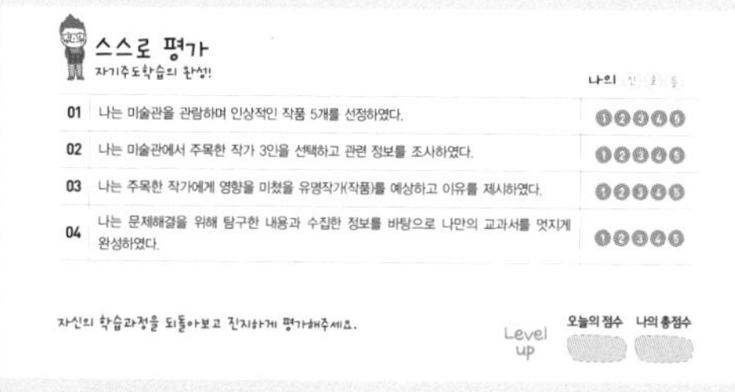
스스로 평가
자기주도학습의 완성!

		나의
01	나는 미술관을 관람하며 인상적인 작품 5개를 선정하였다.	①②③④⑤
02	나는 미술관에서 주목한 작가 3인을 선택하고 관련 정보를 조사하였다.	①②③④⑤
03	나는 주목한 작가에게 영향을 미쳤을 유명작가(작품)를 예상하고 이유를 제시하였다.	①②③④⑤
04	나는 문제해결을 위해 탐구한 내용과 수집한 정보를 바탕으로 나만의 교과서를 멋지게 완성하였다.	①②③④⑤

자신의 학습과정을 되돌아보고 진지하게 평가해주세요.

Level up 오늘의 점수 나의 총점수

나만의 교과서 하단에 위치한 스스로 평가는 총 5개의 평가문항으로 구성됩니다. 각 문항별로, 자신의 학습과정을 되돌아볼 수 있으며, 이를 점수로 나타낼 수 있습니다. 내실 있는 학습활동이 가능하도록 자기점검 기준을 제공하는 데 목적을 둡니다.

최하단 부분에 위치한 퀘스트별 자기평가 점수를 기록할 '오늘의 점수'와 수행한 퀘스트의 누계 점수를 기록하도록 고안된 '나의 총점수'도 여러 목적으로 활용할 수 있습니다.

❽ 관련 정보가 한눈에…, Teacher Tips의 개요만 보아도 알 수 있다.

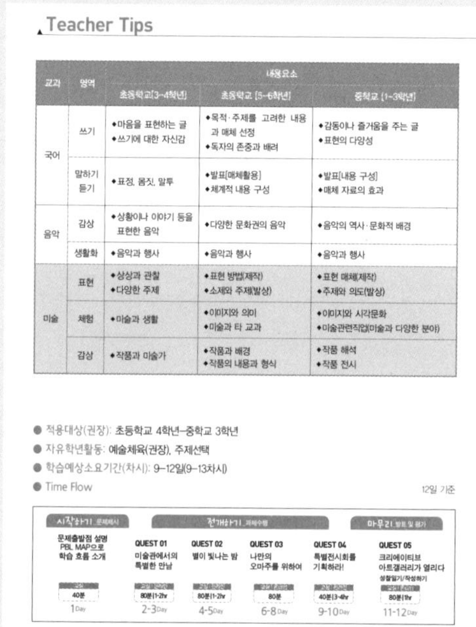
Teacher Tips

교과	영역	내용요소		
		초등학교[3~4학년]	초등학교 [5~6학년]	중학교 [1~3학년]
국어	쓰기	•마음을 표현하는 글 •쓰기에 대한 자신감	•목적·주제를 고려한 내용과 매체 선정 •독자의 존중과 배려	•감동이나 즐거움을 주는 글 •표현의 다양성
	말하기 듣기	•표정, 몸짓, 말투	•발표[매체활용] •체계적 내용 구성	•발표[내용 구성] •매체 자료의 효과
음악	감상	•상황이나 이야기 등을 표현한 음악	•다양한 문화권의 음악	•음악의 역사·문화적 배경
	생활화	•음악과 행사	•음악과 행사	•음악과 행사
미술	표현	•상상과 관찰 •다양한 주제	•표현 방법(제작) •소재와 주제(발상)	•표현 매체(제작) •주제와 의도(발상)
	체험	•미술과 생활	•이미지와 의미 •미술과 타 교과	•이미지와 시각문화 •미술관련직업(미술과 다양한 분야)
	감상	•작품과 미술가	•작품과 배경 •작품의 내용과 형식	•작품 해석 •작품 전시

- 적용대상(권장): 초등학교 4학년–중학교 3학년
- 자유학년활동: 예술체육(권장), 주제선택
- 학습예상소요기간(차시): 9–12일(9–13차시)
- Time Flow

12일 기준

시작하기	전개하기				마무리
문제출발점 설명 PBL MAP으로 학습 흐름 소개	QUEST 01 미술관에서의 특별한 만남	QUEST 02 별이 빛나는 밤	QUEST 03 나만의 오마주를 위하여	QUEST 04 특별전시회를 기획하라!	QUEST 05 크리에이티브 아트갤러리가 열리다 성찰일기/작성하기
40분	80분 1-2hr	80분 1-2hr	80분	40분 3-4hr	80분 1hr
1 Day	2-3 Day	4-5 Day	6-8 Day	9-10 Day	11-12 Day

'Teacher Tips'의 개요부분은 해당 프로젝트학습을 현장에 적용하는 데 있어서 반드시 참고해야 할 정보를 제공해 줍니다. 적용대상에서부터 연계 가능한 교과 및 단원 정보, 학습예상 소요시간, 수업목표에 이르기까지 자세한 내용을 담고 있습니다. 프로젝트학습을 현장에 성공적으로 적용하기 위한 노하우들이 담겨있는 만큼, 수업 전에 필독하는 건 기본 중에 기본입니다.

더불어 이 책에 수록된 모든 프로젝트학습은 초등학교뿐만 아니라 중학교 수업에서도 적용 가능합니다. 특히 자유학기활동에서 활용하기 좋은 프로그램도 여럿 찾을 수 있을 겁니다. 예술체육, 진로탐색, 주제선택 중에 어떤 카테고리를 선택할지는 전적으로 실천할 교사의 몫입니다.

더불어 'Teacher Tips'에는 퀘스트별로 과제와 활동의 성격을 분명하게 보여주는 수업목표가 제공됩니다. 프로젝트학습을 교과수업과 연계하여 적용하고자 한다면 예로 제시된 수업목표를 충분히 살펴볼 필요가 있습니다.

⑨ Teacher Tips의 실전 지침으로 성공적인 프로젝트학습을 이끌어라!

'Teacher Tips'의 본론으로 들어서면 '시작하기', '전개하기', '마무리' 순으로 프로젝트학습을 현장에 적용하는 데 필요한 것이 무엇인지 활동지의 각 항목마다 구체적인 설명이 말주머니로 덧붙여 있습니다.

여기에는 프로젝트학습의 실천을 용이하게 해 줄 세부적인 지침도 포함됩니다. 수업 전, 수업이 진행되는 과정 중에도 수시로 확인해 가며 불필요한 시행착오를 줄여나가는 것이 중요합니다.

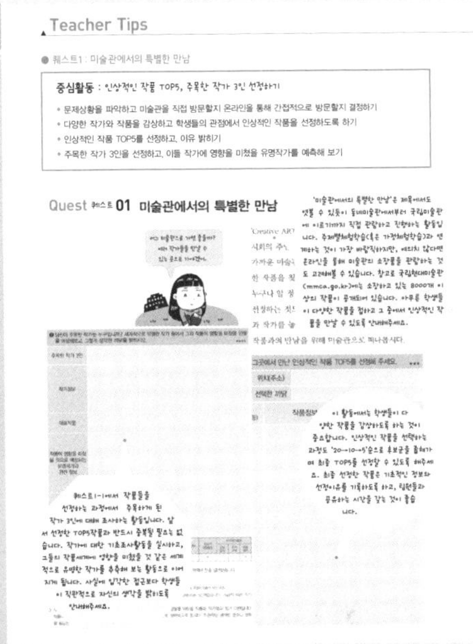
Teacher Tips

● 퀘스트1 : 미술관에서의 특별한 만남

중심활동 : 인상적인 작품 TOP5, 주목한 작가 3인 선정하기

- 문제상황을 파악하고 미술관을 직접 방문할지 온라인을 통해 간접적으로 방문할지 결정하기
- 다양한 작가와 작품을 감상하고 학생들의 관점에서 인상적인 작품을 선정하도록 하기
- 인상적인 작품 TOP5를 선정하고, 이유 밝히기
- 주목한 작가 3인을 선정하고, 이들 작가에 영향을 미쳤을 유명작가를 예측해 보기

Quest 퀘스트 01 미술관에서의 특별한 만남

'미술관에서의 특별한 만남'은 제목에서도 엿볼 수 있듯이 동네미술관에서부터 국립미술관에 이르기까지 직접 관람하고 진행하는 활동입니다. 주제별체험학습(혹은 가정체험학습)과 연계하는 것이 가장 바람직하지만, 여의치 않다면 온라인을 통해 미술관의 소장품을 관람하는 것도 고려해볼 수 있습니다. 참고로 국립현대미술관(mmca.go.kr)에는 소장하고 있는 8000개 이상의 작품이 공개되어 있습니다. 아무튼 학생들이 다양한 작품을 접하고 그 중에서 인상적인 작품을 만날 수 있도록 안내해주세요.

⑩ Maker Note, 프로젝트학습이 메이커 활동이 되다.

메이커 노트는 '비주얼하게 씽킹하기', '도전! 온라인 출판물 만들기', '돋보이는 프레젠테이션 자료 만들기'라는 주제로 제공되고 있습니다.

프로젝트학습의 과정을 들여다보면, 문제(과제)에서 요구하는 무언가를 만들기 위한 활동으로 채워질 때가 많습니다. 어떻게 보면 최근 주목받고 있는 메이커 활동(maker activity)과 크게 다르지 않다고 봅니다. 학습자의 흥미와 호기심에 따라 주제선정에서부터 모든 학습과정을 스스로 결정해야 하는

프로젝트학습의 경우에는 더욱 그렇습니다. 이는 메이커 노트를 통해 프로젝트학습 과정이 하나의 메이커 활동이 될 수 있도록 유용한 정보를 소개하고 있는 까닭이기도 합니다. 학생들이 메이커 노트를 참고하여 프로젝트학습의 주제와 내용, 활동의 성격에 맞게 적합한 방법과 도구를 익힐 수 있도록 활용해 주세요.

⑪ 배지스티커로 즐거움과 만족감을 주는 피드백을 구현하자!

프로젝트학습에 적극적으로 참여한 학습자들에게 특별한 의미와 상징성을 지닌 인증배지스티커를 부여할 수 있습니다. 동료평가, 자기평가, 수행평가 등과 연계하거나 경험치, 능력치 등 특별한 포인트시스템을 적용하여 활용해 보도록 하세요. 어떤 방식이든 결과가 미흡하더라도 과정이 충실히 이루어지면 받을 수 있는 보상이어야 합니다.

배지스티커는 크게 두 가지로 제공됩니다. 프로젝트학습 전체 과정에 적극적으로 참여한 학습자에게 수여되는 '올클리어(All-Clear)' 배지스티커와 퀘스트 단위의 작은과제수행에 대한 '칭찬' 배지스티커입니다. '칭찬' 배지스티커는 프로젝트학습이 진행되는 과정에서 피드백 용도로 자유롭게 활용하면 됩니다.

아울러 부록으로 제공되는 시드머니 도안도 유용하게 사용해 보세요.

* 프로젝트학습 스티커는 상상채널 홈페이지(www.naeha.co.kr)에서 별도 구매 가능합니다.

이 책은 실천의 무대를 만나야 제 빛깔을 뽐낼 수 있습니다. 한번 읽고 그냥 책장에 묻어 둔다면, 어떤 의미도 없습니다. 책 속에 담긴 프로젝트학습을 나의 수업으로 구현해야 비로소 진정한 의미로 다가갈 수 있다고 봅니다. 프로젝트학습에 대한 경험이 없고, 이해가 깊지 않더라도 제공되는 프로그램만으로 어렵지 않게 수업을 채울 수 있습니다. 가능하다면, 책에서 제공한 10개의 프로젝트학습을 한 해 동안 모두 실천해 보는 것을 권장합니다. 프로젝트학습이 거듭될수록 학생들의 긍정적인 반응과 변화를 확실히 느낄 수 있을 테니까요. 물론 이 책의 활용은 전적으로 독자의 몫입니다. 자신만의 강점과 창의적인 사고를 더해 매력적인 프로젝트학습으로 완성시킨다면, 더할 나위 없이 좋겠죠. 자, 이제 마음만 있다면 프로젝트학습에 도전할 수 있습니다. 망설일 필요가 있을까요. 그냥 시작해 봅시다.

CONTENTS

03

인터스텔라: 희망을 찾아 떠나다

04

꿈을 잡아라! Dream Job Fair

05

The Flu

06

세월호, 진실은 침몰하지 않는다

07

NORTH KOREA

08

우리의 문화를 커피에 담다

09
한마음 축제의 마당, 지구촌 세계박람회

10
The Futurist, 미래를 보다

에필로그

이색미술관
Creative Art Gallery

이색미술관, CREATIVE ART GALLERY

"그림을 바라보는 기쁨이 어디에서 유래하는지를 인식하는 것은 중요하다. 나의 경우 그 근원은 형태의 감각과 결합되는 '생의 기쁨'이다. 그것이 내가 형태를 통해 감각을 창조하는 문제에 관심을 갖는 이유이다."

콜롬비아 출신의 화가이자 조각가 페르난도 보테로(Fernando Botero Angulo)를 아시나요? 마치 튜브에 바람을 넣은 듯 실제보다 살찐 모습으로 인체에 대한 새로운 해석을 내놓았고 옛 거장들의 걸작에서 소재와 방법을 차용하여 패러디한 독특한 작품을 선보이며 미술계에서 큰 주목을 받았습니다. 고전 명화인 레오나르도 다빈치의 '모나리자'를 패러디한 '12살의 모나리자'를 비롯해 수많은 걸작들이 그의 손을 거쳐 전혀 다른 모습으로 재탄생하였습니다. 물론 명화들을 장난스럽게 혹은 우스꽝스럽게 비튼 그의 방식을 미적으로 저급하고 천박하다는 의미의 '키치(kitsch) 미술'이라고 폄하하는 비평가들도 있습니다.

분명한 것은 그의 작품들이 관람객에게 친근하게 다가간다는 사실입니다. 그의 작품은 기존의 명화를 감상할 때의 진지함과 묵직함에서 벗어나 즐거운 상상을 만끽할 수 있게 해줍니다. 이제 여러분들의 차례입니다. 미술관의 다양한 작품들, 유명 작가의 대표작품들을 탐색해 보고, 이들 중 인상적인 작품을 선택하여 나만의 방식으로 재해석하여 새롭게 표현해 보는 것입니다. 더불어 미술관의 큐레이터와 도슨트의 역할을 수행하며 어린 학생들에게 친숙하게 다가갈 작품전시회를 준비해보도록 하겠습니다. 아무쪼록 이번 프로젝트학습을 통해 미술의 색다른 재미를 경험하길 바랍니다.

* 문제시나리오에 사용된 어휘빈도(횟수)를 시각적으로 나타낸 워드클라우드(word cloud)입니다. 워드클라우드를 통해 어떤 주제와 활동이 핵심인지 예상해 보세요.

이색미술관, CREATIVE ART GALLERY

당신은 한국 미술관에서 근무하고 있는 유능한 큐레이터입니다. 주로 어린이와 청소년을 대상으로 한 특별전시회의 기획을 맡고 있습니다. 그동안 미술에 대한 학생들의 관심과 이해를 높이기 위한 행사를 꾸준히 준비해 왔는데요. 그러는 동안 여러 가지 노하우도 갖게 되었습니다. 올해 역시 어린이들에게 친숙한 미술관으로 다가가기위해 특별한 전시회를 준비하고자 합니다. 특히 미술에 대한 어려움, 편견 등을 깨고, 흥미와 호기심을 이끌어낼 수 있는 창의적이고 이색적인 전시회를 기획해 보려는데요. 마르셀 뒤샹(Marcel Duchamp)의 「L.H.O.O.Q. 수염 난 모나리자」처럼 인상적인 작가의 작품들을 비틀어 창의적인 아이디어로 재구성해보는 전시회를 기획해 보고자 합니다.

'많은 사람들에게 사랑받고 있는 ○○○의 작품을 학생들에게 좀 더 재미있고 기억에 남을 수 있도록 창의적인 아이디어로 다가가 보는 것은 어떨까?'

올해 야심차게 준비한 한국미술관의 특별전시회인 'CREATIVE ART GALLERY', 과연 어떤 전시회가 열릴지 벌써부터 궁금해집니다. 특별한 작품들로 가득 채워질 이색적인 미술전시회를 기대하겠습니다.

PBL MAP

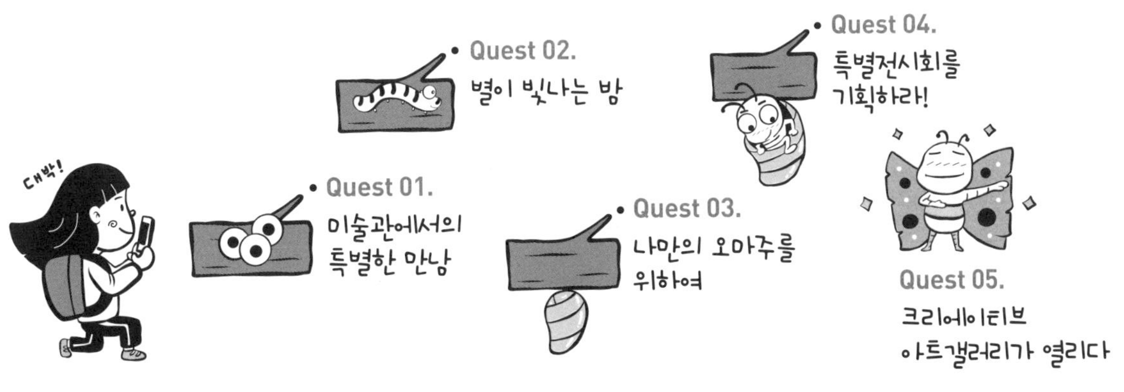

Quest 퀘스트 01

미술관에서의 특별한 만남

★★★★★★★

어느 미술관으로 가면 좋을까?
여러 작가들을 만날 수
있는 곳으로 가야겠어.
끄적

'Creative ART Gallery'를 준비하기 위해서는 먼저 전시회의 주인공이 될 작가를 선정해야 합니다. 우선 가까운 미술관을 방문하여, 어린 관객들이 좋아할만한 작품을 찾아보고자 합니다. 물론 이름만 들으면 누구나 알 정도의 세계적으로 유명한 작가의 작품을 선정하는 것도 좋지만, 우리 주변의 보물 같은 작품과 작가를 놓치고 싶지는 않습니다. 자, 이제 특별한 작품과의 만남을 위해 미술관으로 떠나봅시다.

❶ 당신이 선택한 미술관은 어디입니까? 그곳에서 만난 인상적인 작품 TOP5를 선정해 주세요. ★★★

선택한 미술관		위치(주소)	
		선택한 까닭	

TOP	작품제목	장르 (회화, 조각 등)	작품정보	선정이유
1				
2				
3				
4				

❷ 당신이 주목한 작가는 누구입니까? 세계적으로 유명한 작가 중에서 그의 작품에 영향을 미쳤을 인물을 예상해보고, 그렇게 생각한 까닭을 밝히시오. ★★★★

주목한 작가 3인

작가정보

대표작품

작품에 영향을 미쳤을 것으로 예상되는 유명작가와 관련 정보

그렇게 생각한 이유

관련교과	국어	사회	도덕	수학	과학	실과			체육	예술		영어	창의적 체험활동	자유학기활동		
						기술	가정	정보		음악	미술			진로 탐색	주제 선택	예술 체육
											●		●			●

1. 미술의 영역은 판화를 포함한 회화, 조각이 대표적인 미술 장르이지만 현대에 들어와 영역이 한층 넓어졌습니다.
   설치예술 – 어떤 것을 설치하여 예술가의 뜻을 전달하는 예술.
   비디오아트 – 비디오를 표현 수단으로 하는 영상 예술.
   프랙탈 아트– 프랙탈 구조를 활용하여 작품을 만드는 활동(프랙탈 fractal–작은 구조가 전체구조와 비슷한 형태로 끝없이 되풀이 되는 구조)
2. 동네에 위치한 작은 미술관에서부터 국립미술관에 이르기까지 어떤 미술관을 방문하든 상관없습니다. 가급적 여러 작가의 작품세계를 경험할 수 있는 미술관으로 선정해 주세요.
3. 작가마다 고유의 작품세계를 가지고 있지만, 이들에게 직·간접적으로 영향을 미쳤을 작품과 작가들이 있기 마련입니다. 작품에 드러난 특징을 살펴보고 기존의 유명작가와 작품을 중심으로 찾아보도록 합시다. 주관적인 생각일 뿐이니 정확할 필요는 없습니다.

나만의 교과서

4가지 기본항목을 채우고, 퀘스트 해결과정에서 공부한 내용이나 수집한 정보를 토대로 자신만의 방식으로 알차게 표현해 보세요. 그림이나 생각그물의 형태로 표현하는 것도 좋습니다.

ideas 문제해결을 위한 나의 아이디어	facts 문제와 관련하여 내가 알고 있는 것들

learning issues 문제해결을 위해 공부해야 할 주제	need to know 반드시 알아야 할 것

스스로 평가

자기주도학습의 완성!

		나의 신호등
01	나는 미술관을 관람하며 인상적인 작품 5개를 선정하였다.	① ② ③ ④ ⑤
02	나는 미술관에서 주목한 작가 3인을 선택하고 관련 정보를 조사하였다.	① ② ③ ④ ⑤
03	나는 주목한 작가에게 영향을 미쳤을 유명작가(작품)를 예상하고 이유를 제시하였다.	① ② ③ ④ ⑤
04	나는 문제해결을 위해 탐구한 내용과 수집한 정보를 바탕으로 나만의 교과서를 멋지게 완성하였다.	① ② ③ ④ ⑤

자신의 학습과정을 되돌아보고 진지하게 평가해주세요.

오늘의 점수 나의 총점수

별이 빛나는 밤

★★★★★★★

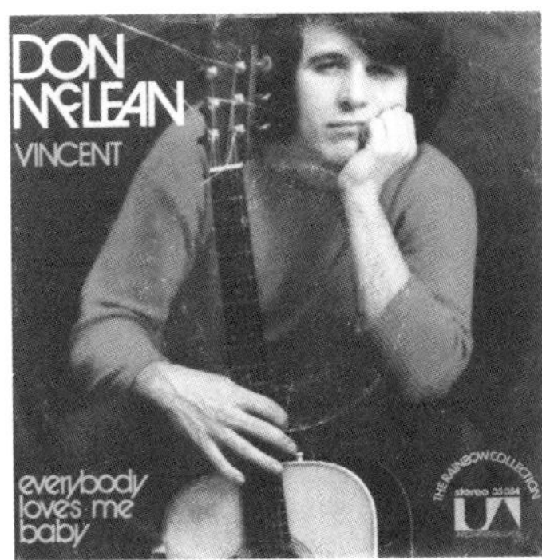

Starry, starry night
별이 빛나는 밤
Paint your palette blue and grey
팔레트를 푸른색과 회색으로 칠해요
Look out on a summer's day
여름날 밖을 내다봐요
With eyes that know the darkness in my soul.
내 영혼의 어둠을 아는 그런 눈으로
Shadows on the hills
언덕 위의 그림자
Sketch the trees and the daffodils
나무와 수선화를 그려요

_돈 맥클린(Don McLean)의 빈센트(Vincent) 첫 소절

돈 맥클린이 작사, 작곡한 '빈센트'라는 팝송은 1972년에 발표된 이후 오랜 세월이 지난 지금까지 많은 사람들에게 사랑받는 곡입니다. 노래의 시작인 'starry, starry night'은 고흐가 정신병과 싸우던 말년에 그린 작품의 이름이기도 합니다. 그의 가사는 평생을 가난과 고독 속에 지내야만 했던 고흐를 기리는 내용으로 채워져 있습니다. 사실 빈센트 반 고흐 외에도 우리나라의 이중섭 화가처럼 비운의 삶 속에서 아름다운 작품을 남긴 이들은 많습니다. 사연 많은 삶을 살다간 유명작가 중에서 'Creative ART Gallery'의 주인공을 선정해보는 것은 어떨까요? 돈 맥클린의 '빈센트'곡처럼 선택한 작가의 생을 기념하고 위로하는 곡을 작사하여 관객에게 들려준다면 전시회가 더욱 특별해지지 않을까요?

❶ 당신이 선택한 작가는 누구입니까? 인물과 작품에 대해 자세히 조사해 봅시다. ★★★

선택한 작가			선택한 까닭	
인물 파헤치기	☆인물이야기 : ☆작품세계 :			
작품 파헤치기	1	☆작품명 : ☆작품정보와 나의 생각 :		
	2	☆작품명 : ☆작품정보와 나의 생각 :		
	3	☆작품명 : ☆작품정보와 나의 생각 :		

❷ 당신이 선택한 작가의 생과 작품세계가 담긴 곡을 만들어 봅시다. ★★★★

노래제목

참고한 곡

☆가사 :

☆감상평 :

관련교과	국어	사회	도덕	수학	과학	실과			체육	예술		영어	창의적 체험활동	자유학기활동		
						기술	가정	정보		음악	미술			진로 탐색	주제 선택	예술 체육
	●									●	●		●			●

1. 작가의 가치관이나 삶에 영향을 준 다양한 환경이 작품세계에 영향을 미치게 됩니다. 작가 생애를 깊이 있게 살펴보도록 합니다.
   예) 가족관계, 성장과정, 친구 또는 연인과의 관계, 사회 분위기 등
2. 선택한 작가의 작품에 대한 자세한 정보를 조사하고, 큐레이터가 되어 작품에 대해 느낀 생각을 정리해 보도록 합니다.
3. 작가의 삶 혹은 대표작품의 주제와 느낌이 잘 드러나도록 곡의 가사를 쓰도록 합니다. 기존의 곡을 참고하거나 직접 활용해서 진행하는 것이 효과적입니다.

나만의 교과서

4가지 기본항목을 채우고, 퀘스트 해결과정에서 공부한 내용이나 수집한 정보를 토대로 자신만의 방식으로 알차게 표현해 보세요. 그림이나 생각그물의 형태로 표현하는 것도 좋습니다.

ideas 문제해결을 위한 나의 아이디어	facts 문제와 관련하여 내가 알고 있는 것들

learning issues 문제해결을 위해 공부해야 할 주제	need to know 반드시 알아야 할 것

스스로 평가

자기주도학습의 완성!

		나의 신호등
01	나는 명화를 남긴 유명작가를 선정하고 그(혹은 그녀)와 얽힌 이야기를 조사하였다.	1 2 3 4 5
02	나는 선택한 작가의 대표작품을 조사하고 큐레이터가 되어 자신의 생각을 정리하였다.	1 2 3 4 5
03	나는 선택한 작가와 작품에 영감을 얻어 이를 기념하는 곡을 만들었다.	1 2 3 4 5
04	나는 문제해결을 위해 탐구한 내용과 수집한 정보를 바탕으로 나만의 교과서를 멋지게 완성하였다.	1 2 3 4 5

자신의 학습과정을 되돌아보고 진지하게 평가해주세요.

Level up

오늘의 점수 나의 총점수

Quest 퀘스트 03

나만의 오마주를 위하여

★★★★★★

이제 당신만의 색깔을 입혀서 선택한 작품에 대한 재해석을 시도해야 합니다. 작품을 어떻게 해석하느냐에 따라 얼마든지 다양한 모습으로 재탄생할 수 있습니다. 어린 학생들이 기존의 미술작품들을 딱딱하고 어렵게 생각하지 않도록 흥미를 불어넣는 작업을 진행하도록 합시다. 미술관에서 직접 찾아낸 보물 같은 작품들을, 또는 너무나 유명하지만 거리감을 느꼈던 명화들을 새로운 각도에서 바라보고 자신만의 색깔로 채워나가는 시간이 돼야 할 것입니다. 과연 작품을 어떻게 재해석하고 창의적으로 표현할지 궁금해지는군요.

※ 오마주(Hommage) : 영화에서 존경의 표시로 다른 작품의 주요 장면이나 대사를 인용하는 것을 이르는 용어

작품명
재구성 방향

관련교과	국어	사회	도덕	수학	과학	실과			체육	예술		영어	창의적 체험활동	자유학기활동		
						기술	가정	정보		음악	미술			진로 탐색	주제 선택	예술 체육
											●		●			●

1. 재구성 방향은 각자 자유롭게 선택하도록 합니다.
   - 작품의 확장, 작품의 현대화, 의미의 재해석, 표현기법이나 캐릭터 변경 등
2. 미술관에서 찾은 작품이나 기존의 명화 작품 중에 하나를 선택하여 원작의 이미지를 손상시키지 않는 범위 내에서 자유롭게 표현합니다.
3. 명화를 재해석한 다양한 작품사례들을 인터넷을 통해 찾아보고, 참고하는 것도 좋은 방법입니다.

나만의 교과서

4가지 기본항목을 채우고, 퀘스트 해결과정에서 공부한 내용이나 수집한 정보를 토대로 자신만의 방식으로 알차게 표현해 보세요. 그림이나 생각그물의 형태로 표현하는 것도 좋습니다.

ideas **문제해결을 위한 나의 아이디어**	**facts** **문제와 관련하여 내가 알고 있는 것들**

learning issues **문제해결을 위해 공부해야 할 주제**	**need to know** **반드시 알아야 할 것**

스스로 평가

자기주도학습의 완성!

나의 신호등

01	나는 선택한 작품의 재구성 방향을 다양한 사례를 참고하며 탐색하였다.	1 2 3 4 5
02	나는 원작의 느낌을 훼손하지 않는 범위 안에서 재구성 방향에 따라 나만의 방식으로 표현하였다.	1 2 3 4 5
03	나는 문제해결을 위해 탐구한 내용과 수집한 정보를 바탕으로 나만의 교과서를 멋지게 완성하였다.	1 2 3 4 5

자신의 학습과정을 되돌아보고 진지하게 평가해주세요.

Level up

오늘의 점수 나의 총점수

특별전시회를 기획하라!

★★★★★★★

이제 전시회를 기획해 볼까요? 어떤 분위기의 전시실을 꾸미느냐에 따라 관객이 작품을 대하는 태도는 크게 달라집니다. 이번 전시회가 어린 학생들을 대상으로 하는 만큼 쉬운 용어를 사용해 이해하기 쉽도록 준비하는 것은 기본입니다. 흥미와 호기심을 끌 수 있도록 배경음악, 체험활동 등도 함께 준비할 생각입니다. 특색 있는 미술전시회 사례들을 참고하여 한국미술관이 자랑하는 특별전시회가 되도록 최선을 다할 것입니다.

❶ 특별전시회에 어울리는 배경음악을 선정합니다.

❷ 작품의 이해를 도울 설명 자료를 만듭니다.

❸ 전시회를 알리는 초대장을 제작하고 배포합니다.

관련교과	국어	사회	도덕	수학	과학	실과			체육	예술		영어	창의적 체험활동	자유학기활동		
						기술	가정	정보		음악	미술			진로 탐색	주제 선택	예술 체육
	●							●			●		●			●

1. 음악 선정 시 자푼이 분위기를 고려하여야 합니다. 퀘스트2 활동에서 만든 곡을 어떻게 활용할지 구체적으로 고민해 보세요.
2. 모둠원 각자가 자신이 선택한 작품의 전문가가 될 수 있도록 재미있고 알찬 내용을 담은 설명 자료를 준비하도록 합니다.
3. 초대장 안에는 전시회를 알릴 수 있는 정보를 담아야 합니다.
(작가, 전시작품, 전시기간, 전시장소, 전시회의 성격 등)

나만의 교과서

4가지 기본항목을 채우고, 퀘스트 해결과정에서 공부한 내용이나 수집한 정보를 토대로 자신만의 방식으로 알차게 표현해 보세요. 그림이나 생각그물의 형태로 표현하는 것도 좋습니다.

ideas
문제해결을 위한 나의 아이디어

facts
문제와 관련하여 내가 알고 있는 것들

learning issues
문제해결을 위해 공부해야 할 주제

need to know
반드시 알아야 할 것

스스로 평가
자기주도학습의 완성!

		나의 신호등
01	나는 특별전시회에 어울리는 배경음악을 준비하였다.	①②③④⑤
02	나는 작품의 이해에 도움이 될 설명 자료를 제작하였다.	①②③④⑤
03	나는 전시회 초대장을 제작하여 배포하였다.	①②③④⑤
04	나는 문제해결을 위해 탐구한 내용과 수집한 정보를 바탕으로 나만의 교과서를 멋지게 완성하였다.	①②③④⑤

자신의 학습과정을 되돌아보고 진지하게 평가해주세요.

Level up　오늘의 점수　나의 총점수

Quest 퀘스트 05

크리에이티브 아트갤러리가 열리다

★★★★★★★

자! 이제 모든 준비가 끝났습니다. 어린이와 청소년들을 위한 특별 전시회가 이제 곧 열립니다. 당신이 지금껏 준비한 특별전시회가 어린 학생들에게 어떻게 다가갈지 궁금해지네요. 실력과 열정으로 빚어낸 이번 전시회가 작은 실수로 무너지지 않도록 꼼꼼하게 점검하고 철저히 준비하여 열기 바랍니다. 한국박물관의 특별전시회 'CREATIVE ART GALLERY'를 지금부터 시작하도록 하겠습니다.

❶ 도슨트 시나리오를 작성해 주세요.

※ 도슨트(docent): 박물관이나 미술관 등에서 관람객들에게 전시물을 설명하는 선생님

❷ 특별전시회 공간을 꾸며주세요.

공간스케치

❸ 크리에이티브 아트갤러리의 취지에 부합하는 작품 Top3를 개별적으로 선정해 주세요.

	작가명	작품제목	감상평과 선정이유
1			
2			
3			

관련교과	국어	사회	도덕	수학	과학	실과			체육	예술		영어	창의적 체험활동	자유학기활동		
						기술	가정	정보		음악	미술			진로 탐색	주제 선택	예술 체육
	●							●			●		●			●

1. 전시회의 도슨트가 되어 운영(발표)을 해야 하는 만큼 시나리오를 준비하도록 합니다.
2. 퀘스트3에서 완성한 각자의 작품을 모둠 단위로 모아서 전시하는 것입니다. 특별전시회의 주제가 잘 드러나도록 공간을 디자인해 주세요.
3. 특별전시회에 관객으로 참여하면서 인상적인 작품 3개 이상을 선택하고 그 이유를 밝힙니다.

나만의 교과서

4가지 기본항목을 채우고, 퀘스트 해결과정에서 공부한 내용이나 수집한 정보를 토대로 자신만의 방식으로 알차게 표현해 보세요. 그림이나 생각그물의 형태로 표현하는 것도 좋습니다.

ideas
문제해결을 위한 나의 아이디어

facts
문제와 관련하여 내가 알고 있는 것들

learning issues
문제해결을 위해 공부해야 할 주제

need to know
반드시 알아야 할 것

스스로 평가

자기주도학습의 완성!

나의 신호등

01	나는 특별전시회를 위한 도슨트 시나리오를 작성하였다.	1 2 3 4 5
02	나는 특별전시회 공간을 디자인하고 꾸몄다.	1 2 3 4 5
03	나는 크리에이티브 갤러리를 적극적으로 참여하였고, 인상적인 작품 3개를 선정하였다.	1 2 3 4 5
04	나는 문제해결을 위해 탐구한 내용과 수집한 정보를 바탕으로 나만의 교과서를 멋지게 완성하였다.	1 2 3 4 5

자신의 학습과정을 되돌아보고 진지하게 평가해주세요.

Level up

오늘의 점수 나의 총점수

All-Clear
sticker

01 CHAPTER
이색미술관
Creative Art Gallery

★Teacher Tips

Teacher Tips

'이색미술관, Creative Art Gallery'는 미술교과를 중심으로 다양한 교과와 주제별 체험학습과 연계하여 진행할 수 있는 수업입니다. 이 수업은 세계의 많은 사람들로부터 사랑을 받았던 유명 작가와 작품(퀘스트2)이나 가까운 미술관에서 만난 작가와 작품(퀘스트1)을 선정하여 자신만의 방식으로 재구성하여 표현하도록 요구하고 있는데요. 더욱이 모두가 참여하는 이색전시회를 열어 큐레이터와 도슨트의 역할을 수행하도록 하고 있습니다. 기존 작품을 비틀어 자신만의 색깔을 입히는 활동을 하다보면 미술에 대한 막연한 거리감을 해소해 줄 것입니다. 다만, 채색 등 작품의 질을 지나치게 강조하다보면, 학생들의 자발적인 참여와 흥미를 놓칠 수 있으니 주의할 필요가 있습니다. 아무쪼록 창의적인 작품들로 가득한 모두가 즐겁게 참여하는 이색적인 미술관을 교실 안에 구현해 보길 바랍니다.

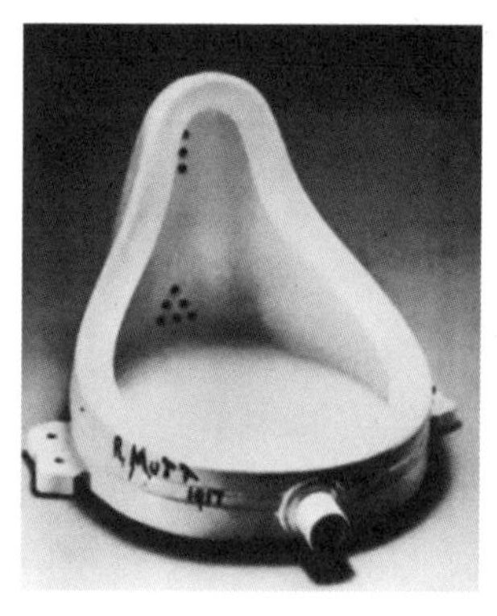

마르셀 뒤샹(Marcel Duchamp)은 평소처럼 화장실 벽에 붙어 있던 남자소변기를 사용하다가 문득 기발한 상상을 하게 됩니다. 소변기라는 선입견을 버리고 내려다보니 전혀 다른 모습으로 다가왔던 것입니다. 동일한 제품을 구해 90도 각도로 뉘어 받침대에 올려놓으니 오브제로서의 매력이 한층 더 느껴졌습니다. 그는 소변기로부터 자신이 느낀 매력을 사람들도 충분히 공감할 수 있을 것이라 여겼습니다. 하지만 당시 미술가들의 선입견을 넘기란 결코 쉽지 않았지요. 단돈 6달러만 내면, 남녀노소 누구나 참가자격을 얻을 수 있었던 전시회마저 거절당했으니 말입니다. 그도 그럴 것이 전시회 운영위원들에게 뒤샹의 작품은 공장에서 대량생산한 흔하디흔한 소변기에 불과했으니까요.

결과적으로 그의 시도는 대성공이었습니다. 뒤샹의 기상천외한 작품인 '샘(Fontaine)'은 사람들에게 어떠한 작품보다 강렬한 인상을 심어주기에 이릅니다. 그는 어떤 실용적인 목적으로 만들어진 기성품이라도 본래의 목적과 다른 별개의 의미를 부여하면 오브제로서 가치를 지닐 수 있음을 보여주었습니다. 이렇게 뒤샹은 '레디메이드(Ready-made)' 장르를 열면서 예술의 스펙트럼을 가히 무한대로 확장시켜놓게 됩니다. 어떻게 보면, 그의 시도는 제도화되고 형식화된 미술시스템에 대한 반기였고, 도발적인 문제제기였을지 모릅니다.

그의 발칙한 발상은 하나의 나비효과로 작용하여 난해하고 추상적인 기법으로 대중과 철저히 유리되었던 '모더니즘(modernism)'에 대한 저항으로, 신랄한 풍자로 이어졌습니다. 그리고 마침내 개성과 자율성, 다양성을 중시하는 '포스트모더니즘(postmodernism)'의 확산을 촉발시키게 됩니다.

이런 측면에서 학생들이 마르셀 뒤샹의 작품이 갖는 의미에 공감하고 '이색미술관, Creative Art Gallery' 수업에 참여하는 것은 중요합니다. 기존의 작품을 그대로 옮겨 그리는 것이 아니라 자신만의 방식으로 재해석하고 재구성하여 창의적으로 표현하는 것이 핵심입니다. 이 수업은 크게 3가지 활동, '미술관, 인터넷(교과서)을 통한 작품(작가)탐색 및 선정', '창의적인 방식으로 작품재구성', '교실 속 Creative Art Gallery 열기'로 구분됩니다. 각 활동마다 작가, 도슨트, 큐레이터 등 맡겨진 역할도 달라집니다. 학생들이 자유롭게 상상하며 표현할 수 있도록 활동이 진행되는 내내 허용적인 분위기를 조성해 주세요.

이 수업은 미술관에서 이루어지는 주제별 체험학습과 연계하여 진행하면 더욱 효과적입니다. 만약 그럴 여건이 되지 않는다면 미술관 활동(퀘스트1)을 생략 혹은 변형하여 진행하거나 퀘스트2부터 시작하는 것도 가능합니다. 활동의 성격상 미술교과를 중심으로 하고 있지만, 음악을 비롯해 다른 교과와 연계하여 진행되는 수업입니다. 어떤 활동에 비중을 두고 적용할지는 전적으로 교수자의 몫입니다. 더불어 이 수업의 특성상 학년의 경계는 없습니다. 특정 교과수업시간과 연계하거나, 자유학년(학기)활동, 창의적 체험활동 프로그램으로 충분히 활용할 수 있으니 교육과정을 참고하여 현장상황에 맞게 적용해 주세요.

프로젝트학습

Teacher Tips

교과	영역	내용요소		
		초등학교 [3-4학년]	초등학교 [5-6학년]	중학교 [1-3학년]
국어	쓰기	◆마음을 표현하는 글 ◆쓰기에 대한 자신감	◆목적·주제를 고려한 내용과 매체 선정 ◆독자의 존중과 배려	◆감동이나 즐거움을 주는 글 ◆표현의 다양성
	말하기 듣기	◆표정, 몸짓, 말투	◆발표[매체활용] ◆체계적 내용 구성	◆발표[내용 구성] ◆매체 자료의 효과
음악	감상	◆상황이나 이야기 등을 표현한 음악	◆다양한 문화권의 음악	◆음악의 역사·문화적 배경
	생활화	◆음악과 행사	◆음악과 행사	◆음악과 행사
미술	표현	◆상상과 관찰 ◆다양한 주제	◆표현 방법(제작) ◆소제와 주제(발상)	◆표현 매체(제작) ◆주제와 의도(발상)
	체험	◆미술과 생활	◆이미지와 의미 ◆미술과 타 교과	◆이미지와 시각문화 ◆미술관련직업(미술과 다양한 분야)
	감상	◆작품과 미술가	◆작품과 배경 ◆작품의 내용과 형식	◆작품 해석 ◆작품 전시

- 적용대상(권장): 초등학교 4학년 – 중학교 3학년
- 자유학년활동: 예술체육(권장), 주제선택
- 학습예상소요기간(차시): 9 – 12일(9 – 13차시)
- Time Flow

12일 기준

시작하기_문제제시	전개하기_과제수행				마무리_발표 및 평가
문제출발점 설명 PBL MAP으로 학습 흐름 소개	QUEST 01 미술관에서의 특별한 만남	QUEST 02 별이 빛나는 밤	QUEST 03 나만의 오마주를 위하여	QUEST 04 특별전시회를 기획하라!	QUEST 05 크리에이티브 아트갤러리가 열리다 성찰일기/작성하기
교실 40분	교실 | 온라인 80분|1-2hr	교실 | 온라인 80분|1-2hr	교실 | 온라인 80분	교실 | 온라인 40분|3-4hr	교실 | 온라인 80분|1hr
1Day	2-3Day	4-5Day	6-8Day	9-10Day	11-12Day

● 수업목표(예)

QUEST 01	◆미술관에서 인상적인 작품을 선정하고 선정 이유를 밝힐 수 있다. ◆선정한 작품에 영향을 미쳤을 유명 작가를 예상해 보고, 이유를 구체적으로 밝힐 수 있다. ◆모둠원들과 선정한 작품을 공유할 수 있다.
QUEST 02	◆유명작가와 대표적인 작품 3개 이상을 선정하고 그 이유를 설명할 수 있다. ◆선택한 작가와 관련된 인상적인 이야기를 조사할 수 있다. ◆작가의 생애와 작품세계가 담긴 헌정 곡(노래)을 만들 수 있다.
QUEST 03	◆선택한 작품 중 하나를 최종 선택하여 재구성 방향을 탐색할 수 있다. ◆자기만의 표현 방식으로 창의적으로 작품을 완성할 수 있다.
QUEST 04	◆큐레이터로서 특별전시회를 기획할 수 있다. ◆전시회의 기획의도에 맞는 배경음악을 선정할 수 있다. ◆작품의 이해를 돕는 설명 자료를 제작할 수 있다. ◆특별전시회를 알리는 초대장을 제작하고 배포할 수 있다.
QUEST 05	◆도슨트로서 역할을 이해하고 시나리오를 작성할 수 있다. ◆특별전시회 공간(모둠부스)을 꾸밀 수 있다. ◆특별전시회 주제에 부합하는 창작작품을 선정할 수 있다.
공통	◆문제해결의 절차와 방법에 대한 이해를 바탕으로 학습과정에 참여할 수 있다. ◆공부한 내용을 정리하고 자신의 언어로 재구성하는 과정을 통해 창의적인 문제를 만들어낼 수 있다. 이 과정을 통해 지식을 생산하기 위해 소비하는 프로슈머로서의 능력을 향상시킬 수 있다. ◆토의의 기본적인 과정과 절차에 따라 문제해결방법을 도출하고, 온라인 커뮤니티 등의 양방향 매체를 활용한 지속적인 학습과정을 경험함으로써 의사소통능력을 신장시킬 수 있다.

시작하기

중심활동 : 문제출발점 파악하기, 학습흐름 이해하기

- 모나리자 작품에 대해 이름부터 시작해 다양한 이야기 나누기
- 모나리자 작품에 대한 가상경매를 통해 가치 확인하기(관련 동영상 시청하기)
- 지식채널e '변기와 모나리자'를 시청하고 마르셀뒤샹에 대한 이야기 나누기
- 문제출발점을 제시하고 직면한 상황을 정확히 파악하기
- (선택)게임화 전략에 따른 피드백 방법에 맞게 게임규칙(과제수행규칙) 안내하기
- (선택)자기평가방법 공유, 온라인 학습커뮤니티 활용 기준 제시하기
- 활동내용 예상해 보기, PBL MAP을 활용하여 전체적인 학습흐름과 각 퀘스트의 활동 파악하기

Teacher Tips

남녀노소 누구든 레오나르도 다빈치의 작품인 '모나리자(Mona Lisa)'에 대해 모르는 사람은 거의 없을 것입니다. 너무나 유명한 '모나리자'는 프랑스 파리에 위치한 루브르 박물관에 소장되어 있으며, 이 작품을 보기 위해 오늘도 전 세계 수많은 사람들이 찾고 있습니다. 그러나 이런 유명세에도 불구하고 모나리자에 대해 이름부터 잘못 알고 있는 사람들이 생각보다 많습니다. 보통 모나리자를 초상화의 주인공 여인의 이름이라고 여기는 경우가 많은데요.

사실 이 여인의 이름은 리자(Lisa)입니다. '모나(mona)'는 이탈리어에서 유부녀에게 붙이는 경칭이니까, 우리말로 고치자면 '리자여사' 정도가 되겠네요. 모나리자 작품의 다른 명칭에서 그녀의 남편이름도 알 수 있습니다. '라 조콘도(La Giocondo)'의 의미가 '조콘도의 부인'이라는 뜻이기 때문입니다. 물론 최근에는 모나리자와 관련된 여러 가설들이 다양한 매체를 통해 소개되고 있기도 합니다. 레오나르도 다빈치가 자기 자신을 여성화시켜 그린 것이라는 주장과 그의 어머니가 실제모델이라는 주장 등이 대표적입니다. 수업을 시작하면서 모나리자의 이름부터 그녀의 실제정체에 대해 이야기를 나누며 시작해 보는 것은 어떨까요?

[차클 경매장] 모나리자를 값으로 환산한다면 무려 40조??!
▷1,412 등록 2018.12.12. 신고

JTBC 차이나는 클라스 90회차에 경매형식으로 모나리자 작품가격을 소개하는 부분이 있는데요. 해당부분의 영상만 잘라서 인터넷을 통해 공유하고 있습니다. 굳이 영상을 보지 않더라도 학생들이 참여하는 가상경매를 실시하여 모나리자의 가치를 확인하는 시간을 갖는 것도 동기유발에 도움이 될 것입니다.

학생들이 모나리자가 어떤 가치를 지닌 작품인지 알게 되었다면, 마르셀 뒤샹(Marcel Duchamp)의 「L.H.O.O.Q. 수염 난 모나리자」가 얼마나 발칙한 도발인지 알 수 있을 것입니다.

그가 1919년, 모나리자의 얼굴에 수염을 붙이면서 무엇을 의도하고자 했는지 '지식채널e :변기와 모나리자'편을 수업에 활용하면 효과적입니다. 모나리자를 매개로 문제출발점에 소개된 마르셀 뒤샹에 대한 이야기를 자유롭게 나눠 보도록 하세요.

모나리자와 마르셀 뒤샹에 대한 이런저런 이야기를 나누며 수업에 대한 관심을 고조시켰다면, 이 수업의 첫 단추는 제법 잘 꿴 것입니다. 자연스럽게 학생들이 직면하게 될 문제상황을 제시하면서 수염 난 모나리자처럼 기존작품을 재해석, 재구성하여 창의적으로 표현하고, 특별전시회의 기획과 준비를 맡아야 한다는 점을 강조해주세요. 이 과정에서 최신 팝아트와 패러디 작품들을 보여주며 학생들의 이해의 폭을 넓혀주는 것도 효과적인 접근방법입니다. 문제출발점에 대한 상황파악이 제대로 이루어졌다면, PBL MAP을 활용해 전체적인 학습흐름과 각 퀘스트별 중심활동을 짚어보며, 학생들이 겪게 될 핵심활동을 간략하게 소개합니다. 워드클라우드를 활용해 학습내용에 대해 예상해보거나 수업운영에 있어서 도입하고자 하는 규칙이나 평가방법, 새로운 학습환경에 대해 친절하게 설명해 주는 것 잊지 마세요.

전개하기

'이색미술관, Creative Art Gallery'는 총 5개의 기본퀘스트로 구성되어 있습니다. 활동의 성격상 크게 세 부분으로 나눠서 볼 수 있는데요. 퀘스트1과 2는 작가와 작품선정, 퀘스트3은 작품창작, 퀘스트4와 5는 특별전시회 준비 및 구현 등으로 핵심활동을 구분할 수 있습니다. 활동의 특성상 수업시간을 많이 확보해줄수록 작품의 질이 올라가니 가급적 관련 교과와 연계하여 충분한 활동시간을 확보하여 진행해주시길 바랍니다. 무엇보다 학습자의 창의적인 사고와 비판적인 사고가 맘껏 발휘되도록 하는 것이 중요합니다. 교사의 적극적인 관여가 독이 될 수도 있으니 학생들의 활동속도를 가급적 존중해주세요.

Teacher Tips

● 퀘스트1 : 미술관에서의 특별한 만남

중심활동 : 인상적인 작품 TOP5, 주목한 작가 3인 선정하기

- 문제상황을 파악하고 미술관을 직접 방문할지 온라인을 통해 간접적으로 방문할지 결정하기
- 다양한 작가와 작품을 감상하고 학생들의 관점에서 인상적인 작품을 선정하도록 하기
- 인상적인 작품 TOP5를 선정하고, 이유 밝히기
- 주목한 작가 3인을 선정하고, 이들 작가에 영향을 미쳤을 유명작가를 예측해 보기

Quest 퀘스트 01 미술관에서의 특별한 만남

'미술관에서의 특별한 만남'은 제목에서도 엿볼 수 있듯이 동네미술관에서부터 국립미술관에 이르기까지 직접 관람하고 진행하는 활동입니다. 주제별체험학습(혹은 가정체험학습)과 연계하는 것이 가장 바람직하지만, 여의치 않다면 온라인을 통해 미술관의 소장품을 관람하는 것도 고려해볼 수 있습니다. 참고로 국립현대미술관(mmca.go.kr)에는 소장하고 있는 8000개 이상의 작품이 공개되어 있습니다. 아무튼 학생들이 다양한 작품을 접하고 그 중에서 인상적인 작품을 만날 수 있도록 안내해주세요.

어느 미술관으로 가면 좋을까?
여러 작가들을 만날 수
있는 곳으로 가야겠어.

'Creative AR…
시회의 주…
가까운 미술…
한 작품을 찾…
누구나 알 정…
선정하는 것…
과 작가를 놓…
작품과의 만남을 위해 미술관으로 떠나봅시다.

그곳에서 만난 인상적인 작품 TOP5를 선정해 주세요. ★★★	
위치(주소)	
선택한 까닭	
	작품정보

이 활동에서는 학생들이 다양한 작품을 감상하도록 하는 것이 중요합니다. 인상적인 작품을 선택하는 과정도 '20→10→5'순으로 후보군을 좁혀가며 최종 TOP5를 선정할 수 있도록 해주세요. 최종 선정한 작품은 기초적인 정보와 선정이유를 기록하도록 하고, 팀원들과 공유하는 시간을 갖는 것이 좋습니다.

❷ 당신이 주목한 작가는 누구입니까? 세계적으로 유명한 작가 중에서 그의 작품에 영향을 미쳤을 인물을 예상해보고, 그렇게 생각한 까닭을 밝히시오. ★★★★

주목한 작가 3인			
작가정보			
대표작품			
작품에 영향을 미쳤을 것으로 예상되는 유명작가와 관련 정보			

퀘스트1-1에서 작품들을 선정하는 과정에서 주목하게 된 작가 3인에 대해 조사하는 활동입니다. 앞서 선정한 TOP5작품과 반드시 중복될 필요는 없습니다. 작가에 대한 기초조사활동을 실시하고, 그들의 작품세계에 영향을 미쳤을 것 같은 세계적으로 유명한 작가를 추측해 보는 활동으로 이어지게 됩니다. 사실에 입각한 접근보다 학생들이 직관적으로 자신의 생각을 밝히도록 안내해주세요.

…(어)	창의적 체험활동	자유학기활동		
		진로 탐색	주제 선택	예술 체육
	●			●

…영역이 한층 넓어졌습니다.

…끝없이 되풀이 되는 구조)

…방문하든 상관없습니다. 가급적 여러 작가

3. 작…
작품… …영향을 미쳤을 작품과 작가들이 있기 마련입니다.
할 필요는… …로 찾아보도록 합시다. 주관적인 생각일 뿐이니 정확

● 퀘스트2 : 별이 빛나는 밤

중심활동 : 유명작가와 작품 조사하기, 헌정곡 만들기

- 빈센트 반고흐에 대한 이야기를 시작으로 문제상황 파악하기
- 집중적으로 탐구할 유명작가를 선택하고, 인물이야기, 작품세계, 대표작품 등 자세히 조사하기
- 작가의 생애와 대표세계가 담긴 곡 만들기

Quest 퀘스트 02 별이 빛나는 밤

****

DON McLEAN VINCENT

Starry, starry night
별이 빛나는 밤
Paint your palette blue o
팔레트를 푸른색과 회색으로 칠해요
Look out on a summ
여름날 밖을 내다봐요
With eyes tha
내 영혼의 ...
Shadows on t.
언덕 위의 그림자
Sketch the tr
나무와 수선화를 그려요

'별이 빛나는 밤'의 문제상황은 빈센트 반 고흐에 대한 이야기와 함께 시작하는 것이 자연스럽습니다. 돈 맥클린이 작사, 작곡한 '빈센트'라는 팝송을 들으며, 가사를 음미해 보는 것도 학생들이 문제상황에 빠져들도록 하는데 도움이 됩니다. 특히 지식채널e '마지막 초상화-빈센트 반 고흐'편을 활용하는 것도 고려해볼만 합니다. 퀘스트2는 '빈센트'곡처럼 유명작가와 작품을 선정하고 그를 기념하고 위로하는 헌정 곡을 만드는 것이 핵심입니다. 만약 피카소, 반고흐, 김홍도 등 특정 유명작가를 대상으로 이 수업을 전개하고자 한다면, 퀘스트1을 생략하고 곧바로 퀘스트2 활동부터 시작하는 것이 효율적입니다.

가급적 앞서 주목한 작가에게 영향을 주었을 것으로 예측한 유명작가들 중 1명을 선택하여 인물이야기, 작품세계, 작품정보와 나의생각 등 관련해서 집중적인 조사가 이루어지도록 진행해주세요. 퀘스트1이 생략됐다면 선생님이 제시한 작가범위 안에서 활동을 시작하면 됩니다. 아울러 작품세계는 해당 작가가 주로 어떤 것을 비판하고 무엇을 표현하고자 했는지 누구로부터 영향을 받았는지가 담겨 있도록 안내해주세요.

****

...는 팝송은 ...곡입니다. 노래 ...품의 이름이기도 합 ...리는 내용으로 채워져 ...럼 비운의 삶 속에서 아름다운 작품을 남긴 이들 ...유명작가 중에서 'Creative ART Gallery'의 주인공 ...린의 '빈센트'곡처럼 선택한 작가의 생을 기념하고 ...준다면 전시회가 더욱 특별해지지 않을까요?

☆감상평 :

...작품에 대해 자세히 조사해 봅시다. ***

선택한 까닭

관련교과	국어	사회	도덕	수학	과학
	●				

1. 작가의 가치관이나 삶에 영향을 준 다양한 ... 합니다.
   예) 가족관계, 성장과정, 친구 또는 연인과의 관계, 사회 문...
2. 선택한 작가의 작품에 대한 자세한 정보를 ...
3. 작가의 삶 혹은 대표작품의 주제와 느낌이 ... 용해서 진행하는 것이 효과적입니다.

학생들로 하여금 선정한 작가와 작품에 대한 충분한 이해를 바탕으로 가사를 작성하고, 내용과 어울리는 곡을 찾아 작사한 내용을 입혀서 곡을 완성시키도록 합니다. 팀별로 완성한 헌정곡은 작은음악회 형식을 빌려 공유하는 시간을 가지면 좋습니다. 아니면 부끄러운 학생들의 적극적인 참여를 위해 사전녹음을 통해 공유하는 것도 효과적입니다. 더불어 퀘스트4의 특별전시회 기획단계에서 헌정곡 활용방안이 빠지지 않도록 유의해 주세요.

Teacher Tips

● 퀘스트3 : 나만의 오마주를 위하여

중심활동 : 패러디 작품 조사하기, 나만의 작품만들기

- 기존 작품을 재해석하여 창의적으로 표현한 작품을 만들어야 하는 상황 파악하기
- 패러디 작품 조사하고 공유하기
- 자신의 상상력으로 재해석한 창의적인 작품 만들기

Quest 퀘스트 03 나만의 오마주를 위하여

******

이제 당신만의 색깔을 입혀서 선택한 작품에 대한 재해
해야 합니다. 작품을 어떻게 해석하느냐에 따라 얼마든
모습으로 재탄생할 수 있습니다. 어린 학생들
품들을 딱딱하고 어렵게 생각하지 않도록 흥미를
을 진행하도록 합시다. 미술관에서 직접 찾아낸 보물
들을, 또는 너무나 유명하지만 거리감을 느꼈던 명화들
각도에서 바라보고 자신만의 색깔로 채워나가는 시간
어떻게 재해석하고 창의적으로 표현할지 궁금해지는군

※ 오마주(Hommage) : 영화에서 존경의 표시로 다른 작품의 주요 장면이나

이 퀘스트는 최종 선정한 작품을 재해석하여 자신만의 색깔을 입혀 창의적으로 표현하는 과제입니다. 문제 상황을 제시하며 기존 작품을 어떻게 바라보며 좋을지 각종 패러디 작품들을 소개하며 이야기를 나누는 것이 효과적입니다. 지나친 표현으로 원작의 느낌이 사라지지 않도록 주의를 줄 필요도 있습니다. 활동이 진행되는 동안 획일적인 잣대로 작품의 우수성을 판단하거나 비교하진 말아주세요. 미술표현이 서툰 학생들의 작품도 충분히 존중되는 분위기를 만들어 주는 것이 중요합니다.

작품명	
방향	

우선 인터넷 검색을 통해 명작을 패러디한 작품들을 찾아보고 그 특징을 살펴보는 시간을 갖도록 합니다. 각종 작품사례를 참고하여 아이디어를 얻는 시간이 필요합니다. 어떻게 표현할지 충분히 모색할수록 불필요한 시행착오를 줄일 수 있으니 충분한 시간을 확보해 주세요. 특별전시회를 위해 작품에 대한 이해를 돕는 설명자료도 같이 준비해야 합니다.

관련교과	국어	사

1. 재구성 방향은 각자 ㅈ
   – 작품의 확장, 작품의
2. 미술관에서 찾은 작품
   롭게 표현합니다.
3. 명화를 재해석한 다양한

개인별 1작품을 원칙으로 진행되지만, 미술활동에 지나친 두려움을 가진 학생들은 짝을 이루어 진행하는 것이 나을 수도 있습니다. 현장 상황에 맞게 융통성 있게 진행하면 됩니다. 개인별 창작활동이라도 개방적인 분위기 속에 서로 도움을 주고받으며 협업할 수 있는 환경을 마련해주세요. 또한 각종 소프트웨어나 어플을 활용한 창작활동도 충분히 가능합니다. 일러스트레이터, 그래픽 소프트웨어를 활용한 그리기 활동에 학생들이 도전할 수 있도록 안내해 주세요. 학생들의 기발한 상상력을 작품 속에 담아내기 위해 미술장르 만큼이나 다양한 표현방식을 허용해 주는 것이 중요합니다.

● 퀘스트4 : 특별전시회를 기획하라!

중심활동 : 배경음악 선정하기, 설명자료 만들기, 초대장 제작하기

- 특별전시회를 준비해야 하는 문제상황 파악하기
- 특별전시회와 어울리는 배경음악 선정하기
- 작품의 이해를 도울 설명자료 만들기
- 특별전시회를 알리는 초대장 제작하기

이 퀘스트에서는 'Creative Art Gallery'를 기획해야 하는 큐레이터로서 특별전시회를 준비해야 하는 역할이 부여된다는 점을 안내합니다. 큐레이터에 관해 모르는 학생이 많을 경우, 이와 관련된 설명이나 조사활동을 진행하도록 합니다. 더불어 특별전시회가 어린이, 청소년 관객의 흥미와 호기심을 끌 수 있도록 구성되어야 한다는 점을 강조해주세요.

Quest 퀘스트 04 특별전시회를 기획하라!

이제 전시회를 기획해 볼까요? 어떤 분위기의 전시실을 꾸[...] 대하는 태도는 크게 달라집니다. 이번 전시회가 [...] 용어를 사용해 이해하기 쉽도록 준비하는 것은 기본입니[...] 도록 배경음악, 체험활동 등도 함께 준비할 생각입니다. 특[...] 참고하여 한국미술관이 자랑하는 특별전시회가 되도록 최선을 다[...]

❶ 특별전시회에 어울리는 배경음악을 선정합니다.

우선 퀘스트2에서 만든 헌정곡을 특별전시회에 활용할 수 있도록 안내해주세요. 아울러 학생들이 전시회의 주제와 작품분위기와 어울리는 곡을 자유롭게 선정하도록 하면 됩니다.

❷ 작품의 이해를 도울 설명 자료를 만듭니다.

퀘스트3 활동에서 수집한 자료를 활용하여 작품의 이해를 돕는 설명자료를 제작해 주세요. 퀘스트1과 2의 활동내용도 설명자료에 포함되도록 안내해주는 것이 좋습니다.

❸ 전시회를 알리는 초대장을 제작하고 배포합니다.

관련교과	국어	사회	도덕		
	●				

1. 음악 선정 시 작품의 분위기를 고려하여야[...] 세요.
2. 모둠원 각자가 자신이 선택한 작품의 전문[...]
3. 초대장 안에는 전시회를 알릴 수 있는 정보[...] (작가, 전시작품, 전시기간, 전시장소, 전시회의 성격 등)

인터넷에서 다양한 초대장 사례를 살펴보고, 이를 바탕으로 특별전시회의 성격이 잘 드러나도록 구성합니다. 초대장은 직접 그려서 표현할 수도 있지만, 소프트웨어를 활용해 제작하는 것을 권장하는 것이 좋습니다. 전시회 대표 작품(모둠원들의 창작품)과 관련 정보가 초대장에 담기도록 안내해주세요.

마무리

'이색미술관, Creative Art Gallery'의 마무리는 제목 그대로 크리에이티브 아트갤러리를 준비하고 여는 활동으로 구성됩니다. 당연히 앞서 퀘스트3의 활동을 통해 완성한 작품을 핵심전시물로 삼으며, 퀘스트4에서 준비한 자료를 적극적으로 활용하게 됩니다. 큐레이터로서 특별전시회 공간을 꾸미고, 도슨트로서 시나리오를 준비해 활동을 진행하게 됩니다.

Teacher Tips

● 퀘스트5 : 크리에이티브 아트갤러리가 열리다

중심활동 : 크리에이티브 아트갤러리 준비하기, 크리에이티브 아트갤러리 열기

- [퀘스트5]의 문제상황을 파악하고 크리에이티브 아트갤러리 진행하기
- 도슨트 시나리오 작성하기
- 특별전시회 부스를 나타낸 공간스케치를 진행하고 이를 바탕으로 공간꾸미기
- 전시회를 운영하고 관람객으로서 참여한 결과를 토대로 Top3선정하기, (온라인) 성찰저널 작성하기

Quest 퀘스트 05 크리에이티브 아트갤러리가 열리다!

자! 이제 모든 준비가 끝났습니다. 어린이와 청소년들을 위 ... 립니다. 당신이 지금껏 준비한 특별전시회가 어린 학생들에 ... 지네요. 실력과 열정으로 빚어낸 이번 전시회가 작은 실수 ... 게 점검하고 철저히 준비하여 열기 바랍니다. 한국박물관의 특별 ... GALLERY'를 지금부터 시작하도록 하겠습니다.

기존작품을 재구성하여 창의적으로 표현한 작품을 공유하는데 목적을 둔 퀘스트입니다. '크리에이티브(creative)'라는 의미를 살려 학생들의 기발한 상상력 돋보이는 전시회가 되도록 지도해주세요.

퀘스트4-2의 작품 설명자료를 바탕으로 도슨트 시나리오를 작성하도록 안내해주세요. 학생들로 하여금 도슨트라는 직업이 어떤 일을 하는지 알고 활동에 참여하도록 해주세요.

❶ 도슨트 시나리오를 작성해 주세요.

•

※ 도슨트(docent): 박물관이나 미술관 등에서 관람객들에게 전시물을 설명하는 선생님

❷ 특별전시회 공간을 꾸며주세요.

공간스케치

특별전시회 공간은 팀별로 꾸미는 것입니다. 책상과 의자를 비롯해 전시공간에 활용 가능한 자원을 결정하고, 교실공간을 구분하여 팀별 위치를 정하도록 합니다. 특별전시회를 위한 공간스케치 활동이 불필요하다고 여겨진다면 곧바로 꾸미기 활동으로 돌입하는 것도 괜찮습니다.

❸ 크리에이티브 아트갤러리의 취지에 부합하는 작품 Top3를 개 ...

	작가명	작품제목	감...
1			
2			
3			

	국어	...	수학	과학	실과		체육	예술		영어	창의적 체험활동	자유학기활동		
												진로 탐색	주제 선택	예술 체육
														•

... 가 잘 드러나도록 공간을

'크리에이티브 아트갤러리'라는 주제에 걸맞게 이색적인 체험프로그램을 준비할 수 있도록 안내해주세요. 예를 들어 '뭉크의 절규 표현하기', '모나리자 분장하기' 등 작품내용과 연계된 활동을 준비할 수 있도록 합니다. 즉석에서 유명작품을 모티브로 한 페이스 페인트, 인물분장, 퀴즈대회 등도 주제에 구성해볼 수 있겠죠. 활동의 특성상 짧은 시간 안에 체험할 수 있는 프로그램이어야 합니다. 그리고 최종적으로 전시된 작품들 가운데 주제에 가장 적합한 작품 TOP3를 선정하여 감상평과 선정이유를 밝히도록 해주세요. 포스트잇을 활용해 관람직후 작품 밑에 붙이도록 하는 것도 고려해볼 만 합니다.

이 수업은 팀별로 마련된 전시부스공간을 중심으로 이루어지기 때문에 2학급 이상이 참여하는 공동수업도 얼마든지 가능합니다. 크리에이티브 아트갤러리는 다른 학급의 학생들을 초대하는 방식으로 운영할 수도 있고, 아래 학년의 후배들을 초대하여 행사를 진행할 수도 있습니다. 1부는 학급 안에서 부스운영과 관람객의 역할을 교대하며 진행해보고, 2부는 다른 학생들을 초대하는 방식으로 운영하면 활동의 만족도가 더 높아집니다. 현실적인 상황을 고려하여 융통성 있게 진행해보세요. 참고로 아래는 두 학급이 공동수업으로 진행했을 때의 예를 제시한 것입니다.

| 특별전시회 활동 벌이기 2학급 공동수업 예

◆팀별로 부스설치 공간을 배정하고 작품을 비롯한 전시물 설치하기

◆크리에이티브 아트갤러리는 1부와 2부로 나눠 진행되며, 각 부를 책임지고 운영할 팀 나누기

◆1부는 각반의 홀수(1, 3, 5)팀이 부스를 운영하고, 짝수(2, 4, 6) 팀이 관람객으로 참여하기

A반 발표				B반 발표	
[A반] 1조 –	관람객 [B반] 2조			[B반] 1조 –	관람객 [A반] 2조
[A반] 3조 –	[B반] 4조	◀▶		[B반] 3조 –	[A반] 4조
[A반] 5조 –	[B반] 6조			[B반] 5조 –	[A반] 6조

◆[선택1] 부스별 발표시간은 10분으로 제한되며, 팀별 관람순서를 정해서 총3회(30분) 실시, [A반] 홀수팀이 다른 반[B반] 짝수팀을 대상으로 진행하기, 공동수업을 진행한 두 반이 동시진행하며, 발표가 끝나고 남은 시간 자율관람하기(쉬는 시간까지 최대20분 가능)

◆[선택2] 부스별 발표시간을 6분으로 제한하여 팀별 관람순서를 정해 총6회(40분)실시, 1차로 [A반] 홀수팀이 같은 반[A반] 짝수팀을 대상으로 발표하고 1차로, [A반] 홀수팀이 다른 반[B반] 짝수팀을 대상으로 발표하기

◆2부는 1부와 반대로 각반의 짝수(2,4,6)팀이 부스를 운영하고, 홀수(1,3,5) 팀이 관람객으로 참여하기

A반 발표				B반 발표	
[A반] 2조 –	관람객 [B반] 1조			[B반] 2조 –	관람객 [A반] 1조
[A반] 4조 –	[B반] 3조	◀▶		[B반] 4조 –	[A반] 3조
[A반] 6조 –	[B반] 5조			[B반] 6조 –	[A반] 5조

◆서로 역할을 바꾸어 1부와 동일한 방식으로 북아트페어 행사진행하기

◆1부와 2부 행사가 모든 끝난 이후에 부스를 운영할 최소 인원(1–2명)을 제외한 나머지 학생들 자율관람하기, 중간에 부스운영자를 교체하며 관람하지 못한 전시부스 방문하기

◆교사는 관찰자로서 학생들의 활동 장면을 동영상과 사진으로 촬영하고 학급홈페에지에 올리기

◆이후 온라인 활동 안내하기(댓글을 통한 온라인 평가와 성찰일기 작성 안내, 총평하기

All-Clear
sticker

CHAPTER 02

문화재 훼손을 막아라! 나는야 문화재지킴이

Quest 01. _유네스코 세계문화유산을 찾아라!

Quest 02. _문화재와 얽힌 이야기가 궁금하다

Quest 03. _문화재의 훼손여부 살펴보기

Quest 04. _문화재의 훼손원인 규명하기

Quest 05. _문화재 훼손을 방지하기 위한 방법 제안!

★Teacher Tips

INTRO.

문화재 훼손을 막아라! 나는야 문화재지킴이

일제강점기 시대의 수탈과 한국전쟁을 지나며 우리는 너무나 소중한 유산들을 잃어버렸습니다. 경제발전을 위한 산업화가 숨이 가쁠 정도로 진행되는 동안 당장의 먹고 사는 문제로 인해 옛것의 소중함을 잊고 살기도 했습니다. 그러나 이제 21세기의 대한민국은 달라지고 있습니다. 문화유산의 소중함을 인식하고 지키고 계승하려는 움직임들이 여기저기서 일어나고 있죠. 문화재의 전문적인 보존을 위한 전공과 새로운 직업도 생겨났습니다.

이른바 문화재보존전문가, 문화재를 과학적으로 복원하거나 보존하는 업무를 수행합니다. 사고나 재해로 인한 훼손, 노화 등 문화재의 재질이나 특성에 따라 나타나는 다양한 손상 유형에 대처하게 됩니다. 유물의 손상정도, 내부구조 등을 확인하고, 훼손 원인을 조사하여 제거하는 등 본래의 모습대로 복원하는데 중점을 둡니다. 이러한 문화재보존전문가는 관련 학과의 전공자, 문화재수리기능자, 문화재수리기술자 등의 자격을 취득해야 관련 업무를 수행할 수 있습니다.

문화재청은 국가의 문화유산을 종합적이고 체계적으로 보존할 목적으로 문화재보존과학센터를 설립하고 운영하고 있기도 합니다. 이제 여러분들에게는 문화재보존전문가로서 각종 임무가 부여됩니다. 우리가 가진 소중한 문화유산을 지키고 보존하기 위한 구체적인 실천과 마음에서 우러나는 멋진 활약을 펼쳐나가길 바랍니다.

* 문제시나리오에 사용된 어휘빈도(횟수)를 시각적으로 나타낸 워드클라우드(word cloud)입니다. 워드클라우드를 통해 어떤 주제와 활동이 핵심인지 예상해 보세요.

문화재 훼손을 막아라! 나는야 문화재지킴이

당신은 유능한 '문화재보존전문가'입니다. 다양한 원인에 의해 심각하게 훼손된 우리 문화재를 원래의 모습에 가깝게 복원하는 일과 문화재가 더 이상 훼손되지 않도록 보존하고 관리하는 일을 맡고 있습니다. 과거 국민들에게 큰 슬픔을 안긴 국보 1호 숭례문 화재사건을 계기로 우리 문화재들을 보호하기 위한 의미 있는 활동들이 활발히 이뤄지고 있는 상태입니다. 국민들의 관심도 어느 때보다 커지고 있기도 합니다. 그래서인지 최근 문화재청에는 중요 문화재들에 대한 훼손과 관련된 민원들이 늘고 있다는 소식입니다. 특히, 각 문화재마다 건축물과 석조물에 대한 훼손 정도가 심각하고, 변색과 같은 이상 징후가 광범위하게 발견되는 곳이 많이 있다고 합니다. 부끄럽게도 이들 문화재는 유네스코로부터 세계문화유산으로 등재되어 있기도 합니다. 이대로 방치할 순 없는 일이겠지요?

문화재청에서는 이 분야에서 탁월한 능력을 인정받고 있는 당신에게 우리 지역에 위치하고 있는 문화재에 대한 정밀 진단을 의뢰한다고 합니다. 문화재보존전문가로서 빠른 시일 안에 문화재의 훼손 원인을 규명하고, 보존 대책과 훼손에 대한 복원계획 등을 마련해야 합니다. 너무나도 막중한 임무가 당신에게 주어졌네요. 하지만 믿습니다. 당신은 유능한 문화재보존전문가니까요. 그럼 이제부터 당신의 멋진 활약을 기대해 보겠습니다.

PBL MAP

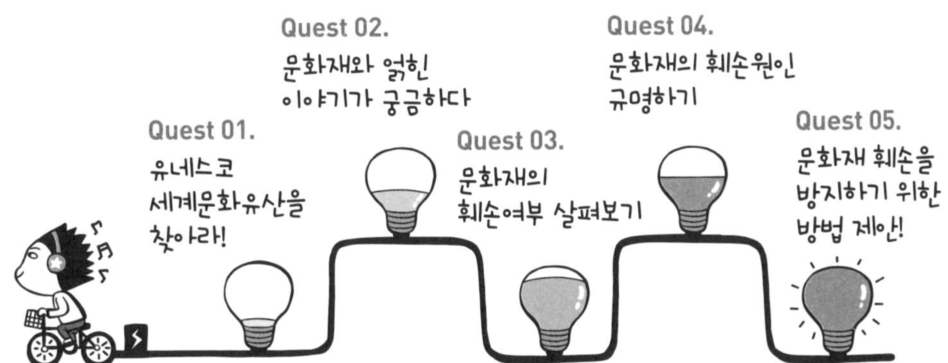

유네스코 세계문화유산을 찾아라!

★★★

유네스코(UNESCO)는 인류 전체를 위해 보호되어야 할 보편적 가치를 지닌 문화재를 지정하고 있습니다. 이들 문화재를 '세계문화유산(World Cultural Heritage)'이라 지칭합니다. 유네스코는 세계유산이 특정 소재지와 상관없이 보편적 가치를 지니고 있다고 여기고, 이러한 자연유산 및 문화유산들을 발굴 및 보호, 보존하고자 1972년 세계 문화 및 자연유산 보호 협약을 채택하고 있습니다. 우리나라 역시 유네스코에서 지정한 세계문화유산을 보유하고 있습니다. 그런데 과연 이들 문화재가 잘 관리되고 있을까요? 먼저 우리지역과 가까운 곳부터 역사문화적인 가치를 인정받아 지정된 유네스코 세계문화유산을 찾아보기로 결정하였습니다.

※ 유네스코라는 명칭은 약자이며 공식명은 유엔교육과학문화기구(United Nations Educational, Scientific and Cultural Organization)이다. 1945년 11월 영국과 프랑스의 공동주체로 런던에서 열린 유네스코창설준비위원회에서 44개국 정부대표에 의해 유네스코헌장이 채택되었으며, 1946년 11월 최초의 국제연합전문기구로 발족했다.

구분	문화재	조사내용(요약)	위치
1			
2			
3			
4			

관련교과	국어	사회	도덕	수학	과학	실과			체육	예술		영어	창의적 체험활동	자유학기활동		
						기술	가정	정보		음악	미술			진로 탐색	주제 선택	예술 체육
		●											●		●	

1. 유네스코가 세계문화유산으로 지정한 문화재를 찾아보고, 모둠 구성원 간의 역할분담을 통해 조사대상을 달리하여 자세히 살펴보도록 합니다. 각자 조사한 내용을 모둠 안에서 반드시 공유하도록 해주세요.
2. 조사한 내용은 이해하기 쉽도록 재구성해서 온라인 학급커뮤니티를 통해 공유합니다. 더불어 해당 문화재의 정확한 위치를 온라인 지도서비스를 이용해 표기합니다.

나만의 교과서

4가지 기본항목을 채우고, 퀘스트 해결과정에서 공부한 내용이나 수집한 정보를 토대로 자신만의 방식으로 알차게 표현해 보세요. 그림이나 생각그물의 형태로 표현하는 것도 좋습니다.

ideas 문제해결을 위한 나의 아이디어	**facts** 문제와 관련하여 내가 알고 있는 것들

learning issues 문제해결을 위해 공부해야 할 주제	**need to know** 반드시 알아야 할 것

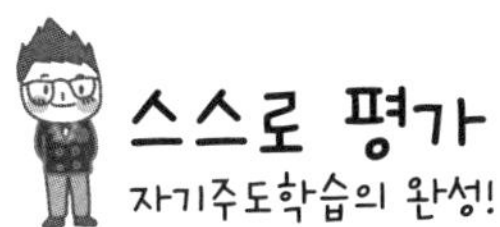

		나의 신호등
01	나는 우리나라의 유네스코세계문화유산을 찾아보았고, 역할을 나누어 자세히 조사했다.	1 2 3 4 5
02	나는 조사한 문화재의 위치를 온라인 지도서비스를 이용해 확인하였다.	1 2 3 4 5
03	나는 문제해결을 위해 탐구한 내용과 수집한 정보를 바탕으로 나만의 교과서를 멋지게 완성하였다.	1 2 3 4 5

자신의 학습과정을 되돌아보고 진지하게 평가해주세요.

Level up

오늘의 점수	나의 총점수

Quest 퀘스트 02

문화재와 얽힌 이야기가 궁금하다.

★★★★★★

나는야 문화재보존 전문가,
사전조사를 통해 훼손이 의심되는 곳을
추려봐야겠어.
탁탁
타닥

세계문화유산으로 지정된 문화재에는 인류의 보편적 가치로 인정받을 만한 역사·문화적 사건들이 있습니다. 그곳에는 각각의 사건들과 얽힌 생생한 이야기들을 담고 있죠. 문화재 보전의 기본은 이들의 역사적 가치를 훼손시키지 않는데 있을 것입니다. 문화재와 얽힌 역사적 사건에는 무엇이 있었는지 그 이야기들을 찾아 여행을 떠나 보도록 합시다.

❶ 답사 가능한 문화재를 선택하고 관련된 역사적 사건과 인물, 전해 내려오는 대표적인 이야기 등을 자세히 조사하여 정리해 봅시다. ★★★

내가 선택한 문화재	
관련된 역사적 사건과 인물	**대표적인 이야기**

❷ 관련 뉴스기사와 사진자료, 각종 인터넷 정보 등을 통해 문화재 훼손이 의심되는 곳을 추려봅시다. ★★★

구분	문화재 훼손이 의심되는 부분	이유	근거(자료출처)
1			
2			

관련교과	국어	사회	도덕	수학	과학	실과			체육	예술		영어	창의적 체험활동	자유학기활동		
						기술	가정	정보		음악	미술			진로 탐색	주제 선택	예술 체육
		●											●		●	

1. 문화재마다 역사적으로 주목받았던 사건과 인물들이 있기 마련입니다. 사건을 배경으로 한 드라마나 소설 등도 많으니 해당 문화재를 이해하는 데 도움이 될 자료를 폭넓게 찾아보시기 바랍니다.
2. 개별적으로 수행한 이후, 그 결과를 동료들과 공유하도록 합시다. 특히 문화재보존 전문가로서 문제를 해결하고 있다는 사실을 인식하고 해당 문화재에서 훼손된 부분이 어디에 있을지 예측해 보길 바랍니다.

나만의 교과서

4가지 기본항목을 채우고, 퀘스트 해결과정에서 공부한 내용이나 수집한 정보를 토대로 자신만의 방식으로 알차게 표현해 보세요. 그림이나 생각그물의 형태로 표현하는 것도 좋습니다.

ideas
문제해결을 위한 나의 아이디어

facts
문제와 관련하여 내가 알고 있는 것들

learning issues
문제해결을 위해 공부해야 할 주제

need to know
반드시 알아야 할 것

나의 신 호 등

01	나는 문화재와 관련된 역사적 사건과 인물, 이들과 얽힌 이야기들에 대해 조사하였다.	1 2 3 4 5
02	나는 사전조사활동을 통해 문화재 훼손이 의심되는 부분을 이유와 근거를 들어 예측하였다.	1 2 3 4 5
03	나는 문제해결을 위해 탐구한 내용과 수집한 정보를 바탕으로 나만의 교과서를 멋지게 완성하였다.	1 2 3 4 5

자신의 학습과정을 되돌아보고 진지하게 평가해주세요.

Level up

오늘의 점수 나의 총점수

Quest 퀘스트 03

문화재의 훼손여부 살펴보기

★★★★★★★★★

문화재의 훼손의 원인을 파악하고 보존대책을 세우기 위해서는 앞서 진행한 내용을 바탕으로 문화재의 훼손 상태를 직접 살펴보는 작업이 필요합니다. 직접 문화재가 위치한 곳을 방문하여 그곳, 특히 건축물과 석조물에 대한 훼손(변색, 부분 유실, 낙서, 갈라짐 등) 여부를 면밀히 살펴보아야 하는데요. 문화재에서 훼손된 부분을 자세히 관찰하고 정밀진단을 벌여야 합니다. 문화재에 대한 정밀진단은 다음 절차에 따라 진행될 것입니다.

[퀘스트3] 문화재의 훼손 여부 살펴보기

⇩ 문화재를 직접 방문하여 건축물과 석조물에 대한 훼손(변색, 부분 유실, 낙서, 갈라짐 등) 여부를 면밀히 살펴봅니다.

[퀘스트4] 문화재 훼손의 원인 규명하기

⇩ 문화재가 훼손된 원인을 각 유형(변색, 부분 유실, 낙서, 갈라짐 등)에 따라 밝힙니다. 건축물과 석조물의 훼손 원인은 개인의 생각이 아닌 과학적으로 타당한 근거를 가지고 규명해야 합니다.

[퀘스트5] 문화재 훼손을 방지하기 위한 방법 제안

⇨ 유물의 훼손 원인을 과학적으로 밝힌 후, 이에 맞는 훼손 방지 방법을 제안합니다.

❶ 문화재 훼손 실태를 파악하기 위한 조사계획을 세워주세요. ★★★

조사대상 문화재 이름	1	현장 답사일	
	2	참가자	
문화재 훼손여부 필수체크	문화재 훼손이 의심되는 위치	필수적으로 확인해야 할 부분	
	1		
	2		
	기타		
시간계획 [일정]		이름	역할분담내용

❷ 계획에 따라 문화재 훼손실태를 직접 조사하도록 합니다. 원인분석은 추후에 진행하면 됩니다. 다양한 각도로 사진촬영을 하여 훼손된 부분을 기록하고, 훼손 상태를 자세히 묘사하여 글로 남깁니다.

★★★★★

문화재	훼손된 부분 설명(요약)	자료(사진목록)

기타

관련교과	국어	사회	도덕	수학	과학	실과			체육	예술		영어	창의적 체험활동	자유학기활동		
						기술	가정	정보		음악	미술			진로 탐색	주제 선택	예술 체육
		●			●								●		●	

1. 집중적으로 조사할 문화재 3곳을 선정해주세요. 예를 들어 창덕궁을 조사하기로 했다면, 제한된 시간 안에 전체를 살펴보는 것이 어려우므로 이중 훼손이 많을 것으로 예상되는 돈화문, 대조전, 인정전을 집중 조사대상으로 선정하는 방식입니다.
2. 퀘스트2를 통해 추린 훼손이 의심되는 문화재의 위치를 파악하고 필수적으로 확인할 부분을 체크리스트로 완성합니다. 아울러 조사의 효율성을 감안하여 시간계획을 세워주세요.
3. 문화재가 위치한 곳을 직접 방문하여, 의심되는 곳을 중심으로 훼손여부를 직접 살펴봅니다. 준비한 카메라로 훼손된 부분을 여러 각도로 촬영하고, 관찰한 내용을 상세히 기록합니다.

나만의 교과서

4가지 기본항목을 채우고, 퀘스트 해결과정에서 공부한 내용이나 수집한 정보를 토대로 자신만의 방식으로 알차게 표현해 보세요. 그림이나 생각그물의 형태로 표현하는 것도 좋습니다.

ideas 문제해결을 위한 나의 아이디어	facts 문제와 관련하여 내가 알고 있는 것들

learning issues 문제해결을 위해 공부해야 할 주제	need to know 반드시 알아야 할 것

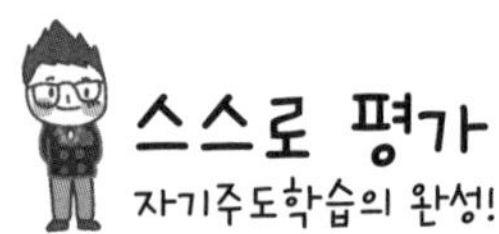

스스로 평가

자기주도학습의 완성!

나의 신 호 등

01	나는 문화재 훼손실태를 파악하기 위한 조사계획을 수립하였다.	1 2 3 4 5
02	나는 조사계획에 따라 문화재 훼손실태를 직접 확인하고, 사진과 글로 자세히 기록하였다.	1 2 3 4 5
03	나는 문제해결을 위해 탐구한 내용과 수집한 정보를 바탕으로 나만의 교과서를 멋지게 완성하였다.	1 2 3 4 5

자신의 학습과정을 되돌아보고 진지하게 평가해주세요.

Level up 오늘의 점수 나의 총점수

문화재의 훼손원인 규명하기

★★★★★★

문화재가 훼손된 원인은 과연 무엇일까요? 직접 방문하여 문화재의 훼손(변색, 부분 유실, 낙서, 갈라짐 등) 여부를 면밀히 살펴본 결과, 상태는 매우 심각한 것으로 드러났습니다. 촬영을 통해 확보한 사진 및 영상 기록 등을 다시 면밀히 살펴보고 훼손의 원인을 규명하는 데 초점을 맞출 것입니다. 개인의 추측인 아닌 과학적으로 타당한 근거를 들어 문화재의 훼손 원인을 밝혀주세요.

[퀘스트3] 문화재의 훼손 여부 살펴보기

[퀘스트4] 문화재 훼손의 원인 규명하기

문화재가 훼손된 원인을 각 유형(변색, 부분 유실, 낙서, 갈라짐 등)에 따라 밝힙니다. 건축물과 석조물의 훼손 원인은 개인의 생각이 아닌 과학적으로 타당한 근거를 가지고 규명해야 합니다.

[퀘스트5] 문화재 훼손을 방지하기 위한 방법 제안

_그림출처: 판교박물관

문화재이름	훼손된 원인(추측 및 예상)	과학적 근거

관련교과	국어	사회	도덕	수학	과학	실과			체육	예술		영어	창의적 체험활동	자유학기활동		
						기술	가정	정보		음악	미술			진로 탐색	주제 선택	예술 체육
		●			●								●		●	

1. 훼손의 원인은 생물(동물, 식물, 지의류 등), 기후조건, 환경오염, 관리소홀, 사고 등 매우 다양합니다. 다양한 측면에서 문화재 훼손의 원인을 살펴보도록 하세요.
2. 가설을 뒷받침할만한 과학적 근거를 분명히 제시해야 합니다. 과학적 근거가 없다면 개인적인 추측으로만 그쳐서 설득력을 잃게 됩니다.

나만의 교과서

4가지 기본항목을 채우고, 퀘스트 해결과정에서 공부한 내용이나 수집한 정보를 토대로 자신만의 방식으로 알차게 표현해 보세요. 그림이나 생각그물의 형태로 표현하는 것도 좋습니다.

ideas 문제해결을 위한 나의 아이디어	**facts** 문제와 관련하여 내가 알고 있는 것들

learning issues 문제해결을 위해 공부해야 할 주제	**need to know** 반드시 알아야 할 것

스스로 평가

자기주도학습의 완성!

		나의 신호등
01	나는 다양한 측면에서 문화재 훼손원인을 살펴보았다.	❶❷❸❹❺
02	나는 문화재 훼손원인을 과학적인 근거를 들어 제시하였다.	❶❷❸❹❺
03	나는 문제해결을 위해 탐구한 내용과 수집한 정보를 바탕으로 나만의 교과서를 멋지게 완성하였다.	❶❷❸❹❺

자신의 학습과정을 되돌아보고 진지하게 평가해주세요.

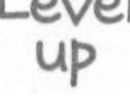

오늘의 점수 나의 총점수

Quest 퀘스트 05

문화재 훼손을 방지하기 위한 방법 제안!

★★★★★★★★★★

문화재 훼손의 원인이 과학적으로 규명된 만큼, 문화재의 훼손을 방지하기 위한 구체적인 방법을 제안하고자 합니다. 특히 보존이 시급한 건축물이나 석조물을 선정하여 우선적으로 훼손을 방지하기 위한 방법을 제안해 주세요. 아울러 시민들 모두가 문화재 지킴이가 되어 우리 조상들의 멋과 슬기가 담긴 문화유산을 지켜나갈 수 있도록 UCC 자료를 만들어 온라인을 통해 배포할 것입니다.

[퀘스트3] 문화재의 훼손 여부 살펴보기

[퀘스트4] 문화재 훼손의 원인 규명하기

⇩

[퀘스트5] 문화재 훼손을 방지하기 위한 방법 제안

유물의 훼손 원인을 과학적으로 밝힌 후, 이에 맞는 훼손 방지 방법을 제안합니다.

❶ 문화재 훼손을 방지하기 위한 방법을 제안해 주세요.

문화재이름	문화재 훼손 방지를 위한 방안	실천방법

❷ 문화재 보존의 기본은 훼손하지 않는 것입니다. 무관심한 시민들을 대상으로 문화재 훼손의 심각성을 알리고, 문화재 지킴이로서 실천하도록 UCC 자료를 만들어 배포합시다.

주요 장면 스토리보드			
	#1	#2	#3
	#4	#5	#6

관련교과	국어	사회	도덕	수학	과학	실과			체육	예술		영어	창의적 체험활동	자유학기활동		
						기술	가정	정보		음악	미술			진로 탐색	주제 선택	예술 체육
		●			●	●							●		●	

1. 문화재 훼손을 방지하기 위한 방법은 이전에 규명한 과학적 이유가 발생하지 않도록 하는데 초점을 두면 됩니다.
2. UCC 자료는 인터넷(카페, SNS, 유튜브 등)에 올려서 홍보하는 방식이 수월합니다. 짧은 시간동안 주제를 효과적으로 전달하는 것이 중요합니다.

나만의 교과서

4가지 기본항목을 채우고, 퀘스트 해결과정에서 공부한 내용이나 수집한 정보를 토대로 자신만의 방식으로 알차게 표현해 보세요. 그림이나 생각그물의 형태로 표현하는 것도 좋습니다.

ideas 문제해결을 위한 나의 아이디어	facts 문제와 관련하여 내가 알고 있는 것들

learning issues 문제해결을 위해 공부해야 할 주제	need to know 반드시 알아야 할 것

		나의 신호등
01	나는 문화재 훼손방지를 위한 방안을 제안하고 구체적인 실천방법을 제시하였다.	1 2 3 4 5
02	나는 문화재보존의 중요성과 문화재지킴이로서의 실천을 강조한 UCC자료를 제작하여 적극적으로 배포하였다.	1 2 3 4 5
03	나는 문제해결을 위해 탐구한 내용과 수집한 정보를 바탕으로 나만의 교과서를 멋지게 완성하였다.	1 2 3 4 5

자신의 학습과정을 되돌아보고 진지하게 평가해주세요.

Level up　오늘의 점수　나의 총점수

All-Clear
sticker

All-Clear
sticker

02 CHAPTER

문화재 훼손을 막아라! 나는야 문화재지킴이

★Teacher Tips

Teacher Tips

'문화재 훼손을 막아라! 나는야 문화재지킴이'는 사회(역사)교과를 중심으로 과학을 비롯해 여러 교과와 주제별 체험학습과 연계하여 진행할 수 있는 수업입니다. 이 수업은 학생들로 하여금 가까운 곳에 위치한 문화재부터 파악하고, 세계문화유산으로 지정되어 그 가치를 인정받고 있는 문화재의 훼손상태를 직접 살펴보도록 요구하고 있습니다. 특히 문화재보존전문가의 역할을 수행하며 과학적으로 훼손의 원인을 규명하고 해법을 모색하는 활동이 주를 이루고 있습니다. 학생들이 문화재의 훼손상태를 직접 확인하고 그 심각성에 공감하는 것이 무엇보다 중요합니다. 가급적이면 체험학습과 연계하여 진행하도록 해주세요. 아무쪼록 학생들과 문화재 보존의 중요성을 일깨우는 소중한 시간이 되길 바랍니다.

한국전쟁에서 훼손된 숭례문 모습

문화재 훼손을 논할 때, 일제 강점기 시대를 빼놓질 않고 이야기 합니다. 당시 수많은 국보급 보물들이 폭력에 의해 강탈당하거나 합법을 가장하여 국외로 반출됐습니다. 그럼에도 불구하고 여러 사람들의 의로운 행동으로 인해 지켜진 문화재도 상당히 많았습니다.

그러나 허무하게도 암흑한 시대에 지켜냈던 문화재들이 한국전쟁을 거치며 소실되거나 심각하게 파괴되기에 이릅니다. 빨치산의 근거지가 될 수 있다는 이유로 전국의 70개 이상의 사찰들에 폭격과 방화를 가했으며, 그곳에 보관되어 있었던 국보급 문화재들이 불타버리기도 했습니다. 지금도 석조 문화재 상당수에서 총탄과 포탄 등에 의한 전쟁의 상흔들을 목격할 수 있습니다. 이 수업의 핵심인 문화재 보존의 중요성에 대해 충분히 공감하기 위해서는 먼저 문화재 훼손의 역사를 제대로 알 필요가 있습니다. 비록 PBL활동에는 포함되어 있진 않지만 이 수업을 시작하기 전에 우리나라의 문화재 훼손사례를 깊이 있게 다뤄볼 것을 권장합니다.

아무튼 학생들이 문화재 보존의 중요성과 그 의미에 공감하고 '문화재 훼손을 막아라! 나는야 문화재 지킴이' 수업에 참여하는 것은 중요합니다. 가까운 거리의 문화재를 찾아가서 훼손의 심각성을 눈으로 직접 목격한다면 학습의 효과는 배가 될 것입니다. 무엇보다 문화재보존전문가로서의 역할을 이해하고 문화재 훼손의 원인과 해결방안을 과학적으로 제시하도록 하는 것이 중요합니다.

이 수업은 유네스코 세계문화유산으로 지정된 문화재와 관련된 주제별 체험학습과 연계하여 진행하면 더욱 효과적입니다. 만약 유네스코 세계문화유산으로 지정된 문화재와 연계가 어려울 경우, 퀘스트1활동을 생략하고 퀘스트2활동을 시작으로 삼아도 됩니다. 학생들이 거주하는 곳을 고려해서 선생님이 임의로 가까운 문화재를 선정하여 진행하는 것도 충분히 가능합니다. 어떠한 형태든 체험학습과의 연계가 필요하지만, 그것이 여의치 않을 경우, 문화재 훼손과 관련된 각종 사진자료를 분석함으로써 대신할 수 있습니다. 기본적으로 활동의 성격상 사회(역사)교과를 중심으로 하고 있지만, 과학을 비롯해 다른 교과로 확장해서 진행할 수 있는 수업입니다. 더불어 이 수업의 특성상 학년의 경계는 없습니다. 굳이 역사수업이 아니더라도 자유학년(학기)활동, 창의적 체험활동 프로그램으로 충분히 활용할 수 있으니 교육과정을 참고하여 현장상황에 맞게 적용하길 바랍니다.

<table>
<tr><th rowspan="2">교과</th><th rowspan="2" colspan="2">영역</th><th colspan="2">내용요소</th></tr>
<tr><th>초등학교 [5–6학년]</th><th>중학교 [1–3학년]</th></tr>
<tr><td>국어</td><td colspan="2">말하기듣기</td><td>◆토의[의견조정]
◆발표[매체활용]
◆체계적 내용 구성</td><td>◆토의[문제 해결]
◆발표[내용 구성]
◆매체 자료의 효과</td></tr>
<tr><td rowspan="3">과학</td><td>화학</td><td>물질의 성질/상태</td><td>◆용액의 성질, 용액의 분류, 지시약
◆산성 용액, 염기성 용액</td><td>◆입자의 운동, 기체의 압력
◆기체의 압력과 부피의 관계
◆기체의 온도와 부피의 관계</td></tr>
<tr><td colspan="2">생명과학</td><td>◆환경 요인이 생물에 미치는 영향
◆균류, 원생생물, 세균의 특징과 사는 곳</td><td></td></tr>
<tr><td colspan="2">지구과학</td><td>◆계절별 날씨</td><td>◆풍화 작용</td></tr>
<tr><td>실과
정보</td><td colspan="2">자료와 정보</td><td>◆소프트웨어의 이해</td><td>◆자료의 유형과 디지털 표현</td></tr>
<tr><td rowspan="2">사회</td><td colspan="2">역사일반</td><td>◆[초등학교 3–4학년]우리가 알아보는 고장 이야기(고장의 문화유산)</td><td>◆역사의 의미와 학습 목적
(사료의 개념, 역사 학습의 목적)</td></tr>
<tr><td colspan="2">정치사</td><td>◆일제의 침략과 광복을 위한 노력</td><td>◆일본 제국주의의 침략과 국권 수호 운동
(의병 운동, 애국 계몽 운동, 을사늑약)</td></tr>
</table>

Teacher Tips

- 적용대상(권장): 초등학교 5학년 – 중학교 3학년
- 자유학년활동: 주제선택
- 학습예상소요기간(차시): 8 – 10일(8 – 12차시)
- Time Flow

10일 기준

시작하기_문제제시	전개하기_과제수행				마무리_발표 및 평가
	QUEST 01	QUEST 02	QUEST 03	QUEST 04	QUEST 05
문제출발점 설명 PBL MAP으로 학습 흐름 소개	유네스코 세계문화유산을 찾아라!	문화재와 얽힌 이야기가 궁금하다	문화재의 훼손여부 살펴보기	문화재의 훼손원인 규명하기	문화재 훼손을 방지하기 위한 방법 제안! 성찰일기/작성하기
교실 20분	교실 ǀ 온라인 20분ǀ2hr	교실 ǀ 온라인 40분ǀ2-3hr	교실 ǀ 온라인 80분ǀ2-3hr	교실 ǀ 온라인 80분ǀ2-3hr	교실 ǀ 온라인 80분ǀ1hr
1-2 Day		3-4 Day	5-6 Day	7-8 Day	9-10 Day

- 수업목표(예)

QUEST 01	◆우리나라의 유네스코세계문화유산에 대해 자세히 조사할 수 있다. ◆조사한 문화재의 위치를 온라인 지도서비스를 이용해 확인할 수 있다.
QUEST 02	◆문화재와 관련된 역사적 사건과 인물, 이들과 얽힌 이야기들에 대해 조사할 수 있다. ◆사전조사활동을 통해 문화재 훼손이 의심되는 부분을 이유와 근거를 들어 예측할 수 있다.
QUEST 03	◆문화재 훼손실태를 파악하기 위한 조사계획을 수립할 수 있다. ◆조사계획에 따라 문화재 훼손실태를 직접 확인하고, 사진과 글로 자세히 기록할 수 있다.
QUEST 04	◆다양한 측면에서 문화재 훼손원인을 살펴볼 수 있다. ◆문화재 훼손원인을 과학적인 근거를 들어 제시할 수 있다.
QUEST 05	◆문화재 훼손방지를 위한 방안을 제안하고 구체적인 실천방법을 제시할 수 있다. ◆문화재보존의 중요성과 문화재지킴이로서의 실천을 강조한 UCC 자료를 제작하여 적극적으로 배포할수 있다.
공통	◆문제해결의 절차와 방법에 대한 이해를 바탕으로 학습과정에 참여할 수 있다. ◆공부한 내용을 정리하고 자신의 언어로 재구성하는 과정을 통해 창의적인 문제를 만들어낼 수 있다. 이 과정을 통해 지식을 생산하기 위해 소비하는 프로슈머로서의 능력을 향상시킬 수 있다. ◆토의의 기본적인 과정과 절차에 따라 문제해결방법을 도출하고, 온라인 커뮤니티 등의 양방향 매체를 활용한 지속적인 학습과정을 경험함으로써 의사소통능력을 신장시킬 수 있다.

중심활동 : 문제출발점 파악하기, 학습흐름 이해하기

- 간송 전형필 선생님의 삶에 대한 이야기를 시작으로 수업열기(지식채널e '바보같은 남자' 시청)
- 문화재보존관련 전문직업들을 살펴보고, 어떤 역할을 수행해야 하는지 파악하기
- 문제출발점을 제시하고 직면한 상황을 정확히 파악하기
- (선택)게임화 전략에 따른 피드백 방법에 맞게 게임규칙(과제수행규칙) 안내하기
- (선택)자기평가방법 공유, 온라인 학습커뮤니티 활용 기준 제시하기
- 활동내용 예상해 보기, PBL MAP을 활용하여 전체적인 학습흐름과 각 퀘스트의 활동 파악하기

본격적인 수업 시작에 앞서 문화재의 중요성을 참여하는 학생 모두가 인식하기 위해 간송 전형필 선생님의 사례를 활용하는 것이 효과적입니다. 당시 우리나라 최고의 부자였지만, 자기 자신을 위해 호의호식하지 않고 소중한 문화유산을 확보하는데 재산 전부를 헌납하셨던 분입니다. 덕분에 수를 헤아리기도 어려울 정도의 보석보다 더 빛나는 보물들이 일제 치하 속에서 지켜질 수 있었습니다. 특히 그가 지켜낸 「훈민정음 해례본」은 1997년 10월 유네스코 세계기록유산으로 등재되기도 했습니다.

지식채널e '바보같은 남자'편에는 간송 전형필 선생님에 대해 핵심적인 내용을 담고 있는데요. 이 수업에 주제이기도 한 문화재지킴이로서의 모범을 보여주는 사례라고 할 수 있습니다. 그밖에도 간송 전형필 선생님에 관한 이야기는 여러 다큐멘터리를 통해 소개되고 있습니다. 주어진 차시를 감안하여 수업에 활용하도록 하세요.

Teacher Tips

간송 전형필 선생님의 삶에 대해 이런저런 이야기를 나누며 수업에 참여하는 마음가짐을 다졌다면, 이어서 문제출발점에 등장하는 문화재보존전문가라는 직업에 대해 본격적으로 살펴보도록 합니다. 인터넷에서 해당 키워드로 검색하면 관련 동영상을 많이 찾을 수 있는데요. 학생들의 수준에 적합한 영상을 선택하여 활용하면 됩니다.

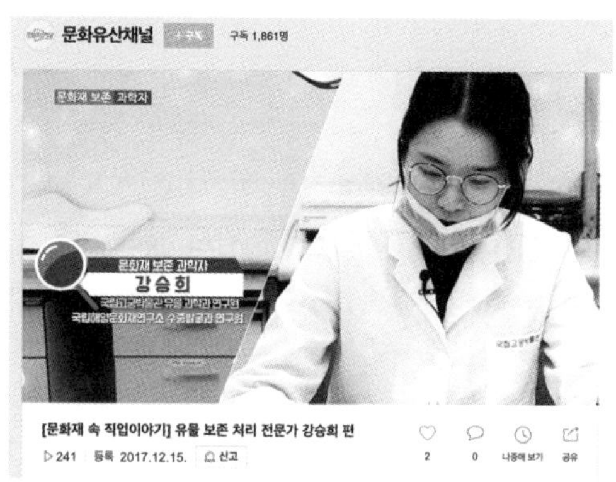

특히 문화유산채널의 '문화재 속 직업이야기'편에는 문화재보존 관련된 여러 전문직업들을 소개해주고 있는데요. 진로교육과 연계하여 진행하는 것도 고려해볼만 합니다. 아무튼 문화재보존전문가에 대해 이해의 폭을 충분히 넓혀 주었다면 문제출발점에 담긴 상황을 제대로 파악할 수 있도록 도와줍니다.

더불어 PBL MAP을 활용해 전체적인 학습흐름과 각 퀘스트별 중심활동을 짚어주고, 학생들이 경험하게 될 핵심활동을 간략하게 소개합니다. 워드클라우드를 활용해 학습내용에 대해 예상해보거나 수업운영에 있어서 도입하고자 하는 규칙이나 평가방법, 새로운 학습환경에 대해서도 친절하게 설명해 주세요.

전개하기

'문화재 훼손을 막아라! 나는야 문화재지킴이'는 총 5개의 기본퀘스트로 구성되어 있습니다. 활동의 성격상 크게 세 부분으로 나눠서 볼 수 있는데요. 퀘스트1과 2는 문화재와 관련된 사전조사, 퀘스트3은 계획수립 및 훼손실태조사 퀘스트4와 5는 문화재의 훼손원인 규명 및 보존방안 제시 등으로 핵심활동을 구분할 수 있습니다. 활동의 특성상 문화재를 직접 조사할 수 있는 시간을 충분히 확보해줄수록 학습효과가 높아집니다.

● 퀘스트1 : 유네스코 세계문화유산을 찾아라!

중심활동 : 유네스코 세계문화유산 조사하기

- 유네스코 세계문화유산의 가치와 의미에 공감하며 문제상황 파악하기
- 인터넷, 책 등을 통해 문화재에 대한 기초 조사를 실시하고 결과정리하기
- 팀별로 조사한 문화재 관련 정보 공유하기

Quest 퀘스트 01 유네스코 세계문화유산을 찾아라! ★★★

유네스코 세계문화유산이 무엇인지부터 알아보는 시간을 가져보도록 합니다. 세계문화유산으로 등재된 문화재가 갖는 가치와 의미를 공감할수록 활동의 질이 달라지기 마련입니다. 우리고장의 문화재를 중심으로 활동을 전개하고자 한다면, 유네스코 세계문화유산에 등재할 인류 보편적 가치를 지닌 문화재 선정으로 문제상황을 변경하는 것도 고려해볼만 합니다. 특정 문화재를 선정하여 수업을 진행해야 할 경우에는 퀘스트1의 과정을 생략할 수도 있으니 현장상황에 맞게 적용해 주세요.

유네스코(UNESCO)는 인류 전체를 위해 보호되어야 할 보편적 가치를 지닌 문화재를 …있습니다. 이들 문화재를 '세계문화유산(World Cultural Heritage)'이라 지칭합 …계유산이 특정 소재지와 상관없이 보편적 가치를 지니고 있다고 여 …산 및 문화유산들을 발굴 및 보호, 보존하고자 1972년 세계 문화 및 … 채택하고 있습니다. 우리나라 역시 유네스코에서 지정한 세계문화 …니다. 그런데 과연 이들 문화재가 잘 관리되고 있을까요? 먼저 우 …의 역사문화적인 가치를 인정받아 지정된 유네스코 세계문화유산 …었습니다.

…며 공식명은 유엔교육과학문화기구(United Nations Educational, Scientific and Cultural … 11월 영국과 프랑스의 공동주체로 런던에서 열린 유네스코창설준비위원회에서 44개국 정부대표 …이 채택되었으며, 1946년 11월 최초의 국제연합전문기구로 발족했다.

	문화재	조사내용(요약)	위치
1			
2			
3			
4			

'유네스코 세계문화유산을 찾아라!'는 세계문화유산으로 지정된 우리나라 문화재에는 어떤 것이 있는지 조사하는 활동으로 채워집니다. '유네스코와 유산 홈페이지(heritage.unesco.or.kr)'에는 '한국의 세계유산', '한국의 인류무형문화유산', '한국의 세계기록유산'으로 구분하여 관련 정보가 제공되고 있기도 합니다. 참여하는 학생들로 하여금 기본적인 참고자료로 활용하도록 안내해주세요.

문화재 조사활동은 개별적으로 진행하고, 그 결과를 팀별로 공유하는 순서로 진행하는 것이 적합합니다. 팀 안에서 중복되지 않도록 지역(혹은 시대)을 기준으로 역할을 나누어 조사활동을 수행하도록 합니다. 조사한 내용은 복사해서 붙이는 수준이 아니라 자신의 언어로 재구성하도록 하는 것이 좋습니다. 문화재의 정확한 위치를 확인하여 답사(체험학습) 가능여부를 따져보도록 하는 것도 필요합니다.

예술		영어	창의적 체험활동		
…악	미술		진로 탐색	주제 선택	예술 체육
			●	●	

…간의 역할분담을 통해 조사대상을 달리하여 자…하도록 해주세요.
…게 공유합니다. 더불어 해당 문화재의 정확한 위치

Teacher Tips

● 퀘스트2 : 문화재와 얽힌 이야기가 궁금하다

중심활동 : 선택한 문화재 자세히 조사하기, 문화재 훼손이 의심되는 부분 찾기

- 문화재의 아름다움에 대해 이야기 나누며 문제상황 파악하기
- 선택한 문화재와 관련된 역사적 사건과 인물, 대표적인 이야기 등을 자세히 조사하기
- 사진과 영상 등을 통해 선택한 문화재의 훼손이 의심되는 부분 예측하기

Quest 퀘스트 02 문화재와 얽힌 이야기가 궁금하다. ★★★★★★

나는야 문화재보존 전문가, 사전조사를 통해 훼손이 의심되는 곳을 추려봐야겠어.

세계문화유산으로
적 가치로 인정받을
습니다. 그곳에
기들을 담고 있죠.
사적 가치를 훼손시
재와 얽힌 역사적 시
기들을 찾아 여행을

이 퀘스트는 조사한 문화유산 가운데 최종 선정한 문화재에 대해 좀 더 깊이 있게 이해하는 활동으로 채워집니다. 지식채널e '명작은 디테일이 아름답다'를 시청하고, 우리나라의 아름다운 문화재에 대해 이야기를 나눠보도록 합시다. 이어서 선택한 문화재가 품고 있는 아름다움이 무엇인지 자유롭게 이야기 나누도록 해주세요.

❶ 답사 가능한 문화재를 선택하고 관련된 역사적 사건과 인물, 전해 내려오는 대표적인 이야기 등을 자세히 조사하여 정리해 봅시다. ★★★

내가 선택한 문화재	
관련된 역사적 사건과 인물	대표적인 이야기

선택한 문화재의 가치를 제대로 알기 위해서는 직간접적으로 연결된 역사적 사건과 인물에 대한 폭넓은 이해가 이루어져야 함을 강조합니다. 특별히 문화재와 얽힌 대표적인 이야기를 선정하여 정리하도록 안내해주세요.
활동시간이 충분하다면 문화재 안내판, 역사신문 형식을 빌려 조사한 내용을 재구성하도록 하고, 학급구성원 모두에게 공유되도록 전시하는 것도 좋은 방법입니다.

와 사진자료, 각종 인터넷 정보 등을 통해 문화재 훼손이 의심되는 곳을 추려봅시다. ★★★

	문화재 훼손이 의심되는 부분	이유	근거(자료출처)
2			

관련교과	국어

1. 문화재마다 역사
해당 문화재를 0
2. 개별적으로 수행
사실을 인식하고

퀘스트2-1과는 성격이 다른 활동입니다. 현장답사 및 체험학습활동으로 충분히 대체할 수 있는 활동이기도 합니다. 다만 문화재를 직접 방문하여 활동하는데 시간적 제약이 따른다면, 이 활동을 반드시 수행해 주세요. 문화재를 훼손이 의심되는 부분을 사전에 찾아봄으로써 실제 답사(체험학습) 시, 활동의 효율성을 높일 수 있게 됩니다. 사진이나 영상을 통해 전반적인 문화재 보존 상태를 체크해보고, 훼손이 의심되는 부분을 추려보는 것이 이 활동의 핵심입니다. 선택한 문화재의 사진자료들을 다양한 경로로 확보하고 자세히 분석하는 시간을 갖도록 해주세요. 사진이나 영상을 보면 직접 확인하고 싶은 욕구가 생기기 마련입니다. 답사의 목적이 분명해지는 만큼 이후 활동에 완전히 몰입하도록 이끕니다.

● 퀘스트3 : 문화재의 훼손여부 살펴보기

중심활동 : 문화재 답사계획 세우기, 직접 문화재 훼손실태조사하기

- 직접 문화재가 위치한 곳에 가서 활동을 해야 하는 문제상황 파악하기
- 문화재 훼손 실태를 파악하기 위한 조사계획 세우기
- 조사계획에 따라 문화재 훼손실태조사 실시하고 그 결과를 기록하기

Quest 퀘스트 03 문화재의 훼손여부 살펴보기

****

문화재의 훼손의 원인을 파악하고 보존대책을 세우기 위해서
탕으로 문화재의 훼손 상태를 직접 살펴보는 작업이 필
곳을 방문하여 그곳, 특히 건축물과 석조물에 대한
등) 여부를 면밀히 살펴보아야 하는데요. 눈으
밀진단을 벌여야 합니다. 문화재에 대한 정밀진단

문화재의 훼손원인을 파악하고 보존대책을 세우기 위해 직접 답사하여 진행하는 활동이 중심을 이룹니다. 문제해결을 위해서는 문화재의 정확한 위치를 파악해야 하며, 활동의 효율성을 위해 사전계획을 철저히 세울 필요도 있습니다. 주제별 체험학습과 연계하여 진행하는 것이 효과적이지만, 상황이 여의치 않을 경우 각 팀의 대표들을 모아 답사를 진행하는 것도 고려해볼 수 있습니다. 도저히 현장답사가 불가능할 경우, 앞서 수행한 퀘스트2-2 활동으로 대신하는 방법도 있습니다. 아무쪼록 현장상황에 따라 융통성 있게 적용해 주세요.

[퀘스트3] 문화재의 훼손 여부 살펴보기

⇩ 문화재를 직접 방문하여 건축물과 석조물에 대한 훼손(변색

❷ 계획에 따라 문화재 훼손실태를 직접 조사하도록 합니다. 원인분석은 추후에 진행하면 됩니다. 다양한 각도로 사진촬영을 하여 훼손된 부분을 기록하고, 훼손 상태를 자세히 묘사하여 글로 남깁니다. *****

문화재	훼손된 부분 설명(요약)	자료(사진목록)
기타		

하기

구실, 낙서, 갈라짐 등

개인의 생각이 아닌

다.

위한 방법 제안

맞는 훼손 방지 방법을

직접조사인 만큼, 기록이 중요합니다. 특히 훼손된 부분을 여러 각도에서 촬영하여 기록하도록 안내해주세요. 훼손된 부분에 대한 부가적인 설명은 굳이 활동지에 일일이 기록하는 것보다 오디오녹음, 영상녹화 등으로 대신하는 것도 괜찮습니다. 아무튼 관찰한 내용을 상세히 기록하도록 활동이 진행되는 내내 강조해주세요.

획을 세워주세요. ***

	현장 답사일	
	참가자	
는 위치	필수적으로 확인해야 할 부분	

문화재 훼손실태를 파악하기 위한 조사계획인 만큼, 제시된 형식을 참고하여 활동이 진행될 수 있도록 지도해주세요. 특히 문화재 훼손실태조사가 효율적으로 이루어지기 위해서는 시간계획과 역할 분담이 중요합니다. 이 부분이 소홀하게 다뤄지지 않도록 유의할 필요가 있습니다. 퀘스트2-2 수행내용을 토대로 탐사동선을 짜는 것도 잊지 마세요.

관련교과	국어	사회	도덕	수학	과학	실과			체육	예술		영어	창의적 체험활동	자유학기활동		
						기술	가정	정보		음악	미술			진로탐색	주제선택	예술체육
		●			●								●		●	

1. 집중적으로 조사할 문화재 3곳을 선정해주세요. 예를 들어 창덕궁을 조사하기로 했다면 제한된 시간 안에 전체를 살펴보는 것이 어려우므로 이중 훼손이 많을 것으로 예상되는 돈화문, 대조전, 인정전을 집중 조사대상으로 선정하는 방식입니다.
2. 퀘스트2를 통해 추린 훼손이 의심되는 문화재의 위치를 파악하고 필수적으로 확인할 부분을 체크리스트로 완성합니다. 아울러 조사의 효율성을 감안하여 시간계획을 세워주세요.
3. 문화재가 위치한 곳을 직접 방문하여, 의심되는 곳을 중심으로 훼손여부를 직접 살펴봅니다. 준비한 카메라로 훼손된 부분을 여러 각도로 촬영하고, 관찰한 내용을 상세히 기록합니다.

Teacher Tips

● 퀘스트4 : 문화재의 훼손원인 규명하기

중심활동 : 문화재 훼손원인 과학적으로 규명하기

- 문화재 훼손실태조사 결과를 토대로 진행되는 활동임을 이해하고 문제상황 파악하기
- 문화재 훼손원인을 다양한 측면에서 예상하기
- 문화재 훼손원인으로 예상한 내용에 대한 과학적 근거 제시하기

Quest 퀘스트 04 문화재의 훼손원인 규명하기 ******

문화재가 훼손된 원인은 과연 무엇일까요? 직접 방문하여 문화재의 훼손(변색, 부분 유실, 낙서, 갈라짐 등) 여부를 면밀히 살펴본 결과, 상태는 매우 심각한 것으로 드러났습니다. 촬영을 통해 확보한 사진 및 영상 기록 등을 다시 면밀히 살펴보고 훼손의 원인을 … 점을 맞출 것입니다. 개인의 추측인 아닌 과학적으로 타당한 근거를 들어 훼손 원인을 밝혀주세요.

문화재 훼손실태조사 결과를 토대로 진행되는 활동임을 이해하면서 주어진 문제상황을 파악하도록 안내합니다. 문화재 훼손의 원인규명이 과학적으로 이루어져야 제대로 된 보존처리가 가능함을 강조해주세요. 어떤 예상이나 추측이든 반드시 과학적으로 타당한 근거가 제시되어야 함을 짚어줄 필요가 있습니다. 활동이 진행되는 내내 학생들로 하여금 문화재보존전문가라는 가상의 역할에 빠져 지내게 할수록 수업의 질이 달라집니다.

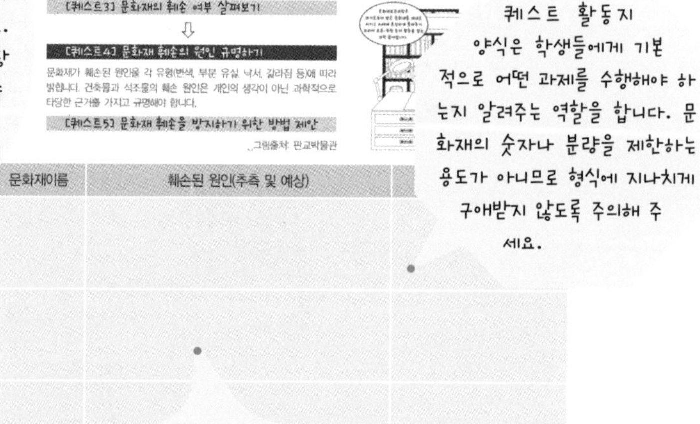

_그림출처: 판교박물관

문화재이름	훼손된 원인(추측 및 예상)	

퀘스트 활동지 양식은 학생들에게 기본적으로 어떤 과제를 수행해야 하는지 알려주는 역할을 합니다. 문화재의 숫자나 분량을 제한하는 용도가 아니므로 형식에 지나치게 구애받지 않도록 주의해 주세요.

화재가 훼손된 원인은 'Fun Tips'에도 언급되어 있듯이 생물, 기후조건, 환경오염, 관리소홀, 각종 사고 등 매우 다양합니다. 다양한 변수를 감안하여 훼손된 원인을 예상하고, 이를 뒷받침할 과학적 근거를 제시하도록 지도해주세요. 또한 문화재 훼손의 원인이 복합적으로 작용할 수도 있으니 여러 가능성을 열어놓고 공유하는 것이 중요합니다. 무엇보다 구성원 간의 상호공유와 피드백이 활발히 이루어질수록, 문화재 훼손원인에 대한 과학적 검증이 가능함을 잊지 마세요.

마무리

'문화재 훼손을 막아라! 나는야 문화재지킴이'의 마무리는 문화재 훼손을 방지하기 방안을 제시하고, 이를 토대로 UCC자료를 제작하여 배포하는 활동으로 구성되어 있습니다. 최종발표는 UCC자료 배포로 끝맺음하기 보다는 학생들이 직접 문화재지킴이가 되어 캠페인 활동을 벌이는 것이 좀 더 효과적일 수 있습니다.

● 퀘스트5 : 문화재 훼손을 방지하기 위한 방법 제안!

중심활동 : 문화재 훼손방지 방안 제시하기, UCC자료 제작하여 배포하기

- 문제상황을 파악하며 핵심활동이 무엇인지 확인하기
- 문화재 훼손을 방지하기 위한 방법 제안하기
- 문화재 훼손의 심각성을 알리는 UCC자료 제작하기
- 인터넷상에 UCC자료를 배포하며 온라인 캠페인 활동 벌이기
- [선택] 온라인 캠페인 활동이 종료된 후 전체 과정에 대한 보고대회 열기, (온라인) 성찰저널 작성하기

Quest 퀘스트 05 문화재 훼손을 방지하기 위한 방법 제안!

문화재 훼손을 방지하기 위한 방법을 제안해야 하는 문제상황을 제시하면서 핵심활동을 안내하도록 합니다. 퀘스트4 문화재 훼손원인을 규명하는 활동에 이어서 진행되는 만큼, 기본적으로 과학적인 접근이 필요함을 강조할 필요가 있습니다. 문화재 훼손을 방지하거나 보존할 수 있는 방안 역시 과학적 근거를 들어 제시되어야 함을 안내해주세요.

문화재 훼손의 원인이 과학적으로 규명된 만큼, 문화재의 훼손
인 방법을 제안하고자 합니다. 특히 보존이 시급한 건축물이
적으로 훼손을 방지하기 위한 방법을 제안해 주세요. 아울러 시
이가 되어 우리 조상들의 멋과 슬기가 담긴 문화유산을 지켜
록 만들어 온라인을 통해 배포할 것입니다.

훼손된 문화재의 보존과 더 이상의 손상이 발생되지 않기 위해 어떤 조치가 필요할지 합의된 방안을 도출하고, 팀별로 제안하는 시간을 갖습니다. 산성비의 피해를 예방하기 위해 석조문화재에 지붕을 씌우는 것도 하나의 예가 될 수 있습니다. 막막해 하는 학생들에게 다양한 사례를 찾아보도록 지도해주세요.

[퀘스트3] 문화재의 훼손 여부 살펴보기

[퀘스트4] 문화재 훼손의 원인 규명하기

⇩

[퀘스트5] 문화재 훼손을 방지하기 위한 방법 제안

훼손 원인을 과학적으로 밝힌 후, 이에 맞는 훼손 방지 방법을 제안

...을 방지하기 위한 방법을 제안해 주세요.

문화재 훼손 방지를 위한 방안	실천방법

실천방법에는 시민들이 문화재 지킴이가 되어 생활 속에서 소소하게 실천할 수 있는 부분까지 포함시키도록 하는 것이 바람직합니다. 일상에서 문화재를 보호하고 아끼는 마음이 무엇인지 느끼도록 해주세요.

❷ 문화재 보존의 기본은 훼손하지 않는 것입니다. 무관심한 시민들을 대상으로 문...
알리고, 문화재 지킴이로서 실천하도록 UCC 자료를 만들어 배포합시다.

주요 장면 스토리보드	#1	#2	#3
	#4	#5	#6

UCC자료에는 앞서 수행한 퀘스트 활동의 결과들이 포함되어야 합니다. 문화재 훼손에 무관심한 시민들을 대상으로 하는 만큼, 그 심각성을 적극적으로 알릴뿐만 아니라, 문화재를 지키기 위한 실천방안이 설득력 있게 제시되도록 만드는 것이 중요합니다. 학생들이 실제 유튜브나 블로그 등에 UCC자료를 올려 온라인 캠페인 활동을 벌이도록 해주세요. 일주일 정도의 온라인 캠페인 활동을 벌인 이후에 그 결과를 포함하여 전체 과정에 대한 보고대회를 여는 것을 강추합니다.

FACTORY ❶ : 무성영화와 함께하는 재미있는 변사극

SYNOPSIS

'무성영화와 함께하는 재미있는 변사극'은 국어와 사회(역사)를 비롯해 실과(기술), 미술교과 등과 통합적으로 연계하여 진행할 수 있는 수업입니다. 18개의 미션카드로 구성된 동명의 PBL수업은 「교사, 프로젝트학습에서 답을 찾다 1편:THEORY」에서 잼공팩토리⓬에서 수록되어 있습니다. 이 책에서 제공하는 있는 '무성영화와 함께하는 재미있는 변사극'은 일종의 약식버전입니다. 짧은 시간 안에 적용할 수 있도록 디자인되어 있으니 가볍게 활용해보세요. 작품의 질보다 속도감 있는 진행이 중요합니다. 퀘스트마다 적정 시간제한을 두고 운영해야 효과적입니다. 물론 실천현장에 따라 얼마든지 변형이 가능하며, 활동을 생략할 수도 있습니다. 교사의 시각에서 부족한 면이 보이더라도 학생들을 믿고 뚝심 있게 실천하길 바랍니다.

- ◆ 적용대상(권장): 초등학교 5학년 – 중학교 3학년
- ◆ 관련교과 내용요소(교육과정)

교과	영역	내용요소	
		초등학교 [5–6학년]	중학교 [1–3학년]
국어	문학	◆이야기, 소설 ◆일상 경험의 극화 ◆극	◆이야기, 소설 ◆개성적 발상과 표현 ◆극
	말하기 듣기	◆발표[매체활용] ◆체계적 내용 구성	◆발표[내용 구성] ◆청중 고려
	쓰기	◆목적·주제를 고려한 내용과 매체 선정 ◆독자의 존중과 배려	◆감동이나 즐거움을 주는 글 ◆표현의 다양성
실과 정보	자료와 정보	◆소프트웨어의 이해	◆자료의 유형과 디지털 표현 ◆자료의 수집 ◆정보의 구조화

사회	역사	◆일제의 침략과 광복을 위한 노력	◆일제의 식민지 지배 정책 ◆전시 동원과 인권 유린 ◆3·1 운동과 대한민국 임시 정부 ◆민족 운동의 전개
미술	표현	◆표현 방법(제작) ◆소제와 주제(발상)	◆표현 매체(제작) ◆주제와 의도(발상)
	체험	◆이미지와 의미 ◆미술과 타 교과	◆이미지와 시각문화 ◆미술관련직업(미술과 다양한 분야)

CORE ACTIVITY FLOW

문제제시

- [동기유발] 키워드 검색을 통해 무성영화나 변사라는 직업, 변사극 등에 대한 영상자료 보기
- 문제의 내용을 살펴보며, 핵심활동이 무엇인지 정확히 파악하기
- 제한된 시간 안에 해결해야 하는 미션카드활동 주제 엿보기

과제수행

- [퀘스트1] 무성영화(변사극) 주제 및 제목정하기
- [퀘스트2] 도전! 오디션현장 : 희로애락과 공포 연기도전하기
- [퀘스트3] 시나리오 작가탄생: 영화장면이 담긴 콘티와 시나리오
- [퀘스트4] 영화포스터와 스틸컷 예고편 제작하기
- [퀘스트5] 무성영화 콘티와 시나리오대로 촬영하기
- [퀘스트6] 무성영화 제작 및 변사극 준비하기

발표 및 평가

- [준비] 변사극 리허설
- [퀘스트7] 최종! 무성영화와 함께하는 재미있는 변사극 공연

무성영화와 함께하는
재미있는 변사극
야옹
야옹

잼공 시네마에서는 올해 새로 전용극장을 열면서 지역 주민과 어린이들을 위한 공연을 기획하고 있습니다.
색다른 공연을 위해 정대표는 무성영화 시대에 존재하던 변사라는 직업을 관객에게 소개하려고 합니다.
야옹~
야옹
야~옹

잼공 시네마에서는 극의 분위기를 충분히 살릴 수 있도록 무성영화와 변사들이 활약했던 1920년~1940년대 시대에 어울리게 공연을 준비하기로 결정하였습니다.

첫 공연인 '변사극'이 성공적으로 이루어질 수 있도록 무성영화를 준비해주세요.

Quest 2
도전!
여기는 오디션 현장
〈얼굴로 희로애락+공포를 연기하라〉
스으윽
덜덜

Quest 3
시나리오 작가 탄생
〈시나리오에 따라 각 장면별
콘티 제작하기〉
탁
탁
타타탁
가즈아

Quest 4
영화 포스터와
스틸컷 예고편을
만들어라
살랑

Quest 5
무성영화 시나리오와
콘티를 중심으로
각 씬 별로 촬영
"OK"
감독

Quest 6
무성영화 제작
& 변사극 준비
액션!!

Quest 7
최종! 무성영화와
함께하는 재미있는
변사극 공연

All-Clear
sticker

All-Clear
sticker

인터스텔라: 희망을 찾아 떠나다

Quest 01. _당신의 우주선이 궁금하다

Quest 02. _웜홀로 이동하라!

Quest 03. _아인슈타인-로젠의 다리

Quest 04. _4개의 행성

★Teacher Tips

INTRO.

인터스텔라, 희망을 찾아 떠나다

크리스토퍼 놀란(Christopher Nolan) 감독의 작품인 '인터스텔라(interstellar)'는 20세기 인류의 잘못된 선택으로 인해 정부와 경제가 완전히 붕괴되고, 지구멸망 직전으로 내몰린 비관적인 상황을 배경으로 이야기가 전개됩니다. 남은 자들의 시선이 향한 곳은 우주, 시공간의 불가사의한 틈이 열리고 이곳을 탐험해 인류를 구해야 하는 임무가 주인공에게 지워집니다. 인류가 이주할 전인미답의 새로운 행성을 목표로 본격적인 탐험이 시작되는 것이죠. 2014년 개봉과 함께 국내에서도 천만 명 이상의 관객을 끌어 모았던 영화 인터스텔라는 이런 이색적인 이야기 외에도 과학적인 이슈들로 많은 사람들에게 주목을 받기도 했습니다.

천문학, 물리학 등 최신 이론이 영화의 탄탄한 과학적 근거를 제공하고 있어서 보는 이들로 하여금 실감나는 몰입감을 주었습니다. 인터스텔라의 제작부터 과학자문을 해 주었던 킵손(Kip S. Thorne)의 저서「인터스텔라의 과학」을 참고한다면 영화 속 진짜 과학을 만나게 될 것입니다. 그는 2017년 노벨물리학상을 수상한 과학자이기도 합니다.

* 인터스텔라(interstellar): '항성 간(사이)', '별과 별 사이' 혹은 '아주 먼 거리'을 뜻한다.
* 전인미답[前人未踏]: 지금껏 아무도 발을 디딘 일(도달한 일)이 없음을 의미한다.

아무쪼록 인터스텔라의 주인공이 되어 각종 임무를 멋지게 수행하기 바랍니다. 가능하다면 국립과천과학관을 직접 방문하여 설득력있는 해법을 모색하길 바랄게요.

* 문세시나리오에 사용된 어휘빈도(횟수)를 시각적으로 나타낸 워드클라우드(word cloud)입니다.
워드클라우드를 통해 어떤 주제와 활동이 핵심인지 예상해 보세요.

인터스텔라, 희망을 찾아 떠나다

석유 없는 세상은 인류의 파멸적인 선택을 초래하게 됐다. 석유고갈로 자동차뿐만 아니라 대형선박, 비행기, 열차 등 기존의 모든 운송수단이 마비되면서 발전소의 전기 생산이 중단되고 산업 시설은 파괴수준에 이르렀다. 매서운 겨울추위가 찾아왔으며 식량난은 가중되고 사회혼란은 걷잡을 수 없을 정도로 커졌다. 생존의 위협에 직면한 많은 사람들이 약탈을 일삼고, 자연환경을 파괴했다. 대다수의 나무들은 땔감용으로 벌목되고, 그만큼 전 세계의 숲들이 빠르게 사라졌다. 통제 불능의 상황이 계속되면서 세계 각국의 정부와 경제는 완전히 붕괴되기에 이르렀다. 지난 20세기 인류가 범한 잘못이 전 세계적인 식량 부족을 불러왔고, 숲이 사라지면서 대기 중 이산화탄소의 농도는 최고치를 경신하였다. 대기오염과 기상이변이 속출하면서 점차 지구는 어떠한 생명체도 살 수 없는 황무지로 변해갔다.

지구는 이미 돌이킬 수 있는 지점을 넘어섰다. 인류의 멸망은 예정된 수순이 되어 버린 지 오래다. 인류의 멸망을 막기 위해선 지구를 떠나 새로운 정착지를 찾는 방법밖에 달리 대책이 없는 상태다. 그리고 실낱같은 희망을 쫓아 인류의 이주를 목적으로 비밀리에 우주탐험 프로젝트가 진행되고 있다. 이 프로젝트는 시공간에 불가사의한 틈이 열리면서 본격화되고 있다.

드디어 유능한 우주비행사인 당신에게 이곳을 탐험해 인류를 구해야 하는 임무가 지워졌다. 사랑하는 가족들을 뒤로 한 채 인류라는 더 큰 가족을 위해, 당신과 동료들은 희망을 찾아 우주로 떠나야만 한다. 놓칠 수 없는 기회가 찾아온 것이다. 사랑하는 가족과 인류의 생존이 당신의 작은 손에 달려있다.

"우리 답을 찾을 거야, 늘 그랬듯이"

_영화 인터스텔라 중에서

PBL MAP

Quest 02.
웜홀로 이동하라!

Quest 01.
당신의 우주선이 궁금하다

Quest 03.
아인슈타인-로젠의 다리

Quest 04.
4개의 행성

Quest 퀘스트 01

당신의 우주선이 궁금하다

★★★★★★★★★★★★★★★

인류의 희망을 찾아 떠나는 우주탐험을 위해 필요한 것은 최고 성능의 우주선이다. 기본적으로 우주선에는 인간의 생명유지에 필수적인 요소가 모두 공급되어야 한다. 뿐만 아니라, 극한의 환경을 이겨낼 수 있으면서 오랜 기간 동안 자급자족할 수 있는 시스템도 갖추고 있어야 한다. 우주선 안은 중력이 작용하는 등 최대한 지구와 유사한 환경을 제공해 주어야 한다. 과연, 미지의 탐험을 위해 당신이 승선할 우주선은 어떠해야 할까? 극한의 우주환경에서 최고의 우주선이 당신의 생존을 지켜낼 수 있다.

* 자급자족(自給自足) : 자기에게 필요한 것은 스스로 공급하여 충당하는 것을 뜻하며, 우주선 안에는 생존에 필요한 요소들을 스스로 공급할 수 있는 장치가 있어야 한다.

❶ [개별]인간의 생명유지를 위해 필수적인 요소 7가지와 이를 우주선에서 공급해줄 방법을 제안하시오. ★★

생존요소	방법
공기(산소)	
물	
식량	

❷ [개별] 7가지 생존요소 중 3가지를 선택하여 자급자족할 수 있는 특별한 장치를 고안하여 제시하시오. ★★

구분	장치의 이름	설 명	생존요소
1			
2			
3			

❸ [선택체험] 국립과천과학관 첨단기술관의 각종 전시물을 참고해 우주선에 반드시 장착해야 할 장치를 구체화해보도록 합시다. ★★★

❹ [팀별] 개별적으로 고안한 특별한 장치를 모으고 선별하시오. 우주인에 제공될 우주선의 내·외부 구조와 생존을 지켜줄 다양한 장치들에 관한 설명 자료를 만드시오. ★★★★

<table>
<tr><th rowspan="2">관련교과</th><th rowspan="2">국어</th><th rowspan="2">사회</th><th rowspan="2">도덕</th><th rowspan="2">수학</th><th rowspan="2">과학</th><th colspan="3">실과</th><th rowspan="2">체육</th><th colspan="2">예술</th><th rowspan="2">영어</th><th rowspan="2">창의적 체험활동</th><th colspan="3">자유학기활동</th></tr>
<tr><th>기술</th><th>가정</th><th>정보</th><th>음악</th><th>미술</th><th>진로 탐색</th><th>주제 선택</th><th>예술 체육</th></tr>
<tr><td></td><td></td><td></td><td></td><td></td><td>●</td><td></td><td></td><td></td><td></td><td></td><td></td><td></td><td>●</td><td></td><td>●</td><td></td></tr>
</table>

1. 인간의 생존에 필수적인 요소를 선정하는데 있어서 여러 견해가 있을 수밖에 없습니다. 단순히 공기, 물, 식량만 공급된다고 생존할 수 있는 것은 아니겠죠? 예를 들어 음악이 없이 지낸다면 어떨까요?
2. 자신의 생각으로만 고안해서 제시하지 마세요. 이미 사용되고 있거나 개발 중인 우주 생존 장치들이 정말 많습니다. 충분히 찾아보고, 이를 바탕으로 제안하세요.
3. 국립과천과학관의 첨단기술관에서 월면점프, 자이로스코프, 유인조종장치 등 관련 체험프로그램을 다수 운영하고 있습니다.
4. 설명 자료는 과학적 근거가 분명해야 합니다. 따라서 기존의 정보나 자료를 활용하여 구성하는 것이 중요합니다. 개인적인 생각으로만 만든 상상 속 우주선이 되지 않도록 주의해 주세요.

나만의 교과서

4가지 기본항목을 채우고, 퀘스트 해결과정에서 공부한 내용이나 수집한 정보를 토대로 자신만의 방식으로 알차게 표현해 보세요. 그림이나 생각그물의 형태로 표현하는 것도 좋습니다.

ideas
문제해결을 위한 나의 아이디어

facts
문제와 관련하여 내가 알고 있는 것들

learning issues
문제해결을 위해 공부해야 할 주제

need to know
반드시 알아야 할 것

스스로 평가

자기주도학습의 완성!

		나의 신호등
01	나는 인간의 생존에 필수적인 요소 7가지 이상을 선정하고, 우주선에 공급할 방법을 제시하였다.	1 2 3 4 5
02	나는 필수 생존요소 7가지 중 3가지에 대해서 자급자족 장치를 구상하였다.	1 2 3 4 5
03	나는 국립과천과학관의 첨단기술관을 통해 우주선에 장착할 필수장치를 알게 되었다.	1 2 3 4 5
04	나는 우주선의 내부와 외부 구조, 생존을 지켜줄 특별한 장치에 대한 설명 자료를 만들었다.	1 2 3 4 5
05	나는 문제해결을 위해 탐구한 내용과 수집한 정보를 바탕으로 나만의 교과서를 멋지게 완성하였다.	1 2 3 4 5

자신의 학습과정을 되돌아보고 진지하게 평가해주세요.

Level up

오늘의 점수	나의 총점수

웜홀로 이동하라!

★★★★★★★★★★★★★

응답하라! 지구우주센터, 이제 모든 준비가 완료됐다. 우선, 토성 부근 웜홀까지 탐험계획을 보고하도록 하겠다.

웜홀로 추정되는 시공간의 불가사의한 틈은 토성 부근에 위치해 있다. 당신의 우주선은 토성까지 이동해야 한다. 지구에서 토성까지의 거리는 8.5AU, 우주선의 평균 속력은 초속20km이다. 웜홀까지 안전하게 도달하기 위한 이동경로와 우주선의 속력을 감안한 소요기간을 예측하는 일은 필수, 이를 바탕으로 한 탐험계획을 수립할 것이다. 최종 탐험계획은 지구우주센터로 곧 보고될 예정이다.

* 웜홀[worm hole] : 서로 다른 두 시공간을 잇는 구멍이나 통로, 즉 우주 공간의 지름길을 말한다. '사과를 관통하는 벌레구멍(wormhole)으로 반대편까지 더 빨리 갈 수 있다'는 비유에서 나온 용어로 세계적인 물리학자 킵 손의 '웜홀이론'을 주창했다. 웜홀의 한쪽 입구를 빠르게 이동시켰다가 다시 돌아오게 하면 시간지연 현상이 발생하고, 이를 활용하면 시간여행이 가능하다고 보았다.

* 천문단위[AU] : 지구와 태양 간의 거리를 기준으로 한 단위로서 약150,000,000Km이다.

❶ [개별] 성공적인 임무수행을 위해 태양계의 행성에 관한 전반적인 공부가 필요한 상황입니다. 우주에 대한 지식수준을 높여 봅시다. ★★

❷ [개별] 우주선의 속력은 초속20km, 소요기간을 예상하기 위해서는 1시간, 1일, 1년 기준으로 이동거리를 계산해 보세요. ★★★

기준	식	이동거리
1분(분속)	20km×60초	1200km
1시간(시속)		
1일(24시간)		
1년(365일)		

❸ [팀별] 토성까지 이동하는데 걸리는 시간과 이동경로를 감안하여 탐험계획을 세워주세요. 탐험계획 안에는 장기간 우주선 생활을 버티기 위한 방안도 포함되어 있어야 합니다. 지구우주센터에 탐험계획을 보고해 주세요. ★★★

❹ [선택체험] 국립과천과학관 스페이스월드에서 각종 자료를 참고하여 우주탐험계획을 구체화해보도록 합시다. ★★★

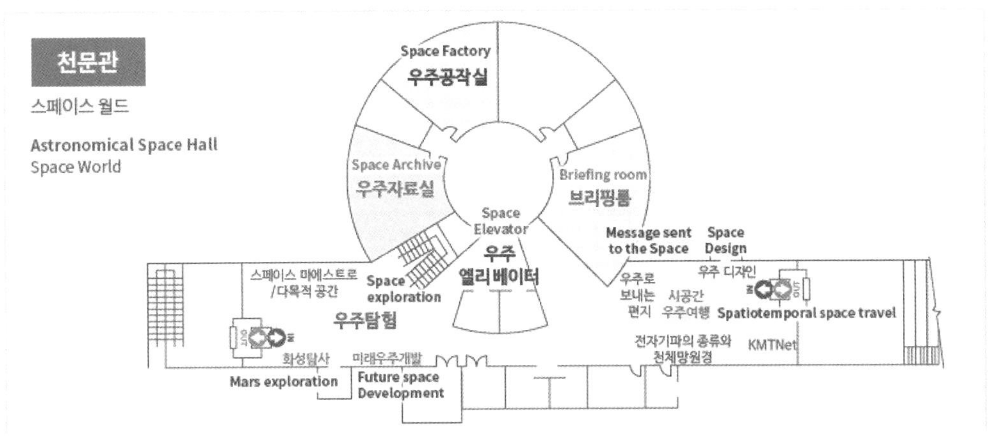

관련교과	국어	사회	도덕	수학	과학	실과			체육	예술		영어	창의적 체험활동	자유학기활동		
						기술	가정	정보		음악	미술			진로 탐색	주제 선택	예술 체육
				●	●								●		●	

1. 우주선의 초속(10km/s)을 감안하여 각 기준별 속력을 구해 주세요. 정확한 계산이 중요합니다. 물체의 속력 구하는 식을 활용해 주세요.
2. 탐험계획은 단순히 이동경로(어떤 행성이나 소행성을 지나치는지 등), 소요기간(시간), 장기간의 우주선 생활을 버티기 위한 아이디어 등을 반영하는 것 잊지 마세요.
3. 국립과천과학관의 스페이스월드에서는 체험프로그램을 운영하고 있습니다. 홈페이지(www.sciencecenter.go.kr)를 통해 사전예약을 하면 편리하게 이용할 수 있으니 참고하세요.
4. 지구우주센터에 보고되는 탐험계획인 만큼 영상으로 제작해 주세요.

나만의 교과서

4가지 기본항목을 채우고, 퀘스트 해결과정에서 공부한 내용이나 수집한 정보를 토대로 자신만의 방식으로 알차게 표현해 보세요. 그림이나 생각그물의 형태로 표현하는 것도 좋습니다.

ideas 문제해결을 위한 나의 아이디어	facts 문제와 관련하여 내가 알고 있는 것들

learning issues 문제해결을 위해 공부해야 할 주제	need to know 반드시 알아야 할 것

스스로 평가

자기주도학습의 완성!

		나의 신호등
01	나는 지구–화성–목성–토성으로 이어지는 탐험코스와 각 이동거리를 도출하였다.	1 2 3 4 5
02	나는 우주선의 속력(초속 20km)을 기준으로 이동거리별 시간(기간)을 계산하였다.	1 2 3 4 5
03	나는 이동경로와 우주선의 속력을 감안하여 토성까지의 탐험계획을 세웠다.	1 2 3 4 5
04	나는 국립과천과학관의 스페이스월드 체험을 통해 우주탐험계획을 구체화하였다.	1 2 3 4 5
05	나는 문제해결을 위해 탐구한 내용과 수집한 정보를 바탕으로 나만의 교과서를 멋지게 완성하였다.	1 2 3 4 5

자신의 학습과정을 되돌아보고 진지하게 평가해주세요.

오늘의 점수 나의 총점수

아인슈타인–로젠의 다리

★★★★★★★

과연, 우리는
살아남을 수 있을까.
모든 것이 두렵다.
STOP!

드디어 우주탐험의 지름길이 되어 줄 '웜홀' 앞에 당도했다. 웜홀은 상대성이론을 만든 아인슈타인이 동료인 네이선 로젠과 함께 제시한 것이라고 해서 '아인슈타인-로젠 다리(Einstein-Rosen bridge)'라고 불린다. 모든 물체를 빨아들이는 '블랙홀(black hole)'과 빨아들인 물체를 내뱉는 '화이트홀(white hole)' 사이에 벌레가 먹은 듯 구멍이 생기면 거기를 통해 순식간에 다른 은하계로 여행할 수 있다고 보았다. 이제 당신의 우주선은 아인슈타인-로젠 다리를 건너 새로운 우주로 나아가야 한다. 과연 이곳을 통해 다른 은하계로 건너갈 수 있을까?

❶ [개별] '아인슈타인–로젠 다리'에 대해 공부해 봅시다. 무엇을 알게 되었나요? ★★

❷ [팀별] '아인슈타인–로젠 다리', 즉 웜홀은 시공간의 접힘으로 다른 두 세계가 하나의 통로로 연결된 것을 말합니다. 웜홀이라는 시공간의 터널을 통해 다른 우주로 건너갈 수 있을까요? 인류의 생존이 걸려있는 만큼 치열한 찬반토론을 통해 그 가능성을 모색해봅시다. ★★★

찬성	반대

최종 결론

❶ [팀별] 당신의 우주선이 웜홀을 통과하며 만나게 될 예상되는 위협은 무엇일까요? 아인슈타인-로젠 다리를 무사히 건너기 위한 방안을 상상력을 총동원하여 설명해 봅시다. ★★★★

❷ [선택체험] 국립과천과학관 천체투영관에선 생각의 폭을 넓혀줄 다양한 영상물이 상영되고 있습니다. 관람이후에 배운 점과 느낀 점을 기록해주세요. ★★★

☆프로그램 영상물 제목:

☆배운 점 :

☆느낀 점 :

관련교과	국어	사회	도덕	수학	과학	실과			체육	예술		영어	창의적 체험활동	자유학기활동		
						기술	가정	정보		음악	미술			진로 탐색	주제 선택	예술 체육
					●								●		●	

1. 아인슈타인-로젠 다리는 다른 은하계로 건너갈 유일한 통로입니다. 이곳을 모르고 건널 수는 없겠죠? 이와 관련한 과학 이론을 충분히 탐색하고 알기 쉽게 정리해 봅시다.
2. 모둠별로 찬성과 반대 입장으로 나누어 치열한 토론을 진행하도록 합니다. 억측이 아닌 과학적 근거를 통해 주장을 펼쳐야 합니다.
3. 우주선은 웜홀을 통과하는 과정에서 여러 위험을 만날 가능성이 높습니다. 물론 확실한 것은 없습니다. 과학이론을 바탕으로 여러분들의 상상력을 총동원하여 예상해 봅시다.
4. 국립과천과학관 천체투영관에서 상영하는 영상물 시간표는 홈페이지를 통해 확인할 수 있으며, 사전예약을 통해 편리하게 이용할 수 있습니다.

나만의 교과서

4가지 기본항목을 채우고, 퀘스트 해결과정에서 공부한 내용이나 수집한 정보를 토대로 자신만의 방식으로 알차게 표현해 보세요. 그림이나 생각그물의 형태로 표현하는 것도 좋습니다.

ideas 문제해결을 위한 나의 아이디어	facts 문제와 관련하여 내가 알고 있는 것들

learning issues 문제해결을 위해 공부해야 할 주제	need to know 반드시 알아야 할 것

스스로 평가

자기주도학습의 완성!

		나의 신호등
01	나는 '아인슈타인-로젠 다리'와 관련한 과학이론을 공부하고 정리하였다.	1 2 3 4 5
02	나는 우주선이 웜홀을 통과하며 만나게 될 위협을 맘껏 상상했다.	1 2 3 4 5
03	나는 우주선이 '아인슈타인-로젠 다리'를 안전하게 건너기 위한 방안을 제시하였다.	1 2 3 4 5
04	나는 국립과천과학관의 천체투영관 영상물 관람을 통해 우주에 대한 생각을 폭을 넓힐 수 있었다.	1 2 3 4 5
05	나는 문제해결을 위해 탐구한 내용과 수집한 정보를 바탕으로 나만의 교과서를 멋지게 완성하였다.	1 2 3 4 5

자신의 학습과정을 되돌아보고 진지하게 평가해주세요.

Level up

오늘의 점수 나의 총점수

Quest 퀘스트 04

4개의 행성

★★★★★★★★★★★

아인슈타인-로젠 다리를 무사히 건넜다. 엄청난 중력이 있었음에도 우주선의 파손은 거의 발생하지 않았다. 신비감을 주는 빛의 향연을 목격하며, 드디어 새로운 은하계 진입에 성공한 것이다. 우주선의 두뇌에 해당하는 슈퍼컴퓨터가 은하계에 진입하자마자 인류가 이주할 만한 행성을 재빠르게 탐색하기 시작했다. 그리고 얼마 지나지 않아 4개의 행성을 찾아냈다. 공통적으로 4개의 행성 모두 인류의 생존에 필요한 요소를 갖추고 있다. 다만 행성마다 인류 정착에 어려움을 줄만한 치명적인 장애물들을 하나씩 안고 있는데, 이를 한글자로 요약하자면 '火화·氷빙·水수·土토'이다.

기후 자체는 4곳 모두 지구상의 날씨 범주 안에 들어간다. 이들 행성의 기온과 대기 환경이 인류의 정착을 가로막는 장애는 아니라는 의미다. 이제 당신은 4개의 행성을 모두 탐사하고 인류가 이주해야 할 최종목적지를 선정해야 한다. 인류의 새로운 터전이 될 행성은 과연 어디일까?

❶ [개별] 우주선이 비축하고 있는 연료가 4개 행성을 모두 탐사하기에는 빠듯합니다. 만일의 사태를 대비하여 인류가 정착하는데 유리한 행성부터 우선순위를 나눠보도록 합시다. ★★

행성	인류가 정착하는데 예상되는 어려움 정리하기	순위
火화		
氷빙		
水수		
土토		

❷ [개별] 인류가 정착할 행성으로 2곳을 지목하고 예상되는 어려움을 극복하면서 문명을 다시 세울 수 있는 방안을 제안하시오. ★★

행성	인류 정착의 어려움을 극복할 방안 제안하기

❸ [팀별] 인류가 이주할 최종 목적지로서 적합한 행성을 선정하고, 주어진 환경에서 새로운 문명을 꽃피우기 위해 지구에서 대비하거나 준비할 부분은 무엇일까요? ★★★

❹ [선택체험] 국립과천과학관 미래상상SF관에서 우주에 정착하기 위한 방안을 구체화해보도록 합시다. ★★★

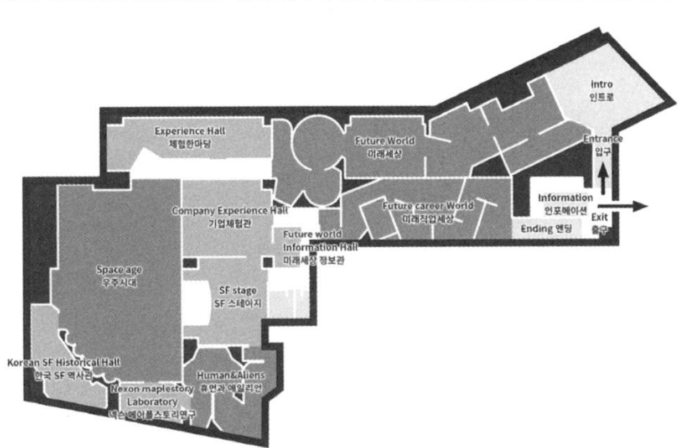

관련교과	국어	사회	도덕	수학	과학	실과			체육	예술		영어	창의적 체험활동	자유학기활동		
						기술	가정	정보		음악	미술			진로탐색	주제선택	예술체육
		●			●								●		●	

1. 4개의 행성은 한 가지 요소가 극단적인 환경을 만들어낸 모습입니다. 지구상에 존재하는 유사한 지역을 참고하면 과제를 수행하는데 도움이 됩니다.
2. 우선순위는 탐사순서를 의미합니다. 인류 정착이 쉬운 환경부터 차례를 매기는 것이 효과적이겠죠?
3. 인류가 이주할 최종 목적지를 선정하는데 있어서 과학적 근거는 반드시 필요합니다. 지구상의 유사한 지역의 환경을 조사하여 활용하는 것이 좋습니다. 아울러 극단적인 자연환경 속에서 인류는 어떤 문명을 만들어낼 수 있을까요? 그리고 새로운 문명을 꽃피우기 위해 지구에서 꼭 챙겨야할 것이 무엇인지 정리해 보세요.
4. 국립과천과학관의 미래상상SF관에서 우주정착에 관한 다양한 아이디어를 얻는데 초점을 맞춰야 합니다.

나만의 교과서

4가지 기본항목을 채우고, 퀘스트 해결과정에서 공부한 내용이나 수집한 정보를 토대로 자신만의 방식으로 알차게 표현해 보세요. 그림이나 생각그물의 형태로 표현하는 것도 좋습니다.

ideas 문제해결을 위한 나의 아이디어	facts 문제와 관련하여 내가 알고 있는 것들

learning issues 문제해결을 위해 공부해야 할 주제	need to know 반드시 알아야 할 것

스스로 평가

자기주도학습의 완성!

나의 신 호 등

01	나는 지구상의 극단적인 기후지역을 참고하여 인류의 정착에 유리한 행성을 선정하였다.	1 2 3 4 5
02	나는 선정한 2곳에서 인류정착에 어려움을 주는 것이 무엇인지 자세히 살피고, 문명을 다시 세울 방안을 구체적으로 제시했다.	1 2 3 4 5
03	나는 인류가 이주할 최종목적지를 선정하고 새로운 문명을 꽃피우기 위해 꼭 준비해야 할 것들을 정리하였다.	1 2 3 4 5
04	나는 국립과천과학관의 미래상상SF관을 통해 우주 정착을 위한 다양한 방안을 탐색하였다.	1 2 3 4 5
05	나는 문제해결을 위해 탐구한 내용과 수집한 정보를 바탕으로 나만의 교과서를 멋지게 완성하였다.	

자신의 학습과정을 되돌아보고 진지하게 평가해주세요.

Level up 오늘의 점수 나의 총점수

All-Clear
sticker

All-Clear
sticker

03 CHAPTER

인터스텔라: 희망을 찾아 떠나다

★Teacher Tips

Teacher Tips

'인터스텔라, 희망을 찾아 떠나다' 는「설레는 수업, 프로젝트학습」1탄의 '9장. 석유 없는 세상, 혼란 속에 빠지다' 편의 후속으로 만들어졌습니다. 석유고갈로 인해 재앙적인 환경에 놓이게 되고, 생존을 위한 인류의 몸부림이 지구를 더욱 황폐하게 만들게 되는 상황에서 이야기가 시작됩니다. 제시되고 있는 이야기의 큰 흐름은 도입부(intro.)에서도 밝히고 있는 바와 같이 영화 인터스텔라와 유사합니다. 영화의 주요장면을 문제상황에 따라 적절히 제시해준다면 학습의 흥미와 몰입감을 더하는데 좀 더 효과적일 수 있습니다. 이 수업이 과학교과를 중심으로 하고 있지만 통합(융합)수업을 지향하는 만큼, 창의적 체험활동이나 자유학년(학기)활동과 연계하여 얼마든지 진행이 가능합니다. 학습자가 수행할 과제의 특성상 STEAM, 환경교육 등의 프로그램으로 활용하는 것도 충분히 가능합니다. 교수자의 전문적 판단 하에 수업의 목적과 대상학습자의 수준을 감안하여 추가적인 활동을 제시하고, 기존 퀘스트 내용을 재구성하여 수업을 운영하도록 해 주세요.

"전 우주를 지배하는 보편적인 법칙은 존재하지만, 우리가 관찰한 우주의 모습은 우리의 입장에 따라 달라진다. 진리는 보편적이고 절대적이지만, 그것을 관찰하는 우리의 인식에는 한계가 있다. 따라서 우리는 우리가 관찰한 것이 유일한 진리라고 주장할 수 없다."

우주의 모든 것은 보편적 법칙에 의해 지배를 받지만, 관찰자의 입장에 따라서는 그 결과가 달라질 수밖에 없다는 아인슈타인의 주장은 당시의 역학체계를 뒤흔들어 놓을 만큼 혁명적인 이론이었습니다. 자신이 처한 상황에서는 옳더라도 다른 사람의 상황에서는 틀린 것일 수 있기 때문에 어느 누구의 관찰 결과도 옳다고 할 수 없음을 일깨워주었죠. 그의 상대성이론은 세상을 바라보는 우리의 관점을 완전히 바꾸어 놓았습니다. 세상의 모든 지식(관찰결과)은 상대적이고 그것을 바라보는 우리의 인식(관찰능력)에는 한계가 있을 수밖에 없다는 분명한 메시지가 그 속에 담겨 있기 때문입니다.

아인슈타인의 이론을 학생들과 좀 더 살펴보고자 한다면, EBS 클립뱅크(clipbank.bs.co.kr)에 있는 '물리의 법

칙: 특수상대성이론' 편을 추천합니다. '인터스텔라' 문제를 해결하는데 직접적인 도움이 되지 않더라도 그 배경을 이해하는 데 효과적일 것입니다.

'인터스텔라, 희망을 찾아 떠나다'는 주요 무대가 미지의 우주를 향하고 있지만, 역설적으로 인류의 생존요소, 무엇보다 지구환경에 대한 총체적인 이해를 추구하고 있습니다. 광활하고 거대한 우주의 일부인 지구의 소중함을 알고 이에 대한 문제의식을 갖는 것만으로도 절반 이상의 성공입니다.

이 수업은 과제의 내용과 직접적으로 관련된 사회, 과학 교과와 연계하여 진행할 수 있습니다. 특히 국립과천과학관을 무대로 한 주제별 체험학습과 연계할 수도 있으니 현장 상황에 맞게 적용해보길 바랍니다. 자유학년(학기)활동, 창의적 체험활동 프로그램으로 활용한다면, 주제를 중심으로 폭넓은 학습이 가능해집니다. 아래 교과영역과 내용요소를 참고하며 고민해 보세요.

	영역	내용요소		
		초등학교 [5-6학년]	중학교 [1-3학년]	고등학교 [1학년]
국어	듣기말하기	◆토의[의견조정] ◆발표[매체활용] ◆체계적 내용 구성	◆토의[문제 해결] ◆발표[내용 구성] ◆매체 자료의 효과	◆토론[논증 구성] ◆협상
사회	자연환경과 인간생활	◆국토의 기후 환경 ◆세계의 기후 특성과 인간 생활 간 관계 ◆국토의 자연재해와 대책, 생활 안전 수칙	◆기후지역 (열대, 온대, 냉대 등) ◆기후 환경 극복 ◆자연재해 지역 ◆자연재해와 인간 생활	◆지구환경의 다양성 ◆기후변화와 자연재해
	지속 가능한 세계	◆지구촌 환경문제 ◆지속가능한 발전 ◆개발과 보존의 조화	◆지구환경문제 ◆지역 환경문제 ◆환경 의식	◆사막화 ◆지구 온난화
실과 정보	자료와 정보	◆소프트웨어의 이해	◆자료의 유형과 디지털 표현	◆효율적인 디지털 표현

Teacher Tips

<table>
<tr><td rowspan="6">과학</td><td rowspan="3">지구
과학</td><td>우주</td><td>◆태양계 행성
◆행성의 크기와 거리
◆별의 정의</td><td>◆지구의 자전과 공전
◆지구형 행성과 목성형 행성
◆우주 팽창
◆우주 탐사 성과와 의의</td><td>◆별의 물리량
◆외계 행성계
◆생명가능 지대
◆빅뱅(대폭발) 우주</td></tr>
<tr><td>환경과
생태계
[초등학교]</td><td rowspan="2">◆생물 요소와 비생물 요소
◆환경 요인이 생물에 미치는 영향
◆환경 오염이 생물에 미치는 영향</td><td rowspan="2">◆지구계의 구성 요소
◆온실 효과
◆지구 온난화</td><td rowspan="2">◆대기 대순환
◆엘니뇨와 라니냐
◆지구 온난화
◆기후 변화 요인
◆기후 변화의 영향</td></tr>
<tr><td>고체지구,
대기와 해양[중학교]</td></tr>
<tr><td>물리</td><td>힘과 운동</td><td>◆속력과 안전</td><td>◆등속 운동
◆자유 낙하 운동</td><td>◆동시성
◆질량-에너지 등가성
◆블랙홀
◆특수상대성이론</td></tr>
<tr><td rowspan="2">생명
과학</td><td rowspan="2">생물의
구조와
에너지</td><td rowspan="2">◆소화·순환·호흡·배설 기관의 구조와 기능</td><td>◆영양소, 소화 효소
◆소화계, 배설계 구조와 기능</td><td>◆생물의 특성</td></tr>
<tr><td>◆순환계, 호흡계 구조와 기능
◆소화·순환·호흡·배설의 관계</td><td>◆소화·호흡·순환·배설
◆대사성 질환</td></tr>
</table>

'인터스텔라, 희망을 찾아 떠나다'는 제시된 과제의 난이도를 고려할 때, 초등학교 6학년 이상이면 무난하게 도전할 수 있습니다. 특정 교과와 단원의 내용을 좀 더 심화시키고자 한다면, 이와 관련된 추가 과제를 제시하거나 강의를 통해 자세히 설명하는 것이 효과적입니다. 다만, 학생들이 특정 지식습득에만 지나치게 치우치게 되면, 본래 수업의 목적이나 의도에서 벗어날 수 있습니다. 통합적이고 창의적인 사고능력이 발휘될 수 있도록 자유로운 학습 분위기를 조성해야 합니다. 무엇보다 학생들의 다양한 의견을 경청하고자 하는 선생님의 마음가짐이 중요함을 잊지 마세요.

- 적용대상(권장): 초등학교 6학년 – 고등학교 1학년
- 자유학년활동: 주제선택(권장)
- 학습예상소요기간(차시): 8 – 12일(8 – 12차시)

Time Flow

8일 기준

시작하기_문제제시	전개하기_과제수행				마무리_발표 및 평가
문제출발점 설명 PBL MAP으로 학습 흐름 소개	QUEST 01 당신의 우주선이 궁금하다	QUEST 02 웜홀로 이동하라!	QUEST 03 아인슈타인 - 로젠의 다리	QUEST 04 4개의 행성	과제수행결과 발표하기 / 성찰일기 작성하기
교실 40분	교실 | 온라인 80분 | 2-3hr	교실 | 온라인 40분 | 2-3hr	교실 | 온라인 40분 | 1-2hr	교실 | 온라인 80분 | 1-2hr	교실 | 온라인 40분 | 1hr
1Day	2-3Day	4-5Day	6Day	7-8Day	

수업목표(예)

QUEST 01	◆ 인간의 생존에 필수적인 요소를 선정하고, 우주선에 공급할 방법을 제시할 수 있다. ◆ 인간의 필수 생존요소를 우주선에 공급할 자급자족 장치를 구상할 수 있다. ◆ 우주선의 내부와 외부 구조, 생존을 지켜줄 특별한 장치에 대한 설명 자료를 만들 수 있다. ◆ (선택)국립과천과학관의 첨단기술관을 통해 우주선에 장착할 필수장치를 알 수 있다.
QUEST 02	◆ 지구-화성-목성-토성으로 이어지는 탐험코스와 각 이동거리를 도출할 수 있다. ◆ 우주선의 속력(초속 20km)을 기준으로 이동거리별 시간(기간)을 계산할 수 있다. ◆ 이동경로와 우주선의 속력을 감안하여 토성까지의 탐험계획을 수립할 수 있다. ◆ (선택) 국립과천과학관의 스페이스월드 체험을 통해 우주탐험계획을 구체화할 수 있다.
QUEST 03	◆ '아인슈타인-로젠 다리'와 관련한 과학이론을 공부하고 정리할 수 있다. ◆ 우주선이 웜홀을 통과하며 만나게 될 위협을 자유롭게 상상할 수 있다. ◆ 우주선이 '아인슈타인-로젠 다리'를 안전하게 건너기 위한 방안을 제시할 수 있다. ◆ (선택) 국립과천과학관의 천체투영관 영상물 관람을 통해 우주에 대한 생각의 폭을 넓힐 수 있다.
QUEST 04	◆ 지구상의 극단적인 기후지역을 참고하여 인류의 정착에 유리한 행성을 선정할 수 있다. ◆ 선정한 행성에서 인류정착에 어려움을 주는 것이 무엇인지 자세히 살피고, 문명을 다시 세울 방안을 구체적으로 제시할 수 있다. ◆ 인류가 이주할 최종목적지(행성)를 선정하고 새로운 문명을 꽃피우기 위해 꼭 준비해야 할 것들을 정리할 수 있다. ◆ (선택) 국립과천과학관의 미래상상SF관을 통해 우주 정착을 위한 다양한 방안을 탐색할 수 있다.
공통	◆ 아인슈타인의 상대성이론을 이해하고, 이를 통해 제시된 과제들을 해결할 수 있다. ◆ 다양한 매체에서 조사한 내용을 정리하고 자신의 언어로 재구성하는 과정을 통해 창의적인 산출물을 만들어낼 수 있다. 이 과정을 통해 지식을 생산하기 위해 소비하는 프로슈머로서의 능력을 향상시킬 수 있다. ◆ 토의의 기본적인 과정과 절차에 따라 문제해결방법을 도출하고, 온라인 커뮤니티 등의 양방향 매체를 활용한 지속적인 학습과정을 경험함으로써 의사소통능력을 신장시킬 수 있다.

※ 프로슈머 [Prosumer]: 앨빈 토플러 등 미래 학자들이 예견한 생산자(producer)와 소비자(consumer)를 합성한 말

Teacher Tips

시작하기

중심활동 : 문제출발점 파악하기, 학습흐름 이해하기

- 지구온난화이 파괴적인 영향력에 관해 다양한 자료를 보며 이야기 나누기
- 문제의 출발점을 제시하고 배경과 상황 안내하기
- 문제의 조건과 주인공으로서의 관점 제시하기
- (선택)게임화 전략에 따른 피드백 방법에 맞게 게임규칙(과제수행규칙) 안내하기
- (선택)자기평가방법 공유, 온라인 학습커뮤니티 활용 기준 제시하기
- 활동내용 예상해 보기, PBL MAP을 활용하여 전체적인 학습흐름과 각 퀘스트의 활동 내용 일부 공개하기

'인터스텔라, 희망을 찾아 떠나다' PBL 수업은 영화 「인터스텔라」의 일부장면을 보여주며 시작하는 것이 자연스럽습니다. 영화감상과제를 사전에 제시했다면 수업시간에 관련 이야기를 나누는데 좀 더 도움이 됩니다. 문제의 배경이 되는 지구환경의 파국적인 상황은 마크 라이너스(Mark Lynas)의 「6도(Six Degrees)」를 근거로 설명하면 효과적입니다.

이 책은 1도부터 6도까지의 지구온도상승 시나리오를 담고 있는데요. 온도 상승에 지구환경에 미치는 재앙적인 결과를 과학적으로 상세하게 그려내고 있습니다. 내셔널지오그래픽의 다큐멘터리로도 제작되어 있으니 학생들이 지구온난화의 파괴적인 영향력을 체감할 수 있도록 활용해주세요.

우리나라를 포함한 세계 곳곳에서 발생하고 있는 기후변화와 재난 등 각종 영상자료들을 통해 현재 진행되고 있는 사태의 심각성을 알리는 방법도 좋습니다. 어쨌든 학생들이 지구온난화로 인한 기후변화의 심각성을 제대로 인식할 수 있도록 수단과 방법을 총동원해 주세요. 지구환경에 대한 위기감이 고조될수록 활동에 임하는 태도가 달라지며, 그만큼 과제수행의 질이 높아집니다.

앞서 밝혔듯이 문제의 출발점은 '석유 없는 세상(설레는 수업, 프로젝트학습 1: 입문 편에 수록)'의 이야기와 연결됩니다. 가급적 '석유 없는 세상' PBL을 수행하고 나서 진행하는 것이 좋습니다. '석유 없는 세상' PBL을 수행했다면, 관련 경험을 공유하며 문제상황에 대해 이야기를 나누도록 해주세요. 회복불가능한 지구환경의 파멸적인 현실로 인해 다른 행성으로 이주해야 하는 상황을 자유롭게 상상하면서 활동에 참여하도록 하는 것이 중요합니다. 인류의 운명을 걸고 희망을 찾아 떠나는 주인공인 만큼 각 과정마다 부여된 임무를 성공적으로 완수해야 한다는 점을 강조해주세요. 문제상황에 대한 충분한 파악이 이루어졌다면, 학생들이 경험하게 될 활동을 간략하게 소개하는 시간을 갖습니다. 인트로(Intro)에 제시된 워드클라우드와 PBL MAP을 활용해 전체적인 학습흐름과 각 퀘스트별 활동내용을 예상해보는 방법이 무난합니다. 수업운영에 있어서 도입하고자 하는 규칙이나 평가방법, 관련 교과정보 등이 있다면, 잊지 말고 안내해주세요.

 **전개하기**

'인터스텔라, 희망을 찾아 떠나다'는 총 4개의 기본퀘스트로 구성되어 있습니다. 각 퀘스트별로 활동시간이 제법 많이 요구되는 수업입니다. 수업시간을 넉넉하게 확보하거나 충분한 활동기간을 두어 진행할 것을 권장합니다. 어찌됐든 문제의 출발점이 잘 형성됐다면, 수업에 참여하는 학생들을 온전히 믿고 맡기는 시간으로 넘어가게 됩니다. 빈약한 활동결과가 보일지라도 얼굴 찌푸리지 말고, 선생님의 아름다운 미소와 칭찬으로 학생들에게 힘을 불어넣어 주세요. 언제나 그렇듯 프로젝트학습에 참여한 학생들은 멋진 집단지성으로 화답할 것입니다.

Teacher Tips

● 퀘스트1 : 당신의 우주선이 궁금하다

중심활동 : 인간생존에 필요한 요소 탐색하기, 생존요소 공급을 위한 특별한 장치 고안하기

- 현존하는 우주선 사례를 소개하며(혹은 인터스텔라 영화 속 우주선을 보여주며) 문제상황 제시하기
- (개별)인간의 생명유지에 필요한 7가지 요소를 선정하고, 우주선에서 공급할 방법 제안하기
- (개별)선정한 7가지 요소 중 3가지를 선택하여 우주선에 탑재할 특별장치 고안하기
- (선택체험) 국립과천과학관 체험활동을 바탕으로 특별장치 구체화하기
- (팀별)다양한 장치를 설명하는 자료 제작하고 공유하기

단순히 우주선의 모양을 상상하며 그려보는 활동이 아님을 강조하면서 퀘스트 활동을 시작해주세요. 우주선 겉이 아니라 속에 활동의 중심이 있음을 강조하면 됩니다. 현존하는 우주선 사례를 자유롭게 살펴보는 것도 좋은 접근 방법입니다. 특히 문제상황에서도 엿볼 수 있듯이 우주선이 지구환경과 유사해야 승무원의 생존을 보장할 수 있음을 활동 내내 강조할 필요가 있습니다.

Quest 퀘스트 01 당신의 우주선이 궁금하다

인류의 희망을 찾아 떠나는 우주탐험을 위해 필요 본적으로 우주선에는 인간의 생명유지에 필수적인 아니라, 극한의 환경을 이겨낼 수 있으면서 오랜 기간 동안 자급자족할 수 있는 시스템도 갖추고 있어야 한다. 우주선 안은 중력이 작용하는 등 최대한 지구와 유사한 환경을 제공해 주어야 한

개별적으로 7가지 생존요소 가운데 3가지를 선택하여 자급자족을 위한 특별장치를 고안하는 활동입니다. 활동지는 간단한 표로 제시되어 있지만 특별장치의 그림을 그려 설명하도록 하는 것이 좀 더 효과적입니다. 장치의 이름을 짓고 핵심부분의 명칭과 성능을 표기하도록 안내해주세요.

국립과천과학관의 각종 전시물을 참고해 우주선에 필수적으로 장착해야 하는 장치를 구체화시키는 활동입니다. 체험학습과 연계하여 진행하는 것이 가장 효과적이지만, 여의치 않을 경우, 국립과천과학관 사이버전시관(cyber.scientorium.go.kr)을 활용해 활동을 진행하는 방법이 있습니다.

슈웅

...고한 것은 스스로 공급하여 충당하는 것 ... 필요한 요소들을 스스로 공급할 수 있는

...를 선택하여 자급자족할 수 있는 특별한 장치...

	설명
1	
2	
3	

❸ [선택체험] 국립과천과학관 첨단기술관의 각종 전시물을 참고해 우주선에 반... 를 구체화해보도록 합시다.

...와 이를 우주선에서 공급해줄 방법을 제안하시오.

	방법

국립과천과학관의 각종 전시물을 참고해 우주선에 필수적으로 장착해야 하는 장치를 구체화시키는 활동입니다. 체험학습과 연계하여 진행하는 것이 가장 효과적이지만, 여의치 않을 경우, 국립과천과학관 사이버전시관(cyber.scientorium.go.kr)을 활용해 활동을 진행하는 방법이 있습니다.

❹ [팀별] 개별적으로 고안한 특별한 장치를 모으고 선별하시오. 우주인에 제공될 우주선의 내·외부 구조와 생존을 지켜줄 다양한 장치들에 관한 설명 자료를 만드시오. ****

기본적으로 퀘스트1-1에서 1-3까지는 학생 개인이 중심이 되어 벌이는 활동입니다. 이들 결과를 팀별로 공유하고 하나로 모아서 설명 자료를 만들도록 안내해주세요. 온라인 공간이나 교실 공간에 전시하여 학급구성원 모두가 공유할 수 있도록 하는 것이 중요합니다.

니다.

4. 설명 자료는 과학적 근거가 분명해야 합니다. 따라서 기존의 정보나 자료를 활용하여 구성하는 것이 중요합니다. 개인적인 생각으로만 만든 상상 속 우주선이 되지 않도록 주의해 주세요.

● 퀘스트2 : 웜홀로 이동하라!

중심활동 : 태양계 행성에 관해 공부하기, 이동거리와 소요시간을 산출하고 탐험계획 세우기

- 제시된 조건을 체크하며 퀘스트2의 문제상황 파악하기
- (개별)교과서 등을 활용하여 태양계 행상에 관한 전반적인 공부진행하기
- (개별)우주선의 속력을 기준(초속 20km)으로 1분–1시간–1일–1년 기준으로 이동거리 산출하기
- (팀별) 장거리 우주선 생활을 감안하여 탐험계획 세우기
- (선택체험) 국립과천과학관 체험활동을 통해 탐험계획 구체화하기

Quest 퀘스트 02 웜홀로 이동하라!

문제에서 제시한 8.5AU의 거리는 약 127.5억km로 환산할 수 있습니다. 우주선의 속력을 감안하다면 이동하는데 필요한 기간이 대략 20년 이상이 됩니다. 이동하는데 20년이라는 긴 시간이 요구되는 만큼 탐험계획에는 이동경로와 긴 우주선 생활을 버틸 방안이 담겨 있어야 합니다.

응답하라! 지구우주센터, 이제 모든 준비가 완료됐다. 우선, 토성 부근 웜홀까지 탐험계획을 보고하도록 하겠다.

웜홀로 추정되는 시공간의 ... 부근에 위치해 있다. 당시 ... 해야 한다. 지구에서 토성 ... 선의 평균 속력은 초속 ... 도달하기 위한 이동경로 ... 소요기간을 예측하는 일은 ... 탐험계획을 수립할 것이다. 최종 ... 주센터로 곧 보고될 예정이다.

문제에서 제시한 조건, 지구에서 토성까지의 거리(8.5AU), 우주선의 평균속력(초속 20km)을 기준으로 삼아 과제를 수행해야 함을 안내해주세요. 토성 근처의 웜홀로 안전하게 이동하기 위해서 소요기간에 따른 탐험계획이 필수적임을 강조합니다.

...는 시간과 이동경로를 감안하여 탐험계획을 세워주세요. 탐험계획 ...버티기 위한 방안도 포함되어 있어야 합니다. 지구우주센터에 탐험계 ... ★★★

... 구멍이나 통로, 즉 우주 공간의 지름길을 말한다. '사과를 관통하는 벌레구 ...다'는 비유에서 나온 용어로 세계적인 물리학자 킵 손의 '웜홀이론'을 주창했 ...다시 돌아오게 하면 시간지연 현상이 발생하고, 이를 활용하면 시간여행이 가 ...

...로 한 단위로서 약150,000,000Km이다.

...양계의 행성에 관한 전반적인 공부가 필요한 상황입니다. 우주에 ... ★★

태양계 행성에 관한 공부는 과학교과서와 직집적으로 연계하여 진행할 수 있습니다. 연계할 과학교과가 없다면 개별과제로 진행해주세요.

❹ [선택체험] 국립과천과학관 스페이스월드에서 각종 자료를 참고하여 우주... 도록 합시다.

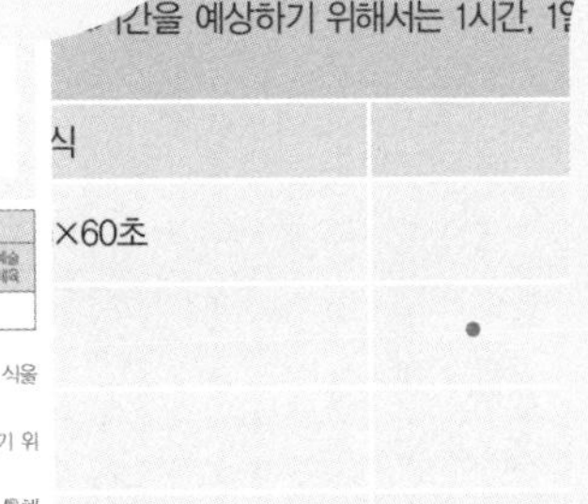

...기간을 예상하기 위해서는 1시간, 1일...

...식	
×60초	

기본적으로 물체의 속력에 대한 이해가 있어야 해결할 수 있는 과제입니다. 활동지에 제시된 AU단위를 감안하여 지구에서 토성까지의 이동거리를 Km단위로 바꿔보고(1AU 기준 약1.5억 km), 우주선 속력을 기준으로 소요시간(기간)을 산출하도록 지도해주세요. 개별활동으로 진행한 이후 팀 안에서 상호 검증하는 것이 적절합니다.

국립과천과학관의 각종 전시물을 참고해 우주탐험계획을 구체화하도록 안내해주세요. 가급적 체험학습과 연계하여 진행하는 것이 좋지만, 국립과천과학관 사이버전시관을 활용하는 것도 가능합니다. 현장상황에 맞게 선택적으로 진행해보세요.

...속력 구하는 식을 ...생활을 버티기 위 ...center.go.kr)를 통해 ... 사전예약을 하면 편리하게 이용할 수 있으니 참고하세요.

4. 지구우주센터에 보고되는 탐험계획인 만큼 영상으로 제작해 주세요.

Teacher Tips

● 퀘스트3 : 아인슈타인-로젠의 다리

중심활동 : 아인슈타인-로젠의 다리 관련 다양한 활동 벌이기, 천체과학 관련 영상물 보기

- [퀘스트3] 문제를 확인하고 핵심활동 파악하기
- '아인슈타인-로젠의 다리', 웜홀, 블랙홀, 화이트홀에 관한 자율공부 진행하기
- 웜홀이라는 시공간의 터널을 통과할 수 있을지 찬반 토론진행하기
- 상상력을 동원해 웜홀을 통과하기 위한 방안 제안하기
- (선택체험) 국립과천과학관 천체투영관에서 영상물을 관람하고 생각의 폭 넓히기

Quest 퀘스트 03 아인슈타인-로젠의 다리

이번 기회를 놓치면 안 돼.
경영진의 마음을 사로잡아야겠어.
아자-
화팅!!
웅성
웅성
웅성

드디어 우주탐험의 지름… 당
도했다. 웜홀은 상대…
료인 네이선 로젠-…
슈타인-로젠 다리(Ei…
모든 물체를 빨아들…
들인 물체를 내뱉는 …
레가 먹은 듯 구멍이 생기… 나
른 은하계로 여행할 수 있다… 당신의
우주선은 아인슈타인-로젠 다리를 건너 새로운 우주로 나아가야 한다. 과연 이곳을 통해 다른 은하계로 건너갈 수 있을까?

퀘스트3의 시작은 인터스텔라 영화 속에 등장하는 웜홀을 보여주며 관련 이야기를 나누는 것이 좋습니다. 블랙홀과 화이트홀을 가까이 가서 목격한 이들이 없음을 강조하며, 과학적 지식을 토대로 상상력을 발휘하는 활동임을 안내해주세요.

❶ [개별] '아인슈타인-로젠 다리'에 대해 공부해 봅시다. 무엇을 알게 되었나요? ★★

아인슈타인-로젠의 다리로 불리는 웜홀에 대해 공부하는 시간을 갖습니다. 관련 다큐멘터리를 시청하거나, 책을 읽어보는 등 학생들이 원하는 방식의 공부가 이루어지도록 해주세요. 개별적으로 공부한 내용은 간단하게 정리하고, 학급 구성원들과 공유하도록 합니다.

'아인슈타인-로젠 다리', 즉 웜홀은 시공간의 접힘으로 다른 두 세계가 하나의 통로로 연결된 …말합니다. 웜홀이라는 시공간의 터널을 통해 다른 우주로 건너갈 수 있을까요? 인류의 생존이 …있는 만큼 치열한 찬반토론을 통해 그 가능성을 모색해봅시다. ★★★

찬성	반대
최종 결론	

웜홀을 이용해 다른 우주로 건너갈 수 있을지 팀별로 입장을 정하고, 찬반토론을 진행해봅니다. 인류의 생존이 걸려 있는 만큼 격렬한 토론이 일어나는 건 당연한 겁니다. 상호 존중하는 가운데 토론이 이루어질 수 있도록 지도해주세요. 누구도 가보지 못한 미지의 세계라서 상상력이 중요합니다. '지식보다 중요한 것은 상상력이다'라고 말한 아인슈타인의 명언을 소개하면서 다양한 생각이 공유될 수 있는 환경을 조성해주세요.

❶ [팀별] 당신의 우주선이 웜홀을 통과하며 만나게 될 예상되는 위협은 무엇일까요? 아인슈타인-로젠 다리를 무사히 건너기 위한 방안을 상상력을 총동원하여 설명해 봅시다. ★★★★

퀘스트1-1과 1-2 활동 결과를 토대로 아인슈타인-로젠 다리를 무사히 건너기 위한 방안을 팀별로 모색하는 시간입니다. 학생들이 팀별로 합의된 방안을 영화적 상상력을 발휘해 표현할 수 있도록 안내해주세요.

…과천과학관 천체투영관에선 생각의 폭을 넓혀줄 다양한 영상물이 상영되고 있습니 …배운 점과 느낀 점을 기록해주세요. ★★★

:

GRAVITY

DREAM TO FLY

LIFE OF TREES

☆느낀 점 :

국립과천과학관 천체투영관에서 상영하는 영상물을 보고 우주에 대한 생각의 폭을 넓혀보는 시간을 갖도록 합니다. 체험학습활동과 연계가 어렵다면, 교실에서 우주와 관련된 영화나 다큐멘터리를 선정하여 시청하는 것도 대안이 될 수 있습니다.

관련교과	국어	사회	도덕	수학	과학	실과			체육	예술		영어
						기술	가정	정보		음악	미술	
					●							

1. 아인슈타인-로젠 다리는 다른 은하계로 건너갈 유일한 통로입니다. 이곳을 모르고 건널 수는 … 이론을 충분히 탐색하고 알기 쉽게 정리해 봅시다.
2. 모둠별로 찬성과 반대 입장으로 나누어 치열한 토론을 진행하도록 합니다. 억측이 아닌 과학적 근… 야 합니다.
3. 우주선은 웜홀을 통과하는 과정에서 여러 위험을 만날 가능성이 높습니다. 물론 확실한 것은 없습니다. 과학이… 으로 여러분들의 상상력을 총동원하여 예상해 봅시다.
4. 국립과천과학관 천체투영관에서 상영하는 영상물 시간표는 홈페이지를 통해 확인할 수 있으며, 사전예약을 통해 편리하게 이용할 수 있습니다.

마무리

수업의 마무리는 4개의 행성 가운데 최종목적지를 결정하는 과정으로 채워집니다. 인류의 미래가 걸린 문제인 만큼, 새로운 터전이 될 행성을 제시된 절차에 따라 신중하게 고르도록 하고 있습니다. 더불어 인류의 성공적인 정착을 위해서 예상되는 여러 난관들을 어떻게 극복할지, 지구에서 무엇을 가져오면 좋을지 등을 고민하도록 요구하고 있습니다. 퀘스트 활동으로 제시하고 있진 않지만, 최종적인 발표는 전체 활동결과를 순서대로 담은 '행성에서 보내는 영상보고서' 형식으로 꾸며보는 것이 좋습니다. 일종의 역할극처럼 꾸며서 주인공이 탐사한 행성에서 지구우주센터로 보내는 상황을 연출해 보면 어떨까요?

Teacher Tips

● 퀘스트4 : 4개의 행성

중심활동 : 4개의 행성 가운데 최종 정착지 결정하기, 인류정착에 필요한 물건 정하기

- 지구의 기후환경과 4개의 행성의 관련성을 이해하며 [퀘스트4]의 문제상황 파악하기
- 화빙수토 행성의 조건을 살펴보고 인류정착의 난관이 적은 순으로 탐사순서 정하기
- 인류가 정착할 행성 후보 2곳을 선정하고 예상되는 어려움을 극복하기 위한 방안 제안하기
- 인류가 정착할 행성을 최종선정하고, 새로운 문명을 꽃피우기 위해 지구에서 무엇을 가져올지 결정하기
- (선택체험) 국립과천과학관 미래상상SF관에서 다른 행성에 정착할 방안 구체화하기

Quest 퀘스트 04 4개의 행성

학생들은 아인슈타인-로젠의 다리를 무사히 건넌 주인공으로서 새로운 우주공간을 마주하게 됩니다. 문제상황 속 인류이주 후보로 꼽은 4개의 행성 가운데 인류의 새로운 터전을 결정해야 함을 안내해주세요. 특히 4개의 행성조건을 지구상의 극지방과 사막지역 등 극한의 기후환경을 통해 확인할 수 있음을 강조해줄 필요가 있습니다.

아인슈타인-로젠 다리를 무사히 건넜다. 엄청난 중… 신비감을 주는 빛의 향연을 목… 선의 두뇌에 해당하는 슈퍼컴퓨… 재빠르게 탐색하기 시작했다. 그… 으로 4개의 행성 모두 인류의 생… 정착에 어려움을 줄만한 치명적인 장애물들을 …는데, …빙·水수·土토'이다. …날씨 범주 안에 들어간다. 이들 행성의 기온과 대기 환…는 아니라는 의미다. 이제 당신은 4개의 행성을 모두 … 목적지를 선정해야 한다. 인류의 새로운 터전이 될 행…

인류가 정착할 행성 두 곳을 선정하고 예상되는 어려움을 극복하기 위한 방안을 제시하는 활동입니다. 새로운 문명을 세우기 위한 일종의 밑그림인 만큼, 아이디어 수준의 이야기만 공유되는 것도 괜찮습니다. 학생들이 부담없이 참여하도록 격려해주세요.

❷ [개별] 인류가 정착할 행성으로 2곳… 예상되는 어려움을 극복하면서 문명을 다시 세울 수 있는 방안을 제안하시오. **

행성	인류 정착의 어려움을 극복할 방안 제안하기

❸ [팀별] 인류가 이주할 최종 목적지로서 적합한 행성을 선정하고, 주어진 … 피우기 위해 지구에서 대비하거나 준비할 부분은 무엇일까요?

팀별로 인류가 이주할 최종 목적지를 결정하고, 그곳에서 인류의 새로운 문명을 꽃피우기 위해 지구에서 무엇을 준비해서 가져와야 할지 제안하는 활동입니다. 우주선에 싣고 올 수 있는 물건이 제한적이므로 이를 감안하여 진행해 주세요.

위기를 헤치고 도착한 또 다른 행성은 온통 얼음으로 가득하다.

❹ [선택체험] 국립과천과학관 미래상상SF관에서 우주에 정착… 다.

…가 4개 행성을 모두 탐사하… 성부터 우선순위를 나눠보… …하는데 예상되는 어려움…

火(화), 氷(빙), 水(수), 土(토)로 명명한 행성들은 각각 화산활동이 끊이지 않는 행성, 눈과 얼음으로 이루어진 행성, 물로 이루어진 행성, 모래와 흙만 보이는 사막같은 행성으로 이해할 수 있습니다. 모두 지구상에서 찾을 수 있는 기후조건이므로 여기에 해당하는 지역을 조사하여 인류정착에 어려움이 작을 것으로 예상되는 행성순위를 결정하도록 안내해주세요. 특별한 정답은 없으니 학생들의 주장이 나름 타당성 있는 근거를 내세우고 있는지 여부만 팀별로 따져보도록 하면 됩니다.

인류가 우주에 정착하기 위해 무엇을 준비해야하는지 국립과천과학관 미래상상SF관을 이용하면 효과적입니다. 관련 전시물을 통해 퀘스트4-3의 내용을 구체화시켜보세요. 만약 체험학습이 불가능할 경우 국립과천과학관 사이버뮤지엄 활용도 고려해볼 만 합니다.

4. 국립과천과학관의 미래상상SF관에서 우주정착에 관한 다양한 아이디어를 얻는데 초점을 맞춰야 합니다.

All-Clear
sticker

Maker Note 04

뚝딱! 쉽고 간단하게 동영상 제작하기

오랜 기간 동안 영상제작은 관련 전문가들만이 할 수 있었던 특별한 영역이었어. 불가능한 것은 아니었지만 일반 사람들이 도전하기엔 여러모로 어려웠지. 진입장벽이 너무 높았어.

영상 하나가 완성되려면 촬영한 필름을 자르고 잇고 수정하고 프린트하고 현상하는 과정이 필요했지. 고도의 기술력을 지닌 영상편집기사가 아니라면 불가능한 작업이었어.

장비들도 하나같이 너무 크고 게다가 무게도 많이 나갔어. 간편한 휴대가 가능할 리 없었지.

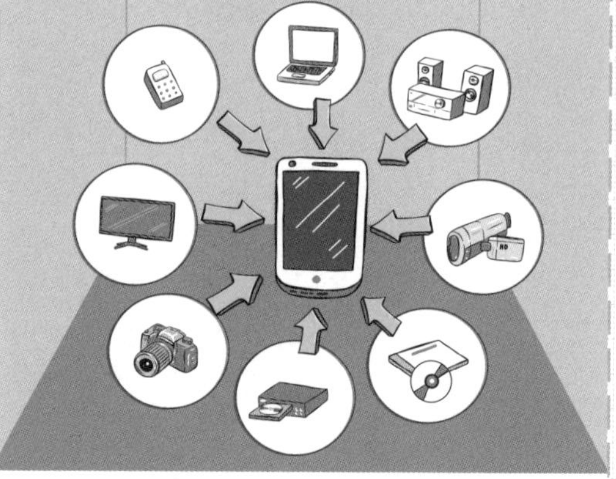

하지만 지금은 그렇게 크고 무겁던 장비들이 스마트폰으로 들어와 버렸어. 그야말로 손 안에서 촬영, 편집, 영상출판 모든 것이 가능해졌지. 정말 좋은 세상이야.

누구나 영상을 만들 수 있고, 1인이 실시간 생방송도 할 수 있어. 공들여 제작한 영상을 공개할 곳은 정말 많아. 이렇게 동영상 서비스로 특화되어 있지 않더라도 온라인을 통해 쉽게 공유할 수 있지.

고민되네.
어디에 영상을 올리면 좋을까.

의지만 있다면 단편영화도 출품할 수 있어. 이외에도 방송, 광고, 다큐멘터리, 애니메이션 등 다양한 장르에서 자신의 실력을 뽐낼 수 있는 기회가 많이 있지. 매년 청소년을 대상으로 한 무대가 펼쳐지고 있으니까 마음이 있다면 도전해 보라고.

자, 그럼 동영상 제작을 어떻게 하면 좋을까. 콘티라고 들어봤을 거야. 정확한 표현 '콘티뉴이티(continuity)'이라고 하지. 일종의 영상대본이라고 하는 것인데 장면 하나하나를 그림으로 표현하는 것이 특징이야. 영화뿐만 아니라 거의 모든 장르에서 활용되고 있지.

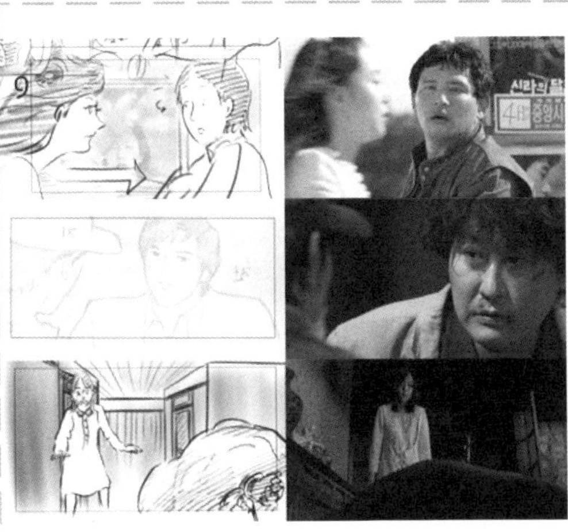

출처: 영화 너는 내 운명 콘티

Maker Note 04

뚝딱! 쉽고 간단하게 동영상 제작하기

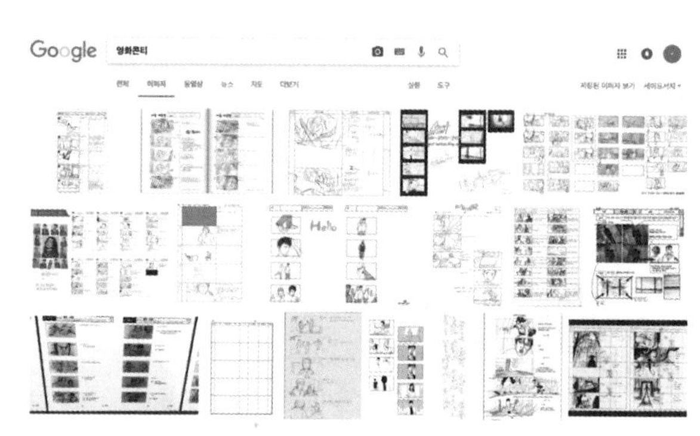

완성도 높은 영상을 제작하고 싶다면 콘티작업을 먼저 진행하는 것이 좋아. 콘티에 특별한 형식이 있는 것은 아니야. 장면 순서대로 표현하면 되는 것이지. 한편 포털 검색창에 '콘티', '영화콘티' 등으로 입력하면 다양한 사례들을 찾아 볼 수 있어. 콘티 작성방법을 배우거나 좋은 아이디어들을 얻는 데 도움이 되지 않을까. 꼭 참고해 보았으면 해.

포스트잇과 볼펜만 있으면 간단하게 콘티를 짤 수 있어. 장면 하나하나를 포스트잇에 그려보고 순서에 따라 배열하면 되는 것이지. 중간에 추가하고 싶은 장면이 생기면 얼마든지 새로운 콘티를 넣을 수 있어. 장면 배열을 자유롭게 할 수 있는 만큼 수정이 쉬울 거야.

컴퓨터(PC)를 기반으로 한 영상편집프로그램은 많이 있어. 이중 초보자도 쉽게 활용할 수 있는 소프트웨어들을 소개해 볼게. 먼저 무비메이커(Movie Maker), 윈도우즈 운영체제에 기본적으로 설치되어 있던 프로그램이야. 아쉽게도 2017년 1월에 공식적으로 지원중단이 됐지만, 여러 경로를 통해 다운로드 받을 수 있으니 실망하진 말라고.

무비메이커의 여러 기능을 활용하는 데 용이하도록 상당히 직관적인 메뉴로 구성되어 있어. 초등학생들도 조금만 조작해보면 금방 알 수 있는 수준이지. 관련 동영상 강좌들도 있으니까 망설일 것 없이 한번 도전해 보라고. ❶에서부터 ❹까지 활용하고 싶은 기능에 따라 순서대로 진행하면 될 거야.

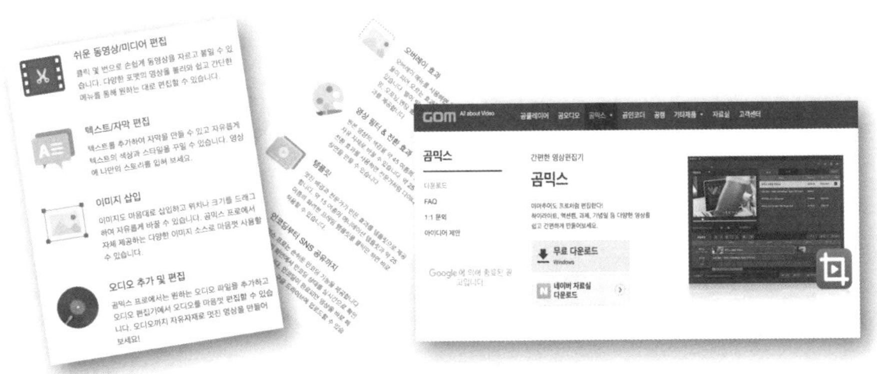

곰앤컴퍼니(gomlab.com)의 곰믹스와 곰캠도 손쉽게 동영상 편집이 가능하도록 만들어 주는 프로그램이야. 곰캠은 컴퓨터 화면에 보이는 모든 것을 녹화할 수 있어서 필요한 영상자료를 확보하는 데 요긴하게 사용할 수 있어. 곰믹스는 무비메이커처럼 영상편집을 지원해 주는 프로그램인데 여러 템플릿을 제공해 주고 있어서 짧은 시간 안에 질좋은 영상을 만들 수 있어. 두 프로그램 모두 무료다운로드가 가능한데, 좀 더 기능이 추가된 프로그램을 쓰고 싶다면 유료버전을 이용하면 돼.

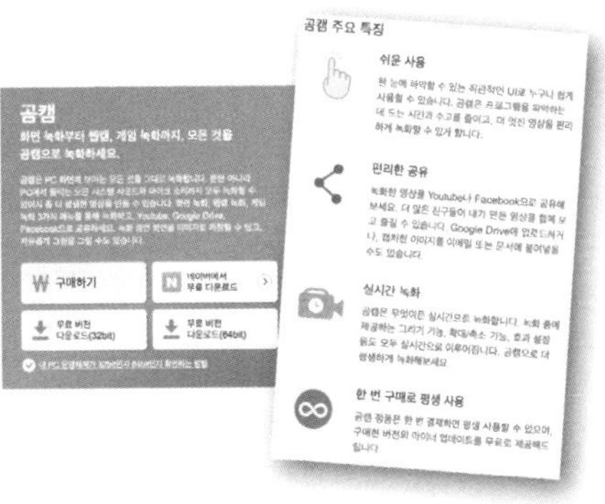

Maker Note 04

뚝딱! 쉽고 간단하게 동영상 제작하기

모바비(movavi.com)의 손쉬운 동영상 편집환경을 제공해 주는 프로그램이야. 무료로 다운로드 받아서 활용하다가 좀 더 다양한 기능을 사용하고 싶으면 유료버전을 이용하면 돼. 참고로 모바비 비디오 에디터(video editor)는 윈도우뿐만 아니라 애플의 맥(Mac) 버전도 있어서 컴퓨터 운영체제와 상관없이 활용할 수 있는 프로그램이기도 해.

전문가 수준의 영상편집에 도전하고 싶다면, 어도비 프리미어(Premiere)와 애플 파이널컷(final cut) 프로그램을 활용하는 것이 좋아. 실제 영화, 방송, 애니메이션 등을 제작할 때 사용하는 영상편집 프로그램이라서 360° VR, 3D 영상 등의 탁월한 기능도 제공되고 있어. 전문가의 감성으로 동영상 제작에 도전하고 싶다면 이들 프로그램을 꼭 활용해 보길 바랄게.

스마트폰으로 촬영한 영상이나 사진을
그 자리에서 바로 원하는 동영상 콘텐츠로 제작하고
싶을 수 있어. 복잡한 기능 때문에 망설였다면
지금부터 소개할 프로그램에 주목해 봐.

고프로(ko.gopro.com)에서 만든 영상 콘텐츠 편집앱인 퀵(Quik), 플라이스(Splice)를 이용하면 동영상을 간단하게 만들 수 있어. 이 앱들은 고프로 제품인 액션 캠 영상을 위한 편집프로그램이지만 스마트폰에서 촬영한 다른 영상도 얼마든지 편집 가능해.

편집하고픈 영상 및 사진을 앱에 입력하면 하나의 매끄러운 동영상이 만들어지는데,
자동으로 영상 속 하이라이트를 잡아내서 음악을 배경으로 한 하나의 동영상 콘텐츠가 완성하게 돼.
물론, 문구 삽입이나 영상조절, 음악추가 등의 기능도 제공된다고 하니까 활용해 보라고.

비바비디오(Viva Video)는 여러 모드를 이용하여 촬영도 하고 손쉽게 영상도 만들 수 있는 앱이야.
복잡한 편집에는 자신이 없지만 좀 더 근사한 영상을 제작하고 싶은 이들에게 안성맞춤이지. 재미있는
특수효과와 자막, 비디오 테마를 적용하면 멋진 영상이 만들어지니까 도전해 보라고. 물론 사용자가 직접
세밀한 편집도 가능해. 쉬운 인터페이스로 어려운 용어를 몰라도 무리 없이 사용할 수 있을 거야.

Maker Note 04

뚝딱! 쉽고 간단하게 동영상 제작하기

인샷(InShot)은 안드로이드용 동영상 및 사진 편집 앱 입이야. 스마트폰에 저장된 이미지나 동영상에 이모티콘이나 텍스트를 추가해서 꾸밀 수 있고, 단순한 수준의 편집과 배경음악 추가 등이 가능해. 세밀한 기능은 제공되지 않지만 처음 사용자도 손쉽게 동영상을 만들 수 있는 환경을 제공해 주고 있어.

키네마스터(kinemaster.com)는 전문가 수준의 영상편집기능들을 일반인들도 쉽게 사용할 수 있도록 만든 앱이야. 탁월한 편집기능으로 인해 많은 이들이 사용하고 있지. 다만 무료버전은 제작한 동영상 콘텐츠에 '키네마스터' 로고가 표기되는 단점이 있어.

인샷(InShot)은 안드로이드용 동영상 및 사진 편집 앱 입이야. 스마트폰에 저장된 이미지나 동영상에 이모티콘이나 텍스트를 추가해서 꾸밀 수 있고, 단순한 수준의 편집과 배경음악 추가 등이 가능해. 세밀한 기능은 제공되지 않지만 처음 사용자도 손쉽게 동영상을 만들 수 있는 환경을 제공해 주고 있어.

프로젝트학습을 통해 생생하고 멋진 동영상을 메이킹(Making)해 보자!

All-Clear
sticker

CHAPTER 04

꿈을 잡아라! Dream Job Fair

꿈을 잡아라! Dream Job Fair

여러분들은 미래에 어떤 일을 하며 지내고 싶은가요? 하고 싶은 일을 맘껏 하는데 돈도 많이 벌수 있다면 정말 보람이 있지 않을까요? 그것도 평생하며 살 수 있다면 더할 나위 없이 행복할 것입니다. 그래서 자신의 적성과 흥미에서 출발하는 진로탐색은 정말 중요합니다. 자기만의 소중한 꿈이 담긴 직업을 갖게 되는 것은 삶의 질을 결정하는데 큰 영향을 미치기 때문입니다.

어떤 직업을 가져야할지 막연하게 있지 말고 이번 기회를 통해 구체적으로 찾아보도록 합시다. 우리나라에 있는 모든 직업이 궁금하다면 정부에서 운영하는 '워크넷(worknet)'을 통해 탐색해 수도 있습니다. 이 곳에는 직업과 진로에 관한 각종 정보가 망라돼있습니다. 특히 한국직업정보시스템을 통해 지식, 능력, 흥미, 업무수행능력, 분류별, 키워드, 평균연봉 등을 기준으로 직업을 구체적으로 찾아볼 수 있습니다. 앞으로 주어질 문제를 해결하는 과정에서도 적극적으로 활용해보길 바랍니다.

* 문제시나리오에 사용된 어휘빈도(횟수)를 시각적으로 나타낸 워드클라우드(word cloud)입니다.
워드클라우드를 통해 어떤 주제와 활동이 핵심인지 예상해 보세요.

꿈을 잡아라! Dream Job Fair

이십 년 뒤 자신의 모습을 상상해본 적이 있나요? 과연 어떤 모습일까요? 얼마나 행복한 삶을 살고 있을까요? 타임머신을 타고 미래에 다녀오지 않는 이상 이십년 뒤의 내 모습을 정확하게 안다는 것은 불가능한 일입니다. 하지만 한 가지 사실은 우리가 분명하게 예측해 볼 수 있습니다. 특별한 경우를 제외하곤 우리 모두가 '직업'을 갖게 되리라는 사실입니다. 그 직업이 구체적으로 무엇일지는 알 수 없지만 우리는 하루 일과의 대부분을 그 직업과 관련된 일을 하며 보내고 있을 거예요. 만일 바리스타라면 하루 중 많은 시간을 카페에서 커피나 음료를 제조하며 보내게 될 겁니다. 반면 컴퓨터프로그래머라면 대부분의 시간을 컴퓨터 앞에서 일을 하며 보내게 되겠죠. 쉽게 말해 여러분은 직업을 갖게 될 겁니다.

그런데 여러분은 자신이 갖게 될 직업에 대해서 얼마나 고민해 보았나요? 서른 살부터 직업을 갖게 된다고 가정하면 여러분은 30년 이상을 이 직업 세계 안에서 살게 될 겁니다. 초등학교, 중학교, 고등학교, 대학교를 모두 통틀어 16년 정도임을 감안한다면 '직업인'으로 사는 기간은 학생으로 사는 시간의 두 배, 혹은 그 이상일 것입니다. 만일 여러분이 선택한 직업이 여러분을 몹시 괴롭게 하는 것이라면 어떨까요? 예를 들어 사람의 피나 상처를 보는 걸 세상에서 가장 두려워하는 친구가 외과의사가 되었다고 상상해 보세요. 매일 수술실에 들어가야 하는 그 삶이 지옥처럼 느껴지지 않을까요? 이건 굉장히 두렵고 무서운 얘기입니다. 반대로 가장 즐겁고 행복한 일을 직업으로 선택하게 된다면 이야기는 완전히 달라집니다. 직업 자체가 매일매일 설레고 신나는 공간이 되어줄 테니까요. 이런 측면에서 볼 때, 학생으로 보내는 시간은 다가올 우리의 미래, 특히 행복한 직업생활을 위한 준비기간입니다. 스스로 무엇을 잘하고 좋아하는지, 어떤 직업을 가질 것인지에 대해 끊임없이 공부해야 하는 시기입니다. 그런 의미에서 꿈(진로)에 대한 공부는 국어, 영어, 수학보다 한 백배쯤은 더 중요한 것일 수 있습니다. 그럼에도 불구하고 우리들은 이런저런 이유로 꿈 공부를 뒤로 미룬 채, 남들 하는 대로 그냥 노력만 기울이고 있습니다. 정작 자신이 타고 있는 인생의 배가 어디로 향하는지도 모른 채 말이죠. 이제 꿈을 향해 노를 잡아야 합니다.

자, 그래서 준비했습니다. 여러분들의 꿈 공부에 길라잡이가 되어줄 'DREAM JOB FAIR', 이를 계기로 본격적인 노젓기를 시작해 보는 것은 어떨까요? 모든 구성원이 함께 만들어 가는 특별한 직업박람회를 통해 다양한 직업세계에 푹 빠져봅시다. 자신의 꿈을 찾아 미래의 직업을 탐색하고, 그 결과를 박람회 무대에서 공유하는 소중한 시간도 가져보도록 합시다. 부디 'DREAM JOB FAIR'의 다채로운 직업들 속에서 자신의 멋진 꿈을 이뤄줄 운명적인 직업을 만나길 바랄게요.

PBL MAP

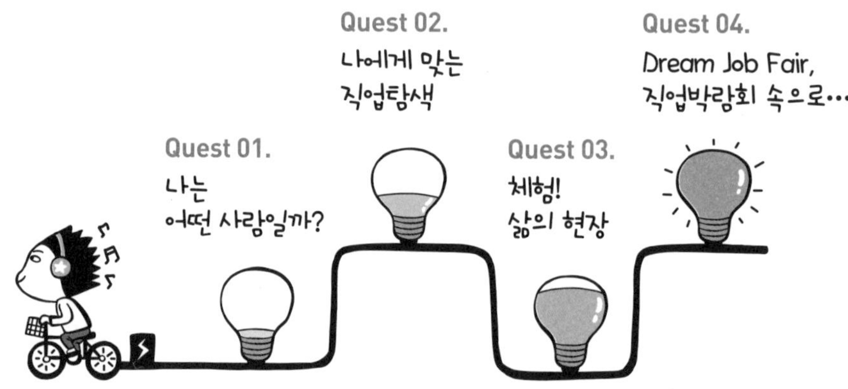

나는 어떤 사람일까?

★★★★★★★★★

이 세상에 존재하는 수많은 직업 가운데 무엇을 선택하는 것이 좋을까요? 이 질문에 답하기 위해선 일단 내가 어떤 사람인지에 대해 이해해야 합니다. 나는 무엇을 할 때 즐거운지, 무엇을 잘하는지, 무엇을 하고 싶어 하는지를 알아야 자신의 적성에 맞는 직업을 선택할 수 있습니다. 평소 흥미와 호기심을 갖고 있는 분야들에 대해 아는 것도 필요합니다. '나'에게 맞는 최적의 직업은 나에 대한 탐구가 선행되어야 알 수 있습니다. 그렇다면 나에 대한 본격적인 탐구를 시작해 볼까요?

❶ [나에 대한 탐구] 나는 어떤 사람인가? 어떤 사람이길 원하는가? ★★★★

❷ [나의 흥미 탐구] 내가 좋아하고 잘하는 것들, 평소 흥미와 호기심을 갖고 있는 모든 것들을 탐색하시오. ★★★★

관련교과	국어	사회	도덕	수학	과학	실과			체육	예술		영어	창의적 체험활동	자유학기활동		
						기술	가정	정보		음악	미술			진로 탐색	주제 선택	예술 체육
			●			●							●	●		

1. 나에 대한 탐구가 중요합니다. 부모님을 비롯하여 다른 사람의 의견도 참고해 보세요. 내가 정말 하고 싶은 일을 찾기 위해선 나를 이해하는 것이 필수입니다. 나의 성격, 특징, 성향, 기질 등을 파악해 봅시다.
2. 나의 흥미 탐구가 잘 이루어질수록 자신에게 맞는 직업을 선택할 가능성이 높아집니다. 교과를 기준으로 찾지 말고, 활동이나 일을 중심으로 탐색해 보세요.

나만의 교과서

4가지 기본항목을 채우고, 퀘스트 해결과정에서 공부한 내용이나 수집한 정보를 토대로 자신만의 방식으로 알차게 표현해 보세요. 그림이나 생각그물의 형태로 표현하는 것도 좋습니다.

ideas 문제해결을 위한 나의 아이디어	facts 문제와 관련하여 내가 알고 있는 것들

learning issues 문제해결을 위해 공부해야 할 주제	need to know 반드시 알아야 할 것

나의 신호등

01	나는 과거의 경험들과 부모와 친구, 선생님 등의 의견을 종합하며 나의 성격과 특징, 성향을 파악하였다.	①②③④⑤
02	나는 평소 관심을 기울이고 있거나 잘하는 것, 좋아하는 것들을 두루 살펴보며, 흥미탐구를 진행하였다.	①②③④⑤
03	나는 문제해결을 위해 탐구한 내용과 수집한 정보를 바탕으로 나만의 교과서를 멋지게 완성하였다.	①②③④⑤

자신의 학습과정을 되돌아보고 진지하게 평가해주세요.

Level up　오늘의 점수　나의 총점수

나에게 맞는 직업탐색

★★★★★★★★★

여러분이 직업박람회에서 체험부스를 운영하려면 실제로 존재하는 직업의 전문가가 되어야 합니다. 그러자면 일단 내가 어떤 분야의 직업을 원하는지 살펴보아야 합니다. 동시에 해당 전문가 수준의 지식을 얻기 위해 노력해야겠죠? 나에 대한 탐구결과를 바탕으로 자신에게 안성맞춤인 직업들을 탐색해 보도록 합시다. 그리고 이들 가운데 나와 환상적인 궁합을 자랑할 직업은 과연 어떤 것일까요? 그 결과가 궁금합니다.

❶ [직업탐구] 나에게 맞는 최적의 직업들을 탐색하시오. ★★★★

	내가 탐색한 직업 TOP5	핵심정보
1		
2		
3		
4		
5		

❷ [직업선택] 내가 선택한 최종 직업은? – 직업에 대한 구체적인 정보(지식)과 선정 이유를 자세히 밝히시오. ★★★★

내가 선택한 최종 직업	
직업 상세 정보	선정이유

관련교과	국어	사회	도덕	수학	과학	실과			체육	예술		영어	창의적 체험활동	자유학기활동		
						기술	가정	정보		음악	미술			진로 탐색	주제 선택	예술 체육
			●			●							●	●		

1. 나에 대한 탐구를 바탕으로 직업 탐색을 진행해야 합니다. 나에게 맞는 직업군을 고르고 세부적인 직업들을 탐색합니다. 탐색한 직업들 가운데 TOP5를 선정해 주세요.
2. 최종 선택한 직업에 대해 상세히 조사해야 합니다. 특히 해당 직업을 갖기 위해 어떤 과정이 필요한지, 어떤 것을 배우고, 어떤 능력을 갖춰야 하는지 자세히 찾아보도록 합니다.

나만의 교과서

4가지 기본항목을 채우고, 퀘스트 해결과정에서 공부한 내용이나 수집한 정보를 토대로 자신만의 방식으로 알차게 표현해 보세요. 그림이나 생각그물의 형태로 표현하는 것도 좋습니다.

ideas 문제해결을 위한 나의 아이디어	facts 문제와 관련하여 내가 알고 있는 것들

learning issues 문제해결을 위해 공부해야 할 주제	need to know 반드시 알아야 할 것

스스로 평가

자기주도학습의 완성!

		나의 신호등
01	나는 퀘스트1에서의 나에 대한 탐구와 나의 흥미 탐구를 토대로 나에게 맞는 최적의 직업들을 탐색하였다.	① ② ③ ④ ⑤
02	나는 최종적으로 직업을 선택하고, 선정이유를 밝혔다.	① ② ③ ④ ⑤
03	나는 최종 선택한 직업에 대해 자세히 조사하고, 해당 직업을 갖기 위해 필요한 절차와 하는 일 등을 파악하였다.	① ② ③ ④ ⑤
04	나는 문제해결을 위해 탐구한 내용과 수집한 정보를 바탕으로 나만의 교과서를 멋지게 완성하였다.	① ② ③ ④ ⑤

자신의 학습과정을 되돌아보고 진지하게 평가해주세요.

Level up

오늘의 점수	나의 총점수

Quest 퀘스트 03

체험! 삶의 현장

★★★★★★★★★★★

선택한 직업을 제대로 이해하기 위해서는 실질적인 체험이 필요합니다. 여건이 좋아서 맛보기 정도의 체험을 할 수 있다면 좋겠지만, 아쉬운 대로 해당 직업에 종사하는 분을 찾아가 인터뷰(면담)하는 것도 효과적인 방법입니다. 인터뷰에 필요한 사전 자료 수집과 질문을 준비해서 실시하도록 하세요. 그러기 위해선 선정한 직업 활동이 이루어지는 장소를 찾아야 하고, 사전에 약속을 잡고 양해를 구해야 합니다. 미용사라는 직업을 선정했다면 미용실을, 공무원을 선정했다면 구청이나 공공기관을, 바리스타를 선정했다면 카페를 찾으면 되겠죠. 의사라면 주로 찾아가는 동네 병원도 좋겠네요. 거창한 장소일 필요는 없습니다. 요리사를 관심 직업으로 선정했다면 동네에 있는 떡볶이 집을 선택해도 됩니다. 단, 이 장소는 자신이 직접 방문해서 도움을 요청하고 직업체험을 실시할 수 있는 구체적인 곳이어야 합니다. 부모님, 친척, 사촌 등의 도움을 얻어도 좋습니다. 모둠 회의를 통해 인터뷰 장소와 섭외 방법, 구체적인 실천 계획을 세워서 각 직업의 삶의 현장으로 찾아가도록 하세요.

❶ [인터뷰계획수립] 최종 선택한 직업을 가진 분들을 대상으로 한 면담계획을 세워주세요. 어떤 질문을 할지 사전에 정해서 준비해가야 합니다. ★★

면담대상자 (직업)		면담일자/장소	
면담주제와 목적			
면담에 필요한 사전정보와 지식들			
면담질문			

❷ [인터뷰실시] 사전에 준비한 질문에 따라 면담을 실시하고 그 결과를 빠짐없이 기록하고 핵심내용을 정리합니다. ★★★★

면담핵심내용	소감

❸ [직업체험] 가능한 범위 안에서 직업 체험을 실시하고 체험수기를 적어보세요. ★★★★★

체험 장소		체험 일시		체험 직업		체험자	

☆나의 직업체험수기 :

관련교과	국어	사회	도덕	수학	과학	실과			체육	예술		영어	창의적 체험활동	자유학기활동		
						기술	가정	정보		음악	미술			진로 탐색	주제 선택	예술 체육
	●		●			●							●	●		

1. 면담은 '국어교과서 6학년 1학기 4단원 면담하기'와 '중학교 1학년 2학기 1-2단원 목적에 맞게 면담하기(창비)'(2018년 기준) 등처럼 관련 교과단원을 참고하거나 직접적으로 활용해서 진행하는 것이 좋습니다.
2. 면담계획에 맞게 실시하고 사전에 준비해 간 질문을 기준으로 핵심내용을 정리하도록 합니다. 면담내용 중 인상적인 부분으로 골라 자신의 소감을 밝혀주세요.
3. 직업체험은 상황에 따라 선생님과 협의해서 진행합니다. 가능한 경우에 실시하고, 간접적인 경험이 있다면 이를 바탕으로 소개해도 됩니다.

나만의 교과서

4가지 기본항목을 채우고, 퀘스트 해결과정에서 공부한 내용이나 수집한 정보를 토대로 자신만의 방식으로 알차게 표현해 보세요. 그림이나 생각그물의 형태로 표현하는 것도 좋습니다.

ideas 문제해결을 위한 나의 아이디어	facts 문제와 관련하여 내가 알고 있는 것들

learning issues 문제해결을 위해 공부해야 할 주제	need to know 반드시 알아야 할 것

스스로 평가

자기주도학습의 완성!

나의 신호등

01	나는 선택한 직업종사자를 대상으로 한 면담계획을 세우고 면담질문을 준비하였다.	1 2 3 4 5
02	나는 준비한 질문에 따라 면담을 실시하고 그 결과를 빠짐없이 기록하였다.	1 2 3 4 5
03	나는 면담결과분석을 토대로 핵심내용을 정리하고 인상적인 부분을 중심으로 느낀 점(소감)을 작성하였다.	1 2 3 4 5
04	나는 문제해결을 위해 탐구한 내용과 수집한 정보를 바탕으로 나만의 교과서를 멋지게 완성하였다.	1 2 3 4 5

자신의 학습과정을 되돌아보고 진지하게 평가해주세요.

Level up 오늘의 점수 나의 총점수

Quest 퀘스트 04

DREAM JOB FAIR, 직업박람회 속으로

★★★★★★★★★★★

드디어 여러분들은 해당 직업의 전문가로 거듭났습니다. 이 직업에 대한 이해와 경험을 다른 친구들과 공유하는 시간을 갖도록 하겠습니다. 이를 위해 다른 친구들이 직업에 대해 간접적으로나마 이해할 수 있도록 직업체험부스를 운영할 계획입니다. 전시물의 내용과 방법, 스타일 등은 모두 각자 자유롭게 결정할 수 있습니다. 노트북이나 핸드폰 등을 이용해도 좋고 직접 포스터를 제작해도 좋습니다. 짧은 동영상이나 광고를 제작해 상영하는 것도 친구들의 주의를 끌 수 있는 좋은 방법이 되겠네요. 어떤 방식이든 좋지만 다른 친구들이 이 직업에 대해 올바로 이해할 수 있도록 직업의 특성과, 직무 수행에 발생하는 어려움, 특별한 보람과 매력 등 면담과 체험 과정에서 얻게 된 소중한 정보가 이 전시에 제대로 반영될 수 있도록 해야 합니다. 자, 'DREAM JOB FAIR'의 대단원의 막을 열어봅시다. 아무쪼록 미래의 꿈을 향해 크고 깊은 도전과 영감을 줄 수 있는 멋진 박람회가 되길 바랍니다. 행운을 빌어요.

❶ 직업체험부스의 전시물 및 체험프로그램을 준비해 주세요. ★★★

직업체험부스 전시물 목록		
구분	전시물 이름	설명
1		
2		
3		
4		
5		

직업체험프로그램 [2가지]	
주제	
활동방법	

❷ 'DREAM JOB FAIR' 초대장과 직업체험부스 꾸미기를 실시합니다. ★★★

초대장 디자인	직업체험부스 공간스케치

❸ 'DREAM JOB FAIR'가 열립니다. 열정적으로 직업체험부스를 운영해 주세요. 아울러 박람회에서 알게 된 인상적인 직업 TOP5를 선정하고 배운 점을 기록해주세요. ★★★★

직업명	1	2	3	4	5
배운 점					

관련교과	국어	사회	도덕	수학	과학	실과			체육	예술		영어	창의적 체험활동	자유학기활동		
						기술	가정	정보		음악	미술			진로 탐색	주제 선택	예술 체육
	●		●			●					●		●	●		

1. 직업체험부스에는 개별적으로 선정한 직업에 관한 다양한 정보와 면담한 내용들이 모두 망라되도록 준비해야 합니다.
2. 초대장에는 소개할 직업과 체험프로그램에 대한 설명이 기본적으로 제공되어야 합니다. 관람객의 동선을 감안하여 직업체험부스를 꾸며주세요.
3. 부스별로 운영 팀과 관람객 팀으로 나누고, 서로 역할을 바꾸며 직업박람회를 진행하도록 합니다.

나만의 교과서

4가지 기본항목을 채우고, 퀘스트 해결과정에서 공부한 내용이나 수집한 정보를 토대로 자신만의 방식으로 알차게 표현해 보세요. 그림이나 생각그물의 형태로 표현하는 것도 좋습니다.

ideas 문제해결을 위한 나의 아이디어	facts 문제와 관련하여 내가 알고 있는 것들

learning issues 문제해결을 위해 공부해야 할 주제	need to know 반드시 알아야 할 것

스스로 평가
자기주도학습의 완성!

		나의 신호등
01	나는 직업체험부스의 전시물과 체험프로그램을 준비하였다.	①②③④⑤
02	나는 직업정보와 체험프로그램이 담긴 초대장을 제작하고 배포하였다.	①②③④⑤
03	나는 관람객의 동선과 직업의 특성을 고려하여 직업체험부스를 꾸몄다.	①②③④⑤
04	나는 박람회에 참가하여 직업체험부스를 운영하였으며, 관람객으로서 다양한 직업세계에 대해 배웠다.	①②③④⑤
05	나는 문제해결을 위해 탐구한 내용과 수집한 정보를 바탕으로 나만의 교과서를 멋지게 완성하였다.	①②③④⑤

자신의 학습과정을 되돌아보고 진지하게 평가해주세요.

Level up

오늘의 점수 나의 총점수

All-Clear
sticker

All-Clear
sticker

04 CHAPTER

꿈을 잡아라!
Dream Job Fair

★Teacher Tips

▲ Teacher Tips

'꿈을 잡아라! Dream Job Fair'는 진로교육을 위해 개발된 PBL프로그램입니다. 이 수업은 기본적으로 진로교육을 목적으로 한 자유학년활동이나 창의적 체험활동 시간을 활용해서 진행할 수 있지만, 도덕, 국어 등 관련 교과와 연계하여 진행하는 것도 충분히 가능합니다. 이 PBL수업은 경희중학교 김재훈 선생님이 개발한 프로그램을 기초로 각색한 것이며, 관련 사례는 「재미와 게임으로 빚어낸 신나는 프로젝트학습(상상채널)」의 344-347쪽에 걸쳐 소개된바 있습니다. 아무쪼록 학생 모두가 즐겁게 참여하는 직업박람회를 준비하며, 진로탐색의 즐거움까지 만끽할 수 있는 다채로운 활동으로 채워보길 바랍니다.

학교현장에서 꿈이 없다고 말하는 학생들이 정말 많습니다. 너무 하고 싶은 것이 많아서 고르지 못하는 행복한 상황이라면 다행이지만, 상당수 자신의 미래에 대한 부정적인 생각에서 비롯됩니다. 미래에 대한 비관적인 태도는 진로탐색의 자발적인 참여를 가로막습니다. 활동이 지속되는 동안 수동적이고 무기력한 모습에서 벗어나지 못합니다. 그래서 진로교육의 첫 단추는 자신과 미래에 대한 낙관적인 태도형성에 있다고 해도 과언이 아닐 것입니다. 그렇기에 다소 엉뚱해 보이고 현실성 없어 보이는 꿈이더라도 그것이 학생들의 자발적인 흥미와 호기심에 기인한 것이라면 무조건 긍정해줄 필요가 있습니다. 어떤 이유에서든 교사, 부모 등의 개인적인 판단과 주관이 개입하여 학생들의 꿈을 보잘 것 없는 것으로 만드는 일은 없어야겠습니다.

학생 희망직업 비교(상위 10위)

	초등학생		중학생		고등학생	
	2007년	2018년	2007년	2018년	2007년	2018년
1위	교사	**운동선수**	교사	**교사**	교사	**교사**
2위	의사	**교사**	의사	**경찰관**	회사원	**간호사**
3위	연예인	**의사**	연예인	**의사**	공무원	**경찰관**
4위	운동선수	**조리사(요리사)**	법조인	**운동선수**	개인사업	**뷰티디자이너**
5위	교수	**인터넷방송 진행자 (유튜버)**	공무원	**조리사(요리사)**	간호사	**군인**
6위	법조인 (판·검사, 변호사)	**경찰관**	교수	**뷰티디자이너**	의사	**건축가/건축디자이너**
7위	경찰	**법률전문가**	경찰	**군인**	연예인	**생명·자연과학자 및 연구원**
8위	요리사	**가수**	요리사	**공무원**	경찰	**컴퓨터공학자/소프트웨어 개발자**
9위	패션디자이너	**프로게이머**	패션디자이너	**연주가/작곡가**	공학관련 엔지니어	**항공기 승무원**
10위	프로게이머	**제과/제빵사**	운동선수	**컴퓨터공학자/소프트웨어 개발자**	패션디자이너	**공무원**

자료: 교육부

출처: '장래희망 지형 바뀌었다… 1위 운동선수·5위 유튜버' (뉴시스 2018.12.13.일자 기사)

2018년은 10년 이상 이어져왔던 '장래희망1위=교사'라는 공식이 처음으로 깨진 해입니다. '평창동계올림픽' 때문이었는지 몰라도 '운동선수'가 초등학생 희망직업 1위로 올랐던 것입니다. 그 외에 청소년들이 꼽은 희망직업 10위안에는 '인터넷방송 진행자(유튜버)', '뷰티디자이너' 등의 새로운 직업도 눈에 띕니다. 매년(2007년부터) 교육부와 한국직업능력개발원은 초·중등 진로교육 현황조사 결과를 발표하고 있는데요. 이들 통계자료는 청소년들로 하여금 자신의 또래들이 어떤 직업을 선호하고 있는지 파악할 수 있다는 점에서 유용한 측면이 많습니다. 다만 직업관련 정보제공이 교사와 부모 등에 의해 제한적으로 이루어지다보니 조사대상의 대다수가 폭넓은 진로탐색을 통한 결정이 아닐 가능성이 높습니다.

EBS 대도서관 잡(JOB)쇼[home.ebs.co.kr/jobshow]

그런 의미에서 청소년들에게 인기있는 유튜브 크리에이터를 내세운 EBS의 '대도서관 잡쇼'를 주목해볼 필요가 있습니다. 학생들이 TV예능프로그램을 보듯 직업관련 정보를 접하길 바란다면 안성맞춤인 셈입니다. 학교수업을 통하지 않더라도 평소 학생들에게 자발적인 진로탐색이 가능한 환경을 제공해줄 수 있다는 점에서 긍정적입니다.

꿈을 잡아라! Dream Job Fair' 역시 학생들로 하여금 자발적인 진로탐색의 기회를 제공하는데 기본적인 목적을 두고 있습니다. 더불어 학생 개개인의 진로탐색결과를 하나하나 모아 직업박람회라는 거대한 공유마당을 펼침으로써 자연스럽게 다양한 직업을 접할 수 있도록 하고 있습니다. 제시된 과정을 통해 학생들이 자신의 미래 삶과 직업에 대해 관심을 가지게 됐다면 그것 자체만으로도 성공적이라 할 수 있습니다.

이 수업은 애당초부터 자유학년(학기)의 진로체험교육을 위해 개발된 프로그램이기 때문에, 활동 특성을 감안하여 현장적용을 해주세요. 다른 PBL수업과 마찬가지로 학년의 경계를 둘 필요는 없습니다. 초등학생부터 고등학생에 이르기까지 특정 대상을 가리지 않고 교과와 범교과 영역을 넘나들며 수업시간에 충분히 적용해볼 수 있습니다. 교육과정을 참고하여 현장상황에 적합한 방식으로 실천해 보길 바랍니다.

Teacher Tips

교과	영역	내용요소		
		초등학교 [5-6학년]	중학교 [1-3학년]	고등학교 [1학년]
국어	쓰기	◆설명하는 글 [목적과 대상, 형식과 자료] ◆목적·주제를 고려한 내용과 매체 선정 ◆체험에 대한 감상을 표현한 글	◆설명하는 글[대상의 특성] ◆대상의 특성을 고려한 설명	◆사회적 상호 작용 ◆설득하는 글
	말하기 듣기	◆발표[매체활용] ◆체계적 내용 구성 ◆공감하며 듣기	◆면담 ◆발표[내용 구성] ◆매체 자료의 효과	◆대화[언어예절] ◆의사소통 과정의 점검
도덕	자신과의 관계	◆자주적인 삶이란 무엇일까?(자주, 자율)	◆나는 어떤 사람이 되고자 하는가?(자아정체성) ◆삶의 목적은 무엇인가?(삶의 목적) ◆행복을 위해 어떻게 살아야 하는가?(행복한 삶)	[생활과 윤리(사회와 윤리)] ◆직업을 통해 어떻게 행복한 삶을 영위할 수 있는가?
창의적 체험 활동	진로 활동	◆[자기이해]긍정적 자아 개념 형성, 일의 중요성 이해 ◆[진로탐색]직업 세계의 탐색, 진로 기초 소양 함양	◆[자기이해] 긍정적 자아 개념 강화 ◆[진로체험] 진로탐색 및 체험 활동	◆[진로탐색]자신의 꿈과 비전을 진로·진학과 연결 ◆건강한 직업의식 확립, ◆[진로설계]진로 계획 및 준비

- 적용대상(권장): 초등학교 5학년 – 고등학교 1학년
- 자유학년활동: 진로탐색
- 학습예상소요기간(차시): 9 – 12일(9 – 13차시)
- Time Flow

8일 기준

시작하기_문제제시	전개하기_과제수행			마무리_발표 및 평가
문제출발점 설명 PBL MAP으로 학습 흐름 소개	QUEST 01 나는 어떤 사람일까?	QUEST 02 나에게 맞는 직업탐색	QUEST 03 체험! 삶의 현장	QUEST 04 Dream Job Fair, 직업박람회 속으로… 성찰일기 작성하기
교실 40분	교실 | 온라인 40분|1-2hr	교실 | 온라인 40분|2-3hr	오프라인 | 온라인 80분|3-4hr	교실 | 온라인 80분|1hr
1-2 Day		3-4 Day	5-7 Day	8 Day

● 수업목표(예)

QUEST 01	◆과거의 경험들과 가까운 지인들의 의견을 종합하여 나의 성격과 특징, 성향을 파악할 수 있다. ◆평소 관심을 기울이고 있거나 잘하는 것, 좋아하는 것들을 두루 살펴보며, 흥미탐구를 진행할 수 있다.
QUEST 02	◆나에 대한 탐구를 토대로 나에게 맞는 최적의 직업들을 탐색할 수 있다. ◆최종적으로 직업을 선택하고, 선정이유를 밝힐 수 있다. ◆최종 선택한 직업에 대해 자세히 조사하고, 해당 직업을 갖기 위해 필요한 절차와 하는 일 등을 파악할 수 있다.
QUEST 03	◆선택한 직업종사자를 대상으로 한 면담계획을 세우고 면담질문을 준비할 수 있다. ◆준비한 질문에 따라 면담을 실시하고 그 결과를 빠짐없이 기록할 수 있다. ◆가능한 범위 안에서 직업체험을 실시하고 체험수기(또는 체험영상)를 남길 수 있다.
QUEST 04	◆직업체험부스의 전시물과 체험프로그램을 준비할 수 있다. ◆직업정보와 체험프로그램이 담긴 초대장을 제작하고 배포할 수 있다. ◆관람객의 동선과 직업의 특성을 고려하여 직업체험부스를 꾸밀 수 있다. ◆직업박람회 참여를 통해 다양한 직업세계를 이해할 수 있다.
공통	◆문제해결의 절차와 방법에 대한 이해를 바탕으로 학습과정에 참여할 수 있다. ◆공부한 내용을 정리하고 자신의 언어로 재구성하는 과정을 통해 창의적인 문제를 만들어낼 수 있다. 이 과정을 통해 지식을 생산하기 위해 소비하는 프로슈머로서의 능력을 향상시킬 수 있다. ◆토의의 기본적인 과정과 절차에 따라 문제해결방법을 도출하고, 온라인 커뮤니티 등의 양방향 매체를 활용한 지속적인 학습과정을 경험함으로써 의사소통능력을 신장시킬 수 있다.

시작하기

중심활동 : 문제출발점 파악하기, 학습흐름 이해하기

- 역사 속 사라진 직업에 대한 이야기 나누며 동기유발하기(지식채널e 인기직업 시청하기)
- 20년 후 자신의 30대 성인이 되었을 때 사라질 직업을 예측해 보기
- 4차 산업혁명 기술이 기존 직업에 미칠 영향에 대해 자유롭게 토론하기
- 문제출발점을 제시하고 주어진 상황을 정확히 파악하기
- (선택)게임화 전략에 따른 피드백 방법에 맞게 게임규칙(과제수행규칙) 안내하기
- (선택)자기평가방법 공유, 온라인 학습커뮤니티 활용 기준 제시하기
- 활동내용 예상해 보기, PBL MAP을 활용하여 전체적인 학습흐름과 각 퀘스트의 활동 파악하기

Teacher Tips

직업에 대한 관심을 자극하기 위해 과거 인기를 모았으나 사라진 역사 속 직업들에 대한 이야기부터 가볍게 나누는 것이 좋습니다. 이와 관련된 EBS 지식채널e '인기직업'편을 함께 보거나 「사라진 직업의 역사(자음과 모음)」, 「역사 속에 사라진 직업들(지식채널)」 등의 책을 소개하며 수업을 시작하는 것도 고려해볼 수 있습니다.

학생들로부터 사라진 직업들에 대한 관심을 충분히 이끌어냈다면 문제출발점을 제시해주세요. '이십 년 뒤 자신의 모습을 상상해본 적이 있나요?'라는 질문으로 시작되는 문제시나리오를 언급하며, 학생들이 30대가 됐을 때 사라질 직업을 예측해보는 시간을 갖도록 합니다.

'무인자동차', '인공지능', '드론', '3D프린터', '사물인터넷', '로봇' 등 새로운 기술들이 직업에 어떤 영향을 미칠지 자유로운 토론을 벌이는 것도 효과적입니다. 더불어 신뢰성이 검증되지 않은 정보 활용을 예방하기 위해 다양한 진로정보가 가득한 커리어넷을 소개하고, 이를 적극적으로 활용하도록 안내해주세요.

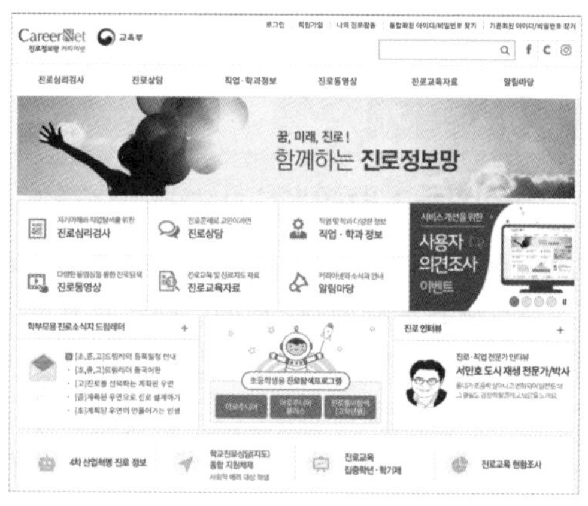

커리어넷(career.go.kr)

직업박람회의 취지에 공감하며 학생들이 주어진 문제상황을 제대로 이해했다면, PBL MAP을 활용해 전체적인 학습흐름과 각 퀘스트별 중심활동을 짚어주세요. 특히 관련 직업종사자 면담과 직업체험(선택), 직업박람회 운영 등 사전에 약속을 잡아야 하는 부분이 있다면 전체 수업일정을 감안하여 시간계획이 세워지도록 안내할 필요가 있습니다. 직업박람회 운영에 있어서 도입하고자 하는 규칙이나 조건, 역할 등 사전에 약속해야 하는 부분이 있다면 활동이 본격화되기 전에 공지하도록 합니다.

전개하기

'꿈을 잡아라! Dream Job Fair'는 총 4개의 기본퀘스트로 구성되어 있습니다. 활동의 성격상 크게 세 부분으로 나눠서 볼 수 있습니다. 창의적 체험활동의 진로활동영역은 자기이해, 진로탐색, 진로체험, 진로설계 등으로 나뉘곤 하는데요. 자기이해부터 진로체험에 이르기까지 퀘스트 활동에 고루 반영하고 있습니다. 학생들이 자신의 관심과 흥미를 쫓아 자발적인 참여와 실질적인 진로탐색이 이루어지도록 하는데 교사의 긍정적인 피드백이 가장 중요합니다. 활동이 진행되는 내내 낙관적인 분위기를 조성하고, 가능하다면 지역사회와의 연계도 다각도로 모색해 보길 바랍니다.

프로젝트학습

Teacher Tips

● 퀘스트1 : 나는 어떤 사람일까?

중심활동 : 나에 대한 탐구, 나의 흥미 탐구

- 진로탐색에 있어서 자기이해과정이 중요함을 강조하며 [퀘스트1]의 문제상황 파악하기
- 자신이 바라보는 나와 타인이 바라보는 나를 종합하여 탐구하기
- 과거에서 현재까지 내가 좋아했고, 좋아하고 있는 모든 것들을 탐색하기

Quest 퀘스트 01 나는 어떤 사람일까?

****

이 세상에 존재하는 수많은 직업 가 것이 좋을까요? 이 질문에 답하 람인지에 대해 이해해야 하 무엇을 잘하는지, 무엇 적성에 맞는 직업을 선 을 갖고 있는 분야들 맞는 최적의 직업은 나 니다. 그렇다면 나에 대

올바른 진로탐색은 '나' 자신에 대한 이해를 바탕으로 이루어져야 합니다. 퀘스트1의 문제상황을 제시하며 '나'에 대한 이해가 얼마나 중요한지 강조해주세요. 당연한 말이겠지만 학생들이 자기이해에 대한 필요성에 공감할수록 이후에 진행될 활동에도 적극적으로 참여하게 됩니다. 퀘스트1문제를 제시하기 직전에 EBS 방송의 '지식채널e 17세 소년, 너도 CEO니?'편을 시청하고 이야기를 나눈다면, 학생들이 흥미와 호기심에서 출발하는 진로탐색의 중요성에 공감할 수 있게 될 것입니다.

❶ [나에 대한 탐구] 나는 어떤 사람인가? 어떤 사람이길 원하는

퀘스트1-1은 활동지에 글로 단순하게 표현하는 것보다 영상으로 제작하고 공유하는 방식으로 진행하는 것이 효과적입니다. 여기엔 반드시 자신이 생각하는 '나'뿐만 아니라 가족, 친구 등의 지인인터뷰를 통해 확인할 수 있는 '나'를 균형 있게 다루도록 해야 합니다. 곁에서 응원하는 사람들의 시각에서 '나'는 어떤 장점을 가졌는지, 가능성이 무엇인지 확인하는 것이 중요합니다.

미 탐구] 내가 좋아하고 잘하는 것들, 평소 흥미와 호기심을 갖고 있는 모든 것들을 탐색하

****

우선 과거에서 현재까지 하나하나 짚어보면서 기억에 남을 정도로 무척 좋아했고, 좋아하고 있는 것들에는 무엇이 있는지 기록해보도록 합니다. 특히 마니아 수준은 아니더라도 기회만 된다면 자발적으로 참여하고 싶은 활동(일)에는 어떤 것이 있는지 밝히도록 해주세요. 미미한 수준이더라도 흥미나 호기심을 끌고 있는 분야가 있다면 모조리 탐구 대상이 됩니다. 이 활동은 퀘스트1-1의 연장선상에서 통합적으로 진행해볼 수도 있습니다. 만일 영상으로 '나에 대한 탐구'내용을 담고 있다면 덧붙여서 '나의 흥미 탐구'결과도 담도록 해주세요. 완성된 영상은 온라인커뮤니티를 이용해 학급 구성원 모두가 자유롭게 공유할 수 있도록 합니다.

관련교과

1. 나에 대한 탐구 위해선 나를 이
2. 나의 흥미 탐구 이나 일을 중심

● 퀘스트2 : 나에게 맞는 직업탐색

중심활동 : 나에게 맞는 직업 TOP5 선정하기, 탐색한 직업가운데 최종선택하기

- 나에 대한 탐구를 바탕으로 직업탐색을 해야 하는 [퀘스트2] 문제상황 파악하기
- 나에게 맞는 최적의 직업을 탐색하고, 그 중에서 TOP5 선정하기
- TOP5 중에서 최종 직업을 선택하고, 자세한 정보 조사하기

Quest 퀘스트 02 나에게 맞는 직업탐색

나는 어떤 직업을 가져야 할까?

여러분이 직업박람회에서 체험부스
하는 직업의 전문가가 되어야 합니
분야의 직업을 원하는지 살펴보
가 수준의 지식을 얻기 위해 노력해
를 바탕으로 자신에게 안성맞춤인 직
시다. 그리고 이들 가운데 나와 환상적인 궁
과연 어떤 것일까요? 그 결과가 궁금합니다.

이 퀘스트는 앞서 수행한 나에 대한 탐구를 바탕으로 나에게 맞는 최적의 직업을 찾아보는 활동으로 구성됩니다. 원활한 직업탐색을 위해 양질의 진로자료가 담긴 커리어넷, EBS 대도서관의 잡쇼, 워크넷을 다시금 소개해주고 활용하도록 안내하는 것이 좋습니다.

이 퀘스트활동은 앞서 선정한 TOP5의 1순위를 무조건 선택하는 방식으로 진행되는 것은 아닙니다. 오히려 이후에 진행될 직업체험의 가능성과 관련 직업인과의 면담 등을 고려해서 최종 선택하는 것입니다. 퀘스트2-1에서 수행한 TOP5 가운데 하나의 직업을 선택하고, 학생들이 최종선택한 직업과 관련해서 풍부한 지식을 확보할 수 있도록 도와주세요. 특히 직업을 갖는데 필요한 대학전공, 자격증, 경력 등이 무엇인지 자세히 살펴볼 수 있도록 하는 것이 중요합니다.

❶ [직업탐구] 나에게 맞는 최적의 직업들을 탐색하시오. ★★★★

	내가 탐색한 직업 TOP5
1	
2	
3	
4	
5	

학생들 각자가 좋아하는 분야를 중심으로 관련 직업을 폭넓게 탐색하도록 하는 것이 중요합니다(최소10개의 직업). 탐색한 여러 직업 가운데 자신의 적성에 부합하는 TOP5를 선정하고 핵심정보와 이유를 기록하도록 해주세요. 개별로 실시한 직업탐구결과를 팀 단위로 공유해보는 시간도 가져봅니다.

❷ [직업선택] 내가 선택한 최종 직업은? – 직업에 대한 구체적인 정보(지식)과 선정 이유를 자세히 밝히시오. ★★★★

내가 선택한 최종 직업	
직업 상세 정보	선정이유

관련교과	국어	사회	도덕	수학	과학	실과			체육	예술		영어	창의적 체험활동	자유학기활동		
						기술	가정	정보		음악	미술			진로 탐색	주제 선택	예술 체육
			●			●							●	●		

1. 나에 대한 탐구를 바탕으로 직업 탐색을 진행해야 합니다. 나에게 맞는 직업군을 고르고 세부적인 직업들을 탐색합니다. 탐색한 직업들 가운데 TOP5를 선정해 주세요.
2. 최종 선택한 직업에 대해 상세히 조사해야 합니다. 특히 해당 직업을 갖기 위해 어떤 과정이 필요한지, 어떤 것을 배우고, 어떤 능력을 갖춰야 하는지 자세히 찾아보도록 합니다.

Teacher Tips

● 퀘스트3 : 체험! 삶의 현장

중심활동 : 직업인과의 면담계획수립 및 실시하기, 직업체험하기

- 직업체험의 중요성에 대해 공감하며 [퀘스트3]의 문제상황 파악하기
- 선택한 직업에 종사하는 사람과의 면담(인터뷰)계획 세우기
- 면담계획에 따라 면담실시하고, 빠짐없이 기록하기[(선택) 국어교과 활동연계]
- 직접적, 간접적 직업체험을 실시하고 관련 체험수기(영상) 공유하기

Quest 퀘스트 03 체험! 삶의 현장

★★★★★★★★★★★★

선택한 직업을 제대로 이해하기 위해서는 실질적인 체험이 … 가서 맛보기 정도의 체험을 할 수 있다면 좋겠지만, 아쉬운 … 찾아가 인터뷰(면담)하는 것도 효과적인 방법입니다 … 문을 준비해서 실시하도록 하세요. 그러기 위해 … 를 찾아야 하고, 사전에 약속을 잡고 양… 다면 미용실을, 공무원을 선정했다면 구청이나 … 페를 찾으면 되겠죠. 의사라면 주로 찾아가는 … 요는 없습니다. 요리사를 관심 직업으로 선정했다 … 됩니다. 단, 이 장소는 자신이 직접 방문해서 도움을 요… 수 있는 구체적인 곳이어야 합니다. 부모님, 친척, 사촌 등의 도움 … 모둠 회의를 통해 인터뷰 장소와 섭외 방법, 구체적인 실천 계획을 세워서 각 직업의 삶의 현장으로 찾아가도록 하세요.

선택한 직업체험의 중요성을 강조하며 퀘스트3의 문제상황을 제시하도록 합니다. 가능하다면 직접적인 직업체험을 하고, 기본적으로 해당 직업종사자와의 인터뷰를 진행해야 함을 안내합니다. 이 퀘스트를 수행하는데는 아무래도 동일한 직업, 비슷한 직종끼리 묶어서 팀을 구성하는 것이 효과적입니다. 활동이 시작되기 전에 앞서 선택한 최종 직업을 기준으로 모둠편성을 진행해주세요.

❶ [인터뷰계획수립] 최종 선택한 직업을 가진 분들을 대상으로 한 면담계획을 세워주세요. 어떤 질문을 할지 사전에 정해서 준비해가야 합니다. ★★

면담대상자 (직업)		면담일자/장소	
면담주제와 목적			
면담에 필요한 사전정보와 지식들			

학생들이 선택한 직업에 종사하는 사람들과 면담하기 위해 계획을 수립하는 단계입니다. 사전연락을 통해 면담에 응할지 여부부터 확인하고 진행해주세요. 면담은 개별로 진행하는 것도 괜찮지만, 동일한 직종끼리 묶어서 함께 진행하도록 하는 것이 수월합니다. 직접면담이 불가능한 사람들, 이를테면 연예인, 대통령(정치인), 스포츠스타 등의 경우, 그동안의 인터뷰자료를 수집하여 질문과 답을 구성하도록 해주세요.

❷ [인터뷰실시] 사전에 준비한 질문에 따라 면담을 실시하고 그 결과를 빠짐없이 기록하고 핵심내용을 정리합니다. ★★★★

면담핵심내용	소감

국어교과서 면담관련 단원과의 연계가 가능하다면 이를 적극적으로 활용하는 것이 좋습니다. 퀘스트3-1과 3-2 모두 국어교과활동으로 대체할 수 있습니다. 면담(인터뷰) 질문 예를 충분히 살펴보도록 하고, 학생들이 만든 질문에 대한 피드백을 제공해주세요.

❸ [직업체험] 가능한 범위 안에서 직업 체험을 실시하고 체험수기를 적어보세요.

체험 장소		체험 일시		체험 직업		체험자	

☆나의 직업체험수기 :

상식적인 이야기지만 직업체험은 학생들의 안전을 최우선으로 고려하여 진행될 필요가 있습니다. 직접적인 체험은 학부모와의 협의를 거쳐 진행해주세요. '부모님의 직업체험하기'등 자신의 희망이 아니더라도 직업체험을 진행할 수 있습니다. 체험수기 및 영상을 통해 관련 내용이 공유될 수 있도록 지도해 주세요. 희망하는 직업과 관련된 영상을 보면서 간접적으로 체험하는 것도 가능합니다. 현장상황을 고려해서 진행해 주세요.

실과			체육	예술		영어	창의적 체험활동	자유학기활동		
기술	가정	정보		음악	미술			진로 탐색	주제 선택	예술 체육
●							●	●		

1. 면담은 '국어교과서 6학년 1학기 4단원 면담하기'와 '중학교 1학년 2학기 1-2단원 목적에 맞게 면담하기(창비)'(2018년 기준) 등처럼 관련 교과단원을 참고하거나 직접적으로 활용해서 진행하는 것이 좋습니다.
2. 면담계획에 맞게 실시하고 사전에 준비해 간 질문을 기준으로 핵심내용을 정리하도록 합니다. 면담내용 중 인상적인 부분으로 골라 자신의 소감을 밝혀주세요.
3. 직업체험은 상황에 따라 선생님과 협의해서 진행합니다. 가능한 경우에 실시하고, 간접적인 경험이 있다면 이를 바탕으로 소개해도 됩니다.

마무리

'꿈을 잡아라!, Dream Job Fair'의 마무리는 모두가 참여하는 직업박람회를 준비하고 여는 활동으로 구성됩니다. 앞서 퀘스트3까지의 활동을 토대로 핵심전시물을 선정하고, 직업체험프로그램을 만들어 적용하면 됩니다. 다양한 직업정보를 교류하는 장에 머물지 말고, 직업을 테마로 한 축제의 마당이 펼쳐지도록 하는 것이 중요합니다.

Teacher Tips

● 퀘스트4 : Dream Job Fair, 직업박람회 속으로

중심활동 : 직업체험부스 준비하기, 직업박람회 운영하고 참가하기

- [퀘스트4]의 문제상황을 파악하고 직업박람회 준비하기
- 선택한 직업의 이해를 돕는 전시물과 체험프로그램 준비하기
- 관람객에게 제공할 초대장(팸플릿, 브로슈어) 제작하기
- 공간디자인을 통한 직업체험부스 전시부스 꾸미기
- 직업체험부스 운영하고 관람객으로서 참여하며 직업박람회 즐기기, (온라인) 성찰저널 작성하기

Quest 퀘스트 04 DREAM JOB FAIR, 직업박람회 속으로

★★★★★★★★★★★

드디어 여러분들은 해당 직업의 전문가로 거듭났습니다. 이 직업에 대한 이해와 경험을 다른 친구들과 공유하는 시간을 갖도록 하겠습니다. 이를 위해 다른 친구들이 직업에 대해 간접적으로나마 이해할 수 있도록 직업체험 과 방법, 스타일 등은 모두 각자 자유롭게 결정 이용해도 좋고 직접 포스터를 제작해도 좋 하는 것도 친구들의 주의를 끌 수 있는 좋은 방 른 친구들이 이 직업에 대해 올바로 이해할 수 있 는 어려움, 특별한 보람과 매력 등 면담과 체험 에 제대로 반영될 수 있도록 해야 합니다. 자, 'DREAM JOB FAIR'의 대단원의 막을 열어 봅시다. 아무쪼록 미래의 꿈을 향해 크고 깊은 도전과 영감을 줄 수 있는 멋진 박람회가 되길 바랍니다. 행운을 빌어요.

앞서 수행한 퀘스트 활동을 되짚어보며, 직업박람회를 열어야 하는 퀘스트4의 문제상황을 제시합니다. 참여하는 학생들이 문제상황 속 직업박람회를 위해 준비해야 할 것들에는 어떤 것이 있는지 꼼꼼하게 살펴보도록 하는 것이 중요합니다. 직업체험부스는 유사한 직업군별로 묶어서 준비하도록 지도해주세요.

직업체험부스 운영을 위해서는 기본적으로 전시물과 체험프로그램 준비가 필요합니다. 전시물은 선택한 직업을 이해하는데 도움이 될 거의 모든 것이 해당합니다. 설명자료를 포함해 해당 직업에서 착용하는 물건까지 모두 전시가 가능합니다.

❶ 직업체험부스의 전시물 및 체험프로그램을 준비해 주세요. ★★★

직업체험부스 전시물 목록		
구분	전시물 이름	설명
1		
2		
3		
4		
5		
직업체험프로그램 [2가지]		
주제		
활동방법		

직업체험프로그램은 선택한 직업을 이해하는 도움이 될 어떤 활동도 가능합니다. 다만 짧은 체험시간을 감안하여 준비할 필요가 있습니다. 직접적인 체험이 어렵다면, 스피드퀴즈 등의 게임 활동도 가능합니다. 직업체험부스에 방문한 학생들이 해당 직업에 대해 흥미를 가지도록 하는 것이 중요함을 강조해주세요.

직업체험부스 전시물과 체험프로그램이 준비되었다면, 관련 정보가 포함된 초대장을 제작하도록 안내해주세요. 초대장이 아니더라도 팸플릿이나 브로슈어 제작으로 대체하는 것도 얼마든지 가능합니다. 수업 시간을 감안하여 활동의 내용을 결정해주세요.

AM JOB FAIR' 초대장과 직업체험부스 꾸미기를 실시합니다. ★★★

초대장 디자인	직업체험부스 공간스케치

책상이나 의자, 이젤, 칸막이 등 직업체험부스에 기본적으로 제공되는 항목을 사전에 알려주세요. 가상화폐를 이용한 활동이라면 드림마켓(가칭)을 열어 이들 기본 품목들을 비롯해 꾸미기 재료를 구입하는 방식으로 운영할 수도 있습니다. 아무튼 직업체험부스 공간을 어떻게 디자인할지 논의하고 꾸밀 수 있도록 해주세요. 타교과 수업과의 간섭을 피하기 위해서는 가급적 직업박람회 하루 전 마지막 차시나 당일 전 차시를 이용해 부스꾸미를 하는 것이 좋습니다.

❸ 'DREAM JOB FAIR'가 열립니다. 열정적으로 직업체험부스를 운영해 주세요. 아울러 박람회에서 알게 된 인상적인 직업 TOP5를 선정하고 배운 점을 기록해주세요. ★★★★

직업명	1	2	3	4	5
배운 점					

'Dream Job Fair'를 열어 직업체험부스를 운영하도록 안내해주세요. 체험부스 운영방식은 '1장의 Creative Art Gallery'나 '9장의 지구촌 세계박람회'를 참고하여 진행하면 됩니다. 이 수업은 직업박람회라는 문제상황을 고려해볼 때, 2학급 이상이 참여하는 방식으로 운영하는 것이 더 효과적입니다. 얼마든지 학년 전체가 참여하는 방식으로도 운영할 수 있습니다. 후배들을 초대해서 행사의 규모를 키우는 것도 시도해볼만 합니다. 마지막 활동으로 참여한 학생들이 직업박람회를 통해 흥미를 갖게 된 직업이나 인상적인 직업 TOP5를 선정해 공유해 보는 시간을 가져보도록 하세요. 학생들이 이 PBL수업을 통해 직업에 대한 흥미를 가지게 됐다면 그것만으로도 대성공입니다. 직업 관련 지식을 많이 기억시키도록 하는데 초점을 맞추거나 활동결과의 질에 가치를 두지 않도록 주의해주세요.

관련교과	국어	사회	도덕	수학	과학	…	예술 체육
	●		●				

1. 직업체험부스에는 개별적으로 선정한 직업에 … 니다.
2. 초대장에는 소개할 직업과 체험프로그램에 대한 … 안하여 직업체험부스를 꾸며주세요.
3. 부스별로 운영 팀과 관람객 팀으로 나누고, 서로 역할을 …

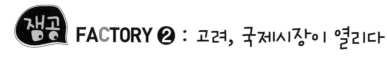

FACTORY ❷ : 고려, 국제시장이 열리다

SYNOPSIS

'고려, 국제시장이 열리다'는 사회(역사)를 비롯해 체육, 실과(기술), 미술교과 등과 통합적으로 연계하여 진행할 수 있는 수업입니다. 특히 모든 학급이 참여하는 학교행사와 연계하여 운영하면 보다 효과적입니다. 여기서 제시한 문제상황이 고려시대를 배경으로 하고 있지만, 얼마든지 다른 시나리오로 각색할 수 있습니다. 이를테면 '베니스 상인'을 주인공으로 삼는다면 르네상스 시대가 배경이 될 수 있겠죠? 각 퀘스트 모두 활동의 양과 규모가 큽니다. 그만큼 여백이 많은 수업자료이기도 합니다. 여백을 어떻게 채우느냐에 따라 색깔이 완전 다른 수업이 될 것입니다. 모든 PBL수업이 그렇듯 실천현장에 따라 얼마든지 변형이 가능하며, 생략도 할 수도 있습니다. 교사의 전문적인 판단 하에 적용해 보시길 바랍니다.

◆ 적용대상(권장): 초등학교 5학년 – 중학교 3학년

◆ 관련교과 내용요소(교육과정)

교과	영역	내용요소	
		초등학교 [5–6학년]	중학교 [1–3학년]
국어	말하기 듣기	◆발표[매체활용] ◆체계적 내용 구성	◆발표[내용 구성] ◆청중 고려
	쓰기	◆목적·주제를 고려한 내용과 매체 선정 ◆독자의 존중과 배려	◆감동이나 즐거움을 주는 글 ◆표현의 다양성
실과 정보	자료와 정보	◆소프트웨어의 이해	◆자료의 유형과 디지털 표현 ◆자료의 수집
	생활 문화	◆식재료의 특성과 음식의 맛 ◆생활 소품 만들기	◆식사의 계획과 선택
	안전	◆안전한 식품 선택과 조리	◆식품의 선택과 안전한 조리
사회	역사	◆독창적 문화를 발전시킨 고려 – 고려청자와 고려 문화, 금속 활자, 필만대장경	◆고려의 대외 교류 – 벽란도

체육	표현	◆민속/주제표현	◆전통표현
	경쟁	◆필드형 경쟁	◆필드형 경쟁
	도전	◆표적/투기 도전	◆표적/투기/동작 도전
미술	표현	◆표현 방법(제작) ◆소제와 주제(발상)	◆표현 매체(제작) ◆주제와 의도(발상)
	체험	◆이미지와 의미 ◆미술과 타 교과	◆이미지와 시각문화 ◆미술관련직업(미술과 다양한 분야)

CORE ACTIVITY FLOW

문제제시

[동기유발] 꼬레아(Corea)의 유래에 대해 이야기하며 당시 국제교역이 활발했던 고려에 대해 알아보기

문제의 내용을 살펴보며, 핵심 활동이 무엇인지 자세히 짚어보기

과제수행

[퀘스트1] 꿈꾸던 고려 무역상이 되다 : 고려무역상 자격 시험통과를 위해, 고려시대의 역사와 문화를 공부하고 발표하기!

[퀘스트2] 고려무역상, 무인도를 탈출하라! : 무인도 탈출을 위한 생존미션 수행하기(최소 학년 단위로 진행)

[퀘스트3] 고려 벽란도에 국제시장이 열리다 : 알뜰시장처럼 참여하는 학생 모두가 상인 역할을 수행하며 실제로 다양한 물건(음식)을 거래하는 장터 열기(엽전 등을 이용한 거래)

발표 및 평가

[퀘스트4] 전 세계에 코리아를 알리다: 자유로운 형식의 한국 홍보마당 펼치기

고려, 국제시장이 열리다
PBL역사탐험대

그는 무역상의 아들이다. 일찍이 세계 각지의 상인들과 교류를 했고, 다양한 언어를 배웠다. 무역을 통해 막대한 부를 쌓은 왕건처럼, 해상왕 장보고처럼, 위대한 인물을 꿈꾸고 있다. 특히 고려를 전세계 구석구석 만방의 백성에 알리는 주역이 되고 싶다. 그의 꿈을 실현하기 위해선 우선 국가가 인증하는 무역상이 되어야 한다. 단계 하나하나를 차근차근 밟아나간다면 분명 그의 꿈은 이루어질 것이다.
과연, 그는 자신의 꿈을 이뤄낼 수 있을까.

QUEST 1 **꿈꾸던 고려무역상이 되다**

세계와 활발하게 교류한 고려, 그 중심에서 활약한 무역상들, 세계 곳곳에 고려를 알려야 하는 주인공으로서 고려에 대해 정확히 알아야 하는 것은 당연! 고려무역상이 되기 위해 자격시험(발표)에 합격해야 한다.

QUEST 2 **고려무역상, 무인도를 탈출하라!**

그는 고려무역상으로서 해상을 누비고 있다. 그런데 인도와 무역을 하고 돌아오는 중에 거대한 풍랑을 맞았다. 결국 무역선은 이름모를 섬에 좌초되고야 말았다. 이곳에서 탈출해야 후일을 기약할 수 있다. 생존이 중요하다! 생존을 위한 미션 하나하나를 소홀히 할 수 없는 법! 그는 과연 그곳을 탈출할 수 있을까?

QUEST 3 고려벽란도에 국제시장이 열리다

그는 구사일생으로 이름모를 섬에서 벗어났다. 목숨을 건 사투가 그를 더 단련시키고 성장시켰다. 이제 그는 동아시아 최대규모의 국제시장, 벽란도로 향한다. 그곳에서 전세계를 돌며 확보한 진귀한 물건들을 판매할 것이다. 상인으로서의 진가를 유감없이 발휘하길 바라며 그의 도전을 응원한다.

QUEST 4 전 세계에 코리아를 알리다

벽란도 국제시장에서 대성공을 거두었다. 이제 그의 시선은 다시 드넓은 대양을 향하고 있다. 고려무역상인 그는 민간외교관이나 다름없다. 아시아를 넘어 유럽으로, 아프리카로, 아메리카로 가고야 말 것이다. 그런데 코레아(COREA), 전세계인의 마음을 사로잡을 수 있는 특별한 무엇가(홍보)가 필요하다.

퀘스트2. 고려무역상, 무인도를 탈출하라! 활동 벌이기 10학급 공동수업 예

- 학급별로 할당된 공간을 확인하고 2개의 생존미션 준비하기
- 학급별 공간에 2개의 생존미션 체험부스를 준비하고 운동장에서 확인이 용이한 간판 및 활동방법 설명보드 제작하기
- 그룹별(생존미션 체험부스) 단위로 A조와 B조로 나누고 역할을 바꿔가며 생존미션 운영 주도하기
- 무인도 탈출미션 1부는 각 그룹 A조가 주도하며, B조는 자신이 속한 곳을 포함해 자유롭게 방문하여 무인도탈출을 위한 미션 수행하기, 같은 방식으로 역할을 바꾸어 2부 진행하기
- 개인별로 지급된 생존카드(양식 참고)에 미션을 완수하고 확인 스탬프 받기
- 5개 미션수행이 완료될 때마다 식량(초콜릿) 지급을 받고, 20개 모든 미션을 수행하면 무인도 탈출!
- 각 부의 미션수행은 75분으로 제한하고, 25분 단위로 징을 울리기(3회), 마감 5분 전을 알리기 위해 징을 두 번 울리고, 최종 마감은 징 3번 치기(운영본부에서 진행)
- 생존미션을 모두 수행하면, 무인도 탈출에 최종 성공하게 되며, 이를 인증할 수 있는 특별한 인증뱃지나 상품 제공하기
- 학부모 참여를 위한 생존카드를 준비하고 학생들이 준비한 생존미션을 동일하게 수행하도록 하기, 미션수행(10회, 20회)에 따른 생존물품(상품) 지급하기
- 교사는 관찰자로서 학생들의 활동 장면을 동영상과 사진으로 촬영하고 온라인 커뮤니티를 통해 공유하기

◎ 운동장 생존미션 체험부스 공간배치 예

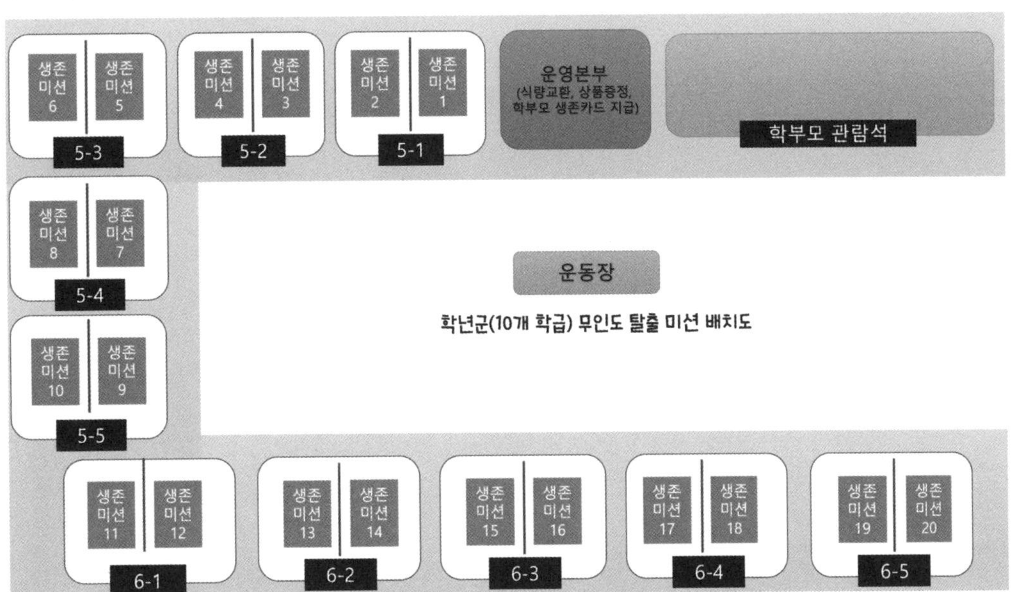

※ 생존카드 양식을 제공합니다. 참고하여 활용해보세요.
관련 파일은 재미교육연구소 블로그(jamlab.kr)에서 다운로드 받을 수 있습니다.

IsLAND
SURVIVAL & ESCAPE
소속
이름
생존카드
SURVIVAL CARD

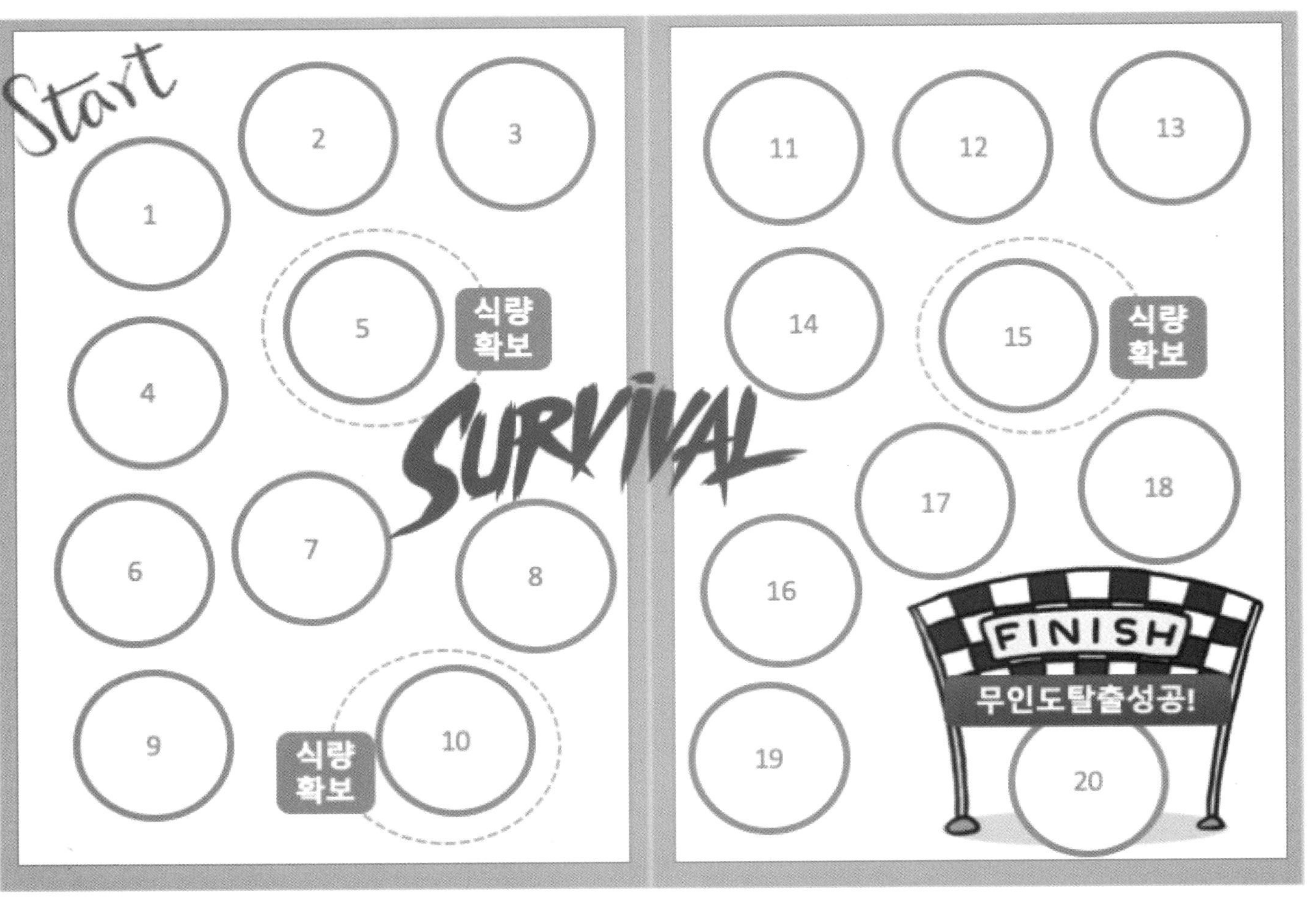
Start
1
2
3
4
5
식량 확보
6
7
8
9
10
식량 확보
SURVIVAL
11
12
13
14
15
식량 확보
16
17
18
19
20
FINISH
무인도탈출성공!

All-Clear
sticker

CHAPTER

05

The Flu

Quest 01 _어떤 질병일까?

Quest 02 _질병의 확산을 막아라!

Quest 03 _판데믹(Pandemic)

Quest 04 _새로운 출발

★Teacher Tips

INTRO.

The Flu

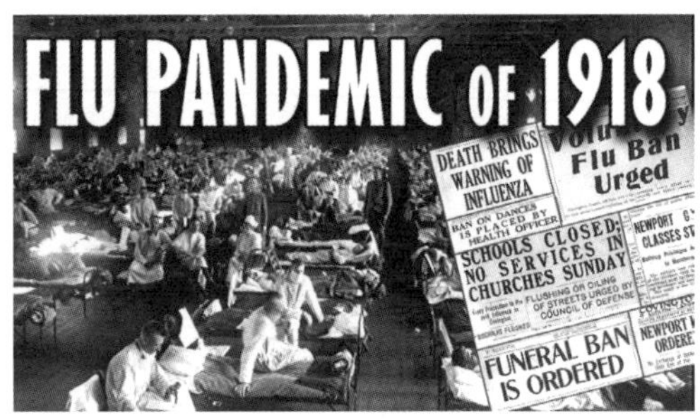

코로나19 사태를 겪으며 모두가 알게 된 전염병의 대유행을 뜻하는 '판데믹(pandemic)'은 세계보건기구(WHO)의 6단계의 전염병 경보등급 중 최상단에 위치합니다. 역사적으로 가장 악명 높았던 판데믹은 중세 유럽 인구 1/3의 생명을 앗아간 흑사병을 꼽곤 하는데요. 사망자수로만 놓고 본다면 스페인독감이 인류 최대의 재앙이라 볼 수 있습니다.

스페인독감은 2년 동안 전 세계적으로 그 수를 헤아리기 어려울 정도로 많은 목숨을 앗아간 전염병이었습니다. 당시 제1차 세계대전의 사망자수보다 많은 사람들이 목숨을 잃었다고 하니 얼마나 치명적인 독감이었는지 알 수 있는 대목입니다. 실제로 독감이 처음 보고된 것은 1918년 초여름이었습니다. 당시 프랑스에 주둔하던 미군 병영에서 독감 환자가 보고되었고, 8월에 이르러 첫 사망자가 나오게 됩니다. 곧이어 참전했던 미군들이 귀환하면서 9월에 미국에까지 확산되기에 이릅니다. 한 달 만에 2만 4000명의 미군이 독감으로 죽었고, 그들의 가족을 포함해 약 50만 명의 미국인이 사망합니다. 이듬해 봄에는 영국에서만 15만 명이 죽고, 2년 동안 전 세계에서 최소 2500만 명에서 많게는 5000만 명이 사망에 이른 것으로 추정되고 있습니다.

우리나라도 스페인독감에서 자유롭지 못했습니다. 당시 인구의 1/3이 넘는 740만 명이 감염되었으며 이들 중 14만 명이 사망한 것으로 알려지고 있으니 어느 정도의 전염병이었는지 짐작이 가지요?

한편 스페인독감의 정확한 원인이 밝혀지지 않고 있다가 2005년 미국의 한 연구팀이 알래스카에 묻혀서 폐조직이 손상되지 않았던 여성으로부터 스페인독감바이러스를 분리하는데 성공하였으며, 그 정체가 인플루엔자A형 H1N1형으로 확인하게 됩니다. 놀랍게도 2009년 전 세계를 두려움에 떨게 했던 신종플루와 같은 유형의 바이러스였던 것입니다.

* 문제시나리오에 사용된 어휘빈도(횟수)를 시각적으로 나타낸 워드클라우드(word cloud)입니다.
워드클라우드를 통해 어떤 주제와 활동이 핵심인지 예상해 보세요.

Starting Point 문제의 출발점

The Flu

K병원 응급실, 모든 사건은 이곳에서 시작됐다. 어제 저녁, 호흡곤란을 호소하며 찾아온 환자가 불과 몇 시간 만에 생명이 위독한 상태에 빠졌다. 처음 환자가 고열과 몸살, 기침 등의 감기증세를 보였던 터라 의료진들도 미처 예상치 못했다. 그런데 문제는 응급실 안에 있던 다른 환자들과 의료진들에게서도 같은 증세가 나타나기 시작했다는 점이다.

PBL MAP

Quest 02.
질병의 확산을 막아라!

Quest 01.
어떤 질병일까?

Quest 03.
판데믹
(Pandemic)

Quest 04.
새로운 출발

어떤 질병일까?

★★★★★

호흡기를 통한 높은 전염력, 독감과 유사한 증세, 짧은 잠복기, 높은 치사율…, 어떤 질병인지 알아내는 것이 먼저다. 질병관리본부에서는 K병원 응급실의 감염환자를 대상으로 객담과 혈액을 채취해 정밀 검사를 진행하기로 했다. 이들은 과연 어떤 질병에 걸린 것일까?

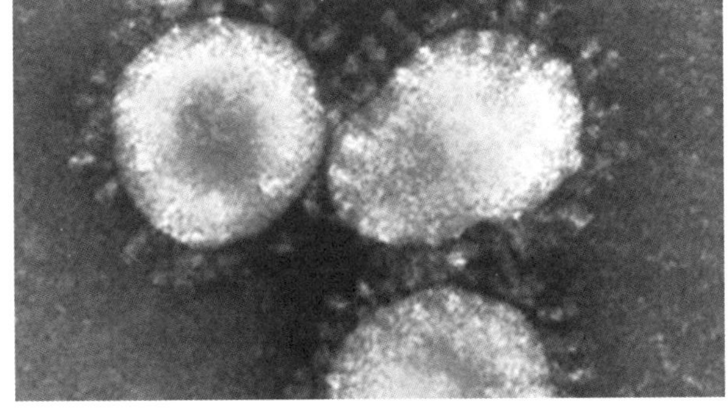

※ 객담(sputum): 기관지나 폐에서 유래되는 분비물, 가래로 흔히 불린다.

❶ 호흡기 감염을 일으키는 대표적인 질병에는 어떤 것이 있을까요? ★★

질병 이름	증 상	전염성

❷ 여러 질병 중 가장 유력한 질병을 선정하고 구체적인 이유와 근거를 밝히세요. ★★★

관련교과	국어	사회	도덕	수학	과학	실과			체육	예술		영어	창의적 체험활동	자유학기활동		
						기술	가정	정보		음악	미술			진로 탐색	주제 선택	예술 체육
					●				●				●		●	

1. 어떤 질병인지 판단해 줄만한 단서가 그리 많지 않습니다. 다양한 경우의 수를 따져보며 어떤 질병일지 추론해 봅시다.
2. 상상력이 중요합니다. 다양한 가설을 세워보고 과학적 자료를 통해 검증해 보는 과정을 밟아 봅시다.

나만의 교과서

4가지 기본항목을 채우고, 퀘스트 해결과정에서 공부한 내용이나 수집한 정보를 토대로 자신만의 방식으로 알차게 표현해 보세요. 그림이나 생각그물의 형태로 표현하는 것도 좋습니다.

ideas
문제해결을 위한 나의 아이디어

facts
문제와 관련하여 내가 알고 있는 것들

learning issues
문제해결을 위해 공부해야 할 주제

need to know
반드시 알아야 할 것

스스로 평가
자기주도학습의 완성!

		나의 신호등
01	나는 문제상황에 대한 이해를 바탕으로 호흡기 감염을 일으키는 질병을 조사하였다.	1 2 3 4 5
02	나는 여러 질병 가운데 가장 유력한 질병을 선정하고 근거와 이유를 밝혔다.	1 2 3 4 5
03	나는 문제해결을 위해 탐구한 내용과 수집한 정보를 바탕으로 나만의 교과서를 멋지게 완성하였다.	1 2 3 4 5

자신의 학습과정을 되돌아보고 진지하게 평가해주세요.

Level up

오늘의 점수 

나의 총점수 

Quest 퀘스트 02

질병의 확산을 막아라!

★★★★★★★★★

K병원 응급실로 찾아왔던 최초의 환자, 그는 생(生)과 사(死)의 갈림길에서 결국 죽음에 이르렀다. 그에게서 전염된 사람들 중 몇몇은 병세가 깊어져 위중한 상태를 보이고 있다. 문제는 최초의 환자가 발병이 된 이후에 응급실을 찾아왔던 터라 그가 어느 누구에게 질병을 옮겼을지 가늠할 수 없다는 점이다. 촌각을 다투는 문제다. 질병의 확산을 막기 위해 우리는 무엇을 해야 할까?

❶ 집(아파트)에서 병원까지 대중교통수단을 이용했다면 질병의 전염 가능성이 높은 공간은 어디일까요? ★★★

공 간	질병의 전염 가능성이 높은 이유	과학적 근거

❷ 최초의 환자가 이미 사망했기 때문에 진술을 통해 그의 행적을 알 수 없는 상태입니다. 빠른 시간 안에 그의 행적을 밝혀낼 방법에는 무엇이 있을까요?
★★

❸ 질병의 확산을 막기 위해 정부, 의료기관, 개인 등이 반드시 해야 하는 일이 무엇일지 제안해 봅시다.
★★★

정부	의료기관	개인

관련교과	국어	사회	도덕	수학	과학	실과			체육	예술		영어	창의적 체험활동	자유학기활동		
						기술	가정	정보		음악	미술			진로 탐색	주제 선택	예술 체육
		●			●				●				●		●	

1. 호흡기를 통해 전염되는 질병임을 감안하여 최초 환자의 이동경로에 흔히 반날 수 있는 공간(이를테면 엘리베이터) 중에 전염 가능성이 높은 곳을 선정하도록 합니다.
2. 찾으면 길은 있기 마련입니다. 최초의 환자의 행적을 정확하게 밝히기 위해 어떤 방법을 사용하면 좋을지 여러 사례를 종합해 제안해 보세요.

나만의 교과서

4가지 기본항목을 채우고, 퀘스트 해결과정에서 공부한 내용이나 수집한 정보를 토대로 자신만의 방식으로 알차게 표현해 보세요. 그림이나 생각그물의 형태로 표현하는 것도 좋습니다.

ideas 문제해결을 위한 나의 아이디어	facts 문제와 관련하여 내가 알고 있는 것들

learning issues 문제해결을 위해 공부해야 할 주제	need to know 반드시 알아야 할 것

스스로 평가

자기주도학습의 완성!

나의 신호등

01	나는 최초 환자의 일반적인 이동경로를 예상해보고, 질병의 전염 가능성이 높은 공간을 선정하였다.	1 2 3 4 5
02	나는 진술 외에 최초 환자의 행적을 추적할 수 있는 방법을 제시하였다.	1 2 3 4 5
03	나는 질병확산을 막기 위해 정부, 의료기관, 개인이 해야 할 일을 제시하였다.	1 2 3 4 5
04	나는 문제해결을 위해 탐구한 내용과 수집한 정보를 바탕으로 나만의 교과서를 멋지게 완성하였다.	1 2 3 4 5

자신의 학습과정을 되돌아보고 진지하게 평가해주세요.

Level up

오늘의 점수 나의 총점수

판데믹(Pandemic)

★★★★★★★★★

우려하던 일이 현실이 되어버렸다. 불특정 다수에게 최초 환자가 노출되면서 질병은 걷잡을 수 없을 정도로 확산되고 있다. 며칠 만에 전염병이 대유행하는 상태로 진입한 것이다. 이에 따라 세계보건기구(WHO)는 전염병 경보단계 중 최고 위험등급인 판데믹을 선포하였다. 역사적으로 가장 악명 높았던 판데믹은 중세 유럽 인구의 1/3의 생명을 앗아간 흑사병이었다. 참혹한 사태는 반드시 막아야 한다. 어떻게 해결할 수 있을까?

※ 세계보건기구는 전염병의 위험도에 따라 전염병 경보단계를 1단계에서 6단계까지 나눈다. 이중 최고 경고 등급인 6단계를 '판데믹(pandemic; 전염병의 대유행)'이라 한다. 그리스어로 'pan'은 '모두', 'demic'은 '사람'이라는 뜻으로, 전염병이 세계적으로 전파되어 모든 사람이 감염된다는 의미를 지니고 있다.

❶ 과거 판데믹 사례를 조사하고, 해당 전염병을 차단하기 위해 어떤 노력을 기울였는지 살펴봅시다.

★★

질병이름	내 용	대 응

❷ 전염병의 대유행을 조기에 종결시키기 위해 우리는 무엇을 해야 할까요? ★★

정부	의료기관	개인

❸ 판데믹 조기종결을 위해 시민들에게 시급히 전해야 할 7가지 지침을 마련해 봅시다. ★★★★

1	
2	
3	
4	
5	
6	
7	

<table>
<tr><th rowspan="2">관련교과</th><th rowspan="2">국어</th><th rowspan="2">사회</th><th rowspan="2">도덕</th><th rowspan="2">수학</th><th rowspan="2">과학</th><th colspan="3">실과</th><th rowspan="2">체육</th><th colspan="2">예술</th><th rowspan="2">영어</th><th rowspan="2">창의적 체험활동</th><th colspan="3">자유학기활동</th></tr>
<tr><th>기술</th><th>가정</th><th>정보</th><th>음악</th><th>미술</th><th>진로 탐색</th><th>주제 선택</th><th>예술 체육</th></tr>
<tr><td></td><td></td><td>●</td><td></td><td></td><td></td><td></td><td></td><td></td><td>●</td><td></td><td></td><td></td><td>●</td><td></td><td>●</td><td></td></tr>
</table>

1. 인류문명이 시작된 이후로 인간은 질병과 끊임없이 싸워 왔습니다. 질병을 정복하기 위한 싸움이 의학의 발전으로 이어졌죠. 판데믹의 역사를 통해 오늘의 해법을 찾아보는 것은 그래서 중요합니다.
2. 판데믹의 기간이 길어질수록 피해 규모 역시 커질 수밖에 없습니다. 조기종결을 위해 각자 무엇을 해야 할지 코로나19 사례를 토대로 정리해 봅시다. 그리고 이를 토대로 일반 시민들이 꼭 지켜야 할 지침을 세우도록 합니다.

나만의 교과서

4가지 기본항목을 채우고, 퀘스트 해결과정에서 공부한 내용이나 수집한 정보를 토대로 자신만의 방식으로 알차게 표현해 보세요. 그림이나 생각그물의 형태로 표현하는 것도 좋습니다.

ideas
문제해결을 위한 나의 아이디어

facts
문제와 관련하여 내가 알고 있는 것들

learning issues
문제해결을 위해 공부해야 할 주제

need to know
반드시 알아야 할 것

스스로 평가

자기주도학습의 완성!

		나의 신 호 등
01	나는 과거 판데믹 사례를 조사하고, 해당 질병을 막기 위해 어떤 노력을 기울였는지 살펴보았다.	1 2 3 4 5
02	나는 전염병의 대유행을 조기에 종결시키기 위해 정부, 의료기관, 개인이 각각 무엇을 해야 하는지 구체적으로 제시하였다.	1 2 3 4 5
03	나는 판데믹의 조기종결을 위해 시민들이 지켜야할 7가지 지침을 제시하였다.	1 2 3 4 5
04	나는 문제해결을 위해 탐구한 내용과 수집한 정보를 바탕으로 나만의 교과서를 멋지게 완성하였다.	1 2 3 4 5

자신의 학습과정을 되돌아보고 진지하게 평가해주세요.

Level up

오늘의 점수 나의 총점수

새로운 출발

★★★★★★★★★

시민들의 성숙한 의식과 의료진의 헌신적인 노력에 힘입어 판데믹 상황에서 일찍 벗어날 수 있었다. 그러나 질병의 확산을 막지 못한 초기 대응의 미숙함과 리더십의 부재는 분명 문제가 있어 보인다. 반면교사로 삼아야 할 부분들을 면밀히 살펴보고, 질병의 예방과 전염병의 확산을 효과적으로 차단하기 위한 새로운 '질병관리 대응매뉴얼'이 필요하다. 새로운 출발을 알리는 당신의 활약이 기대된다.

※ 반면교사(反面教師) : 잘못된 일과 실패를 거울삼아 가르침으로 삼는다.

❶ 질병관리 대응매뉴얼에 담길 핵심내용을 정리해 봅시다. ★★

❷ 참신한 아이디어로 구사하는 언어와 상관없이 누구나 쉽게 이해할 수 있도록 질병관리 대응매뉴얼을 제작하도록 합시다. ★★★★

☆스토리보드

❸ 전염병 제로를 다짐하는 새로운 출발! 질병관리 대응매뉴얼을 활용하여 캠페인 행사를 실천해 봅시다. ★★

관련교과	국어	사회	도덕	수학	과학	실과			체육	예술		영어	창의적 체험활동	자유학기활동		
						기술	가정	정보		음악	미술			진로 탐색	주제 선택	예술 체육
	●					●			●				●		●	

1. 질병관리 대응메뉴얼은 책이나 동영상 등의 다양한 형태로 제작할 수 있습니다. 앞서 수행했던 퀘스트 내용을 토대로 만들어 주세요.
2. 캠페인 행사는 일반국민을 대상으로 질병 예방을 위한 수칙을 알리면서 질병관리 대응매뉴얼을 홍보하는 시간이 될수 있도록 짜는 것이 중요합니다.

나만의 교과서

4가지 기본항목을 채우고, 퀘스트 해결과정에서 공부한 내용이나 수집한 정보를 토대로 자신만의 방식으로 알차게 표현해 보세요. 그림이나 생각그물의 형태로 표현하는 것도 좋습니다.

ideas
문제해결을 위한 나의 아이디어

facts
문제와 관련하여 내가 알고 있는 것들

learning issues
문제해결을 위해 공부해야 할 주제

need to know
반드시 알아야 할 것

스스로 평가
자기주도학습의 완성!

		나의 신호등
01	나는 앞서 수행한 퀘스트 내용을 바탕으로 질병관리 대응매뉴얼의 핵심내용을 정리하였다.	①②③④⑤
02	나는 사용하는 언어와 상관없이 이해하기 쉬운 질병관리 대응매뉴얼을 제작하였다.	①②③④⑤
03	나는 질병관리 대응매뉴얼을 활용하여 캠페인 행사를 벌였다.	①②③④⑤
04	나는 문제해결을 위해 탐구한 내용과 수집한 정보를 바탕으로 나만의 교과서를 멋지게 완성하였다.	①②③④⑤

자신의 학습과정을 되돌아보고 진지하게 평가해주세요.

오늘의 점수 나의 총점수

All-Clear
sticker

All-Clear
sticker

05 CHAPTER
The Flu

★Teacher Tips

Teacher Tips

'The Flu'는 전염병 예방과 관련한 보건교육을 위해 개발된 PBL프로그램입니다. 이 수업은 기본적으로 자유학년활동이나 창의적 체험활동 시간을 활용해서 진행할 수 있지만, 체육(보건) 등 관련 교과와 연계하여 진행하는 것도 충분히 가능합니다. 이 PBL수업이 치명적인 전염병의 확산을 이야기 배경으로 삼아 진행되는 만큼, 영화적 상상력을 자극하며 진행하는 것이 효과적입니다. 아무쪼록 참여하는 학생 모두가 전염병 예방의 중요성에 공감하고, 전염병 확산을 차단하기 위해 어떤 노력들을 기울여야 하는지 느끼고 배울 수 있도록 하는 것이 중요합니다.

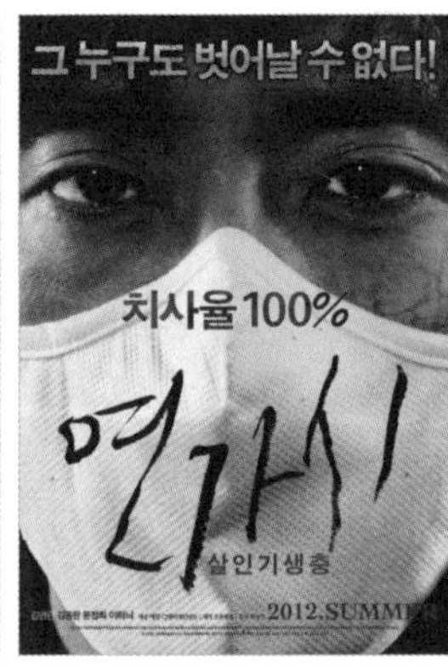

치명적인 질병에 대한 원초적인 두려움은 인류문명사에 그대로 드러나 있습니다. 무서운 질병과 이를 극복하기 위한 사투를 그린 영화들이 꾸준히 제작되고 있고, 개봉된 작품 가운데 관객들의 사랑을 받은 영화들도 다수 있죠. 질병은 개인의 생사뿐만 아니라 인류의 운명을 결정지을 정도로 지대한 영향을 끼쳐왔습니다. 인류의 역사와 관련지어 이 수업을 확대하는 것도 고려해볼만 합니다.

이와 관련하여 질병이 인류문명에 어떤 영향을 미쳐왔는지 흥미롭게 그린 책들을 참고해 보는 것이 좋습니다. 그 중에서도 퓰리처상을 수상한 「총, 균, 쇠」를 빼놓을 수 없겠죠. 이 책에서 진화생물학자인 제러드 다이아몬드(Jared Diamond)는 질병의 원인인 균이 인류문명사에 미친 영향이 어떠했는지, 어떻게 운명을 바꾸었는지 흥미진진하게 그려내고 있는데요. 학생들의 연령과 수준을 고려할 때, 책을 추천해서 읽게 하는 것보다 책의 내용을 소개해주는 쪽으로 활용해 볼 수 있을 것입니다.

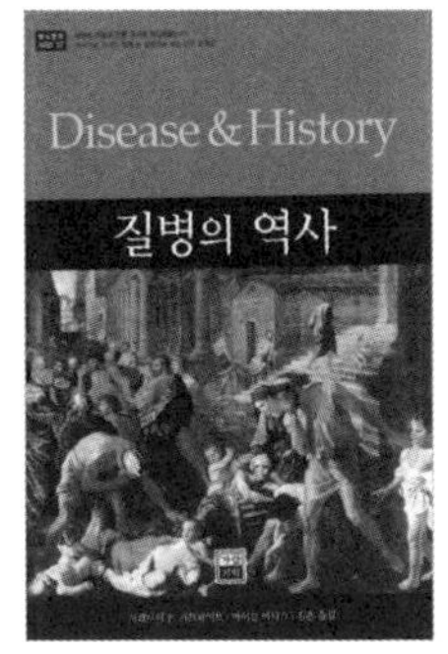

프레데릭 F. 카트라이트(Frederick F. Cartwright)가 쓴 「질병의 역사」를 소개하며 전염병이 어떻게 인류의 역사에 영향을 미쳤는지 이야기 나누는 시간을 갖는 것도 좋습니다. 그의 저서에는 고대시대부터 현대까지 역사상 유명했던 질병들과 이와 관련된 역시적인 사건들이 총망라되어 있어서 참고해볼만한 정보들이 많습니다. 학생들이 인류의 역사와 질병을 연계하여 흥미를 갖도록 하는 것만으로도 이 수업의 효과를 높일 수 있습니다.

같은 맥락에서 하나의 상식으로 자리 잡은 손 씻기가 질병의 역사 속에 언제부터 주목받게 된 것인지, EBS 지식채널e '황당한 발견' 편을 보면서 자유롭게 이야기 나누어 보는 것도 효과적입니다. 일상의 질병예방상식들이 역사 속 누군가에 의한 발견된 것임을 이해하는 것이 중요합니다.

지식채널e '전염병을 막을 수 있었던 황당한 발견'

'The Flu'는 학생들이 가상의 상황을 경험하며 질병예방의 중요성과 전염병에 대처하는 방법에 대한 실천적 이해를 도모하도록 짜여 있습니다. 제시된 과정을 통해 언제라도 발생할 수 있는 전염병에 관심을 갖고, 질병의 확산방지와 예방을 위해 어떤 노력을 기울여야 하는지 아는 것만으로도 성공적이라 할 수 있습니다. 이 수업은 애당초부터 질병예방 교육을 목적으로 개발된 프로그램이기 때문에, 관련 교과와 연계하여 현장에 적용하는 것이 좋습니다. 다른 PBL수업과 마찬가지로 학년의 경계를 둘 필요는 없습니다. 초등학생부터 고등학생에 이르기까지 특정 대상을 가리지 않고 교과와 범교과 영역을 넘나들며 적용할 수 있습니다.

Teacher Tips

교과	영역	내용요소	
		초등학교 [5-6학년]	중학교 [1-3학년]
국어	듣기 말하기	◆토의[의견조정] ◆발표[매체활용] ◆체계적 내용 구성	◆토의[문제 해결] ◆발표[내용 구성] ◆매체 자료의 효과
실과 정보	자료와 정보	◆소프트웨어의 이해	◆자료의 유형과 디지털 표현
체육	건강	◆건강한 성장 발달	◆건강과 생활 환경
보건	공중 보건의 이해	◆건강과 질병 ◆공중 보건의 개념과 발전	
	감염병 관리	◆감염 병 ◆감염 관리	

- 적용대상(권장): 초등학교 5학년 – 중학교 3학년
- 자유학년활동: 주제선택
- 학습예상소요기간(차시): 6 – 8일(6 – 8차시)
- Time Flow

8일 기준

시작하기_문제제시	전개하기_과제수행			마무리_발표 및 평가
문제출발점 설명 PBL MAP으로 학습 흐름 소개	QUEST 01 어떤 질병일까?	QUEST 02 질병의 확산을 막아라!	QUEST 03 판데믹	QUEST 04 새로운 출발 성찰일기 작성하기
교실 20분	교실 I 온라인 20분 I 1-2hr	교실 I 온라인 40분 I 2-3hr	오프라인 I 온라인 80분 I 2-3hr	교실 I 온라인 80분 I 1hr
1-2 Day		3-4 Day	5-6 Day	7-8 Day

● 수업목표(예)

QUEST 01	◆문제상황에 대한 이해를 바탕으로 호흡기 감염을 일으키는 질병을 조사할 수 있다. ◆여러 질병 가운데 가장 유력한 질병을 선정하고 근거와 이유를 밝힐 수 있다.
QUEST 02	◆최초 환자의 일반적인 이동경로를 예상해보고, 질병의 전염 가능성이 높은 공간을 선정할 수 있다. ◆진술 외에 최초 환자의 행적을 추적할 수 있는 방법을 제시할 수 있다. ◆질병확산을 막기 위해 정부, 의료기관, 개인이 해야 할 일을 제시할 수 있다.
QUEST 03	◆과거 판데믹 사례를 조사하고, 해당 질병을 막기 위해 어떤 노력을 기울였는지 살펴볼 수 있다. ◆전염병의 대유행을 조기에 종결시키기 위해 정부, 의료기관, 개인이 각각 무엇을 해야 하는지 구체적으로 제시할 수 있다. ◆판데믹의 조기종결을 위해 시민들이 지켜야할 7가지 지침을 제시할 수 있다.
QUEST 04	◆앞서 수행한 퀘스트 내용을 바탕으로 질병관리 대응매뉴얼의 핵심내용을 정리할 수 있다. ◆사용하는 언어와 상관없이 이해하기 쉬운 질병관리 대응매뉴얼을 제작할 수 있다. ◆질병관리 대응매뉴얼을 활용하여 캠페인 행사를 벌일 수 있다.
공통	◆문제해결의 절차와 방법에 대한 이해를 바탕으로 학습과정에 참여할 수 있다. ◆공부한 내용을 정리하고 자신의 언어로 재구성하는 과정을 통해 창의적인 문제를 만들어낼 수 있다. 이 과정을 통해 지식을 생산하기 위해 소비하는 프로슈머로서의 능력을 향상시킬 수 있다. ◆토의의 기본적인 과정과 절차에 따라 문제해결방법을 도출하고, 온라인 커뮤니티 등의 양방향 매체를 활용한 지속적인 학습과정을 경험함으로써 의사소통능력을 신장시킬 수 있다.

 시작하기

중심활동 : 문제출발점 파악하기, 학습흐름 이해하기

- 인트로에 소개된 스페인 독감에 대한 이야기 나누며 동기유발하기(지식채널e 바이러스 시청하기)
- 문제출발점을 제시하고 주어진 상황을 정확히 파악하기
- (선택)게임화 전략에 따른 피드백 방법에 맞게 게임규칙(과제수행규칙) 안내하기
- (선택)자기평가방법 공유, 온라인 학습커뮤니티 활용 기준 제시하기
- 활동내용 예상해 보기, PBL MAP을 활용하여 전체적인 학습흐름과 각 퀘스트의 활동 파악하기

인트로(Intro.)에 소개된 스페인 독감에 관한 이야기를 시작으로 수업을 진행하도록 합니다. 이와 관련된 EBS 지식채널e '바이러스' 편을 보여주며 문제상황을 제시한다면 이해

Teacher Tips

수준을 높이고 동기를 유발하는데 도움이 될 것입니다. 무서운 전염병을 다룬 영화관람 경험을 떠올려보도록 하는 것도 학생들로 하여금 문제상황을 실감나게 느끼도록 해줍니다.

2015년 5월에 발생한 메르스(MERS) 사태는 당시 공공의료시스템이 얼마나 부실했는지를 보여주었던 대표적인 사례로 꼽힙니다. 확진자만 186명이었고 그 중에서 사망자는 38명에 이르렀습니다. 메르스의 확산을 막기 위해 격리되었던 사람도 16,752명에 달했습니다. 2차, 3차 감염자까지 속출하면서 전 국민을 공포로 몰아넣었던 메르스 사태는 무기력한 의료시스템이 가져온 인재였습니다. 「바이러스가 지나간 자리(시대의창)」 책을 소개하며 전염병이 발생했을 때 초기대응의 중요성을 강조하도록 합니다.

더 나아가 2015년 메르스 사태를 교훈으로 삼아 방역선진국으로 발돋움한 코로나19 바이러스 경험을 자유롭게 이야기하며 지식채널e의 '코로나 단상' 5부작을 시청하는 것도 좋습니다.

1부 나는 사라질 것입니다

2부 바이러스가 쏘아 올린 일상론

3부 코로나 시대의 타인

4부 악수의 종말

5부 A or B

학생들이 주어진 문제상황을 제대로 이해했다면, PBL MAP을 활용해 전체적인 학습흐름을 공유해 보도록 합니다. 인트로의 워드클라우드를 활용해 각 퀘스트별 중심활동을 예상해보는 시간을 갖는 것도 좋습니다. 문제출발점에 담고 있는 이야기가 가상의 상황을 전제로 하고 있지만 언제든 어느 곳에서든 발생할 수 있는 사건임을 느끼도록 하는 것이 중요합니다.

 **전개하기**

'The Flu'는 총 4개의 기본퀘스트로 구성되어 있습니다. 문제상황 속 전염성이 높은 질병에는 어떤 것이 있는지 알아보고, 전염병의 확산을 막기 위해 개인, 의료기관, 정부가 어떤 역할을 해야 하는지 진지하게 고민하는 시간을 갖게 됩니다.

● 퀘스트1 : 어떤 질병일까?

중심활동 : 호흡기 전염병 탐구하기, 가장 유력한 질병 선정하기

- 바이러스의 특징을 상기하며 [퀘스트1]의 문제상황 파악하기
- 호흡기 감염을 일으키는 대표적인 질병 조사하기
- 가장 유력한 질병을 선정하고 구체적인 이유와 근거 밝히기
- [선택] 팀별 토의를 통해 최종 선정한 전염병 발표하기

Quest 퀘스트 01 어떤 질병일까?

*****

호흡기를 통한 높은 전염력, 독감과 유사한 증세, 짧은 잠복기, 높은 치사율…, 어떤 질병인지 알아내는 것이 먼저다. 질병관리본부에서는 K병원 응급실의 감염환자를 ...으로 객담과 혈액을 채취해 정밀 검사를 진행하기로 했다. 이들은 과연 어떤 질병에 걸린 일까?

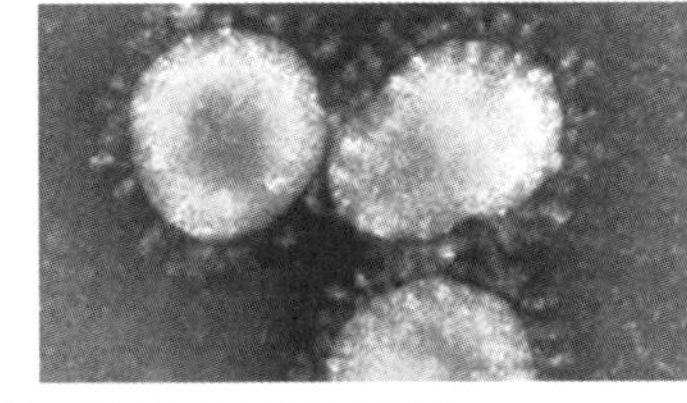

※ 객담(sputum): 기관지나 폐에서 유래되는 분비물. 가래로 흔히 불린다.

바이러스의 특징을 상기하며 퀘스트1의 문제상황을 제시하는 것이 좋습니다. EBS방송의 지식채널e '바이러스'편을 문제출발점이 아닌 퀘스트1의 문제상황을 제시하며 시청하는 것도 가능합니다. 문제에서 제시한 조건, 즉 '호흡기를 통한 높은 전염력', '독감과 유사한 증세', '짧은 잠복기', '높은 치사율'을 감안하여 퀘스트가 수행되도록 학생들에게 강조해주세요.

❶ 호흡기 감염을 일으키는 대표적인 질병에는 어떤 것이 있을까요?

질병 이름	증 상	전염성

전염병을 폭넓게 조사하고 그 중에서 호흡기를 통해 감염되는 질병을 추려보도록 지도해주세요. 단순히 호흡기 전염병 키워드검색으로 활동을 진행하게 되면 한정된 질병만 다룰 가능성이 높습니다. 전염병을 다룬 책에서 정보를 얻는 것도 권장해주세요.

❷ 여러 질병 중 가장 유력한 질병을 선정하고 구체적인 이유와 근거를 밝히세요. ***

호흡기 감염을 통해 전파되는 전염병 가운데 문제상황을 일으키는 질병을 선정하도록 합니다. 팀 안에서 각자 선택한 질병을 밝히고 구체적인 이유와 근거를 공유할 수 있도록 지도해주세요. 시간적 여유가 있다면 팀 토의 과정을 통해 가장 유력한 전염병을 선정하고 간단하게 발표하는 시간을 갖도록 합니다.

관련교과	국어	사회

1. 어떤 질병인지 판단해 줄...
2. 상상력이 중요합니다. 다양...

Teacher Tips

● 퀘스트2 : 질병의 확산을 막아라!

중심활동 : 질병의 전염가능성이 높은 공간 선정하기, 질병의 확산을 막기 위한 역할 제안하기

- 질병의 확산이 염려되는 급박한 상황임을 이해하며 [퀘스트2] 파악하기
- 질병의 전염가능성이 높은 공간을 선정하고 이유와 근거 밝히기
- 최초 환자의 행적을 빠른 시간 안에 밝힐 방법을 제안하기
- 전염병의 예방과 확산을 막기 위한 정부, 의료기관, 개인이 각각 해야 하는 일을 제안하기

Quest 퀘스트 02 질병의 확산을 막아라!

****

K병원 응급실로 찾아왔던 최초의 환자, 그는 생(生)과 사(死)의 갈림길에서 결국 죽음에 이르렀다. 그에게서 전염된 사람들 중 몇몇은 병세가 깊어져 위중한 상태를 보이고 있다. 문제는 최초의 환자가 발병이 된 이후에 응급실을 찾아왔던
게 질병을 옮겼을지 가늠할 수 없다는 점이다. 촌각을 다투는
위해 우리는 무엇을 해야 할까?

사망한 최초 환자의 진술이 확보되지 않은 상황에서 빠른 시간 안에 행적을 밝힐 방법을 제안하도록 안내해주세요. 학생들이 쉽사리 떠올리는 CCTV분석 외에 창의적인 해법이 나오도록 피드백하는 것이 중요합니다.

질병의 확산을 막아야 하는 절박한 상황임을 강조하며 퀘스트2를 제시하도록 합니다. 최초의 환자가 어떤 사람에게 질병을 옮겼을지 모르는 문제상황에 제대로 빠져들도록 하는 것이 핵심입니다.

를 통해 그의 행적을 알 수 없는 상태입니다. 빠른 시간
있을까요?
**

수단을 이용했다면 질병의 전염 가능성이 높은 공간은 어디일
***

염 가능성이 높은 이유	과학적 근거

❸ 질병의 확산을 막기 위해 정부, 의료기관, 개인 등이 반드시 해야 하는 일이 무엇일지 제안해 봅시다.
***

정부	의료기관	개인

코로나19 사태를 상기시키면서 질병의 확산을 막기 위해서는 개인부터 의료기관, 정부에 이르기까지 책임 있는 역할수행이 중요함을 강조해주세요. 전염병의 예방과 확산에 있어서 각각 정부와 의료기관이 어떤 역할을 해야 하는지 제안하도록 하고, 같은 맥락에서 개인의 경우 질병을 예방하기 위한 행동, 질병에 걸렸을 때 해야 하는 행동으로 나누어 기록할 수 있도록 지도해주세요.

우선 참여하는 학생들로 하여금 자신이 거주하는 지역을 중심으로 최초 환자가 거쳐 갔을 것이라 예상되는 가상의 경로를 짜도록 안내합니다. 이왕이면 가상의 경로를 직접 이동하며, 공간마다 호흡기 질병의 전염 가능성 여부를 체크해보도록 하는 것이 효과적입니다. 이들 공간 중에서 질병의 전염가능성이 높은 지역을 선정하고 이유와 근거를 밝히도록 해주세요.

● 퀘스트3 : 판데믹(Pandemic)

중심활동 : 판데믹 사례를 통해 배우기, 판데믹의 조기종결을 위한 방안 제안하기

- 판데믹 상황에 직면한 [퀘스트3]의 문제상황 파악하기
- 과거 판데믹 사례를 통해 이들 전염병을 극복하기 위한 노력과 대응 살펴보기
- 전염병의 대유행을 조기에 종결시키기 위한 방안 제시하기
- 판데믹 조기종결을 위한 7가지 지침 마련하기

Quest 퀘스트 03 판데믹(Pandemic)

우려하던 일이 현실이 되어버렸다. 불특정 다수에게 잡을 수 없을 정도로 확산되고 있다. 며칠 만에 전 다. 이에 따라 세계보건기구(WHO)는 전염병 경보 포하였다. 역사적으로 가장 악명 높았던 판 간 흑사병이었다. 참혹한 사태는 반드시 막아야 할

전염병 경보단계 중 최고 위험등급인 판데믹 상황에 직면한 암울한 상황을 부각하며 [퀘스트3]을 제시하도록 합니다. 참고로 WHO 전염병 경보는 '1단계 동물사이 전염', '2단계 동물사이 확산되었고, 사람에게 전염된 경우발생(소수)', '3단계 다수의 사람전염', '4단계 특정 지역의 사람들 간 전염확산[대유행병 위험성 증대 또는 초기]', '5단계 두 국가 이상의 전염병 확산[대유행병 시작]'. '6단계 판데믹, 전 세계적인 대유행병으로 확산'으로 나뉩니다.

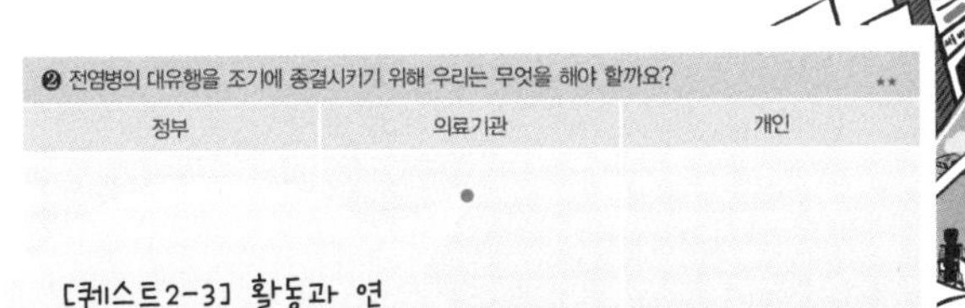

❷ 전염병의 대유행을 조기에 종결시키기 위해 우리는 무엇을 해야 할까요? ★★

정부	의료기관	개인

[퀘스트2-3] 활동과 연장선상에서 진행하도록 안내해주세요. 전염병의 대유행에서 가족을 비롯해 소중한 사람들을 지켜내는데 정부, 의료기관, 개인의 역할이 중요함을 인식하는 것이 중요합니다.

병 경보단계를 1단계에서 6단계까지 나눈다. 이중 최고 경고 등급인 6단계 다. 그리스어로 'pan'은 '모두', 'demic'은 '사람'이라는 뜻으로, 전염병이 세 기를 지니고 있다.

…해야 할 7가지 지침을 마련해 봅시다. ★★★★

2	
3	
4	
5	
6	
7	

…전염병을 차단하기 위해 어떤 노력을 기울였는지 살펴봅시다. ★★

	내 용

질병이 인류의 역사에 어떤 영향을 미쳤는지 살펴보며 과거 판데믹 사례를 조사하도록 안내합니다. 단순히 해당 전염병에 의한 피해사례를 조사하기보다 이를 극복하기 위해 인류가 어떤 노력을 기울였는지 자세히 살펴보도록 하는 것이 중요합니다.

앞서 수행한 활동결과를 바탕으로 시민 모두가 반드시 지켜야 할 판데믹 조기종결을 위한 7가지 지침을 제안하는 활동입니다. 정부와 의료기관이 아닌 개인이 실천 가능한 지침이 되도록 지도해주세요.

Teacher Tips

마무리

'The Flu'의 마무리는 질병의 확산을 초기에 막지 못한 상황을 반면교사로 삼아 새로운 질병관리 대응매뉴얼을 제작하고 이를 활용해 캠페인 활동을 벌이는 것으로 하고 있습니다.

● 퀘스트4 : 새로운 출발

중심활동 : 질병관리 대응매뉴얼 제작하기, 질병예방 캠페인 행사 벌이기

- [퀘스트4]의 문제상황 파악하기
- 질병관리 대응매뉴얼에 담길 핵심내용 정하기
- 이해하기 쉬운 질병관리 대응매뉴얼 제작하기
- 질병관리 대응매뉴얼을 활용한 캠페인 활동 벌이기, (온라인) 성찰저널 작성하기

Quest 퀘스트 04

새로운 출발

판데믹을 극복해낸 문제 상황을 제시하며, 핵심활동을 설명해주도록 합니다. 초기대응의 미숙함과 리더십의 부재가 질병확산의 원인이었던 만큼 이를 해소할 수 있는 구체적인 방안마련이 무엇보다 중요함을 강조해주세요.

질병관리 대응매뉴얼은 앞서 수행한 퀘스트 활동결과를 종합하는데 초점을 두고 있습니다. 질병관리 대응매뉴얼의 핵심내용에 전염병 예방과 확산을 막기 위해 어떻게 실천하고 행동해야 하는지 개인적인 차원은 물론 의료기관, 정부까지 포함되도록 안내해주세요.

시민들의 성숙한 의식과 의료 … 힘입어 판데믹 상황에서 일찍 벗 … 질병의 확산을 막지 못한 초기 … 십의 부재는 분명 문제가 있어 보 … 아야 할 부분들을 면밀히 살펴보고, 질병의 … 과 전염병의 확산을 효과적으로 차단하기 위한 새로운 '질병관리 대응매뉴얼'이 필요하다. 새로운 출발을 알리는 당신의 활약이 기대된다.

… 울삼아 가르침으로 삼는다.

… 용을 정리해 봅시다. ★★

질병관리 대응매뉴얼의 형식을 굳이 텍스트 중심으로 할 필요는 없습니다. 특정 언어에 구애받지 않고 이해할 수 있는 사진과 영상콘텐츠 제작을 권장해주세요. 지나치게 많은 내용을 담고자 하면 콘텐츠에 대한 집중도가 떨어질 수밖에 없습니다. 활동이 진행되는 내내 양보다 질을 강조해 주세요.

❷ 참신한 아이디어로 구사하는 언어와 상관없이 누구나 쉽게 이 … 을 제작하도록 합시다.

☆스토리보드

❸ 전염병 제로를 다짐하는 새로운 출발! 질병관리 대응매뉴얼을 활용하여 캠페인 행사를 실천해 봅시다. ★★

질병관리 대응매뉴얼 제작이 끝나면, 인터넷을 통해 해당 콘텐츠를 배포하도록 지도합니다. SNS, 블로그 등을 통해 온라인 캠페인 활동을 벌이도록 하는 것도 좋은 방법입니다. 교실이나 복도 등 오프라인 공간에서는 학생들로 하여금 앞서 제작한 콘텐츠를 활용해 전염병 예방을 위한 캠페인 행사를 벌이도록 해보세요. 다른 반, 다른 학년 학생과 선생님들을 대상으로 벌이는 캠페인 활동이라면 더 효과적입니다.

관련교과	국어	사회	도덕	…	자유학기활동		
					진로 탐색	주제 선택	예술 체육
	●					●	

1. 질병관리 대응매뉴얼은 책이나 … 내용을 토대로 만들어 주세요.
2. 캠페인 행사는 일반국민을 대상 … 보하는 시간이 될수 있도록 짜는 것이 중요합니다.

All-Clear
sticker

CHAPTER 06 세월호, 진실은 침몰하지 않는다

Quest 01 _도대체 무슨 일이 일어났던 걸까

Quest 02 _사건의 재구성, 침몰의 원인을 밝혀라!

Quest 03 _하늘, 땅, 바다에서 벌어진 최악의 대형 참사들

Quest 04 _소중한 생명을 지키는 교통안전관 열기

★Teacher Tips

INTRO.

세월호, 진실은 침몰하지 않는다

타이타닉호의 영원한 선장으로 기억되고 있는 에드워드 스미스(Edward John Smith) 선장은 13세부터 50년 동안 바다를 누볐던 인물입니다. 만 60세를 넘긴 1911년에 은퇴를 하려했지만 회사 측의 간곡한 부탁으로 타이타닉호의 첫 출항을 맡게 됩니다.

그는 은퇴 후 늦둥이 딸과 함께 하는 행복한 여생을 꿈꾸며 타이타닉호에 올랐지만 운명은 그것을 허락하지 않았습니다. 1912년 4월 14일 늦은 밤, 거대한 빙하에 부딪혀 타이타닉호가 침몰하게 되자 망설임 없이 자신의 최후와 마주하기로 결정합니다. 충분히 구명보트에 탑승할 수 있었음에도 마지막까지 승객의 탈출을 돕기 위해 혼신을 다했고, 차가운 바다로부터 711명을 구해내기에 이릅니다. '선장은 배와 운명을 함께한다'는 숭고한 정신을 자발적인 희생을 통해 증명했던 것입니다. 1,513명이라는 사망자 수가 말해주듯 타이타닉호는 세계 최대의 해난사고로 기록되었지만 스미스 선장을 비롯한 승무원들이 보여준 희생과 헌신, 그리고 용기 있는 결

단은 후대의 모범으로 남아있습니다. 승객의 구조를 외면하고 황급히 탈출했던 세월호 선장과 승무원들의 모습과는 여러모로 대비되는 장면입니다.

그래도 세월호 안에 숭고한 희생이 없었던 것은 아닙니다. 마지막 순간까지 제자들의 탈출을 돕다가 순직하신 단원고 선생님들은 세월호의 실질적인 선장이었습니다. 그들은 최후까지 남아 배와 운명을 함께 했습니다. 한명의 제자라도 더 살리기 위해 필사의 노력을 기울였습니다. 우리는 그분들이 보여준 희생과 헌신을 영원히 기억해야 할 것입니다.

* 문제시나리오에 사용된 어휘빈도(횟수)를 시각적으로 나타낸 워드클라우드(word cloud)입니다. 워드클라우드를 통해 어떤 주제와 활동이 핵심인지 예상해 보세요.

세월호, 진실은 침몰하지 않는다

#1

2014년 4월 15일, 여느 때와 마찬가지로 세월호는 인천 연안여객터미널에서 출발하여 제주도로 향했다. 그 배에는 학창시절 마지막 수학여행에 대한 기대감으로 가득 찼던 안산 단원고 2학년 학생들도 함께 탑승하고 있었다. 배 안은 여기저기 할 것 없이 웃음꽃이 피어났다. 설레는 마음에 잠을 이루지 못하며 이런저런 이야기로 담소를 나누던 학생들의 재잘거림이 자정이 지나서까지 이어졌다. 반면 짙은 어둠이 내린 바다는 유난히 고요했다. 선체에 부딪혀 부서지는 파도소리가 간간히 귓가를 맴돌 정도였다. 그때까지만 해도 세월호는 조용한 바다를 가르며 순항 중에 있었다. 기대와 설렘으로 가득했던 평화로운 밤은 그렇게 지나갔다.

#2

"세월호, 세월호 여기 진도연안 VTS 귀선 지금 침몰중입니까?"

_2014.4.16. 09:07 VTS교신내용

다음날 아침, 누구도 예상치 못한 사건이 벌어지고야 말았다. 제주를 향해 순항하고 있어야할 세월호가 바다 한 가운데 멈춰 서버린 것이다. 게다가 진도연안 해상교통관제센터(VTS)와 교신이 닿은 세월호는 이미 침몰 중에 있었다. 인근 해상의 배들은 구조요청을 받자 너나할 것 없이 달려갔다. 좌현으로 상당히 기운 채 떠있는 세월호는 한 눈에 봐도 위태로웠다. 누가봐도 촌각을 다투는 위기상황, 구조에 필요한 골든타임이 얼마 남지 않아보였다. 이 정도 상황이라면 선내에서 신속한 탈출을 위해 분주하게 움직이고 있어야 했다. 그런데 이상하리만큼 세월호는 조용했다.

#3

"승객여러분들 현재 위치에서 절대 이동하지 마시고 대기해 주시기 바랍니다."

그들은 침착하게 대응하고 있었다. 승무원의 안내방송을 믿고 구명조끼를 착용한 채 자신의 자리를 지키고 있었다. 두려움과 불안함을 느끼는 친구들을 위로하며, 썰렁한 농담을 주고받으며 그렇게 구조를 기다렸다. 그 사이 선생님들은 제자들이 있는 이곳저곳을 부지런히 옮겨 다니며 극심한 혼란에 빠져들지 않도록 마음을 다독여주었다. 그들은 공포의 시간을 그렇게 견디고 또 그렇게 버텼다.

#4

"현재 병풍도 북방2마일 34-10 125-57에서 여객선 세월호가 침수 침몰 중에 있습니다. 승객은 대략 400명에서 500명으로 판단되며 인근을 항해중인 선박은 구조활동에 적극 협조하여 주시기 바랍니다."

_2014.4.16. 09:53 VTS교신내용

그러나 더 이상 세월호는 응답하지 않았다. 그날 그 바다는 마지막까지 포기하지 않던 희망의 끈을 야속하게 뿌리치고야 말았다. 결국 맹골수도, 맹수처럼 거칠고 사나운 바닷길에서 그들은 끝내 돌아오지 못했다. 도대체 어디서부터 어디까지 잘못된 것일까. 진실의 눈으로 그날을 자세히 들여다보자.

#5

"당신이 있기에 절대 진실은 침몰하지 않을 것이다"

PBL MAP

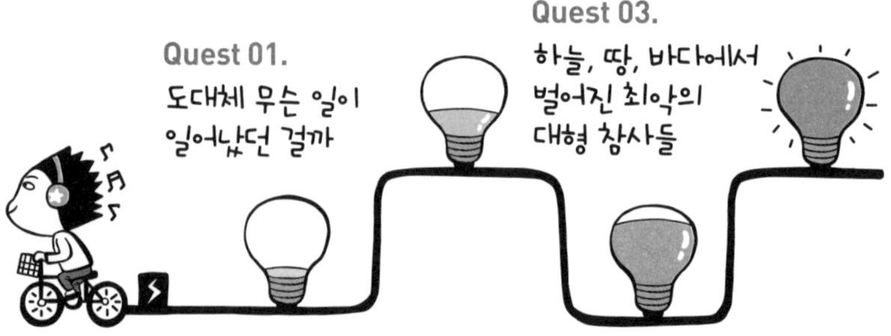

Quest 퀘스트 01

도대체 무슨 일이 일어났던 걸까

★★★★★★★★★

뭔가 수상하다. 이유가 어디에 있는 진 모르지만, 그 날의 진실을 덮기 위한 조직적인 방해가 의심되는 상황이다. 진실규명을 원하는 유가족들의 정당한 외침에도 불구하고 정부의 움직임은 너무나 미온적이다. 이런 상황에서 어렵사리 세월호참사 특조위(특별조사위원회)가 출범했다고 한다. 그러나 조사기간이 짧은데다 조사할 인원도 턱없이 모자라서 어느 정도 성과를 낼지 장담할 수 없다. 게다가 강제로 수사할 권한도 없어 제한된 정보 속에 단순 조사활동에 머물 가능성이 높다. 분명 녹록치 않은 현실이지만, 당신은 특별조사위원으로 소임을 다하고자 한다. 사건의 진실을 온전히 밝혀낼 그 날을 위해 멈추지 않고 달릴 것이다.

그날 그 바다에선 도대체 무슨 일이 일어났던 걸까?

❶ [개별] 막중한 임무를 부여받은 특조위원으로서 세월호 침몰과정을 시간대별로 정리해보고, 이중에 잃어버린 골든타임이 언제이고 이유가 무엇인지 밝히도록 합니다. ★★

❷ [개별] 과연 엄청난 인명피해가 발생했던 이유는 무엇일까요? 소중한 생명을 구조해내지 못했던 원인을 여러 각도로 살펴보고 정리해봅시다. ★★

❸ [팀별]❶과 ❷에서 특조위원으로 조사한 내용을 팀원과 공유하고 이들 내용을 하나로 묶어 설명 자료를 제작합니다. ★★★★

관련교과	국어	사회	도덕	수학	과학	실과			체육	예술		영어	창의적 체험활동	자유학기활동		
						기술	가정	정보		음악	미술			진로 탐색	주제 선택	예술 체육
		●	●										●		●	

1. 세월호 침몰과정을 시간대별로 정리한 내용은 인터넷 검색을 통해 쉽게 찾을 수 있습니다. 검색한 하나의 자료에만 의존하지 말고 여러 자료를 비교해보며 정리해 보도록 합시다. 특히 소중한 생명을 구조해낼 골든타임이 언제부터 언제까지인지 추정해보고 그 이유를 제시해주도록 하세요.
2. 대규모 인명피해가 발생한 이유가 무엇인지 선내 승무원과 정부의 대처 등을 포함해 입체적으로 살펴보는 것이 중요합니다.
3. 설명 자료는 최종 퀘스트 활동에 활용됩니다. 동영상, 애니메이션, 이미지 등 다양한 매체를 활용할수록 효과적입니다.

나만의 교과서

4가지 기본항목을 채우고, 퀘스트 해결과정에서 공부한 내용이나 수집한 정보를 토대로 자신만의 방식으로 알차게 표현해 보세요. 그림이나 생각그물의 형태로 표현하는 것도 좋습니다.

ideas 문제해결을 위한 나의 아이디어	facts 문제와 관련하여 내가 알고 있는 것들

learning issues 문제해결을 위해 공부해야 할 주제	need to know 반드시 알아야 할 것

스스로 평가

자기주도학습의 완성!

		나의 신호등
01	나는 세월호 침몰과정을 시간대별로 정리하며 잃어버린 골든타임의 원인을 찾아보았다.	1 2 3 4 5
02	나는 엄청난 인명피해가 발생된 원인을 다각도로 조사했다.	1 2 3 4 5
03	나는 팀원들과 세월호 침몰과정과 엄청난 인명피해가 발생된 원인을 공유하고 관련 토의를 진행하였다.	1 2 3 4 5
04	나는 세월호 침몰과정과 엄청난 인명피해의 원인을 묶어서 설명 자료를 제작하였다.	1 2 3 4 5
05	나는 문제해결을 위해 탐구한 내용과 수집한 정보를 바탕으로 나만의 교과서를 멋지게 완성하였다.	1 2 3 4 5

자신의 학습과정을 되돌아보고 진지하게 평가해주세요.

Level up

오늘의 점수 나의 총점수

Quest 퀘스트 02

사건의 재구성, 침몰의 원인을 밝혀라!

★★★★★★★★★★

아직도 실체적 진실은 수면 아래에 있다. 여전히 풀리지 않는 의문들이 꼬리에 꼬리를 물며 각종 의혹들을 증폭시켜나가고 있다. 이런저런 추측이 난무할 뿐, '확정된 진실'은 전무하다.

_사진출처: 해양경찰

A에서 Z까지 과학적으로 검증할 필요가 있다. 과연 정부 측에서 발표(2014년 10월 6일)한 세월호 침몰 원인, 즉 '과적', '조타실수', '고박불량', '복원력 상실'이 과연 옳은 것일까. 합리적인 의심을 바탕으로 과학적인 검증에 착수하도록 할 것이다. 유족과 국민들 모두가 과학적인 진상규명을 원하고 있다. 당신에게 부여된 책임의 무게가 어느 때보다 크다.

❶ [개별] 세월호의 침몰원인으로 공식 발표된바 있는 '과적', '조타실수', '고박불량', '복원력 상실'이 옳은지 합리적인 의문을 제기하고 이에 대한 이유를 밝히시오. ★★

사건	설득력이 있는 부분	의문점	이유
과적			
조타실수			
고박불량			
복원력 상실			

❷ [팀별] ❶활동결과를 팀별로 공유하고 합리적인 의문점 TOP3를 선정해서 발표하도록 합니다. ★★

1	2	3
★선정이유	★선정이유	★선정이유

❸ [팀별]❶과 ❷의 활동을 종합하고 이를 바탕으로 설득력 있는 가설을 제시하도록 합니다. ★★★★★

관련교과	국어	사회	도덕	수학	과학	실과			체육	예술		영어	창의적 체험활동	자유학기활동		
						기술	가정	정보		음악	미술			진로 탐색	주제 선택	예술 체육
		●	●		●								●		●	

1. 당시 세월호 침몰에 대한 정부측 첫 발표(2014.10.6.)에 의문을 제기한 전문가들이 많았습니다. 충분한 과학적 검증 없이 이루어진 것도 논란을 일으킨 이유이기도 합니다. 전문가의 입장에서 꼼꼼하게 살펴보시기 바랍니다.
2. 개인의 주장들이 설득력을 얻으려면 최소한의 검증이 필요합니다. 팀구성원의 의견에 대해 허점이 없는지 따져보고 가장 납득이 되는 의문점을 선정해보도록 합시다. 음모론적 시각이 배제되도록 해주세요.
3. 세월호의 침몰원인 관련 다양한 자료를 조사해보고 설득력 있는 가설을 세워봅시다. 과학적인 근거가 분명할수록 가설의 설득력을 높일 수 있습니다.

나만의 교과서

4가지 기본항목을 채우고, 퀘스트 해결과정에서 공부한 내용이나 수집한 정보를 토대로 자신만의 방식으로 알차게 표현해 보세요. 그림이나 생각그물의 형태로 표현하는 것도 좋습니다.

ideas
문제해결을 위한 나의 아이디어

facts
문제와 관련하여 내가 알고 있는 것들

learning issues
문제해결을 위해 공부해야 할 주제

need to know
반드시 알아야 할 것

스스로 평가

자기주도학습의 완성!

		나의 신호등
01	나는 세월호의 침몰원인으로 지적된 '과적', '조타실수', '고박불량', '복원력 상실'에 대해 합리적인 의문을 제기하며 검증해보았다.	1 2 3 4 5
02	나는 세월호 침몰원인에 대한 의문점들을 공유하고, 가장 설득력이 높은 주장들을 선정하였다.	1 2 3 4 5
03	나는 세월호 침몰원인에 대한 설득력 있는 가설을 세우기 위해 과학적인 근거를 제시하고자 노력했다.	1 2 3 4 5
04	나는 문제해결을 위해 탐구한 내용과 수집한 정보를 바탕으로 나만의 교과서를 멋지게 완성하였다.	1 2 3 4 5

자신의 학습과정을 되돌아보고 진지하게 평가해주세요.

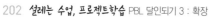

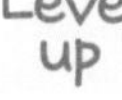

오늘의 점수 나의 총점수

Quest 퀘스트 03

하늘, 땅, 바다에서 벌어진 최악의 대형 참사들 ★★★★★★★

불행하게도 세월호는 최악의 대형 참사 중 하나로 남게 되었다. 절대 되풀이되질 말아야 할 대형 참사들이 반복되는 것은 어찌 보면 이들 사건들을 기억 저편으로 밀어내기 때문일지도 모른다. '슬프고 가슴 아프니까 빨리 잊어버려', 이런 사회적 망각이 또 다른 대형 참사를 불러오는 것은 아닐까. 그런 의미에서 2014년 4월 16일의 세월호를 기억한다는 것은 우리의 생명을 지키는 일이기도 하다

그렇다면 소중한 생명들을 송두리째 앗아간 대형 참사들 속에서 우리는 과연 무엇을 배울 수 있을까. 비극적인 참사를 예방하기 위해 우리는 무엇을 준비하고 실천해야 될까. 하늘, 땅, 바다에서 벌어진 최악의 대형 참사들로부터 교훈을 얻고자 한다. 이 땅에 더 이상 제2의 세월호는 없어야 하기에…

❶ [개별] 하늘, 땅, 바다에서 발생했던 최악의 대형 참사들을 조사하고 원인과 교훈을 적어보도록 합시다. ★★

구분	최악의 대형 참사	원인	교훈
하늘			
땅			
바다			

❷ [팀별] ❶활동결과를 팀별로 공유하고 최악의 대형참사 TOP3를 선정해서 발표하도록 합니다. ★★

구분	하늘	땅	바다
1	★선정이유	★선정이유	★선정이유
2	★선정이유	★선정이유	★선정이유
3	★선정이유	★선정이유	★선정이유

❸ [팀별]❶과 ❷의 활동을 바탕으로 최악의 대형 참사를 예방하기위해 사고발생시 대처요령을 담은 안전매뉴얼을 제작합니다. ★★★★★

항공기	육상교통(자동차, 기차 등)	선박

관련교과	국어	사회	도덕	수학	과학	실과			체육	예술		영어	창의적 체험활동	자유학기활동		
						기술	가정	정보		음악	미술			진로 탐색	주제 선택	예술 체육
		●	●								●		●		●	

1. 하늘, 땅, 바다로 구분해서 대형 참사로 기록된 사례를 찾아보도록 합니다. 국내뿐만 아니라 해외사례도 충분히 조사해보도록 합니다.
2. 개별적으로 조사한 내용을 팀별로 공유하고 피해규모 등을 고려해 최악의 대형 참사 TOP3를 선정합니다.
3. 대형 참사는 발생하지 않도록 예방하는 것이 최우선이지만, 예기치 못한 사고가 발생했을 때 대처요령만 분명히 알고 있다면 피해를 최소화할 수 있습니다. 가급적 안전매뉴얼은 동영상으로 제작해주세요.

나만의 교과서

4가지 기본항목을 채우고, 퀘스트 해결과정에서 공부한 내용이나 수집한 정보를 토대로 자신만의 방식으로 알차게 표현해 보세요. 그림이나 생각그물의 형태로 표현하는 것도 좋습니다.

ideas
문제해결을 위한 나의 아이디어

facts
문제와 관련하여 내가 알고 있는 것들

learning issues
문제해결을 위해 공부해야 할 주제

need to know
반드시 알아야 할 것

스스로 평가

자기주도학습의 완성!

나의 신 호 등

01	나는 하늘, 땅, 바다에서 발생했던 최악의 대형 참사들을 조사하고 원인을 파악하였다.	1 2 3 4 5
02	나는 개별적으로 조사한 대형 참사들을 공유하고 피해규모 등을 따져서 최악의 대형 참사 TOP3를 선정하였다.	1 2 3 4 5
03	나는 대형 참사를 예방하기 위한 안전매뉴얼을 제작했으며, 여기엔 사고발생시 대처요령을 포함하였다.	1 2 3 4 5
04	나는 문제해결을 위해 탐구한 내용과 수집한 정보를 바탕으로 나만의 교과서를 멋지게 완성하였다.	1 2 3 4 5

자신의 학습과정을 되돌아보고 진지하게 평가해주세요.

Level up 오늘의 점수 나의 총점수

Quest 퀘스트 04

소중한 생명을 지키는 교통안전관 열기

★★★★★★★★★★★

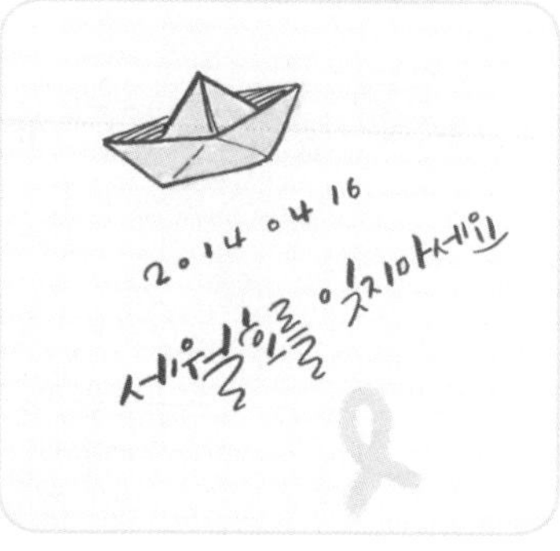

어둠은 빛을 이길 수 없다
거짓은 참을 이길 수 없다
진실은 침몰하지 않는다
우리는 포기하지 않는다

_윤민석 '진실은 침몰하지 않는다' 가사 중
_이미지출처: 캘리그래퍼 EZ 인스타그램

그날의 아픔이 깊이 서린 세월호 선체가 인양된 지도 어느덧 수세월이 흘렀다. 그동안 각계각층의 수많은 이들이 진실을 규명하기 위한 여정에 동참했고 의미 있는 성과들도 거뒀다. 그러나 아직 끝나지 않았다. 소중한 생명을 지켜내기 위한 여정은 앞으로도 계속 돼야 하기 때문이다. 이런 의미를 담아서 안전한 대한민국을 만들기 위한 상징적인 공간을 조성하고자 한다. 하늘, 땅, 바다 그 어느 곳에서든 소중한 생명이 지켜질 수 있는 안전한 나라, 그 목표가 실현되도록 교통안전관을 열어 세월호를 영원히 기억할 것이다.

❶ [팀별] 교통안전관은 '세월호추모관', '항공교통안전관', '해양교통안전관', '육상교통안전관'으로 나누어 구성될 계획입니다. 각 교통안전관의 체험프로그램을 준비해주세요. ★★★

구분	안전체험프로그램 내용	전시자료 리스트
항공 교통안전관		1 2 3
해양 교통안전관		1 2 3
육상 교통안전관		1 2 3

❷ [팀별] 세월호 추모관은 어떻게 꾸밀 계획입니까? 퀘스트1과 2 활동을 토대로 그 날을 기억하고 기념할 수 있는 공간을 만들어주세요. ★★★

❸ [팀별] 모두가 함께 만든 세월호 교통안전관을 열고 의미있는 활동을 펼쳐봅시다. 도슨트 시나리오 등을 준비해서 실수가 없도록 해주세요. ★★★★

세월호추모관	항공교통안전관	해양교통안전관	육상교통안전관

관련교과	국어	사회	도덕	수학	과학	실과			체육	예술		영어	창의적 체험활동	자유학기활동		
						기술	가정	정보		음악	미술			진로탐색	주제선택	예술체육
	●	●	●								●		●		●	

1. 교통안전관은 퀘스트3에서 조사한 내용과 안전매뉴얼 등을 활용해서 구현하는 것입니다. 각관의 특성에 맞는 안전체험 프로그램만 준비하면 됩니다.
2. 세월호추모관은 사건 전체를 되돌아보고, 그날의 진실을 알리는 공간입니다. 의미에 맞게 꾸며주세요.
3. 교통안전관(전시부스)을 효과적으로 활용하는데 필요한 도슨트(박물관, 전시관 등에서 활약하는 교육전문가) 시나리오에는 각관의 소개를 비롯해 전시자료 설명, 체험프로그램 운영, 안전매뉴얼 시청 및 시연 등의 내용이 포함돼야 합니다.

나만의 교과서

4가지 기본항목을 채우고, 퀘스트 해결과정에서 공부한 내용이나 수집한 정보를 토대로 자신만의 방식으로 알차게 표현해 보세요. 그림이나 생각그물의 형태로 표현하는 것도 좋습니다.

ideas 문제해결을 위한 나의 아이디어	facts 문제와 관련하여 내가 알고 있는 것들

learning issues 문제해결을 위해 공부해야 할 주제	need to know 반드시 알아야 할 것

스스로 평가

자기주도학습의 완성!

		나의 신호등
01	나는 교통안전관에 필요한 전시자료와 체험프로그램을 준비하였다.	1 2 3 4 5
02	나는 세월호추모관의 의미를 새기며 앞서 수행한 퀘스트 활동을 바탕으로 기본취지에 맞게 구성했다.	1 2 3 4 5
03	나는 도슨트 시나리오를 준비하여 교통안전관을 성공적으로 열었다.	1 2 3 4 5
04	나는 문제해결을 위해 탐구한 내용과 수집한 정보를 바탕으로 나만의 교과서를 멋지게 완성하였다.	1 2 3 4 5

자신의 학습과정을 되돌아보고 진지하게 평가해주세요.

Level up

오늘의 점수	나의 총점수

All-Clear
sticker

All-Clear
sticker

06 CHAPTER

세월호, 진실은 침몰하지 않는다

★Teacher Tips

Teacher Tips

'세월호, 진실은 침몰하지 않는다'는 2014년 4월 16일, 차가운 바다로 침몰해가는 세월호로 안내합니다. 학생들이 그날의 아픔을 기억하며 다시금 불행한 참사가 되풀이되지 않도록 교육하는데 목적을 두고 개발된 PBL프로그램입니다. 이 수업은 세월호 참사가 벌어진 추모일을 기준으로 진행하는 것이 이상적이지만, 그날과 상관없이 안전교육을 목적으로 한 자유학년활동이나 창의적 체험활동 시간을 활용해서 진행하는 것도 괜찮습니다. 이 수업이 세월호 참사를 배경으로 삼아 진행되는 만큼, 학생들이 활동에 참여하는 내내 마음가짐을 바르게 하도록 지도해주세요. 수업시작부터 마무리까지 세월호 희생자를 추모하는 경건한 마음유지가 학습의 효과를 높이는데 결정적인 영향을 미칩니다.

세월호 참사는 대한민국의 치부를 여과 없이 보여주었던 사건이기도 했습니다. 세월호 안에 선장부터 국가지도자들에 이르기까지 책임지지 않는 모습, 거짓과 은폐를 일관하며 유가족들의 마음을 찢어놓았던 책임자들과 관련기관의 행태는 국민들의 공분을 불러일으켰습니다. 최근까지 유가족들의 마음을 위로하기는커녕 막말과 거짓뉴스를 쏟아내며 상처를 더 곪게 만드는 이들이 있다는 사실이 그저 놀라울 따름입니다. 돈(보상금)으로 모든 것이 해결된 것처럼 말하는 물질만능주의에 기초한 천박한 사고와 인간으로서의 가장 기본적인 도리마저 망각한 사람들로부터 악영향을 받아 그릇된 인식이 형성되지 않도록 철저한 교육으로 뒷받침할 필요가 있습니다.

지금까지 세월호를 소재로 제작한 영화와 다큐멘터리는 제법 많습니다. 각기 주제의식이 명확하기 때문에 수업의 방향에 부합하는 한 편을 선정해 사전활동으로 관람하는 것

도 좋은 방법입니다. 참여하는 학생들이 관람한 영화에 공감하면 할수록 수업에 임하는 마음가짐과 동기유발에 긍정적인 영향을 미치기 마련이니까요. 개인적으로 2019년에 개봉한 '생일'이 가족의 시선으로 이야기를 그려낸다는 측면에서 공감을 이끌어내는데 안성맞춤이라 생각합니다. 학생들의 마음에 진한 울림을 준다는 측면에서 여러모로 수업에 긍정적인 영향을 미칠 것이라 여겨집니다.

더불어 EBS 지식채널e에서 다룬 세월호 참사 관련 다큐멘터리를 각 퀘스트별 제시된 과제성격에 따라 적극적으로 활용하길 바랍니다. 이들 콘텐츠는 제시된 과제에 대한 이해도를 높여줄 뿐만 아니라, 세월호 참사를 바라보는 관점의 폭을 상당히 넓혀줄 수 있다는 점에서 긍정적입니다. 수업준비과정에서 지식채널e의 영상을 살펴보고, 퀘스트마다 어떤 콘텐츠를 활용할지 결정할 수도 있겠지만, 학생들에게 이들 콘텐츠를 자유롭게 시청하고 친구들과 관련 이야기를 나누며 공유하도록 하는 것도 효과적입니다.

아들들(2015.07.29.) / 시간을 측정하는 특별한 기준(2015.04.15.) / 가만히 있으라는 말(2014.07.08)

전설의 16학번(2018.04.16.) / 그들의 공식 (2017.10.12.) / 다시, 봄(2017.04.13)

우리가 실패를 기억하는 방법(2018.09.14.) / 52인의 목소리(2014.11.19.) / 받은 편지함(2014.06.04.)

'세월호, 진실은 침몰하지 않는다' PBL수업은 세월호 참사를 기억해야 하는 이유 중 하나로 '안전'을 꼽고 있습니다. 이 수업의 마지막 활동에서 학생들이 만들어야 할 세월호 추모관이 소중한 생명을 지키기 위한 교통안전관이 되어야 하는 것도 이런 이유 때문입니다. 그런 의미에서 이 수업은 세월호의 희생에 안전한 사회, 안전한 나라를 만들기 위한 숭고한 뜻을 담아내는데 목적을 두고 있다고 해도 과언이 아닐 것입니다.

이 수업은 다른 PBL수업과 마찬가지로 학년의 경계는 없습니다. 초등학생부터 고등학생에 이르기까지 특정 대상을 가리지 않고 적용할 수 있습니다.

교과	영역	내용요소	
		초등학교 [5-6학년]	중학교 [1-3학년]
국어	듣기 말하기	◆토의[의견조정] ◆발표[매체활용] ◆체계적 내용 구성	◆토의[문제 해결] ◆발표[내용 구성] ◆매체 자료의 효과
실과 정보	자료와 정보	◆소프트웨어의 이해	◆자료의 유형과 디지털 표현
미술	표현	◆표현 방법(제작) ◆소제와 주제(발상)	◆표현 매체(제작) ◆주제와 의도(발상)
	체험	◆이미지와 의미 ◆미술과 타 교과	◆이미지와 시각문화
사회	정치	◆생활 속의 민주주의	◆정치과정, 정치 주체, 시민 참여 활동
	사회문화	◆자료 수집, 자료 분석, 자료 활용	
창의적 체험 활동	자율활동	◆재난대비대응 ◆교통안전교육	

- 적용대상(권장): 초등학교 5학년 – 중학교 3학년
- 자유학년활동: 주제선택
- 학습예상소요기간(차시): 6 – 10일(8 – 10차시)
- Time Flow

8일 기준

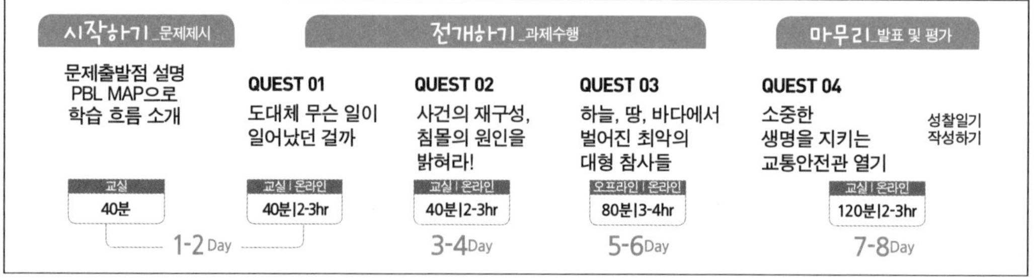

● 수업목표(예)

QUEST1	◆세월호 침몰과정을 시간대별로 정리하며 잃어버린 골든타임의 원인을 찾을 수 있다. ◆엄청난 인명피해가 발생된 원인을 다각도로 조사할 수 있다. ◆세월호 침몰과정과 엄청난 인명피해의 원인을 묶어서 설명 자료를 제작할 수 있다.
QUEST2	◆세월호의 침몰원인으로 지적된 '과적', '조타실수', '고박불량', '복원력 상실' 에 대해 합리적인 의문을 제기하며 검증할 수 있다. ◆세월호 침몰원인에 대한 의문점들을 공유하고, 가장 설득력이 높은 주장들을 선정할 수 있다. ◆세월호 침몰원인에 대한 설득력 있는 가설을 세우기 위해 과학적인 근거를 제시할 수 있다.
QUEST3	◆하늘, 땅, 바다에서 발생했던 최악의 대형 참사들을 조사하고 원인을 파악할 수 있다. ◆개별적으로 조사한 대형 참사들을 공유하고 피해규모 등을 따져서 최악의 대형 참사 TOP3를 선정할 수 있다. ◆사고발생시 대처요령을 포함하여 대형 참사를 예방하기 위한 안전매뉴얼을 제작할 수 있다.
QUEST4	◆교통안전관에 필요한 전시자료와 체험프로그램을 준비할 수 있다. ◆세월호추모관의 의미를 새기며 앞서 수행한 퀘스트 활동을 바탕으로 기본취지에 맞게 구성할 수 있다. ◆도슨트 시나리오를 준비하여 교통안전관을 성공적으로 열 수 있다.
공통	◆문제해결의 절차와 방법에 대한 이해를 바탕으로 학습과정에 참여할 수 있다. ◆공부한 내용을 정리하고 자신의 언어로 재구성하는 과정을 통해 창의적인 문제를 만들어낼 수 있다. 이 과정을 통해 지식을 생산하기 위해 소비하는 프로슈머로서의 능력을 향상시킬 수 있다. ◆토의의 기본적인 과정과 절차에 따라 문제해결방법을 도출하고, 온라인 커뮤니티 등의 양방향 매체를 활용한 지속적인 학습과정을 경험함으로써 의사소통능력을 신장시킬 수 있다.

시작하기

중심활동 : 문제출발점 파악하기, 학습흐름 이해하기

- 인트로에 소개된 에드워드 스미스 선장과 세월호 선생님들에 관한 이야기를 나누며 동기유발하기 (비디오머그 '세월호 고창석 선생님의 영면' 편을 시청하기)
- 문제출발점을 제시하고 주어진 상황을 정확히 파악하기 ('세월호 72시간의 기록' 추모페이지 활용하기)
- (선택)자기평가방법 공유, 온라인 학습커뮤니티 활용 기준 제시하기
- PBL MAP을 활용하여 전체적인 학습흐름과 각 퀘스트의 활동 파악하기

타이타닉호의 에드워드 스미스 선장처럼 학생들을 구하기 위해 생애 마지막까지 세월호에 남아있던 선생님들에 관한 이야기를 시작으로 수업을 진행합니다(Intro.활용). 이와 관련해서 SBS 비디오머그 '세월호 고창석 선생님의 영면'편을 보여준다면 학습동기

를 형성하는데 도움이 될 것입니다.

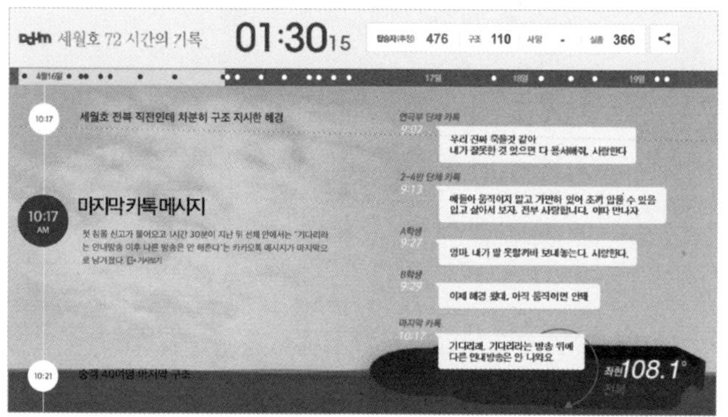

DAUM 세월호 72시간의 기록(past.media.daum.net/sewolferry/timeline)

문제출발점은 세월호 참사를 요약적으로 담아 이야기로 재구성한 것입니다. 학생들이 이야기에 완전히 몰입할 수 있도록 세월호 사건을 기록한 영상이나 다큐멘터리 등을 활용하는 것이 효과적입니다. 이 중에서도 다음커뮤니케이션에서 세월호 참사 100일을 맞아 제작한 인터렉티브 추모페이지 '세월호 72시간의 기록'의 활용을 추천해 봅니다. 세월호의 사고발생(급격한 변침)이 일어난 후 72시간(3일)을 시간순서별로 사건을 기록해 제공해 주고 있어서 수업이 진행되는 내내 학생들이 유용하게 활용할 수 있습니다.

아무튼 이 수업은 시작이 중요합니다. 세월호 참사로 인해 희생된 영령들, 특히 단원고 학생들과 선생님들을 추모하며 어느 때보다 진중한 마음으로 활동에 참여하도록 안내해 주시기 바랍니다. 이어서 학생들이 제시된 문제 상황을 이해하고 공감했다면, 'PBL MAP'을 보여주며 전개될 학습흐름을 짚어 보도록 합니다. 수업의 내용상 게임화 전략을 표면상으로 드러내는 것이 부적합할 수 있습니다. 학습자로 하여금 활동 내용이 가볍게 느껴지지 않도록 피드백 방법에 신중을 기해야 합니다.

전개하기

'세월호, 진실은 침몰하지 않는다'는 총 4개의 기본퀘스트로 구성되어 있습니다. 학생들은 이들 퀘스트를 해결하기 위해 세월호 참사의 진실을 규명하기 위한 '세월호 특별조사위원회' 조사관으로서 역할을 수행해야 합니다. 그리고 이들 활동을 종합하여 교통안전관의 의미를 담은 세월호 추모관을 열어야 합니다.

● 퀘스트1 : 도대체, 무슨 일이 일어났던 걸까?

중심활동 : 세월호 특조위원으로 세월호 참사 조사하기

- 세월호 특조위원으로서의 역할이 무엇인지 파악하고, [퀘스트1]의 문제상황 이해하기
- 세월호 침몰사고가 벌어진 4월 16일의 타임라인 작성하기
- 세월호 사고가 대규모 인명피해로 이어졌던 이유가 무엇인지 밝히기
- 세월호 특조위원으로 조사한 내용을 토대로 설명자료 만들기

Quest 퀘스트 01 도대체 무슨 일이 일어났던 걸까

뭔가 수상하다. 이유가 어디에 있 … 실을 덮기 위한 조직적인 방해가 … 을 원하는 유가족들의 정당한 외침 … 임은 너무나 미온적이다. 이런 상황 … 특조위(특별조사위원회)가 출범했다 … 사할 인원도 턱없이 … 것다. 게다가 강제로 … 성이 높다. 분명 녹록치 않은 현실이지만, 당신 … 다. 사건의 진실을 온전히 밝혀낼 그 날을 위해

진상규명을 원하던 유가족의 정당한 요구에도 불구하고, 이런 요구가 제대로 수용되지 못했던 당시 상황을 설명하며 문제상황을 제시합니다. 학생들이 세월호 참사 특조위원으로서 문제를 해결하도록 하는 것이 핵심입니다.

DAUM의 '세월호 72시간의 기록'을 비롯해 세월호 침몰과정을 다룬 각종 자료를 토대로 시간대별 정리해 보는 활동입니다. 무엇보다 학생들을 구조해낼 수 있었던 골든타임이 언제고, 실제 그 시간에 무엇을 하고 있었는지 자세히 기록하도록 합니다.

… 무슨 일이 일어났던 걸까?

… 위원으로서 세월호 침몰과정을 시간 … 가 무엇인지 밝히도록 합니다.

DAUM의 '세월호 72시간의 기록'을 비롯해 세월호 침몰과정을 다룬 각종 자료를 토대로 시간대별 정리해 보는 활동입니다. 무엇보다 학생들을 구조해낼 수 있었던 골든타임이 언제고, 실제 그 시간에 무엇을 하고 있었는지 자세히 기록하도록 합니다.

❷ [개별] 과연 엄청난 인명피해가 발생했던 이유는 무엇일까요? 소중 … 을 여러 각도로 살펴보고 정리해봅시다.

❸ [팀별] ❶과 ❷에서 특조위원으로 조사한 내용을 팀원과 공유하고 이들 내용을 하나로 묶어 설명 자료를 제작합니다. ★★★★

특조위원으로서 사건의 진상을 밝히기 위해 개별적으로 수행한 내용을 팀별로 종합하여 설명자료를 만드는 활동입니다. 이렇게 만든 설명자료는 추후 '세월호 교통안전관'의 전시자료로 활용된다는 점을 학생들에게 알려주세요.

체육	예술		영어	창의적 체험활동	자유학기활동		
	음악	미술			진로탐색	주제선택	예술체육
				●		●	

… 검색을 통해 쉽게 찾을 수 있습니다. 검색한 하나의 자료에만 의존 … 봅시다. 특히 소중한 생명을 구조해낼 골든타임이 언제부터 언제까지인지 추 …
2. 대규모 … 선내 승무원과 정부의 대처 등을 포함해 입체적으로 살펴보는 것이 중요합니다.
3. 설명 자료는 최종 퀘스트 활동에 활용됩니다. 동영상, 애니메이션, 이미지 등 다양한 매체를 활용할수록 효과적입니다.

Teacher Tips

● 퀘스트2 : 사건의 재구성, 침몰의 원인을 밝혀라!

중심활동 : 세월호 특조위원으로서 침몰원인 규명하기

- 비판적으로 사건을 재검증해야 하는 특조위원의 역할을 강조하며 [퀘스트2]의 문제상황 파악하기
- 정부가 발표한 세월호 침몰원인의 타당성을 따져보고, 합리적인 의문점 제기하기
- 개별적으로 제기한 의문점을 팀별로 모아서 설득력이 높은 순으로 TOP3 선정하기
- 정부에서 발표한 세월호 침몰원인 외에 설득력 있는 가설 제시하기

Quest 퀘스트 02 사건의 재구성, 침몰의 원인을 밝혀라!

아직도 실체적 진실은 수면 아래에 있다. 여전히 풀리지 않는 의문들이 꼬리에 꼬리를 물며 ... 켜나가고 있다. 이 ... 뿐, '확정된 진실 ...

_사진출처: 해양경찰

... 필요가 있다. 과연 정부 측에서 ... 타실수', '고박불량', '복원력 상 ... 학적인 검증에 착수하도록 할 것이다. ... 고 있다. 당신에게 부여된 책임의 무게가 어느 때보다

특조위원으로서 세월호의 침몰원인이 무엇인지 과학적으로 검증해야 하는 상황이 제시됩니다. 정부가 공식발표한 내용일지라도 비판적으로 살펴보고 검증해야하는 것이 특조위원의 본연 임무임을 강조하며 '퀘스트2' 문제상황을 제시하도록 합니다.

'퀘스트2-1'에서 개별적으로 정리한 내용을 팀별로 공유하고, TOP3를 선정하는 활동입니다. 개별적으로 제시한 합리적인 의문점 중 이유와 근거가 명확한 것이 무엇인지 따져보고, 설득력이 높은 순으로 선정하도록 안내해주세요.

...적인 의문점 TOP3를 선정해서 발표하도록 합니다.

★선정이유 ★선정이유 ★선정이유

...발표된바 있는 '과적', '조타실수', '고박불량', '복원력 상실'이 옳 ... 대한 이유를 밝히시오.

	의문점	이유

교사가 특정 주장에 편중된 생각을 가지고 활동을 지도하게 되면 활동 자체가 왜곡될 수 밖에 없습니다. 학생들이 세월호 특조위원으로서 합리적인 의문을 제기하며 활동에 참여할 수 있도록 허용적인 분위기를 조성해주세요.

❸ [팀별]❶과 ❷의 활동을 종합하고 이를 바탕으로 설득력 있는 가설을 제시하도록 합니다.

앞선 활동을 종합해보고, 세월호의 침몰원인에 관한 다양한 자료를 살펴보도록 합니다. 이와 관련된 자유로운 토의 과정을 거쳐 설득력 있는 가설을 제시하는 것이 핵심입니다. 가설은 정부가 발표한 세월호 침몰원인을 제외한 것이어야 하며, 팀별 약식 발표를 통해 공유하도록 합니다.

관련교과	...	자유학기활동: 진로탐색	주제선택	예술체육
			●	

1. 당시 세월호 침몰 ... 문한 과학적 검증 없이 이루어진 것도 논란 ...다.
2. 개인의 주장들이 설 ...점이 없는지 따져보고 가장 납득이 되는 의문점을 ...
3. 세월호의 침몰원인 관련 ... 학적인 근거가 분명할수록 가설의 설득력을 높일 수 있습니다.

● 퀘스트3 : 하늘, 땅, 바다에서 벌이진 최악의 대형 참사들

중심활동 : 최악의 대형 참사 조사하기, 안전매뉴얼 제작하기

- 역사에 기록된 최악의 대형 참사들에 대해 이야기 나누며 [퀘스트3]의 문제상황 파악하기
- 하늘, 땅, 바다로 구분하여 최악의 대형 참사들 조사하기
- 개별로 조사한 최악의 대형 참사들 가운데 팀별로 TOP3선정하기
- 최악의 대형 참사를 예방하기 위한 안전매뉴얼 제작하기

Quest 퀘스트 03 하늘, 땅, 바다에서 벌어진 최악의 대형 참사들 *******

불행하게도 세월호는 최악의 대형 참사 중 하나로 남게 되었다. 절대 되풀이되질 말아야 할 대형 참사들이 반복되는 … 들 사건들을 기억 저편으로 … 도 모른다. '슬프고 가슴 아… 버려', 이런 사회적 망각이 … 를 불러오는 것은 아닐까. … 다는 것은 우리의 생명을 지키는 일이기 … 송두리째 앗아간 대형 참사들 속에서 … 사를 예방하기 위해 우리는 무엇을 준비 … 최악의 대형 참사들로부터 교훈을 얻… 하기에…

문제상황을 제시하기 직전 '지식채널e 얻은 교훈들'을 시청하는 것이 활동의 목적을 명확히 인식하는데 도움이 될 수 있습니다. 항공기, 선박, 자동차, 열차 등이 인류에게 획기적인 교통편의를 제공해주었지만 끔찍한 대형 참사로 이어졌음을 상기시키며 문제상황을 제시해주세요.

…했던 최악의 대형 참사들을 조사하고 원인과 교훈을 적어보도록 합시… **

…참사	원인	교훈

하늘(항공기 사고), 땅(열차, 자동차 사고), 바다(선박 사고)로 구분해서 최악의 대형 참사로 기록된 사고를 조사하는 활동입니다. 사고내용을 단순히 조사하는데 그치지 않도록 하고, 원인과 교훈을 자세히 기록하도록 안내해주세요.

❷ [팀별] ❶활동결과를 팀별로 공유하고 최악의 대형참사 TOP3를 선정해서 발표하도록 합니다. **

구분	…	땅	바다
			★선정이유
			★선정이유
			★선정이유

[퀘스트3-1]의 개별활동 내용을 팀별로 공유하고 하늘, 땅, 바다로 나눠 최악의 대형 참사 TOP3를 선정하는 활동입니다. 활동결과를 팀별 약식발표를 통해 공유하고, 대형참사가 반복되는 이유에 대해 이야기를 나누도록 합니다.

❸ … 최악의 대형 참사를 예방하기위해 사고발생시 대처요령을 담은 안전매… *****

항공기	육상교통(자동차, 기차 등)	선박

앞서 수행한 활동결과를 바탕으로 대형 참사를 예방하기 위한 안전매뉴얼을 제작하는 활동입니다. 모든 사람들이 쉽게 알 수 있도록 동영상으로 제작하도록 지도합니다. 이때, 국민재난안전포털(http://www.safekorea.go.kr)에서 제공하는 각종 영상을 참고하도록 안내해주세요.

관련교과	국어	사회	도덕	수학	과학	실과	
						기술	가정
		●	●				

1. 하늘, 땅, 바다로 구분해서 대형 참사로 기록된 사례를 찾아… 도록 합니다.
2. 개별적으로 조사한 내용을 팀별로 공유하고 피해규모 등을 고려해 최악의 대형 참사 TOP3를 선정합니다.
3. 대형 참사는 발생하지 않도록 예방하는 것이 최우선이지만, 예기치 못한 사고가 발생했을 때 대처요령만 분명히 알고 있다면 피해를 최소화할 수 있습니다. 가급적 안전매뉴얼은 동영상으로 제작해주세요.

마무리

'세월호, 진실은 침몰하지 않는다'의 마무리는 세월호 추모 의미를 담은 교통안전관을 준비하고 여는 시간으로 채워집니다. 앞서 수행한 퀘스트 결과물을 활용하여 세월호 추모의 의미를 살린 교통안전관이 열리도록 해주세요.

● 퀘스트4 : 소중한 생명을 지키는 교통안전관 열기

중심활동 : 세월호 추모의 의미를 담은 교통안전관 열기

- [퀘스트4]의 문제를 파악하고 교통안전관 준비하기
- 교통안전관(항공, 해양, 육상) 체험프로그램 및 전시자료 준비하기
- 세월호 추모 공간 만들기
- 도슨트 시나리오를 준비하여 세월호 교통안전관 열기

Quest 퀘스트 04

소중한 생명을 지키는 교통안전관 열기

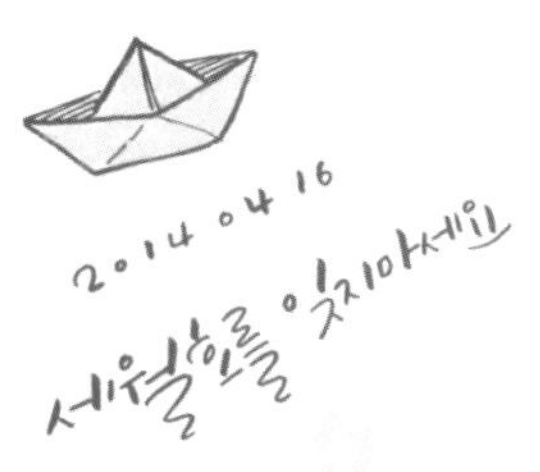

어둠은 빛을 이길 수 없다
거짓은 참을 이길 수 없다
진실은 침몰하지 않는다
우리는 포기하지 않는다

_윤민석 '진실은 침몰하지 않는다' 가사 중

_이미지출처: 캘리그래퍼 EZ 인스타그램

윤민석의 '진실은 침몰하지 않는다'곡을 함께 들으며, [퀘스트4]의 문제상황을 제시하도록 합니다. 팀별로 세월호 추모의 의미가 무엇인지 자유롭게 이야기 나누도록 하는 것이 필요합니다. 특히 세월호의 정신, 그 의미를 교통안전관에 어떤 식으로 구현할지 팀별로 합의하는 것이 중요합니다.

그날의 아픔이 깊이 서린 세월호 선체가 인양된 지도 어느덧 수세월이 흘렀다. 그동안 각계각층의 수많은 이들이 진실을 규명하기 위한 여정에 동참했고 의미 있는 성과들도 거뒀다. 그러나 아직 끝나지 않았다. 소중한 생명을 지켜내기 위한 여정은 앞으로도 계속돼야 하기 때문이다. 이런 의미를 담아서 안전한 대한민국을 만들기 위한 상징적인 공간을 조성하고자 한다. 하늘, 땅, 바다 그 어느 곳에서든 소중한 생명이 지켜질 수 있는 안전한 나라, 그 목표가 실현되도록 교통안전관을 열어 세월호를 영원히 기억할 것이다.

❶ [팀별] 교통안전관은 '세월호추모관', '항공교통안전관', '해양교통안전관', '육상교통안전관'으로 나누어 구성될 계획입니다. 각 교통안전관의 체험프로그램을 준비해주세요. ★★★

구분	안전체험프로그램 내용	전시자료 리스트
항공 교통안전관		1 2
해양 교통안전관		1
육상 교통안전관		1 2 3

[퀘스트3]을 토대로 활동을 전개하면 됩니다. 팀별로 '항공교통안전관', '해양교통안전관', '육상교통안전관'을 모두 준비하는 것도 좋지만, 아예 각 교통안전관을 팀별로 나눠 준비하도록 하는 것이 효과적일 수 있습니다. 정해진 것은 없습니다. 아무쪼록 선생님의 전문적인 판단 하에 실천해주세요.

Teacher Tips

❷ [팀별] 세월호 추모관은 어떻게 꾸밀 계획입니까? 퀘스트1과 2 활동을 토대로 그 날을 기억하고 기념할 수 있는 공간을 만들어주세요. ★★★

[퀘스트1]과 [퀘스트2]에서 활동한 내용을 토대로 세월호 추모관을 준비하도록 안내해주세요. 학생들의 다양한 의견이 반영된 뜻 깊은 공간이 되도록 가급적 충분한 준비시간이 제공하도록 합니다.

❸ [팀별] 모두가 함께 만든 세월호 교통안전관을 열고 의미있는 활동을 펼쳐봅시다. 도슨트 시나리오 등을 준비해서 실수가 없도록 해주세요. ★★★★

세월호추모관	항공교통안전관	해양교통안전관	육상교통안전관

세월호 교통안전관에 전시된 자료와 체험프로그램 등을 설명하는데 활용할 도슨트 시나리오(발표문)를 작성하는 활동입니다. 도슨트 시나리오가 완성되면 충분한 리허설이 이루어지도록 합니다.

관련교과	국어	사회	도덕	수학	과학	실과			체육	음
						기술	가정	정보		
	●	●	●							

1. 교통안전관은 퀘스트3에서 조사한 내용과 안전매뉴얼 등을 활용해서 구현하는 것입니다. 각관의 특성에 맞는 안전체험 프로그램만 준비하면 됩니다.
2. 세월호추모관은 사건 전체를 되돌아보고, 그날의 진실을 알리는 공간입니다. 의미에 맞게 꾸며주세요.
3. 교통안전관(전시부스)을 효과적으로 활용하는데 필요한 도슨트(박물관, 전시관 등에서 활약하는 교육전문가) 시나리오에는 각관의 소개를 비롯해 전시자료 설명, 체험프로그램 운영, 안전매뉴얼 시청 및 시연 등의 내용이 포함돼야 합니다.

세월호 추모의 의미를 담은 교통안전관이 준비됐다면 본격적인 활동을 전개하도록 합니다. 세월호 교통안전관 활동은 얼마든지 다양한 방식으로 진행 가능합니다. 이왕이면 학급 자체 행사보다는 이웃 학급을 초대하는 방식으로 운영해 보도록 하세요. 다음 제시된 방법은 다른 학급의 학생들을 초대한다는 전제 하에서 어떻게 교통안전관을 구현할지 제시한 예입니다. 이를 참고해서 학생들이 자기만의 방식으로 세월호 추모관과 교통안전관을 준비하고 활동에 임할 수 있도록 해주세요.

중심활동 : 세월호 교통안전관 실행하기(발표)

- 세월호 추모 교통안전관 설치의 예

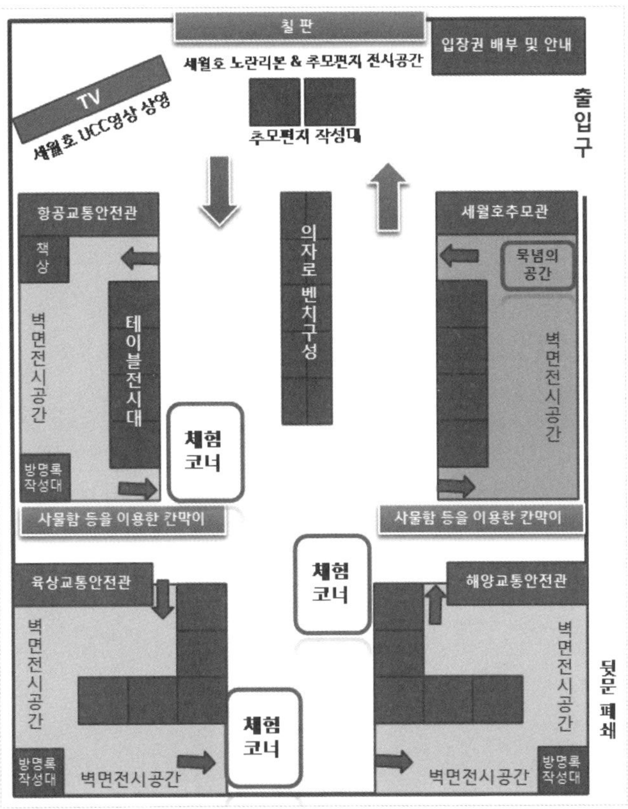

- 항공교통안전관, 육상교통안전관, 해양교통안전관, 세월호추모관 안에 모둠별 공간을 배정하기
- 각 관에 배정된 모둠별 공간을 역할을 나눠 각각 꾸미기
- 모둠원 각자 전담할 교통안전관을 정하고 관련 도슨트 시나리오 작성하기
- 교통안전관의 전체 운영팀을 정해서 입장권 배부 및 안내, 세월호 노란리본 & 추모편지 작성 및 전시, UCC영상 상영 역할 맡기(교사의 도움필요)
- 리허설 형식을 빌려 자체 발표진행하기, 보완점을 반영하여 세월호 교통안전관 개관 준비하기
- 원활한 관람을 위해 방문하는 학급을 5개 팀으로 나누기
- 교통안전관과 추모관, 추모편지 작성대에 관람팀을 배정하기
- 6분 간격으로 활동에 참여하고 이동하도록 하기 (관람시간 30분, 이동시간 5분, 총35시간)
- 방문한 학급이 퇴장하고, 각자 노란리본 추모편지를 작성해 전시공간에 붙이기
- 학생들은 성찰저널(reflective journal)을 작성해서 온라인 학습커뮤니티에 올리고 선생님은 덧글로 피드백 해주기(온라인)
- [선택] Level Up 피드백 프로그램에 따른 개인별 레벨 선정과 프로그래스바 혹은 리더보드 공개하기, 결과에 따른 뱃지 수여

Maker Note 05

스마트폰을 더 스마트하게 만들어줄 유용한 애플리케이션을 찾아볼까

영리하고 똑똑한 휴대폰이라고 해서
붙여진 이름인 '스마트폰',
이름대로 어떻게 활용하느냐에 따라
최강의 학습도구가 될 수 있어.

스마트폰을 더 스마트하게
만드는데는 매일매일 쏟아지는 유용한
애플리케이션이 큰 역할을 해.
흔히 '애플리케이션(application)'을 줄여서
'앱(app)'이라고 부르는데, 학습상황에서
알아두면 쓸모 있는 앱이 정말 많아.

먼저 프로젝트학습과 같은 과제를
해결하는데 있어서 믿을 만한 지식과 정보를
활용하는 것이 대단히 중요한데.
검증되지 않은 SNS글이나 묻고 답하기
코너에 올린 글을 무작정 믿고 활용하는
경우가 많아.

네이버 지식인에서 찾아봐야겠다.

검증받은 지식이나 정보를
얻고자 한다면, 네이버 지식인보다
지식백과를 이용하는 것이 좋지 않을까.

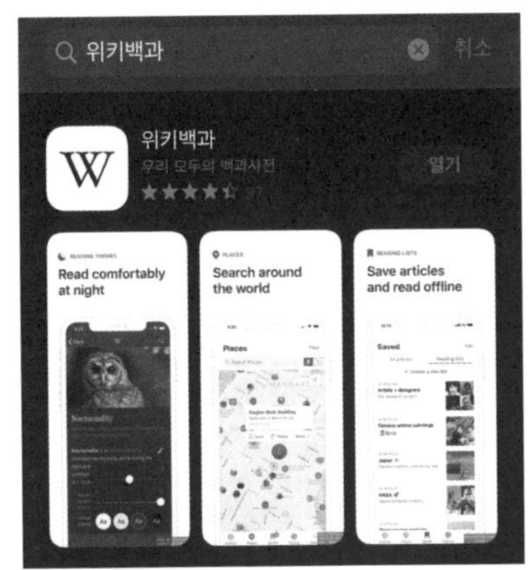

위키백과는 최신의
지식과 정보가 새롭게 업데이트되고,
상호검증을 통해 정확도를
높여가는 것이 특징이야.

WIKIPEDIA
우리 모두의 백과사전

한국어 477 000+ 문서
English 5 982 000+ articles
日本語 1 181 000+ 記事
Español 1 564 000+ artículos
Deutsch 2 375 000+ Artikel
Русский 1 584 000+ статей
Français 2 164 000+ articles
Italiano 1 572 000+ voci
中文 1 086 000+ 條目
Português 1 017 000+ artigos

GET IT ON Google Play

Download on the App Store

띵동

다운 완료

전세계인이 이용하는 위키백과를
이용하는 것도 고려해볼만해.
위키백과 앱은 앱스토어나 구글플레이에서
손쉽게 다운로드 받을 수 있어"

만약 앱스토어를 이용하고 있다면 위키백과를 좀 더
효과적으로 이용할 수 있어. 위키링크스(Wikilinks)가
그 주인공인데. 특정 키워드를 검색하면, 그것과 연결된
지식과 정보를 제공해주는 방식이야.
생각그물처럼 거대한 지식연결망을 완성할 수 있으니
꼭 활용해보라고.

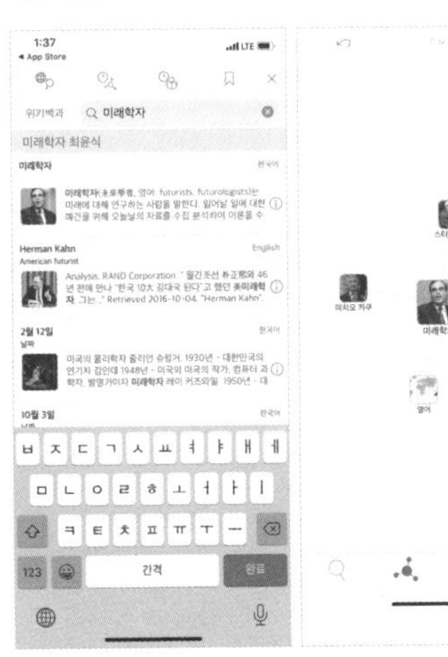

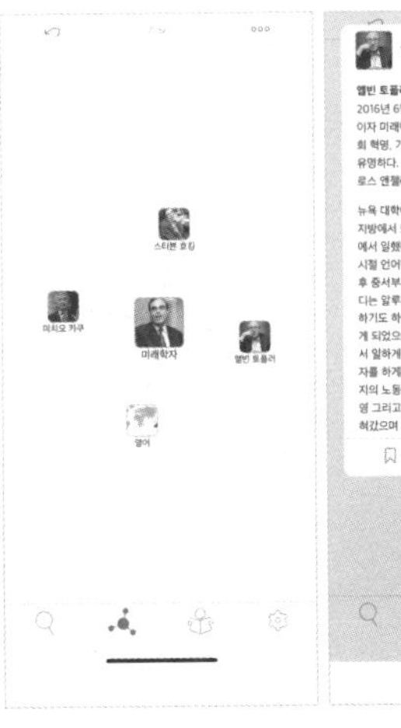

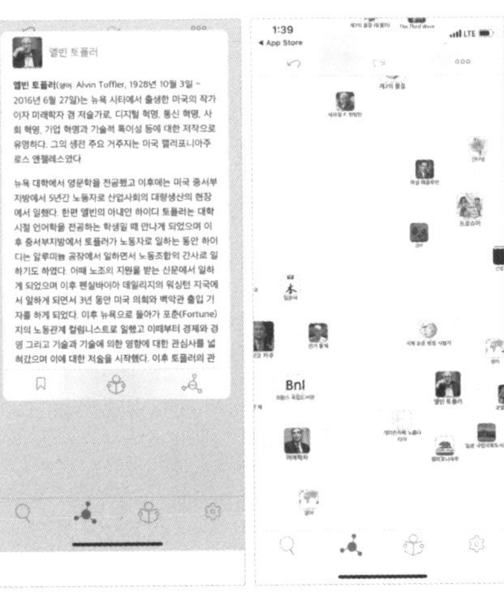

지식과 지식이 꼬리를 물며
연결되어 있네. 신기하다!

Maker Note 05

스마트폰을 더 스마트하게 만들어줄 유용한 애플리케이션을 찾아볼까

문화예술과 관련된 학습을 하고 싶다면 '구글 아트 & 컬쳐' 앱을 추천하고 싶어. 70여개 국가 1,200개 이상의 박물관, 미술관 및 관련 기관에 전시된 예술작품을 스마트폰으로 관람할 수 있으니 너무 유용하겠지?

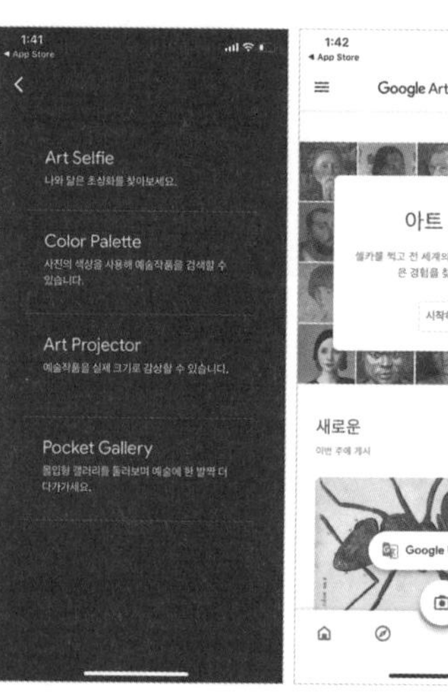

줌 기능을 통해 예술작품을 자세히 볼 수 있을 뿐만 아니라 세계적으로 명성이 높은 박물관을 체험할 수 있는 가상투어, 유명아티스트의 스튜디어(작업실), 거리예술까지 망라되어 있으니 꼭 활용해보라고.

자신이 직접 촬영한 사진을 비롯해 다양한 이미지를 편집하도록 돕는 앱은 정말 많아. 이중에서 '픽콜라주(Pic Collage)'는 스마트폰의 탄생부터 오랜 세월 사랑받아온 그림편집 앱이야.

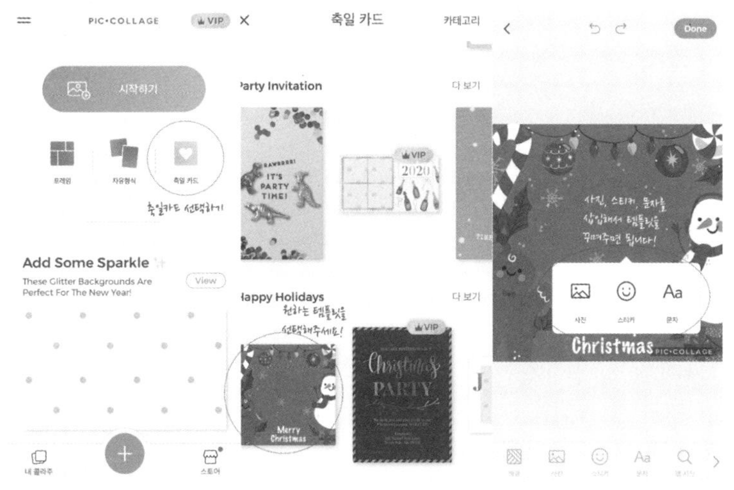

첫 화면에 축일카드를 선택하면 다양한 템플릿을 활용해 이미지를 꾸밀 수 있어. 유료 템플릿도 있으니 참고하라고.

Maker Note 05

스마트폰을 더 스마트하게 만들어줄 유용한 애플리케이션을 찾아볼까

배경지우기 앱이 있으면 정말 좋겠다.

합성사진을 만들고 싶은데 배경은 어떻게 지울 수 있을까.

!!

뭘 고민해. 스마트폰으로 해결할 수 있는 걸.

Background Eraser - 사진합성 4+
배경지우기 합성 어플
SUNWOONG JANG
사진 및 비디오 앱 51위
무료 · 앱 내 구입 제공

Magic Eraser - 배경을 지워 합성 4+
Instagram에 잘린 부분 없이 포스트
Alan Cushway
비즈니스 앱 141위
무료 · 앱 내 구입 제공

백그라운드 이레이저(Background Eraser) 나 매직 이레이저(Magic Eraser)를 활용하면 손쉽게 사진이나 이미지의 배경을 지우고 PNG파일로 저장할 수 있어.

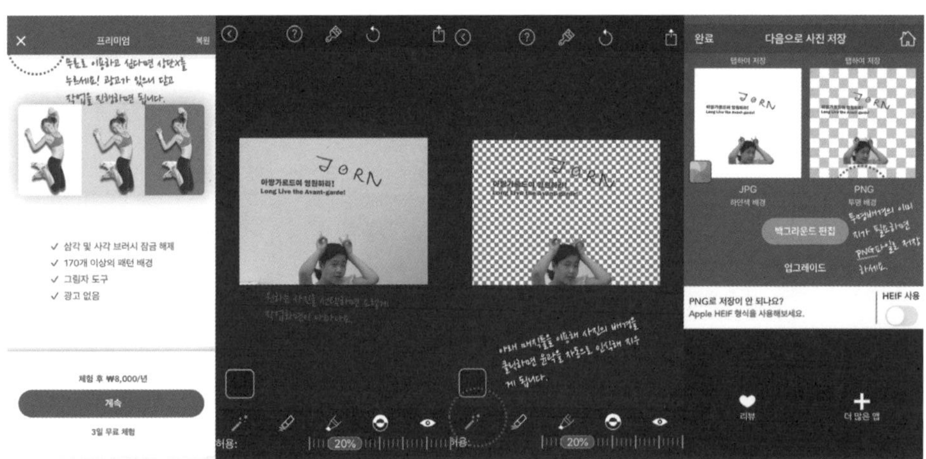

이 중에서 매직 이레이저(Magic Eraser)는 배경을 자동으로 인식하는 기능이 뛰어난 앱이야.
물론 모든 배경이 단번에 깨끗하게 지워지진 않아.
복잡한 배경일수록 어느 정도의 수작업이 필요하지.
배경이 단색에 가까울수록 인식이 잘되어 손쉽게 제거할 수 있으니 참고하라고.

1. 새로운 네이버를 설정한다

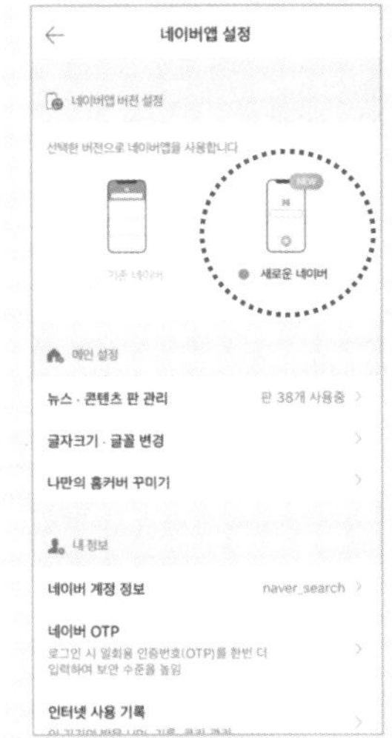

2. 그린닷을 누른다

3. 렌즈를 누른다

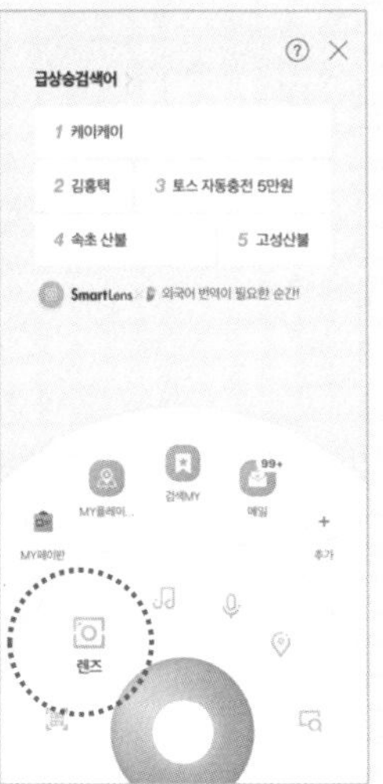

이미지 검색에 있어서 탁월한 기능을 자랑하는 네이버의 스마트렌즈,
그런데 아직까지도 잘 모르는 사람들이 많더라고.
스마트렌즈의 유용한 기능을 익혀 학습도구로 활용해보면
그 매력에 푹 빠지게 될 거야.

스마트렌즈

스마트렌즈로 꽃을 촬영하면 해당 식물의 이름과 관련 정보를 알 수 있어요.

QR / 바코드

QR코드를 손쉽게 읽을 수 있어요.

외국어 번역

이미지 속 텍스트를 인식해 번역도 해 줍니다.

Maker Note 05

스마트폰을 더 스마트하게 만들어줄 유용한 애플리케이션을 찾아볼까

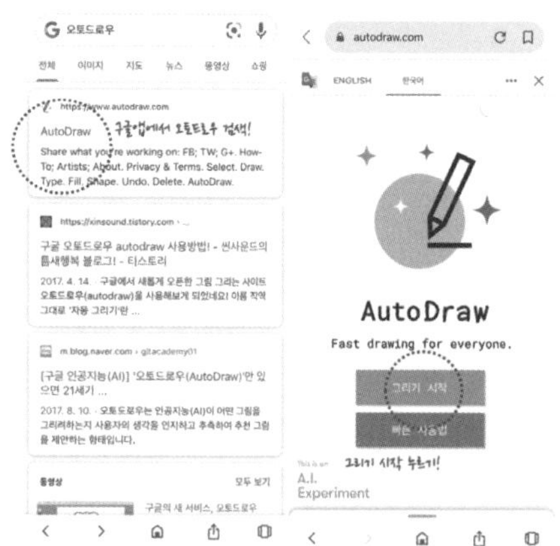

오토드로우(AutoDraw)는 웹 기반 소프트웨어로 별도의 앱을 다운로드 받지 않고 활용할 수 있는 도구야. 덕분에 스마트폰 뿐만 아니라 PC환경에서도 활용할 수 있어. 허접하게 그림을 그려도 찰떡까지 알아듣는 인공지능 덕분에 최적의 이미지를 선택할 수 있지.

물론 오토드로우(AutoDraw) 기능만 있는 것이 아니야. 자유롭게 그림을 그리고 텍스트를 입력하며, 색칠까지 할 수 있는 기능도 기본적으로 제공되고 있어. 오토드로우를 통해 완성도 높은 이미지를 선택하고, 이를 활용해 그리고 색칠하는 등의 활동도 할 수 있어.

스마트폰만 있다면 누구나 손쉽게 VR사진을 촬영할 수 있어. 구글에서 만든 '카드보드 카메라(Cardboard Camera)' 앱이 그 주인공 특수카메라가 없더라도 360도 사진을 촬영할 수 있다고.

카드보드 카메라

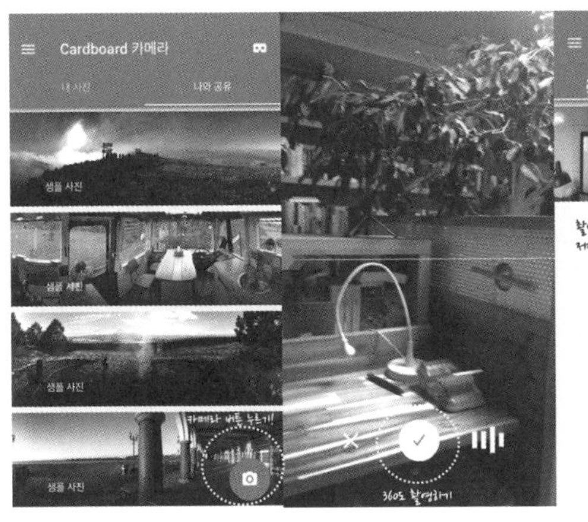

실감나는 VR을 체험하고 싶다면 '구글 카드보드(Google Cardboard)' 앱을 이용해야 해. 카드보드와 호환되는 다양한 뷰어를 활용할 수 있으니 필수로 설치해야겠지?

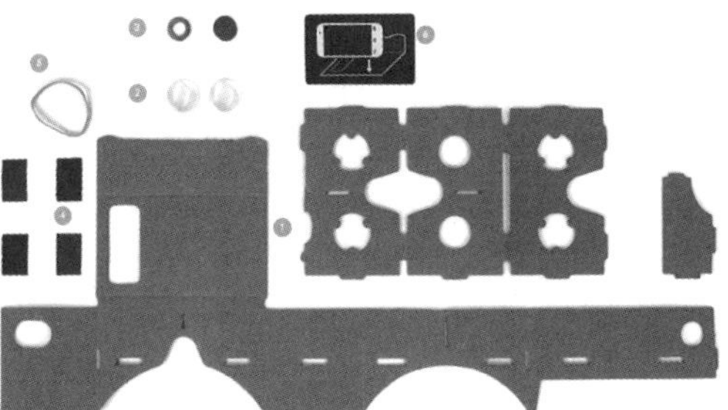

홈페이지에 들어가니까 카드보드와 호환되는 VR뷰어를 직접 만들거나 구입할 수 있는 방법이 나와 있네. 도전해야겠다!

Maker Note 05

스마트폰을 더 스마트하게 만들어줄 유용한 애플리케이션을 찾아볼까

HumOn(험온) - 허밍으로 작곡하기 4+

누구나 나만의 멜로디가 있다

COOLJAMM Company

악보를 그리며 직접 악기연주를 하지 않더라도
허밍만으로 작곡을 할 수 있어.
게다가 허밍으로 만든 멜로디를 기반으로
다양한 장르의 음악이 만들어진다니
신기하지 않아? 이제 누구나 작곡을
할 수 있는 시대가 됐다고.

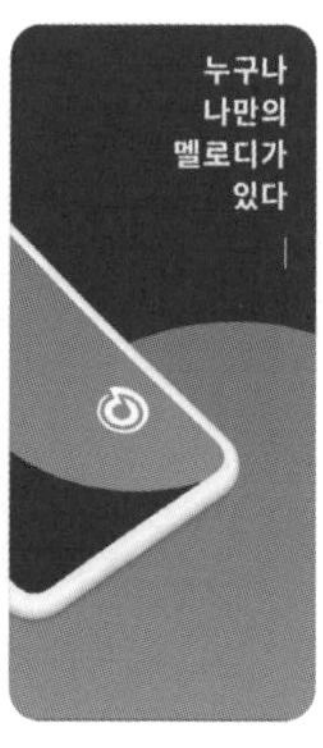

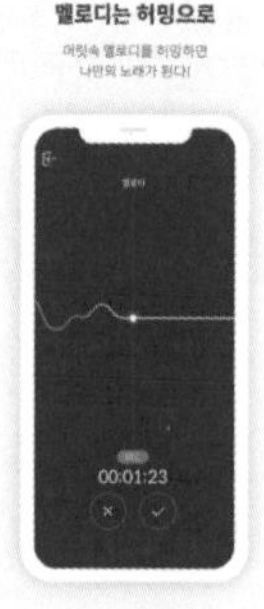

허밍하면 나만의 노래가
만들어진다니
장난 아닌걸

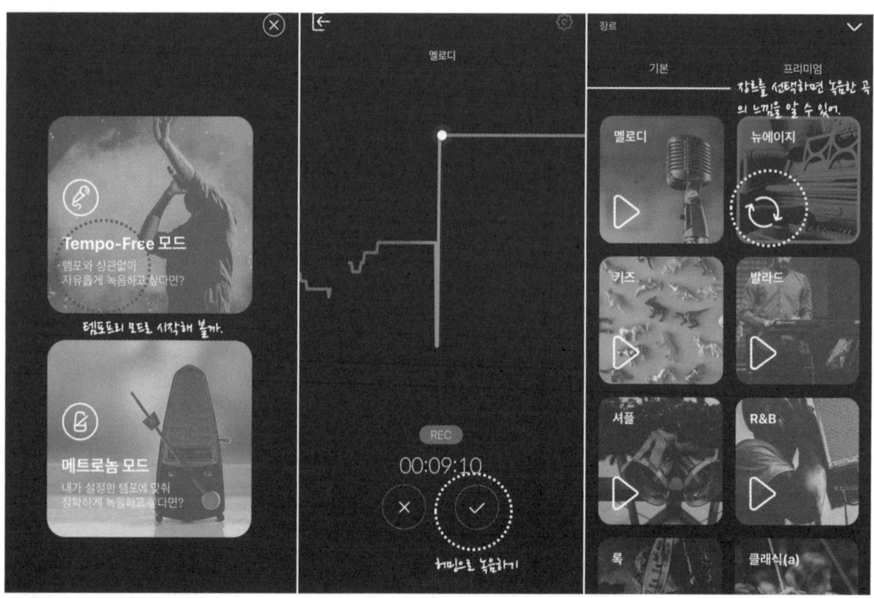

참쉽죠!

박자와 상관없이 자유롭게 녹음하고 싶다면
Tempo-Free 모드를 선택하고, 일정한 박자에 맞춰 정확하게 녹음하고자 싶다면
메트로놈 모드를 선택하면 돼. 주변 잡음이 없는 곳에서 허밍으로 녹음하고
장르별로 어떤 느낌인지 확인하고 결정하면 끝이야. 정말 간단하지?

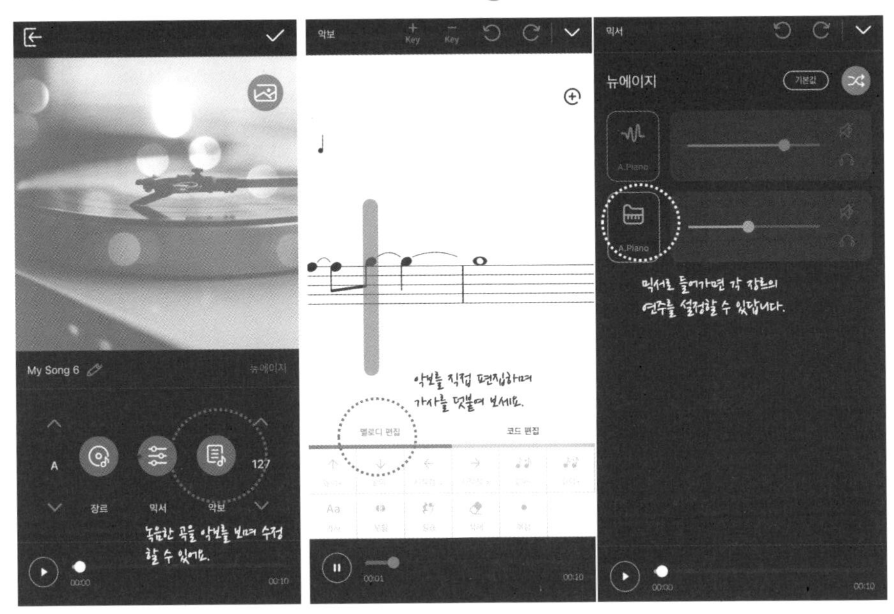

한 걸음 더 나아가 진짜 작곡가처럼 허밍으로 완성된 멜로디를 악보를 보며 세밀하게 수정할 수 있어. 멜로디편집, 코드편집 뿐만 아니라 가사까지 덧붙일 수 있다고. 작곡과 작사를 모두 해결할 수 있는 것이지. '믹서'에 들어가 각 장르의 악기연주를 조정할 수도 있어서 곡의 완성도를 더 높일 수 있어.

스마트폰을 더 스마트하게 만들어줄 유용한 앱은 찾아보면 정말 많아. 하루에도 수많은 종류의 앱이 쏟아져 나오고 있으니 이 중에서 선택해보자고. 사용해보지 않는 이상, 제대로 알 수 없는 법! 직접 활용해보고, 학습도구로 손색이 없는 앱을 친구들과 공유해보는 거야.

프로젝트학습을 통해 창의적인 결과물을 **메이킹**(Making)해 보자!

All-Clear
sticker

CHAPTER 07

NORTH KOREA

NORTH KOREA

똘이장군: 제3땅굴편(1978) 주제곡♬

똘이장군 나가신다 길을 비켜라
똘이장군 앞서 간다 겁낼 것 없다
덤벼라 덤벼라 붉은 무리 악한 자들아
무쇠 같은 주먹이 용서 못한다 용서 못한다
그 이름 무적의 똘이장군 그 이름 정의의 똘이장군
나간다 달린다 똘이장군 똘이장군 만만세

똘이장군 나가신다 길을 비켜라
똘이장군 앞서 간다 겁낼 것 없다
왔노라 왔노라 싸웠노라 이겼노라
똘이장군 가는 길 승리뿐이다 승리뿐이다
그 이름 무적의 똘이장군 그 이름 정의의 똘이장군
나간다 달린다 똘이장군 똘이장군 만만세

1978년에 개봉한 똘이장군은 당시 어린 학생들에게 선풍적인 인기를 끌었던 장편만화영화입니다. 이후, '간첩 잡는 똘이장군', '암행어사 똘이', '공룡 백만년 똘이' 등의 시리즈로 이어질 정도로 상업적인 흥행에도 성공했던 작품이었지요. 그런데 이들 모두 반공주의 사상과 반통일적인 내용이 짙게 배어 있는 작품이기도 합니다. 당시 어린이들에게 애국심 고취와 반공방첩 의식을 강화시키기 위한 목적으로 제작되었다고 알려지고 있는데요. 작품 속에서 북한군(간첩)이 불여우와 붉은 늑대로 묘사했고, 특히 북한수령(김일성)의 정체를 붉은 돼지로 표현했습니다. 똘이장군이 돼지 김일성과 늑대 인민군들을 무찌를 때마다 환호성을 지르며 좋아했었다고 하니 지금으로선 왠지 모르게 씁쓸해 집니다. 미국(민주주의)과 소련(공산주의)이 극렬하게 대립했던 냉전시대, 남과 북의 간극도 그만큼 더 벌어져 있었던 것입니다.

사실 우린 북한에 대해 잘 모릅니다. 불과 수km를 두고 서로 마주보고 있지만 지구

반대편에 위치한 먼 나라들보다 아는 것이 없습니다. 그도 그럴 것이 철저히 통제된 북한 사회를 들여다본다는 것은 일반 사람들에겐 불가능에 가까운 일이었습니다. 그러나 이젠 달라져야 합니다. 북한과의 거리만큼이나 상생과 협력의 대상으로 생각하며 그들에 대해 제대로 알아야 할 때입니다. 다양한 분야에서 서로의 간극을 좁히고, 통일 대한민국을 위한 튼튼한 기반을 마련해야 합니다. 바로 미래세대인 여러분들의 몫입니다.

* 문제시나리오에 사용된 어휘빈도(횟수)를 시각적으로 나타낸 워드클라우드(word cloud)입니다.
워드클라우드를 통해 어떤 주제와 활동이 핵심인지 예상해 보세요.

NORTH KOREA

2018년 4월 27일, 대한민국의 문재인 대통령과 조선민주주의인민공화국의 김정은 국무위원장은 판문점 평화의집에서 정상회담을 가진 후, 남북관계 개선, 전쟁위험 해소, 비핵화를 포함한 항구적 평화체제구축 등이 담긴 이른바 '판문점선언'을 했습니다. 그야말로 냉전의 산물인 오랜 분단과 대결을 종식시키고 민족적 화해와 평화번영의 새로운 시대가 열렸음을 전 세계에 천명한 역사적 사건이었습니다. 판문점 선언문의 3개장과 13개항을 살펴보자면 다음과 같습니다.

1. 남과 북은 남북 관계의 전면적이며 획기적인 개선과 발전을 이룩함으로써 끊어진 민족의 혈맥을 잇고 공동번영과 자주통일의 미래를 앞당겨 나갈 것이다.
   ① 남과 북은 우리 민족의 운명은 우리 스스로 결정한다는 민족 자주의 원칙을 확인하였으며 이미 채택된 남북 선언들과 모든 합의들을 철저히 이행함으로 써 관계 개선과 발전의 전환적 국면을 열어나가기로 하였다.
   ② 남과 북은 고위급 회담을 비롯한 각 분야의 대화와 협상을 빠른 시일 안에 개최하여 정상회담에서 합의된 문제들을 실천하기 위한 적극적인 대책을 세워나가기로 하였다.
   ③ 남과 북은 당국 간 협의를 긴밀히 하고 민간교류와 협력을 원만히 보장하기 위하여 쌍방 당국자가 상주하는 남북공동연락사무소를 개성지역에 설치하기로 하였다.
   ④ 남과 북은 민족적 화해와 단합의 분위기를 고조시켜 나가기 위하여 각계각층의 다방면적인 협력과 교류 왕래와 접촉을 활성화하기로 하였다.
   ⑤ 남과 북은 민족 분단으로 발생된 인도적 문제를 시급히 해결하기 위하여 노력하며, 남북 적십자회담을 개최하여 이산가족·친척상봉을 비롯한 제반 문제들을 협의 해결해 나가기로 하였다.
   ⑥ 남과 북은 민족경제의 균형적 발전과 공동번영을 이룩하기 위하여 10.4선언에서 합의된 사업들을 적극 추진해 나가며 1차적으로 동해선 및 경의선 철도와 도로들을 연결하고 현대화하여 활용하기 위한 실천적 대책들을 취해나가기로 하였다.

2. 남과 북은 한반도에서 첨예한 군사적 긴장상태를 완화하고 전쟁 위험을 실질적으로 해소하기 위하여 공동으로 노력해 나갈 것이다.
   ① 남과 북은 지상과 해상, 공중을 비롯한 모든 공간에서 군사적 긴장과 충돌의 근원으로 되는 상대방에 대한 일체의 적대행위를 전면 중지하기로 하였다.
   ② 남과 북은 서해 북방한계선 일대를 평화수역으로 만들어 우발적인 군사적 충돌을 방지하고 안전한 어로 활동을 보장하기 위한 실제적인 대책을 세워나가기로 하였다.
   ③ 남과 북은 상호협력과 교류, 왕래와 접촉이 활성화 되는 데 따른 여러 가지 군사적 보장대책을 취하기로 하였다.

3. 남과 북은 한반도의 항구적이며 공고한 평화체제 구축을 위하여 적극 협력해 나갈 것이다.
   ① 남과 북은 그 어떤 형태의 무력도 서로 사용하지 않을 때 대한 불가침 합의를 재확인하고 엄격히 준수해 나가기로 하였다.
   ② 남과 북은 군사적 긴장이 해소되고 서로의 군사적 신뢰가 실질적으로 구축되는 데 따라 단계적으로 군축을 실현해 나가기로 하였다.
   ③ 남과 북은 정전협정체결 65년이 되는 올해에 종전을 선언하고 정전협정을 평화협정으로 전환하며 항구적이고 공고한 평화체제 구축을 위한 남·북·미 3자 또는 남·북·미·중 4자회담 개최를 적극 추진해 나가기로 하였다.
   ④ 남과 북은 완전한 비핵화를 통해 핵 없는 한반도를 실현한다는 공동의 목표를 확인하였다.

평화, 새로운 미래

D-Day 남북 정상회담

드디어 한반도에 평화가 깃들고 있습니다. 한국전쟁이후 서로에게 총부리를 겨누며 대결의 역사를 써내려가던 시대에서 벗어나 상생과 번영의 항구적인 평화 시대를 맞이할 수 있게 되었습니다. 거대한 평화의 물줄기가 남과 북을 하나로 묶어주고 있는 형세입니다. 이제 시작에 불과합니다. 여전히 극복해야 할 과제들이 많고, 오랜 분단의 시간만큼이나 상당히 벌어진 간극을 좁히기 위한 노력들이 필요합니다. 서로에 대한 신뢰회복을 위해서라도 상대를 알고, 그만큼 이해하기 위한 시간을 가져야하는 건 물론입니다. 분명한 것은 남북통일의 당사자로서, 대한민국의 국민으로서, 이 나라의 주인으로서 우리 모두가 힘을 합쳐 평화와 번영의 새로운 시대를 열어가야 한다는 점입니다.

"평화는 힘으로 유지될 수 없다. 그것은 오직 이해를 통해서만 유지될 수가 있다."

_Albert Einstein

PBL MAP

Quest 01.
북한, 알면 보인다

Quest 02.
대결의 역사에서 지혜를 얻다

Quest 03.
한반도 경제공동체, 공동번영을 모색하다

Quest 04.
통일, 대한의 꿈을 이루다

Quest 퀘스트 **01**

북한, 알면 보인다

★★★★★★★★★★

북한, 어디까지 알고 있습니까? 혹시 어떤 선입견을 갖고 바라보고 있진 않습니까? 사실 우리는 북한에 대해 아는 것이 별로 없습니다. '우리의 소원은 통일!'이라 부르면서도 대부분 정치, 경제, 문화에 대해 무관심으로 일관해 왔습니다. 많은 사람들이 북한의 인권을 지적하지만 마음을 다해 돕는 이들은 극히 일부에 불과합니다.

어쩌면 이런 무관심이야말로 평화를 위협하는 요소일지 모릅니다. 이제 지리적인 거리만큼이나 북한에 대해 제대로 알아야 할 때입니다. 북한에 대한 거의 모든 것, 그들이 즐겨 사용하는 언어와 일상의 모습까지 속속들이 파헤쳐보는 것은 어떨까요? 북한, 아는 만큼 보일 것입니다.

❶ [개별]북한에 대해 정치, 경제, 사회, 문화 등으로 구분하여 공부해 봅시다. ★★★

구분	새롭게 알게 된 사실	잘못 알고 있었던 사실
정치		
경제		
사회		
문화		
기타		

❷ [개별]공부한 내용을 바탕으로 '인상적인 북한말', '먹고 싶은 음식', '가고 싶은 곳'으로 나누어 TOP3를 선정하고, 팀원과 서로 공유하며 그 이유를 밝히시오. ★★

구분	인상적인 북한말	먹고 싶은 음식	가고 싶은 곳
1	★선정이유	★선정이유	★선정이유
2	★선정이유	★선정이유	★선정이유
3	★선정이유	★선정이유	★선정이유

❸ [팀별]❶과 ❷의 활동을 바탕으로 설명 자료를 제작하시오. ★★★★

관련교과	국어	사회	도덕	수학	과학	실과			체육	예술		영어	창의적 체험활동	자유학기활동		
						기술	가정	정보		음악	미술			진로 탐색	주제 선택	예술 체육
		●	●										●		●	

1. 북한 전반에 대한 이해를 높이기 위한 목적으로 진행되는 활동입니다. 제시된 분야를 기준으로 팀원 간 역할을 나누고, 개인이 관심 있는 분야를 집중적으로 다루어도 됩니다. 공부를 통해 새롭게 알게 된 사실과 그동안 잘못 알고 있었던 사실들을 콕 집어 기록하도록 합니다.
2. 오로지 자신의 취향과 주관적인 판단에 따라 3가지 분야의 TOP3를 선정해주세요. 개별로 선정한 내용들은 팀원과 반드시 공유해야하며 그 이유를 설명해주어야 합니다.
3. 설명 자료는 최종 퀘스트 활동에 활용됩니다. 전시자료인 만큼 북한에 대한 정보를 한 눈에 알아볼 수 있게 제작하는 것이 필요합니다.

나만의 교과서

4가지 기본항목을 채우고, 퀘스트 해결과정에서 공부한 내용이나 수집한 정보를 토대로 자신만의 방식으로 알차게 표현해 보세요. 그림이나 생각그물의 형태로 표현하는 것도 좋습니다.

ideas 문제해결을 위한 나의 아이디어	**facts** 문제와 관련하여 내가 알고 있는 것들

learning issues 문제해결을 위해 공부해야 할 주제	**need to know** 반드시 알아야 할 것

스스로 평가
자기주도학습의 완성!

		나의 신호등
01	나는 정치, 경제, 사회 문화 등으로 나누어 북한에 대해 공부하였다.	❶❷❸❹❺
02	나는 인상적인 언어, 먹고 싶은 음식, 가고 싶은 곳을 각각 조사하고 TOP3를 선정하였다.	❶❷❸❹❺
03	나는 공부한 내용과 분야별 TOP3를 팀원과 공유하고 자세히 설명해주었다.	❶❷❸❹❺
04	나는 북한에 대한 정보가 담긴 설명 자료를 제작하였다.	❶❷❸❹❺
05	나는 문제해결을 위해 탐구한 내용과 수집한 정보를 바탕으로 나만의 교과서를 멋지게 완성하였다.	❶❷❸❹❺

자신의 학습과정을 되돌아보고 진지하게 평가해주세요.

Level up

오늘의 점수 나의 총점수

Quest 퀘스트 **02**

대결의 역사에서 지혜를 얻다

★★★★★★★★★★

_사진출처: 위키피디아(wikipedia.org)

한국전쟁에서부터 시작된 대결의 역사는 모두에게 불행한 결과를 낳았고, 그 수를 헤아릴 수조차 없을 정도의 무고한 희생이 뒤따랐습니다. 이 과정에서 서로에 대한 불신을 넘어 적개심을 품게 만들었고, 또다른 불행의 씨앗을 낳곤 했습니다. 그렇게 대결의 악순환이 심화될수록 마음의 장벽은 철옹성과 같이 단단해져만 갔습니다.

하지만 이제 달라져야 합니다. 새로운 역사의 문으로 나아가려면 서로를 적대시하는 증오의 사슬부터 먼저 끊어내야만 합니다. 이 땅에 대결의 역사가 또다시 반복되지 않도록 국민으로부터 나온 집단지혜가 필요합니다. 과거, 남과 북의 갈등과 해결과정을 천천히 되짚어보면서 오늘의 답을 만들어봅시다.

❶ [개별] 한국전쟁을 비롯해 남북이 극심하게 대립했던 사건들을 공부해 봅시다. 그리고 이들 사건들이 발생하게 된 배경(원인)이 무엇인지 살펴보도록 합시다. ★★

사건	새롭게 알게 된 사실	사건의 배경(원인)
한국전쟁		

❷ [개별] 남북의 적대적인 관계를 종식시키기 위해 반드시 실천하고 지켜야할 3가지를 선정하여 제시하도록 하세요. 팀원과 서로 토의하며 선정이유를 공유하도록 합니다. ★★

1	2	3
★선정이유	★선정이유	★선정이유

❸ [팀별]❶과 ❷의 활동을 바탕으로 지혜나무를 제작하시오. ★★★★★

관련교과	국어	사회	도덕	수학	과학	실과			체육	예술		영어	창의적 체험활동	자유학기활동		
						기술	가정	정보		음악	미술			진로 탐색	주제 선택	예술 체육
		●	●										●		●	

1. 한국전쟁 이후에도 북한의 도발로 인해 발생된 사건들이 많이 있었습니다. 이들 가운데 좀 더 알고 싶은 사건을 선정하고, 새롭게 알게 된 사실과 배경(원인)을 중심으로 정리하면 됩니다.
2. 남북의 적대적인 관계를 종식시키는데 다양한 아이디어가 있을 수 있습니다. 상대의 의견이 좀 더 구체화될 수 있도록 자신의 의견을 활발히 제시해 주세요.
3. 개별적으로 수행한 내용을 토대로 팀별로 지혜열매가 달린 개념나무를 완성하는 활동입니다. 이 활동은 이해를 돕기 위해 제공된 활동지보다는 팀원 모두가 참여할 수 있는 전지 크기의 종이를 활용하는 것이 효과적입니다.

나만의 교과서

4가지 기본항목을 채우고, 퀘스트 해결과정에서 공부한 내용이나 수집한 정보를 토대로 자신만의 방식으로 알차게 표현해 보세요. 그림이나 생각그물의 형태로 표현하는 것도 좋습니다.

ideas
문제해결을 위한 나의 아이디어

facts
문제와 관련하여 내가 알고 있는 것들

learning issues
문제해결을 위해 공부해야 할 주제

need to know
반드시 알아야 할 것

스스로 평가
자기주도학습의 완성!

		나의 신호등
01	나는 한국전쟁을 비롯해 남과 북이 극심하게 대립했던 사건들을 중심으로 공부를 했다.	① ② ③ ④ ⑤
02	나는 남북의 적대적인 관계를 종식시킬 방안을 제시하고 그 이유를 설명하였다.	① ② ③ ④ ⑤
03	나는 공부한 내용을 토대로 팀원과 함께 지혜나무를 완성했다.	① ② ③ ④ ⑤
04	나는 문제해결을 위해 탐구한 내용과 수집한 정보를 바탕으로 나만의 교과서를 멋지게 완성하였다.	① ② ③ ④ ⑤

자신의 학습과정을 되돌아보고 진지하게 평가해주세요.

Level up

오늘의 점수 나의 총점수

Quest 퀘스트 03

한반도 경제공동체, 공동번영을 모색하다 ★★★★★★★

'코리아 디스카운트(Korea Discount)', 남북관계로 인한 지정학적 불안요인 등으로 인해 우리나라 기업의 주가가 비슷한 수준의 외국기업의 주가에 비해 낮게 형성되는 현상을 일컫는 말입니다. 지금껏 기업의 주가가 아니더라도 남북분단의 현실이 경제 전반에 부정적인 영향을 미친 사례는 많습니다. 이제 달라져야 합니다. 새로운 평화시대를 지속하기위해서라도 남과 북은 서로가 'Win-Win'할 수 있는 경제공동체를 구성해야 합니다.

한반도에 항구적이며 공고한 평화체제가 구축된다는 것은 디스카운트가 아닌 '코리아 프리미엄(Korea Premium)'의 형성을 의미하는 것입니다. 아무쪼록 상생과 공존의 틀 안에서 남과 북이 공동번영할 수 있는 길을 모색해 보시길 바랍니다. 이왕이면 실천 가능한 구체적인 해법이 포함될 수 있도록 해주세요.

남북의 대표적인 경제협력사업으로 개성공단과 금강산 관광이 꼽힙니다. 그밖에 경제협력사례가 있다면 폭넓게 다뤄 주길 바랍니다.

일방적인 비용지불과 희생이 아닌 서로에게 이익이 되는 방식을 택해야 합니다. 남한과 북한의 협력을 통해 시너지를 발휘할 부분에는 어떤 것이 있을까요? 여러 가지를 종합적으로 검토하고 이를 바탕으로 구체적인 방안을 제시해주길 바랍니다. 만일 이들 방안을 실천에 옮겼을 때 기대할 수 있는 부분이 무엇인지 적어주세요.

❶ [개별] 남북의 경제협력사업 중 개성공단, 금강산관광 등을 조사해보고, 성과, 한계점, 보완할 부분으로 나누어 정리해봅시다. ★★

사건	성과	한계점	보완점
개성공단			
금강산 관광			

❷ [개별] 남북이 서로 'Win-Win'할 수 있는 경제협력방안 2가지를 제시하도록 합니다. 팀원에게 자신이 제시한 방안과 기대효과를 자세히 설명하도록 합니다. ★★

1

★기대효과:

2

★기대효과:

❸ [팀별]❶과 ❷의 활동을 바탕으로 우리 팀만의 차별화된 '한반도 新경제지도'를 그립니다. 시각적인 디자인을 반드시 고려해서 제작해주셔야 합니다. ★★★★★

관련교과	국어	사회	도덕	수학	과학	실과			체육	예술		영어	창의적 체험활동	자유학기활동		
						기술	가정	정보		음악	미술			진로 탐색	주제 선택	예술 체육
		●	●								●		●		●	

1. 남북의 대표적인 경제협력사업으로 개성공단과 금강산 관광이 꼽힙니다. 그밖에 경제협력사례가 있다면 폭넓게 다뤄 주길 바랍니다.
2. 일방적인 비용지불과 희생이 아닌 서로에게 이익이 되는 방식을 택해야 합니다. 남한과 북한의 협력을 통해 시너지를 발휘할 부분에는 어떤 것이 있을까요? 여러 가지를 종합적으로 검토하고 이를 바탕으로 구체적인 방안을 제시해주길 바랍니다. 만일 이들 방안을 실천에 옮겼을 때 기대할 수 있는 부분이 무엇인지 적어주세요.
3. 우리 정부에서 발표한 한반도 신경제지도를 그대로 그리는 것은 절대 안 됩니다. 물론 참고는 가능하죠. 팀원들의 의견을 모아서 차별화된 한반도 신경제지도를 그리길 바랍니다.

나만의 교과서

4가지 기본항목을 채우고, 퀘스트 해결과정에서 공부한 내용이나 수집한 정보를 토대로 자신만의 방식으로 알차게 표현해 보세요. 그림이나 생각그물의 형태로 표현하는 것도 좋습니다.

ideas
문제해결을 위한 나의 아이디어

facts
문제와 관련하여 내가 알고 있는 것들

learning issues
문제해결을 위해 공부해야 할 주제

need to know
반드시 알아야 할 것

스스로 평가

자기주도학습의 완성!

		나의 신호등
01	나는 남북경제사업사례를 공부하고 성과, 한계, 보완점 등을 도출하였다.	1 2 3 4 5
02	나는 남북 서로에게 득이 되는 경제협력방안을 제시했고, 기대효과를 자세히 설명했다.	1 2 3 4 5
03	나는 시각적인 디자인을 반영하여 우리 팀만의 차별화된 한반도 신경제지도를 완성했다.	1 2 3 4 5
04	나는 문제해결을 위해 탐구한 내용과 수집한 정보를 바탕으로 나만의 교과서를 멋지게 완성하였다.	1 2 3 4 5

자신의 학습과정을 되돌아보고 진지하게 평가해주세요.

Level up

오늘의 점수 나의 총점수

Quest 퀘스트 04

통일, 대한의 꿈을 이루다

★★★★★★★★★★★

"나는 제도는 달리하고 있지만, 백성이 나라의 근본임을 의미하는 정조대왕의 '민국'과 고조선, 삼한, 삼국, 고려, 조선에 이르는 우리 민족의 장구한 역사를 모두 품고 있는 고종황제의 '대한'을 계승하여 정부를 수립하였음을 밝히네. 자주독립국가인 '대한민국(大韓民國)'에 담긴 깊은 뜻을 꼭 헤아려주게나."

마지막까지 남북이 하나가 되길 간절히 바라셨던 백범 김구선생님, 조국의 분단은 그가 도저히 받아들일 수 없었던 뼈아픈 현실이었습니다. 불행하게도 이런 현실은 아주 오랜 세월동안 우리를 짓눌러왔습니다. 그리고 그 세월의 길이만큼 통일에 대한 회의적인 시각과 냉소적인 태도가 우리들 의식 속 깊이 자리하기에 이르렀습니다. 과연 이대로 괜찮을까요? 이념과 정치체제가 다른 남과 북이 하나가 될 수 있는 걸까요? 통일된 조국이 구호가 아닌 현실이 되도록 하기 위해 우리는 무엇을 할 수 있을까요? 반드시 우리는 답을 찾아내야만 합니다. 명심하십시오! 大韓의 꿈은 하나 된 조국을 통해서만 완성될 수 있다는 사실을요. '대한민국'이라는 국호의 의미를 되새기며 최종임무를 수행해주시기 바랍니다.

❶ [개별] 경제, 문화, 정치로 나누어 통일방안을 제안하고, 3명에게서 이에 대한 의견을 받도록 합니다. ★★

구분	나의 방안	친구의 의견
경제통일		1 2 3
문화통일		1 2 3
정치통일		1 2 3

❷ [팀별] 개별적으로 제시한 방안을 공유하고 합의과정을 거쳐 가장 설득력있는 통일방안을 선정하도록 합니다. 이때, 현실가능여부를 반드시 따져보도록 합니다. ★★★

경제통일	문화통일	정치통일
1	1	1
2	2	2
3	3	3

❸ [팀별] '통일, 대한의 꿈을 이루다'라는 제목으로 북한에서 시작해 통일로 완성되는 특별한 행사를 준비하도록 합니다. 기본적으로 전시부스를 꾸며서 활동 결과물을 공유하고 설명하는 자리가 마련되는 행사입니다. ★★★★★

관련교과	국어	사회	도덕	수학	과학	실과			체육	예술		영어	창의적 체험활동	자유학기활동		
						기술	가정	정보		음악	미술			진로 탐색	주제 선택	예술 체육
	●	●	●								●		●		●	

1. 추상적이고 막연한 통일방안이 되지 않도록 주의해야 합니다. 자신감을 갖고 자신의 생각을 밝혀주세요. 친구의 의견을 받아 각자의 통일방안을 구체화해보도록 합니다.
2. 팀별로 설득력있는 통일방안을 제시하는 것이 중요합니다. 자존심 싸움이 되지 않도록 주의하고 각자의 의견이 고루 반영될 수 있도록 충분한 합의과정을 거치도록 하세요. 현실가능여부는 꼭 따져보아야 합니다.
3. 행사주제에 맞게 부스를 꾸미고 설명 자료(퀘스트1)와 지혜나무(퀘스트2), 신경제지도(퀘스트3)를 전시하도록 합니다. 이들을 활용해 특별한 행사가 될 수 있도록 해주세요.

나만의 교과서

4가지 기본항목을 채우고, 퀘스트 해결과정에서 공부한 내용이나 수집한 정보를 토대로 자신만의 방식으로 알차게 표현해 보세요. 그림이나 생각그물의 형태로 표현하는 것도 좋습니다.

ideas 문제해결을 위한 나의 아이디어	facts 문제와 관련하여 내가 알고 있는 것들

learning issues 문제해결을 위해 공부해야 할 주제	need to know 반드시 알아야 할 것

스스로 평가

자기주도학습의 완성!

		나의 신호등
01	나는 경제, 문화, 정치로 나누어 통일방안을 제시하였다.	1 2 3 4 5
02	나는 서로의 의견을 존중해가며 현실가능성이 높은 통일방안을 팀별로 선정하여 제시했다.	1 2 3 4 5
03	나는 '통일, 대한의 꿈을 이루다'라는 주제로 특별한 행사를 준비하고 실천에 옮겼다.	1 2 3 4 5
04	나는 문제해결을 위해 탐구한 내용과 수집한 정보를 바탕으로 나만의 교과서를 멋지게 완성하였다.	1 2 3 4 5

자신의 학습과정을 되돌아보고 진지하게 평가해주세요.

Level up

오늘의 점수	나의 총점수

All-Clear
sticker

All-Clear
sticker

07 CHAPTER NORTH KOREA

★Teacher Tips

Teacher Tips

'North Korea'는 범교과 활동을 위해 개발된 PBL프로그램입니다. 이 수업은 기본적으로 통일교육을 목적으로 한 자유학년활동이나 창의적 체험활동 시간을 활용해서 진행할 수 있으며, 사회, 도덕 등 관련 교과를 중심으로 진행하는 것도 충분히 가능합니다. 다만 진보와 보수라는 진영논리가 학습과정에 강요되지 않도록 주의해야 합니다. 특히 교사의 정치적 성향이 학생들에게 노골적으로 노출되다보면 뜻하지 않은 상황에 직면할 수도 있습니다. 부정적이든, 긍정적이든, 비관적이든, 희망적이든 참여하는 학생들의 의견이 모두 수용될 수 있는 허용적인 분위기를 조성해주세요. 이 수업을 통해 학생들이 북한에 대한 관심과 이해를 높이게 되고, 현실적인 통일방안을 모색해 보게 된다면, 그것만으로 충분합니다.

학생들이 얼마나 북한에 대해 무지한지 간단한 질문만으로도 알 수 있습니다. 북한에 대한 막연한 두려움 정도만 가지고 있을 뿐, 상식수준의 지식이나 관심조차 없는 경우가 허다합니다. 더욱이 「2018년 학교 통일교육 실태조사」를 보더라도 56.4%의 학생들은 북한의 이미지를 '전쟁·군사', '독재·인물'로 인식하고 있었습니다. 2017년(73.8%)에 비해 크게 감소했다고는 하나 여전히 부정적인 인식이 강한 상태입니다. 다만 다수의 학생들이 북한을 협력해야 하는 대상(50.9%)으로 보았고, 통일의 필요성(63%)에 공감하고 있었습니다. 2018년부터 시작된 남북 간의 관계복원이 북한에 대한 인식의 변화로 이어지고 있음을 보여주는 대목입니다.

구글맵스(map.google.com)

그럼에도 불구하고 북한에 대한 심리적인 거리는 여전합니다. 지리적으로 매우 가까이 있음에도 실감하지 못할 때가 많습니다. 북한이 우리나라와 얼마나 가까운 곳에 있는지 '구글맵스(google maps)'의 위성사진만 보아도 손쉽게 알 수 있습니다.

실제 구글맵스를 활용한 경험이 있는 학생일지라도 북한을 찾아본 경우가 드뭅니다. 그런 이유로 구글맵스를 통해 북한의 구석구석을 탐방해 보도록 하는 것도 이 수업의 사전활동으로 적합합니다.

'North Korea'는 학생들로 하여금 북한에 대해 이해하고, 남북 간의 갈등의 역사를 넘어 공존을 위한 방안을 모색하는데 기본적인 목적을 두고 있습니다. 한걸음 더 나아가 '통일, 대한의 꿈을 이루다'를 주제로 팀별 전시부스를 꾸며 공유마당을 펼침으로써 경제, 문화, 정치 등의 실질적인 통일방안을 모색할 수 있게 됩니다. 학생들 각자의 관점이 담긴 통일에 대한 창의적인 해법이 공유되는 것만으로도 결과와 상관없이 성공적이라 할 수 있습니다.

이 수업은 다른 PBL수업과 마찬가지로 학년의 경계가 따로 없습니다. 초등학생부터 고등학생에 이르기까지 특정 대상을 가리지 않고 교과와 범교과 영역을 넘나들며 수업시간에 충분히 적용해볼 수 있습니다. 교사의 전문가적인 판단 아래 교육과정을 참고하여 현장상황에 맞게 적용해 보길 바랍니다.

교과	영역	내용요소		
		초등학교 [5-6학년]	중학교 [1-3학년]	고등학교 [1학년]
국어	쓰기	◆설명하는 글 [목적과 대상, 형식과 자료] ◆목적·주제를 고려한 내용과 매체 선정	◆설명하는 글[대상의 특성] ◆상의 특성을 고려한 설명	◆사회적 상호 작용 ◆설득하는 글
	말하기 듣기	◆발표[매체활용] ◆체계적 내용 구성	◆발표[내용 구성] ◆매체 자료의 효과	◆대화[언어예절] ◆의사소통 과정의 점검
도덕	사회·공동체와의 관계	◆통일로 가는 바람직한 길은 무엇일까? (통일의지)	◆북한을 어떻게 이해하고 바라볼 것인가? (북한 이해) ◆우리에게 통일의 의미는 무엇인가? (통일윤리의식)	[생활과 윤리(평화와 공존의 윤리)] ◆민족 통합의 윤리: 통일이 지향해야 할 윤리적 가치는 무엇인가? ① 통일 문제를 둘러싼 쟁점 ② 통일이 지향해야 할 가치
사회	정치사	◆6.25 전쟁 ◆통일을 위한 노력	◆6·25 전쟁 ◆평화 통일을 위한 노력 - 7·4 남북 공동 ◆성명, 남북 기본 합의서, 6·15 남북 공동 선언	◆6·25 전쟁 ◆평화 통일을 위한 노력 - 7·4 남북 공동 성명, 남북한 동시 유엔 가입, 남북 기본 합의서 채택, 6·15 남북 공동 선언, 남북 정상 회담

Teacher Tips

- 적용대상(권장): 초등학교 5학년 – 고등학교 1학년
- 자유학년활동: 주제탐색
- 학습예상소요기간(차시): 6 – 8일(8 – 12차시)
- Time Flow

8일 기준

시작하기_문제제시	전개하기_과제수행			마무리_발표 및 평가	
문제출발점 설명 PBL MAP으로 학습 흐름 소개	QUEST 01 북한, 알면 보인다	QUEST 02 대결의 역사에서 지혜를 얻다	QUEST 03 한반도 경제공동체, 공동번영을 모색하다	QUEST 04 통일, 대한의 꿈을 이루다	성찰일기 작성하기
교실 40분	교실 | 온라인 40분 | 2-3hr	교실 | 온라인 80분 | 2-3hr	오프라인 | 온라인 80분 | 3-4hr	교실 | 온라인 80분 | 1-2hr	
1-2 Day		3-4 Day	5-7 Day	8 Day	

- 수업목표(예)

QUEST 01	◆정치, 경제, 사회 문화 등으로 나누어 북한에 대해 공부할 수 있다. ◆언어, 먹고 싶은 음식, 가고 싶은 곳을 각각 조사하고 TOP3를 선정하며 공유할 수 있다. ◆북한에 대한 정보가 담긴 설명자료를 제작할 수 있다.
QUEST 02	◆한국전쟁을 비롯해 남과 북이 극심하게 대립했던 사건들을 중심으로 공부할 수 있다. ◆남북의 적대적인 관계를 종식시킬 방안을 제시하고 그 이유를 설명할 수 있다. ◆북한에 대해 학습한 내용을 토대로 팀원과 함께 지혜나무를 완성할 수 있다.
QUEST 03	◆남북경제협력사례를 조사하고 성과, 한계, 보완점 등을 도출할 수 있다. ◆남북 서로에게 득이 되는 경제협력방안을 제시하고, 기대효과를 밝힐 수 있다. ◆시각적인 디자인을 반영하여 우리 팀만의 차별화된 한반도 신경제지도를 완성할 수 있다.
QUEST 04	◆경제, 문화, 정치로 나누어 통일방안을 제시할 수 있다. ◆서로의 의견을 존중해가며 현실가능성이 높은 통일방안을 팀별로 선정하여 제시할 수 있다. ◆ '통일, 대한의 꿈을 이루다' 라는 주제로 특별한 행사를 준비하고 실천에 옮길 수 있다.
공통	◆문제해결의 절차와 방법에 대한 이해를 바탕으로 학습과정에 참여할 수 있다. ◆공부한 내용을 정리하고 자신의 언어로 재구성하는 과정을 통해 창의적인 문제를 만들어낼 수 있다. 이 과정을 통해 지식을 생산하기 위해 소비하는 프로슈머로서의 능력을 향상시킬 수 있다. ◆토의의 기본적인 과정과 절차에 따라 문제해결방법을 도출하고, 온라인 커뮤니티 등의 양방향 매체를 활용한 지속적인 학습과정을 경험함으로써 의사소통능력을 신장시킬 수 있다.

중심활동 : 문제출발점 파악하기, 학습흐름 이해하기

- 남북한의 언어 차이에 대해 이야기 나누며 동기유발하기(지식채널e 북한 언어 탐구 생활 시청하기)
- 남북정상의 판문점 회담 장면을 보여주며 문제출발점 제시하기
- [선택] 남북정상의 도보다리 회담 영상을 활용해 가상대회극 하기
- 문제출발점에 제시된 상황을 이해하며 판문점 선언문 파악하기
- (선택)게임화 전략에 따른 피드백 방법에 맞게 게임규칙(과제수행규칙) 안내하기
- (선택)자기평가방법 공유, 온라인 학습커뮤니티 활용 기준 제시하기
- 활동내용 예상해 보기, PBL MAP을 활용하여 전체적인 학습흐름과 각 퀘스트의 활동 파악하기

북한에 대한 관심을 유발하기 위해 사용하는 언어의 차이점에 대해 가볍게 이야기 나누는 것부터 수업을 시작하는 것이 좋습니다. 이와 관련된 EBS 지식채널e '북한 언어 탐구 생활'편을 함께 보거나 「남북한 언어 탐구 생활(지식의 숲)」, 「북한 여행 회화(온다프레스)」 등의 책을 소개하며 수업을 시작하는 것도 고려해볼 수 있습니다.

EBS 지식채널e 「북한 언어 탐구 생활」(2018.11.14.)

남북한 언어의 차이에 대한 관심을 충분히 이끌어냈다면, 이런 차이가 어디로부터 왔는지 자유롭게 이야기 나눕니다. 이어서 2018년 4월 27일 남북한 판문점 회담의 주요장면을 보여주며 문제출발점을 제시하도록 합니다. 지식채널e '선을 넘다'(2018.4.26.)를 시청하며 문제상황을 제시해도 좋습니다.

Teacher Tips

[남북정상의 도보다리 회담장면(출처:KBS)]

문제출발점과 연계하여 대화내용이 공개되지 않은 남북정상의 '도보다리 회담' 장면을 이용해 문재인 대통령과 김정은 국무위원장의 가상대화극을 꾸며보는 것도 고려해볼만 합니다. 진지하고 무거운 주제의 대화보다는 패러디와 코믹요소를 가미해 가볍게 풀어내도록 하는 것이 오히려 좋습니다.

아무튼 2018년 4월 27일, 남북정상 간에 합의한 판문점 선언문의 중요성에 공감하며 학생들이 주어진 문제상황을 정확히 이해했다면 성공입니다. 늘 그렇듯 PBL MAP을 활용해 전체적인 학습흐름과 각 퀘스트별 중심활동을 짚어주세요. 특히 북한에 대해 잘 알아야 하는 이유를 설명하고, 이를 토대로 경제, 문화, 정치로 나눠 실질적인 통일방안이 모색되어야 함을 강조해야 합니다. 마지막 통일부스 운영에 필요한 부분이 있다면 활동이 본격화되기 전에 공지하는 것도 잊지 마세요.

전개하기

'North Korea'는 총 4개의 기본퀘스트로 구성되어 있습니다. 먼저 북한에 대한 기본적인 이해를 도모하고, 남북 모두가 불행했던 대결의 역사를 넘어 공동번영을 위한 의미 있는 행보들을 공부하는 활동이 진행됩니다. 이를 토대로 한반도 경제공동체를 시작으로 한 실질적인 통일방안모색으로 이어집니다. 그리고 이 과정에서 생산된 결과물들은 통일부스의 전시자료로 활용된다는 점을 감안하여 수업을 진행해주세요.

● 퀘스트1 : 북한, 알면 보인다

중심활동 : 북한에 대해 탐구하기, 설명 자료 제작하기

- 북한에 대해 아는 것을 자유롭게 이야기하며 [퀘스트1]의 문제상황 파악하기
- 북한에 대한 정치, 경제, 문화 등으로 구분하여 탐구하기
- 팀별로 '인상적인 북한말', '먹고 싶은 북한음식', '가고 싶은 북한지역' TOP3 선정하기
- 북한 설명 자료 제작하기

Quest 퀘스트 01 북한, 알면 보인다

포스트잇에 북한에 대해 아는 것을 적고 칠판에 붙이도록 합니다. 북한에 대한 지식수준을 공유하며, 얼마나 북한에 대해 무지한지 이야기를 나눕니다. 북한에 대해 탐구하고 싶은 동기를 부여하면서 퀘스트1의 문제상황을 제시하는 것이 중요합니다. 특히 EBS 방송의 '지식채널e 딱 소리 납니다!'(2018.12.10.)편을 시청하고 이야기를 나눈다면, 좀 더 효과적일 수 있습니다.

북한, 어디까지 알고 ... 을 갖고 바라보고 있즈 ... 한에 대해 아는 것이 ... 은 통일!'이라 부르면서 ... 에 대해 무관심으로 일 ... 북한의 인권을 지적하지만 마음을 다해 돕는 이들은 극 ... 하면 이런 무관심이야말로 평화를 위협하는 요소일지 모 ... 때입니다. 북한에 대 ... 속속들이 파헤쳐보는 것은 ...

퀘스트1-2은 북한에 대해 탐구한 내용 가운데 언어, 음식, 지역으로 나누어 팀별로 TOP3를 선정하는 활동입니다. 'TOP3'를 선정하는 과정에서 개별적으로 공부한 내용을 공유하는 것이 목적임을 고려해주세요.

... 북한말', '먹고 싶은 음식', '가고 싶은 곳'으로 나누어 TOP3 ... 이유를 밝히시오. **

	...	먹고 싶은 음식	가고 싶은 곳
1	★선정이유	★선정이유	★선정이유
2	★선정이유	★선정이유	★선정이유
3	★선정이유	★선정이유	★선정이유

...등으로 구분하여 공부해 봅시다. ***

...사실	잘못 알고 있었던 사실

퀘스트1-1은 북한에 대해 자율적으로 탐구하는 활동입니다. 북한에 대한 상식적인 수준의 지식탐구도 괜찮지만, 이왕이면 자신이 알고 있는 북한에 관한 지식이 정확한지 검증해 보는 활동도 의미가 있습니다. 각 분야별로 새롭게 알게 된 사실과 잘못 알고 있었던 사실을 기록하도록 안내해주세요.

❸ [팀별]❶과 ❷의 활동을 바탕으로 설명 자료를 제작하시오. ****

설명 자료는 이후 전시활동을 감안하여 텍스트보다 영상과 사진을 중심으로 제작하는 것이 적합합니다. 이러한 부분이 설명 자료 제작 전에 학생들에게 충분히 안내되도록 해주세요. 설명 자료는 북한에 대한 이해를 높이기 위한 목적으로 제작하는 것입니다. 그런 의미에서 우리에게 낯선 북한문화에 관해 중점적으로 담도록 하는 것이 수업취지에 부합합니다.

Teacher Tips

● 퀘스트2 : 대결의 역사에서 지혜를 얻다

중심활동 : 남북한의 대결역사 탐구하기, 지혜나무 만들기

- 한국전쟁에 대해 이야기를 나누며 [퀘스트2]의 문제상황 파악하기
- 남북한이 적대적으로 대립했던 사건을 조사하기
- 남북한의 적대적인 관계를 해소하기 위한 구체적인 방안 제안하기
- 남북한의 대결역사를 넘어 평화공존을 위한 지혜나무 만들기

Quest 퀘스트 02 대결의 역사에서 지혜를 얻다

한국전쟁에서부터 ... 두에게 불행한 결... 수조차 없을 정도... 다. 이 과정에서 서... 심을 품게 만들었고, ... 곤 했습니다. 그렇게 대... 수록 마음의 장벽은 철옹성과 같이 난단해져만 갔습니다.

하지만 이제 달라져야 합니다. 새로운 역사의 문으로 나아가려면 서로를 적대시하는 증오의 사슬부터 먼저 끊어내야만 합니다. 이 땅에 대결의 역사가 또다시 반복되지 않도록 국민으로부터 나온 집단지혜가 ... 오늘의 답을 만...

EBS 지식채널e '벌레의 시간'(2011.6.20.)편을 보며 퀘스트2의 문제상황을 제시하도록 합니다. 시간이 넉넉하다면 한국전쟁을 다룬 다큐멘터리나 다른 주제의 지식채널e 방송을 시청하며 이해의 폭을 넓히는 것이 좋습니다.

❷ [개별] 남북의 적대적인 관계를 종식시키기 위해 반드시 실천하고 지켜야할 3가지를 선정하여 제시하도록 하세요. 팀원과 서로 토의하며 선정이유를 공유하도록 합니다. ★★

1	2	3
★선정이유	★선정이유	★선정이유

한국전쟁과 같은 불행한 역사가 되풀이되지 않기 위해서 근본적으로 남북의 적대적 관계 종식이 필요함을 강조합니다. 남북한의 적대적인 관계 종식을 위해 어떤 부분이 선행되어야 할지 다양한 의견이 공유되도록 해주세요. 이 과정에서 교사는 절대 자신의 의견을 제시하면 안 됩니다.

...시오. ★★★★★

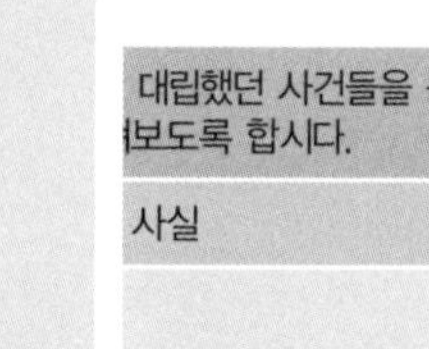

대립했던 사건들을 ... 보도록 합시다.

사실

한국전쟁이 종전이 아닌, 오랜 세월 휴전(정전)상태로 지속됐고, 남북이 극심하게 대립해 왔음을 설명해줍니다. '정전'과 '종전'의 차이를 구분하지 못하는 학생들이 있을 수 있으니 이에 대한 부가적인 설명이 필요합니다. 최근까지 계속됐던 남북, 북미 간의 군사적 대결사건을 탐구하는 것이 핵심활동임을 안내해주세요.

관련교과

1. 한국전쟁 이후... 고, 새롭게 알...
2. 남북의 적대적... 신의 의견을 ...
3. 개별적으로 수... 해 제공된 활동지...

지혜나무는 단순히 남북한 대결의 역사를 키워드로 나열하는 수준이 아닌, 이를 통해 불행의 역사를 예방하고, 남북한의 적대적인 관계종식을 위한 실천방안이 포함되도록 해야 합니다. 퀘스트 2-1과 2-2의 활동 내용을 종합하고 공유하면서 팀별로 풍성한 지혜나무가 완성될 수 있도록 안내해주세요. 팀별로 지혜나무가 완성되면 약식 발표시간을 가져서 학급전체의 공유 장을 만들어도 좋습니다.

● 퀘스트3 : 한반도 경제공동체, 공동번영을 모색하다

중심활동 : 남북한 경제협력사례와 방안 탐구하기, 한반도 경제지도 제작하기

- 코리아 디스카운트에 대해 이야기하며 [퀘스트3]의 문제상황 파악하기
- 남북한 경제협력사례인 '개성공단', '금강산관광' 사업에 관해 조사하기
- 남북한의 실질적인 경제협력방안 제시하기
- 남북한 경제협력방안이 담긴 한반도 경제지도 제작하기

Quest 퀘스트 03 한반도 경제공동체, 공동번영을 모색하다 ★★★★★★★

'코리아 디스카운트(Korea Discount)', 남북관계로 인한 지정학적 불안요인 등으로 인해 우리나라 기업의 주가가 비슷한 수준의 외국기업의 주가에 비해 낮게 형성되는 현상을 일컫는 말입니다. 지금껏 기업의 주가가 아니더라도 남북분단의 현실이 경제 전반에 부정적인 영향을 미친 사례는 많습니다. 이제 달라져야 합니다. 새로운 평화시대를 지속하기위해서라도 남과 북은 서로가 'Win-Win'할 수 있는 경제공동체를 구성해야 합니다.

한반도에 항구적이며 공고한 평화체제가 구축된다는 것은 디스카운트가 아닌 '코리아 프리미엄(Korea Premium)'의 형성을 의미하는 것입니다. 아무쪼록 상생과 공존의 틀 안에서 남과 북이 공동번영할 수 있는 길을 모색해 보시길 바랍니다. 이왕이면 실천 가능한 구체적인 해법이 포함될 수 있도록 해주세요.

남북의 대표적인 경제협력사업으로 개성공단과 금강산 관광이 꼽힙니다. 그밖에 경제협력사례가 있다면 폭넓게 다뤄 주길 바랍니다.

일방적인 비용지불과 희생이 아닌 서로에게 이익이 되는 방식을 택해야 합니다. 남한과 북한의 협력을 통해 시너지를 발휘할 부분에는 어떤 것이 있을까요? 여러 가지를 종합적으로 검토하고 이를 바... 실천에 옮겼을 때 기...

세계적인 투자은행 골드만삭스는 2009년 보고서를 통해 통일한국이 2050년 세계2위의 경제대국이 될 것이라고 예측한 바 있습니다. 세계적 투자가 '짐 로저스(Jim Rogers)', 역시 통일 한국이 21세기를 주도할 것이라 공헌한 바가 있죠. 지금으로선 허황된 꿈과 같은 이야기로 들릴 수도 있지만, 남북한 평화공존시대에 관한 기분 좋은 예측인 것만은 분명해 보입니다. 이러한 부분을 학생들에게 제시하며 [퀘스트3]의 문제 상황을 제시해보는 것은 어떨까요?

Teacher Tips

❶ [개별] 남북의 경제협력사업 중 개성공단, 금강산관광 등을 조사해보고, 성
로 나누어 정리해봅시다.

사건	성과	한계점
개성공단		

남북한이 경제공동체를 이루려면, 앞서 시행된 경제협력사업에 대해 자세히 파악할 필요가 있습니다. 성과, 한계점, 보완점으로 나누어 이들 사업에 대해 조사하고 정리하도록 안내해주세요.

❸ [팀별]❶과 ❷의 활동을 바탕으로 우리 팀만의 차별화된 '한반도 新경제지도'를 그립니다. 시각적인 디자인을 반드시 고려해서 제작해주셔야 합니다. ★★★★★

팀의 의견이 반영된 '한반도 경제지도'입니다. 예를 들어 평양의 옥류관 지점을 남한의 어떤 지역에 열지 표기하는 방식이 되겠습니다. 개별적으로 제안한 남북한 경제협력방안이 담길 수 있도록 표현하는 것이 중요합니다.

경제협력방안 2가지를 제시하도록 합니다. 팀원에게 자신이
도록 합니다. ★★

2

★기대효과:

관련교과	국어	사회	도덕	수학	과학	실과			체육	예술		영어	창의적 체험활동	자유학기활동		
						기술	가정	정보		음악	미술			진로탐색	주제선택	예술체육
		●	●								●		●		●	

1. 남북의 대표적인 경제협력사업으로 개성공단과 금강산 관광이 꼽힙니다. 그밖에 경제협력사례가 있다면 폭넓게 다
길 바랍니다.
2. 일방적인 비용지불과 희생이 아닌 서로에게 이익이 되는 방식을 택해야 합니다. 남한과 북한의 협력을 통해 시너지
휘할 부분에는 어떤 것이 있을까요? 여러 가지를 종합적으로 검토하고 이를 바탕으로 구체적인 방안을 제시해주길
니다. 만일 이들 방안을 실천에 옮겼을 때 기대할 수 있는 부분이 무엇인지 적어주세요.
3. 우리 정부에서 발표한 한반도 신경제지도를 그대로 그리는 것은 절대 안 됩니다. 물론 참고는 가능하죠. 팀원들의
을 모아서 차별화된 한반도 신경제지도를 그리길 바랍니다.

남북한 경제협력사례를 참고하여 서로 시너지를 발휘할 수 있는 구체적인 경제협력방안을 제시하도록 해주세요. 개별적으로 제안하는 경제협력방안인 만큼 거창할 필요는 없습니다. 이를테면 평양냉면으로 유명한 옥류관 지점을 서울에 열거나 반대로 우리나라 맛집이 북한에 진출하는 식의 제안이 좋습니다. 학생들에게 예를 들어 설명해주세요.

'North Korea'의 마무리는 남북한의 실질적인 통일방안을 공유하고, 앞서 퀘스트3까지 수행한 활동결과를 활용해 '통일'을 테마로 한 특별전시 행사를 여는 것으로 채워집니다.

● 퀘스트4 : 통일, 대한의 꿈을 이루다

중심활동 : 통일방안 제안하고 공유하기, 통일행사 준비하고 운영하기

- 백범 김구 선생님의 뜻을 상기하며[퀘스트4]의 문제상황을 파악하기
- 경제, 문화, 정치로 나누어 개별적으로 통일방안 제안하고 공유하기
- 개별적으로 통일방안들을 놓고, 팀별로 분야별 TOP3 선정하기
- 통일행사를 준비하고 운영하기, (온라인) 성찰저널 작성하기

Quest 퀘스트 04 통일, 대한의 꿈을 이루다

****

"나는 제도는 달리하고 있지만, 백성이 나라의 근본임을 의미하는 정조대왕의 '민국'과 고조선, 삼한, 삼국, 고려, 조선에 이르는 우리 민족의 장구한 역사를 모두 품고 있는 고종황제의 '대한' 수립하였음을 밝히네. 자주독립국가인 'ㄴ 깊은 뜻을 꼭 헤아려주게나."

백범 김구 선생님에 관한 이야기를 나누며 EBS 지식채널e '길 위의 정부'(2012.4.9.)편을 시청합니다. 통일한국의 중요성을 강조하며 퀘스트4의 문제상황을 제시하는 것이 중요합니다. '대한민국'이라는 국호 자체가 통일의 의미를 품고 있음을 학생들이 이해하며 활동에 임하도록 지도해주세요.

개별적으로 자신이 제안한 통일방안을 보완하고 팀별로 공유할 수 있도록 안내합니다. 통일방안들을 놓고 팀별로 자유롭게 토의하고, 현실가능여부를 기준으로 분야별 TOP3를 선정하도록 지도해주세요.

까지 남북이 하나가 되길 간절히 바라셨던 백범 ㄱ 이었습니다. 불행하 ㄱ 세월의 길이만큼 의하기에 이르렀습니다. ㅏ 될 수 있는 걸까요? 통일된 ㄴ 할 수 있을까요? 반드시 우리는 답을 찾아내야만 된 조국을 통해서만 완성될 수 있다는 사실을요. 최종임무를 수행해주시기 바랍니다.

...의과정을 거쳐 가장 설득력있는 통일방안을 선정하도 ...해보도록 합니다. ***

	문화통일	정치통일
1	1	1
2	2	2
3	3	3

❸ [팀별] '통일, 대한의 꿈을 이루다'라는 제목으로 북한에서 시작해 통일로 완성되는 특별한 행사를 준비하도록 합니다. 기본적으로 전시부스를 꾸며서 활동 결과물을 공유하고 설명하는 자리가 마련되는 행사입니다. *****

... 제안하고, 3명에게서 이에 대한 의견을 받도록 합니다. **

1
2
3
1
2
3
1
2
3

개별적으로 경제, 문화, 정치로 나눠 통일방안을 정리하는 것이 필요합니다. 각자의 통일방안을 다른 동료학습자에게 설명하도록 하고, 이를 정리하는 것이 핵심활동입니다. 팀별로 진행할 수도 있겠지만, 팀과 상관없이 가급적 많은 학습자 간에 의견공유가 이루어지도록 해주세요.

'통일'이라는 테마에 부합하도록 팀별 전시부스를 꾸미도록 지도해주세요. 북한상식퀴즈, 북한문화체험 등의 요소를 넣어 단순히 전시물을 보는 활동이 아닌 참여 중심의 활동이 이루어지도록 하는 것이 중요합니다. 퀘스트1에서 퀘스트3까지 단계마다 제작한 결과물이 전시될 수 있도록 하고, 이를 설명하기 위한 발표시나리오 작성과 연습도 사전에 강조하는 것이 좋습니다.

실과			체육	예술		영어	창의적 체험활동	자유학기활동		
기술	가정	정보		음악	미술			진로 탐색	주제 선택	예술 체육
					●		●		●	

...의해야 합니다. 자신감을 갖고 자신의 생각을 밝혀주세요. 친구의 의견을 ...다.
... 중요합니다. 자존심 싸움이 되지 않도록 주의하고 각자의 의견이 고루 반 ...하세요. 현실가능여부는 꼭 따져보아야 합니다.
...스트1)와 지혜나무(퀘스트2), 신경제지도(퀘스트3)를 전시하도록 합니다. 이 ...주세요.

All-Clear
sticker

CHAPTER 08

우리의 문화를 커피에 담다

Quest 01. _우리의 음악과 茶문화에서 답을 얻다

Quest 02. _고객의 감성을 자극할 공간을 디자인하라!

Quest 03. _우리문화의 특색을 담은 대표메뉴 개발하기

Quest 04. _창업펀드를 유치하라!

Quest 05. _드디어 그곳에서 창업에 성공하다

★Teacher Tips

INTRO.

우리의 문화를 커피에 담다

비디오 대여점이 동네 편의점보다 많았던 시대가 있었습니다. 일정기간(보통2일) 동안 비디오테이프를 빌려주고 책정된 금액을 지불하는 방식으로 운영됐기 때문에 비교적 안정적인 수익이 보장됐습니다. 비디오 대여점마다 엄청난 양의 비디오테이프들이 빼곡하게 진열되어 있었으며, 그것 자체는 황금 알을 낳는 주요 자산이 되어주었습니다. 너도나도 비디오대여점 사업에 뛰어들면서 동네마다 극심한 경쟁이 연출될 정도로 창업의 열기는 대단했습니다.

그러나 인터넷의 빠른 보급과 IPTV서비스가 본격화되면서 급속도로 쇠락의 길에 들어서게 됩니다. 비디오 대여점을 빼곡하게 채웠던 비디오테이프는 재활용 쓰레기에 불가한 처지가 됐습니다. 여기저기 폐업 신고가 속출하면서 재산상의 막대한 피해를 안기게 됩니다. IT기술의 발전흐름을 읽지 못했던 수많은 사람들이 한순간에 거리로 내몰리기에 이르죠. 필연적으로 '붉은(red)' 피를 흘려야 하는 경쟁시장을 이겨내며 버텼지만, 그 결과는 참담했습니다. 비디오 대여점처럼 모두에게 잘 알려진 산업, 이른바 '레드오션(red ocean)' 시장은 산업의 변화에 큰 영향을 받으며, 그만큼 위험부담도 큽니다. 그렇다고 일반 사람들이 '블루오션(blue ocean)', 즉 경쟁자가 없는 유망한 시장을 발굴해 내서 창업하기란 결코 쉬운 일이 아닐 것입니다. 고객들에게 차별화된 매력적인 상품과 서비스를 제공하여 누구와도 경쟁하지 않는 자신만의 독특한 시장을 만들어야 하는데 말이 쉽지 무모한 시도로 끝날지도 모를 일입니다. 이미 시장이 형성되어 있어서 치열한 경쟁이 벌어질 수밖에 없는 레드오션과 미개척 시장으로 경쟁자가 없는 블루오션, 여러분들이라면 과연 어느 곳을 선택할까요?

자, 레드와 블루사이에서 갈등할 필요는 없습니다. 적절히 섞으면 되니까요. 그래서 탄생한 '퍼플오션(purple ocean)' 전략은 기존의 시장에서 새로운 아이디어나 기술 등을 적용함으로써 자신만의 새로운 시장을 만든다는 의미로, 발상의 전환을 통하여 새로운 가치의 시장을 만드는 것을 일컫습니다.

아무쪼록 이번 프로젝트학습을 통해 카페라는 레드오션에 전통문화라는 블루오션을 덧입혀 새로운 가치를 지닌 창업에 도전해 보시길 바랍니다.

* 문제시나리오에 사용된 어휘빈도(횟수)를 시각적으로 나타낸 워드클라우드(word cloud)입니다. 워드클라우드를 통해 어떤 주제와 활동이 핵심인지 예상해 보세요.

Starting Point 문제의 출발점

우리의 문화를 커피에 담다

커피, 고종이 즐기던 서양차가 오늘날 이토록 사랑받는 데는 그만한 이유가 있을 겁니다. 동네구석구석 좁은 골목 어디든 커피향이 가득할 정도로 한국인의 마음을 사로잡았죠. '그' 역시 어린 시절부터 커피를 사랑해왔고, 바리스타의 꿈을 펼치고자 열심히 노력해왔던 인물입니다. 그동안의 노력덕분에 국제적으로 공인받은 바리스타자격증도 취득하기에 이르렀죠. 한 걸음 더 나아가, 그는 현재 자신의 동네에 작은 카페를 창업하고자 준비 중에 있습니다. 이미 동네에 가득 들어선 카페들과 경쟁해야 하는 입장이라서 상당히 신중하게 접근하고 있습니다. 특히 그들과 똑같은 메뉴와 비슷한 카페인테리어, 음악 등만으로는 경쟁에 이길 수 없기 때문에 뭔가 다른 특별함, 곧 차별화가 절실합니다.

이를 위해 그는 베트남과 싱가포르 등의 커피문화를 공부했고, 그들처럼 우리의 전통문화를 커피에 담아낼 방안을 구체적으로 고민해왔습니다. 첫출발은 동네에 작은 카페에서 시작하는 것이지만 가까운 미래에 우리만의 고유문화가 담긴 커피상품을 만들어 널리 전파할 것입니다.

이제 멋진 동업자인 여러분들과 원대한 꿈을 펼치는 일만 남았습니다. 지금 이 순간부터가 중요합니다. 아무쪼록 고유의 전통문화를 살린 차별화된 전략으로 카페 창업에 성공하시길 바랍니다.

"꼭 대박나세요!"

PBL MAP

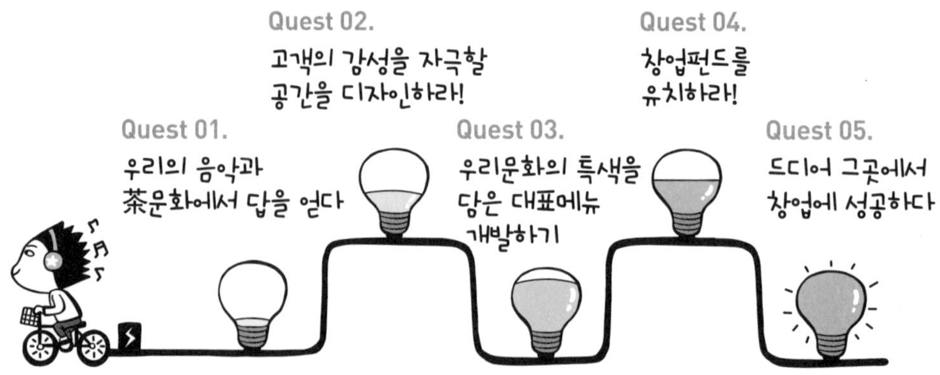

Quest 퀘스트 01

우리의 음악과 茶문화에서 답을 얻다

★★★★★

고즈넉이 스며든 은은한 색과 마음을 사로잡는 향, 그는 전통 차(茶)문화에도 오래전부터 관심을 기울여왔습니다. 특히 차를 정성스럽게 달여 손님에게 권하거나 마실 때의 예법, '다도(茶道)'에 우리 '차'문화의 매력이 잘 드러나고 있는데요. 이러한 고유의 '차'문화를 통해 내려온 선조의 정신이 창업할 카페에도 고스란히 반영될 수 있길 기대하고 있습니다. 더불어 우리의 전통음악인 국악을 통해 카페의 분위기를 한껏 살릴 묘책을 찾고 있는 중인데요. 외국인을 비롯해 요즘 젊은 세대도 호감을 가질만한 곡을 선정하고자 애쓰고 있답니다.

❶ 우리의 '차(茶)' 문화를 공부해보고, 다도에 따라 차를 마셔 보도록 합시다.

조사한 내용	체험후기

❷ [개별] 음악교과서와 교과서 밖에서 창업할 카페에 어울릴만한 전통음악을 찾아보고, 선정이유를 밝히시오.

구분	곡명	특징	선정이유
음악 교과서			
교과서 밖 (퓨전음악 가능)			

❸ [팀별] 카페의 분위기를 살릴만한 곡은 어떤 것이 좋을까요? 선호도 조사결과를 참고하여 아침, 점심, 저녁시간을 고려해서 최종 결정해주세요.

	곡명	연출하고 싶은 분위기	선호도 조사결과
아침			
점심			
저녁			

❹ 다른 모둠의 발표를 듣고 핵심내용정리, 한 줄 평, 나의 별점을 주도록 합니다.

모둠	핵심내용요약	한 줄 평	나의 별점
			☆☆☆☆☆
			☆☆☆☆☆
			☆☆☆☆☆
			☆☆☆☆☆

관련교과	국어	사회	도덕	수학	과학	실과			체육	예술		영어	창의적 체험활동	자유학기활동		
						기술	가정	정보		음악	미술			진로 탐색	주제 선택	예술 체육
	●						●			●			●	●		

1. 전통 '차' 문화를 소개하는 다양한 영상을 손쉽게 찾아볼 수 있습니다. SNS에 올려 진 정보보다는 관련 책을 읽는 것을 권장합니다. 아울러 다도는 가급적 직접 체험하며 이해하는 시간을 가져보도록 합시다.
2. 전통음악에 대한 충분한 이해를 바탕으로 곡을 선정해야 합니다. 교과서에서 제시하고 있는 수준 정도는 알고 있어야 무난히 과제를 수행할 수 있답니다.
3. 개별적으로 조사한 곡을 아침, 점심, 저녁으로 나누어 구분하고 학급친구들을 대상으로 선호도조사를 합니다. 이들 결과를 토대로 팀별 토의를 거쳐 최종 선정해주세요.
4. 자신이 속한 팀을 제외하고 평가를 실시합니다. 발표핵심내용을 기록하고 '한 줄 평'과 '나의 별점'을 표기해 주시기 바랍니다.

나만의 교과서

4가지 기본항목을 채우고, 퀘스트 해결과정에서 공부한 내용이나 수집한 정보를 토대로 자신만의 방식으로 알차게 표현해 보세요. 그림이나 생각그물의 형태로 표현하는 것도 좋습니다.

ideas 문제해결을 위한 나의 아이디어	facts 문제와 관련하여 내가 알고 있는 것들

learning issues 문제해결을 위해 공부해야 할 주제	need to know 반드시 알아야 할 것

스스로 평가
자기주도학습의 완성!

나의 신호등

01	나는 우리의 전통 차문화에 대해 공부하고, 다도를 직접 체험하였다.	①②③④⑤
02	나는 창업할 카페에 어울릴만한 전통음악을 교과서와 교과서 밖에서 각각 찾아보고 선정 이유를 밝혔다.	①②③④⑤
03	나는 동료를 대상으로 선호도조사를 실시했고, 이를 토대로 아침, 점심, 저녁에 들려주면 좋을 전통음악(퓨전음악 포함)을 선정하였다.	①②③④⑤
04	나는 다름 모둠의 발표내용을 파악하고, 한 줄 평과 별점을 제시하였다.	①②③④⑤
05	나는 문제해결을 위해 탐구한 내용과 수집한 정보를 바탕으로 나만의 교과서를 멋지게 완성하였다.	①②③④⑤

자신의 학습과정을 되돌아보고 진지하게 평가해주세요.

Level up

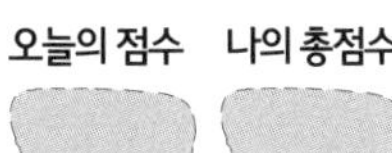

Quest 퀘스트 02

고객의 감성을 자극할 카페공간을 디자인하라! ★★★★★

작은 카페라도 공간을 어떻게 디자인하고, 어떤 소품을 활용했는지에 따라 느낌이 완전히 달라집니다. 값비싼 비용을 지불해가며 인테리어 공사를 진행할 수도 있지만, 그렇게 되면 초기 투자비용이 늘어나 아무래도 부담이 커질 수밖에 없죠. 그래서 그는 최소한의 투자비용으로 최대의 효과를 얻고자 합니다. 다양한 인테리어 사례를 참고하여 직접 카페공간도 디자인하고 분위기를 돋보이게 할 소품들도 고를 계획입니다. 아무쪼록 고객의 감성을 자극할 멋진 카페 공간이 탄생되길 기대합니다.

❶ 다양한 카페인테리어 사례를 조사하고 배울 점을 메모해 주세요.

사 례	카페 인테리어의 특징	인상적인 소품	배울 점

❷ 고객의 감성을 자극할 카페공간을 디자인해 봅시다. 공간스케치를 통해 표현해주세요.

❸ 카페의 분위기를 돋보이게 할 소품을 선정해주세요. 연출하고 싶은 분위기와 선정한 이유를 적으세요.

소품이름	연출하고 싶은 분위기	선정한 까닭

❹ 특별함이 묻어나는 카페 이름을 정하고 대표간판을 디자인해 봅시다.

	후 보	최종선정
카페이름		
간판 디자인 시안		

관련교과	국어	사회	도덕	수학	과학	실과			체육	예술		영어	창의적 체험활동	자유학기활동		
						기술	가정	정보		음악	미술			진로 탐색	주제 선택	예술 체육
	●					●					●		●	●		

1. 우리의 전통문화를 담은 카페사례들을 참고하면서 많은 사람들로부터 사랑받는 카페인테리어를 파악할 수 있도록 합니다.
2. '공간스케치'를 키워드로 검색하면 관련 사례가 무척 많습니다. 어떤 식으로 표현하면 좋을지 막막하다면 이들 사례들을 참고하시기 바랍니다.
3. 소품을 직접 구입하기 어렵기 때문에 사진 자료로 대체하도록 합니다. 소품의 범위는 상당히 넓습니다. 미술작품뿐만 아니라 생활에서 흔히 사용되는 물건들도 여기에 포함될 수 있습니다.
4. 기존에 있는 카페이름을 그대로 사용하지 않도록 주의해 주세요. 이왕이면 특별한 의미가 담긴 이름이 되도록 해야 합니다. 아울러 카페분위기와 어울리는 간판을 디자인해 봅시다.

나만의 교과서

4가지 기본항목을 채우고, 퀘스트 해결과정에서 공부한 내용이나 수집한 정보를 토대로 자신만의 방식으로 알차게 표현해 보세요. 그림이나 생각그물의 형태로 표현하는 것도 좋습니다.

ideas 문제해결을 위한 나의 아이디어	facts 문제와 관련하여 내가 알고 있는 것들

learning issues 문제해결을 위해 공부해야 할 주제	need to know 반드시 알아야 할 것

스스로 평가
자기주도학습의 완성!

		나의 신호등
01	나는 많은 사람들로부터 사랑받는 카페인테리어 사례를 찾아보고, 특징과 인상적인 소품, 배울 점을 메모하며 벤치마킹하였다.	①②③④⑤
02	나는 고객의 감성을 자극할 카페공간을 디자인했고, 공간스케치로 표현하였다.	①②③④⑤
03	나는 카페의 분위기를 돋보이게 할 소품을 선정하고 이를 통해 연출하고 싶은 분위기와 선정까닭을 밝혔다.	①②③④⑤
04	나는 카페의 특색이 담긴 특별한 이름을 짓고, 대표간판을 디자인하였다.	①②③④⑤
05	나는 문제해결을 위해 탐구한 내용과 수집한 정보를 바탕으로 나만의 교과서를 멋지게 완성하였다.	①②③④⑤

자신의 학습과정을 되돌아보고 진지하게 평가해주세요.

Level up 오늘의 점수 나의 총점수

Quest 퀘스트 03

카페의 특색을 살린 대표메뉴 개발하기 ★★★★★★

어떤 메뉴가 좋을까요? 카페의 분위기를 한껏 살린 인테리어를 구현했다고 하더라도 맛을 담지 못한다면 성공할 수가 없을 것입니다. 카야 잼으로 만든 토스트(Kaya Toast)가 싱가포르 카페의 핵심메뉴로 사랑받는 것처럼 우리 문화의 특색을 담은 대표메뉴개발은 필수입니다. 아무쪼록 고객의 사랑을 독차지할만한 '시그니처(signature)' 음료와 음식 등의 개발에 성공하길 바랍니다.

❶ 많은 사람들에게 사랑받고 있는 특색 있는 카페메뉴를 찾아보고, 이들 사례를 통해 한 수 배워보도록 합시다.

❷ 우리 카페를 대표할 시그니처 음료 2가지를 정하고 '레시피(recipe)'를 적어주세요. 레시피에 따라 실제 만들어보고 걸리는 시간을 측정해주세요.

구분	시그니처 음료 이름	음식을 만드는 방법(레시피)	맛 평점
1	☆만드는 시간:		☆☆☆☆☆
2	☆만드는 시간:		☆☆☆☆☆

❸ 우리 카페를 대표할 시그니처 음식 1가지를 정하고 '레시피(recipe)' 를 적어주세요. 레시피에 따라 실제 만들어보고 맛도 검증받으세요.

시그니처 음식 이름	음식을 만드는 방법(레시피)	맛 평점
☆만드는 시간:		☆☆☆☆☆

❹ [선택] 다양한 사례를 참고하여 시그니처 음료와 음식 레시피를 일러스트로 표현해 보세요.

❺ [선택] 카페 분위기에 맞는 일러스트 메뉴판을 제작해 주세요.

관련교과	국어	사회	도덕	수학	과학	실과			체육	예술		영어	창의적 체험활동	자유학기활동		
						기술	가정	정보		음악	미술			진로 탐색	주제 선택	예술 체육
		●					●				●		●	●		

1. 국내뿐만 아니라 해외사례도 폭넓게 조사해보도록 합니다. 각 매장의 대표메뉴들을 통해 다양한 아이디어를 얻는 것이 목적이어야 합니다. 그대로 모방하지 않도록 주의해주세요.
2. 시그니처라는 이름이 붙을 정도로 카페를 대표하는 음료인 만큼 이름을 정하는 것부터 신경써야합니다. 음료주문에서부터 만들어지기까지 시간이 많이 걸리면 안 됩니다. 실제 만드는 시간도 측정하고 맛도 검증받을 수 있도록 해주세요.
3. 카야 토스트가 싱가포르식 커피문화를 확산시켰던 것처럼, 커피와 잘 어울리는 음식개발은 꼭 필요합니다. 우리의 전통음식 가운데 그 해답을 찾아보시길 바랄게요.
4. 인터넷 검색키워드로 '일러스트 레시피' 또는 '일러스트 메뉴'로 검색하면 참고할만한 자료가 많이 나옵니다. 관련 소프트웨어를 활용하거나 직접 그려서 표현하든 시각적인 즐거움을 줄 수 있도록 제작해 주세요.

나만의 교과서

4가지 기본항목을 채우고, 퀘스트 해결과정에서 공부한 내용이나 수집한 정보를 토대로 자신만의 방식으로 알차게 표현해 보세요. 그림이나 생각그물의 형태로 표현하는 것도 좋습니다.

ideas 문제해결을 위한 나의 아이디어	facts 문제와 관련하여 내가 알고 있는 것들

learning issues 문제해결을 위해 공부해야 할 주제	need to know 반드시 알아야 할 것

스스로 평가

자기주도학습의 완성!

		나의 신호등
01	나는 많은 사람들에게 사랑받는 특색 있는 카페메뉴를 찾아보고, 이들 사례들을 통해 벤치마킹하였다.	1 2 3 4 5
02	나는 카페를 대표할 2가지 음료를 선정하고 레시피대로 직접 만들어보며 상품성을 확인하였다.	1 2 3 4 5
03	나는 카페를 대표할 1가지 음식을 선정하고 레시피대로 직접 만들어보며 상품성을 확인하였다.	1 2 3 4 5
04	[선택] 나는 시그니처 음료와 음식 레시피와 대표메뉴판을 일러스트로 표현하였다.	1 2 3 4 5
05	나는 문제해결을 위해 탐구한 내용과 수집한 정보를 바탕으로 나만의 교과서를 멋지게 완성하였다.	1 2 3 4 5

자신의 학습과정을 되돌아보고 진지하게 평가해주세요.

Level up

오늘의 점수	나의 총점수

Quest 퀘스트 04

창업펀드 모금하기

★★★★★★★

그동안 많은 것을 준비했습니다. 이제 창업자금을 충분히 확보하는 일만 남았습니다. 여러분들의 사업계획에 공감하는 투자자와 함께 한다면 보다 성공적인 창업이 가능해질 것입니다. 우리의 문화가 담긴 특별한 카페, 그 차별성을 부각하여 창업펀드를 모금해 보시길 바랍니다. 열정적인 설명과 홍보가 있다면, 여러분들은 분명히 성공파트너를 만날 수 있을 것입니다. 카페 창업펀드 모금 기회를 놓치지 마세요!

❶ 카페의 차별성을 강조한 사업설명회 시나리오를 작성해주세요.

투자자 여러분, 안녕하십니까? 이번 기회를 통해 성공적인 창업의 동반자를 모시고자 합니다. 저희가 제안한 사업방안이 끌리면 망설이지 말고 투자를 결정해 주시기 바랍니다. 저희가 창업할 카페의 특징은 다음과 같습니다.

❷ 투자자의 마음을 사로잡을 멋진 프레젠테이션 자료를 준비해주세요.

☆스토리보드

❸ 창업할 카페의 특색이 잘 드러나도록 인상 깊은 홍보영상을 제작해주세요.

☆영상콘티

❹ 카페 창업을 위한 사업설명회를 열고, 투자자로부터 펀드 모금을 받습니다.

모둠	내용요약	기대평	투자금액

관련교과	국어	사회	도덕	수학	과학	실과			체육	예술		영어	창의적 체험활동	자유학기활동		
						기술	가정	정보		음악	미술			진로 탐색	주제 선택	예술 체육
	●	●				●							●	●		

1. 투자자에게 인상적인 프레젠테이션을 하려면 '파워포인트', '프레지' 같은 전용프로그램을 활용하는 것이 좋습니다. 무엇보다 퀘스트1에서 3까지 수행한 내용을 효과적으로 전달하는 것이 필요하겠죠?
2. 홍보영상은 15~30초가 적당합니다. 카페의 특색이 잘 드러날 수 있도록 제작해주세요. 배경음악은 퀘스트1에서 선정한 음악으로 해야 합니다.
3. 리허설을 통해 프레젠테이션 내용을 익히고 투자자의 마음을 사로잡도록 합시다. 투자자는 발표하는 모둠을 제외한 모든 학생과 선생님이 됩니다. 자신에게 주어진 금액(가상화폐) 안에서 투자하고 싶은 모둠 순으로 차등해서 결정합니다.

나만의 교과서

4가지 기본항목을 채우고, 퀘스트 해결과정에서 공부한 내용이나 수집한 정보를 토대로 자신만의 방식으로 알차게 표현해 보세요. 그림이나 생각그물의 형태로 표현하는 것도 좋습니다.

ideas 문제해결을 위한 나의 아이디어	facts 문제와 관련하여 내가 알고 있는 것들

learning issues 문제해결을 위해 공부해야 할 주제	need to know 반드시 알아야 할 것

스스로 평가

자기주도학습의 완성!

		나의 신호등
01	나는 카페의 차별성을 강조한 사업설명회 시나리오를 작성하였다.	① ② ③ ④ ⑤
02	나는 투자자의 마음을 사로잡을 멋진 프레젠테이션 자료를 준비하였다.	① ② ③ ④ ⑤
03	나는 카페의 특색이 잘 드러나도록 인상 깊은 홍보영상을 제작하였다.	① ② ③ ④ ⑤
04	나는 카페창업을 위한 사업설명회를 열고, 투자자로부터 창업펀드모금을 받았다.	① ② ③ ④ ⑤
05	나는 문제해결을 위해 탐구한 내용과 수집한 정보를 바탕으로 나만의 교과서를 멋지게 완성하였다.	① ② ③ ④ ⑤

자신의 학습과정을 되돌아보고 진지하게 평가해주세요.

Level up

오늘의 점수 나의 총점수

Quest 퀘스트 05

드디어 그곳에서 창업에 성공하다

★★★★★★★

그동안 성공적인 카페창업을 위해 차별화 전략을 세우고, 여러 문제들을 해결하며 열심히 달려왔습니다. 이제 드디어 꿈에 그리던 카페의 정식오픈을 목전에 두고 있는 상황입니다. 정말 얼마 남지 않았습니다. 과연, 실전에서 우리의 문화로 빚어낸 차별화 전략이 카페의 경쟁력으로 이어질 수 있을까요? 두근두근, 설레는 마음으로 기다려봅니다. 우선 그는 성공적인 창업을 위해 인상적인 오픈행사를 기획한다고 합니다. 카페의 차별성을 적극적으로 홍보하고, 시음하고 시식할 대표메뉴를 준비하여 고객의 까다로운 미각을 사로잡을 계획입니다. 카페 재방문을 유도할 다양한 이벤트도 함께 준비한다고 하니 할 일이 여전히 많이 남았네요. 작은 카페공간이지만 여기에 지금까지 준비한 모든 것을 쏟아내야 합니다. 자, 그와 여러분은 충분히 해낼 수 있습니다. 성공적인 창업을 위해 마지막까지 최선을 다해주세요!

❶ 고객의 시선을 사로잡을 광고지나 팸플릿을 디자인하고 제작하도록 합니다.

자료 제작 방법 [소프트웨어 및 도구]	
홍보자료내용	
광고지 디자인 스케치	

❷ 판매할 대표메뉴(시그니처 음료와 음식)를 준비해주세요.

	음료	음식
대표메뉴		
필요한 준비물		
가격		
역할 분담		

❸ 카페 공간 꾸미기 방안이 담긴 스케치	창업이벤트 3가지
	1
	2
	3

관련교과	국어	사회	도덕	수학	과학	실과			체육	예술		영어	창의적 체험활동	자유학기활동		
						기술	가정	정보		음악	미술			진로 탐색	주제 선택	예술 체육
	●	●				●							●	●		

1. 홍보자료를 어떻게 준비하면 좋을까요? '퍼블리셔', '파워포인트', '프레지' 등 익숙한 편집프로그램을 활용하거나 손수 직접 제작하도록 합니다.
2. 카페의 모든 메뉴는 가상화폐로 구입할 수 있습니다. 사전에 약속된 규칙에 따라 가상화폐를 사용할 수 있도록 합니다.
3. 가격은 정찰제로서 에누리 방식은 적용되지 않습니다. 메뉴가격 결정을 신중하게 해주세요.
4. 질서 있는 행사운영을 위해 먼저 모둠별로 카페홍보 시간이 주어집니다. 홍보이후에는 1부(A그룹)와 2부(B그룹)로 나누어 카페오픈행사를 열고 참여하게 됩니다.

나만의 교과서

4가지 기본항목을 채우고, 퀘스트 해결과정에서 공부한 내용이나 수집한 정보를 토대로 자신만의 방식으로 알차게 표현해 보세요. 그림이나 생각그물의 형태로 표현하는 것도 좋습니다.

ideas
문제해결을 위한 나의 아이디어

facts
문제와 관련하여 내가 알고 있는 것들

learning issues
문제해결을 위해 공부해야 할 주제

need to know
반드시 알아야 할 것

스스로 평가

자기주도학습의 완성!

		나의 신호등
01	나는 고객의 시선을 사로잡을 광고지나 팸플릿을 디자인하고 제작하였다.	1 2 3 4 5
02	나는 대표메뉴를 준비하고 적극적으로 판매하였다.	1 2 3 4 5
03	나는 카페 공간 꾸미기 방안에 따라 분위기를 연출하였다.	1 2 3 4 5
04	나는 3가지 창업이벤트를 준비하고 고객의 적극적인 참여를 이끌어냈다.	1 2 3 4 5
05	나는 문제해결을 위해 탐구한 내용과 수집한 정보를 바탕으로 나만의 교과서를 멋지게 완성하였다.	1 2 3 4 5

자신의 학습과정을 되돌아보고 진지하게 평가해주세요.

Level up

오늘의 점수　나의 총점수

All-Clear
sticker

08 CHAPTER

우리의 문화를 커피에 담다

★Teacher Tips

Teacher Tips

'우리의 문화를 커피에 담다'는 성공적인 카페(레스토랑) 창업을 위한 5단계의 임무가 부여됩니다. '잼공팩토리❸ 박사장 카페를 열다'의 다른 버전으로 생각해도 무방합니다. 특히 우리나라의 고유문화를 차별화 요소로 삼아 활동이 진행되는 만큼, 이와 관련된 학습이 요구됩니다. 단계마다 제시되는 문제 상황을 파악하고, 이를 해결하는데 필요한 관련 지식과 교과 내용을 고려하여 프로그램을 적용해보세요. 카페(혹은 레스토랑) 창업이라는 거대한 목적을 향해 음악, 실과(기술·가정·정보), 미술, 사회, 국어 등의 교과영역과 통합하여 학습활동을 진행하는 것이 중요합니다. 차별화 창업전략 중에 하나인 우리 문화의 범주를 어디까지 허용할지는 이 프로그램을 적용하기 전에 결정해 놓는 것이 좋습니다. 기본적으로 대상 학생의 수준과 연계할 교육과정을 고려하여 진행하기 바랍니다.

순위	업종(천단위 이하 생략)
1	카페 (91,000)
2	미용실 (66,000)
3	교회 (54,000)
4	편의점 (41,000)
5	치킨집 (37,000)

우리나라의 전체 직업 가운데 자영업종이 차지하는 비중은 30% 정도로 그리스(36.9%), 터키(35.9%), 멕시코(33.0%)와 어깨를 나란히 하고 있습니다. 이들 세 나라의 경제가 관광산업에 의존하고 있다는 점을 감안하다면 자영업이 차지하는 높은 비중은 정상적이지 않습니다. 미국(6.6%), 독일(11.2%), 캐나다(8.8%) 등 선진국들의 자영업 비중을 놓고 보더라도, 그 심각성을 알 수 있습니다. 30%를 오르내리는 비정상적인 자영업 비중은 10%미만의 창업 성공률에서도 알 수 있듯이 참담한 결과로 이어지고 있습니다.

문제는 상당수의 창업자들이 비자발적인 동기로 시작한다는 것입니다. 자녀양육, 부모부양 등 비용지출이 많을 수밖에 없는 40-50대의 사람들이 창업을 선택할 수밖에 없는 상황에 몰린다는 점에서 문제의 심각성이 있습니다. 더군다나 레드오션(red ocean), 즉 과다경쟁으로 인해 사회구조적으로 창업성공확률이 낮을 수밖에 없습니다. 수업주제와 관련된 카페업종의 경우, 2018년 기준으로 압도적 1위를 차지하고 있는 대표적인 레드오션 업종이기도 합니다. 참고로 교회를 자영업으로 분류하고 있는데요. 이는 목회자들이 신도들의 십일조와 헌금에 의존해 생활하기 때문이라고 하네요.

창업에 성공하기 위해서는 경쟁력을 뒷받침할 수 있는 차별화가 필요합니다. 더불어 수요조사를 반드시 해야 합니다. 준비 없이 창업에 뛰어들면 필패하기 마련임을 학생들에게 꼭 강조해주세요. 아울러 성공사례를 보여주며, 차별화에 성공하게 되면 해당 업종이 레드오션이라 할지라도 얼마든지 성공할 수 있음을 보여주는 것이 좋습니다. 카페창업에 있어서 성공적인 신화를 써내려가고 있는 인물, 예를 들어 테라로사 대표 김용덕 사례 등을 보여주며 이야기를 나눈다면 이해의 깊이를 더할 수 있을 것입니다.

유튜브(youtube.com)

네이버TV 정보닥터 채널(tv.naver.com)

테라로사 창업사례는 유튜브와 네이버 등에서 손쉽게 찾아볼 수 있습니다. 활동의 성격상 여러 교과와 연계하여 진행하는 것이 효과적입니다. 교과별 내용요소를 참고하여 현장에 맞게 적용하길 바랄게요.

Teacher Tips

<table>
<tr><th rowspan="2">교과</th><th rowspan="2">영역</th><th colspan="2">내용요소</th></tr>
<tr><th>초등학교 [5-6학년]</th><th>중학교 [1-3학년]</th></tr>
<tr><td rowspan="2">국어</td><td>말하기
듣기</td><td>◆발표[매체활용]
◆체계적 내용 구성</td><td>◆발표[내용 구성]
◆매체 자료의 효과
◆청중 고려</td></tr>
<tr><td>쓰기</td><td>◆목적·주제를 고려한 내용과 매체 선정
◆독자의 존중과 배려</td><td>◆감동이나 즐거움을 주는 글
◆표현의 다양성</td></tr>
<tr><td rowspan="2">음악</td><td>감상</td><td>◆다양한 문화권의 음악</td><td>◆다양한 연주 형태의 음악
◆음악의 역사·문화적 배경</td></tr>
<tr><td>생활화</td><td>◆국악과 문화유산</td><td>◆세계 속의 국악</td></tr>
<tr><td rowspan="2">미술</td><td>표현</td><td>◆표현 방법(제작)
◆소제와 주제(발상)</td><td>◆표현 매체(제작)
◆주제와 의도(발상)</td></tr>
<tr><td>체험</td><td>◆이미지와 의미
◆미술과 타 교과</td><td>◆이미지와 시각문화
◆미술관련직업(미술과 다양한 분야)</td></tr>
<tr><td>도덕</td><td>사회·
공동체와
의 관계</td><td>◆공정한 사회를 위해 무엇을 해야 할까?
(공정성)</td><td>◆세계 시민으로서 도덕적 과제는 무엇인가?
(세계 시민 윤리)</td></tr>
<tr><td rowspan="2">실과
정보</td><td>자료와
정보</td><td>◆소프트웨어의 이해</td><td>◆자료의 유형과 디지털 표현</td></tr>
<tr><td>기술활용</td><td>◆일과 직업의 세계
◆자기 이해와 직업 탐색</td><td></td></tr>
<tr><td>사회</td><td>경제</td><td>◆자유경쟁, 경제 정의</td><td>◆시장, 수요법칙, 공급법칙, 시장가격</td></tr>
</table>

- 적용대상(권장): 초등학교 5학년 – 중학교 3학년
- 자유학년활동: 진로탐색(권장)
- 학습예상소요기간(차시): 8 – 10일(10차시)
- Time Flow

시작하기_문제제시		전개하기_과제수행			마무리_발표 및 평가
문제출발점 설명 PBL MAP으로 학습 흐름 소개	QUEST 01 우리의 음악과 茶문화에서 답을 얻다	QUEST 02 고객의 감성을 자극할 공간을 디자인하라!	QUEST 03 우리문화의 특색을 담은 대표메뉴 개발하기	QUEST 04 창업펀드를 유치하라!	QUEST 05 드디어 그곳에서 창업에 성공하다 성찰일기 작성하기
교실 25분	교실 | 온라인 55분 | 2hr	교실 | 온라인 120분 | 2-3hr	교실 | 온라인 80분 | 2-3hr	교실 | 온라인 40분 | 3-4hr	교실 | 온라인 80분 | 1hr
1-2 Day		3-6 Day	7-8 Day	9-10 Day	11-12 Day

● 수업목표(예)

QUEST 01	◆우리의 전통 차문화에 대해 공부하고, 다도를 직접 체험할 수 있다. ◆창업할 카페에 어울릴만한 전통음악을 교과서와 교과서 밖에서 각각 찾아보고 선정이유를 밝힐 수 있다. ◆동료를 대상으로 선호도조사를 실시했고, 이를 토대로 아침, 점심, 저녁에 들려주면 좋을 전통음악(퓨전음악 포함)을 선정할 수 있다.
QUEST 02	◆많은 사람들로부터 사랑받는 카페인테리어 사례를 찾아보고, 특징과 인상적인 소품, 배울 점을 메모하며 벤치마킹할 수 있다. ◆고객의 감성을 자극할 카페공간을 디자인했고, 공간스케치로 표현할 수 있다. ◆카페의 분위기를 돋보이게 할 소품을 선정하고 이를 통해 연출하고 싶은 분위기와 선정까닭을 밝힐 수 있다. ◆카페의 특색이 담긴 특별한 이름을 짓고, 대표간판을 디자인할 수 있다.
QUEST 03	◆많은 사람들에게 사랑받는 특색 있는 카페메뉴를 찾아보고, 이들 사례들을 통해 벤치마킹할 수 있다. ◆카페를 대표할 2가지 음료를 선정하고 레시피대로 직접 만들어보며 상품성을 확인할 수 있다. ◆카페를 대표할 1가지 음식을 선정하고 레시피대로 직접 만들어보며 상품성을 확인할 수 있다.
QUEST 04	◆카페의 차별성을 강조한 사업설명회 시나리오를 작성할 수 있다. ◆투자자의 마음을 사로잡을 멋진 프레젠테이션 자료를 준비할 수 있다. ◆카페의 특색이 잘 드러나도록 인상 깊은 홍보영상을 제작할 수 있다. ◆카페창업을 위한 사업설명회를 열고, 투자자로부터 창업펀드모금을 받을 수 있다.
QUEST 05	◆고객의 시선을 사로잡을 광고지나 팸플릿을 디자인하고 제작할 수 있다. ◆대표메뉴를 준비하고 적극적으로 판매할 수 있다. ◆카페 공간 꾸미기 방안에 따라 분위기를 연출할 수 있다. ◆3가지 창업이벤트를 준비하고 고객의 적극적인 참여를 이끌어낼 수 있다.
공통	◆문제해결의 절차와 방법에 대한 이해를 바탕으로 학습과정에 참여할 수 있다. ◆공부한 내용을 정리하고 자신의 언어로 재구성하는 과정을 통해 창의적인 문제를 만들어낼 수 있다. 이 과정을 통해 지식을 생산하기 위해 소비하는 프로슈머로서의 능력을 향상시킬 수 있다. ◆토의의 기본적인 과정과 절차에 따라 문제해결방법을 도출하고, 온라인 커뮤니티 등의 양방향 매체를 활용한 지속적인 학습과정을 경험함으로써 의사소통능력을 신장시킬 수 있다.

시작하기

중심활동 : 문제출발점 파악하기, 학습흐름 이해하기

- 블루보틀 등 카페창업성공사례에 대해 이야기 나누며 동기유발하기
- 싱가포르와 베트남 등의 커피문화를 소개하며 문제출발점 제시하기
- 문제출발점에 제시된 상황을 이해하며 전통차문화로 차별화에 도전하는 주인공 입장 파악하기
- 전통차문화를 카페의 차별화전략으로 택해 카페창업에 성공해야 하는 문제상황 인식하기
- (선택)게임화 전략에 따른 피드백 방법에 맞게 게임규칙(과제수행규칙) 안내하기
- (선택)자기평가방법 공유, 온라인 학습커뮤니티 활용 기준 제시하기
- 활동내용 예상해 보기, PBL MAP을 활용하여 전체적인 학습흐름과 각 퀘스트의 활동 파악하기

Teacher Tips

커피브랜드계의 애플이라는 별명을 갖고 있는 블루보틀(Blue Bottle), 클라리넷을 연주하던 가난한 음악가가 퇴직금 15,000달러로 2002년 파머스마켓(올드 오클랜드 7일장)에서 시작했던 소규모 에스프레소 카트는 오늘날(2019년 9월 기준) 86개 이상의 전 세계 매장을 가진 커피기업으로 성장하게 됩니다. 차별화에 성공한 작은 카페가 어떻게 세계적인 기업으로 성장할 수 있었는지 이야기를 나눠본다면 어떨까요?

KBS 배틀트립 싱가포르 편

제시된 문제출발점 내용과 연계하여 싱가포르와 베트남의 커피문화에 대해 이야기를 나누는 것도 고려해볼만 합니다. 싱가포르의 맛으로 통하는 '카야 토스트(Kaya Toast)'와 함께 즐기는 커피문화를 소개하며, TV여행프로그램을 보여주는 것도 좋은 방법입니다.

더불어 일명 '고양이똥 커피'로 불리는 '코피루왁(Kopi Luwak)'을 소개하는 것도 커피에 대한 흥미를 끄는데 그만입니다. 똥커피가 세계 최고가에 팔리는 커피원두라는 사실과 함께 말이지요. 400그램 기준으로 50만원이 넘는 현지 커피원두가격을 언급하며, 사향고양이 배설물에서 나온 커피원두인 코피루왁(인도네시아), 코끼리 배설물에서 나온 커피원두인 블랙아이보리(태국), 족제비 배설물에서 나온 위즐커피(베트남)가 세계3대 루왁(똥)커피임을 학생들에게 알려줍니다.

이처럼 나라마다 각기 다른 고유의 커피문화가 곧 경쟁력으로 이어진다는 점을 강조하며, 삼국시대부터 이어져 내려오고 있는 전통 차문화에 주목하는 이유를 설명합니다. 전통차문화에서 차별화 전략을 찾는 문제상황 속 주인공의 입장에서 카페창업에 도전하도록 하는 것이 무엇보다 중요합니다. 문제상황을 제대로 파악하였다면, 이어질 학습흐름을 PBL MAP을 통해 확인하고, 도달할 최종목표(카페창업)가 무엇인지 학생들에게 명확히 안내해주세요.

전개하기

'우리의 문화를 커피에 담다'는 총 5개의 기본퀘스트로 구성되어 있습니다. 먼저 우리의 음악과 차문화에 대한 이해를 도모하고, 카페분위기를 살릴 배경음악 선정이 이루어집니다. 각 퀘스트 내용은 일종의 기본 틀로 얼마든지 다른 내용과 형태로 재구성해서 적용할 수 있습니다. 현장상황에 따라 융통성을 갖고 적용하길 바랍니다.

Teacher Tips

● 퀘스트1 : 우리의 음악과 茶(차)문화에서 답을 얻다

중심활동 : (선택)차문화 조사 및 다도체험, 카페음악 곡 선정

- [퀘스트1] 주어진 문제상황을 이해하고, 중심활동 내용 파악하기
- [선택활동] 우리의 차문화를 공부하고 다도체험하기
- 창업할 카페에 어울릴 만한 전통음악을 선정하고 이유 밝히기
- 선호도 조사결과에 따라 아침, 점심, 저녁으로 나누어 카페(레스토랑)에서 들려주면 좋을 곡을 최종결정하여 발표하기

Quest 퀘스트 01 우리의 음악과 茶문화에서 답을 얻다

★★★★★

고즈넉이 스며든 은은한 색과 마음을 사로잡는 향, 그는 … 래전부터 관심을 기울여왔습니다. 특히 차를 정성스럽게 달여 … 의 예법, '다도(茶道)'에 우리 '차'문화의 매력이 잘 드러나고 있 … 문화를 통해 내려온 선조의 정신이 창업할 카페에도 고스란히 … 고 있 … 니다. 더불어 우리의 전통음악인 국악을 통해 카페의 분위기를 … 을 찾고 … 중인데요. 외국인을 비롯해 요즘 젊은 세대도 호감을 가질만한 곡을 선정하고자 … 고 있답니다.

우리의 전통차 문화를 창업할 카페에 반영하고자 하는 상황을 제시하며 중심활동을 파악해보도록 합니다.

개별적으로 선정한 음악을 모아 자체적으로 선호도 조사를 실시합니다. 선호도 조사결과에 따라 아침, 점심, 저녁으로 나누어 카페(레스토랑)에서 들려주면 좋을 곡을 최종결정하여 팀별로 공유해주세요.

… 것이 좋을까요? 선호도 조사결과를 참고하여 아침, 점 …

		연출하고 싶은 분위기	선호도 조사결과
점심			
저녁			

… 따라 차를 마셔 보도록 합시다.

	체험후기

온라인을 통해 우리의 차문화를 공부하고 다도체험까지 해보는 활동입니다. 다도체험은 상황에 맞게 선택적으로 적용하도록 하세요. 학생들의 흥미도를 고려해 차문화를 카페창업 전략의 필수로 삼을지 여부를 결정해주세요.

카페에 어울릴 …

❹ 다른 모둠의 발표를 듣고 핵심내용정리, 한 줄 평, 나의 별점을 주도록 합니다.

모둠	핵심내용요약	한 줄 평	나의 별점
			☆☆☆☆☆
			☆☆☆☆☆
			☆☆☆☆
			☆☆

팀별로 선정한 카페음악을 들려주며 발표하고, 선정이유를 밝히도록 지도해주세요. 각 모둠의 발표를 듣고 한 줄 평과 별점부여를 합니다. 평가결과를 참고하여 카페음악 곡을 확정하도록 안내해줍니다.

관련 … 활동 … 예술체육

창업할 카페에 어울릴 만한 전통음악을 선정하는 활동입니다. 음악교과서와 연계하고자 한다면, 여기에 수록된 음악 중 일부를 선정하도록 하고, 교과서 밖에서 국악 감성이 담긴 퓨전음악까지 망라해서 찾아볼 수 있도록 안내해주세요.

1. 전통 '차' 문화를 소개하는 다양한 영상을 손쉽게 찾아볼 수 있습니다. SNS에 올려 진 정보보다는 관련 책을 읽는 것을 권장합니다. 아울러 다도는 가급적 직접 체험하며 이해하는 시간을 가져보도록 합시다.
2. 전통음악에 대한 충분한 이해를 바탕으로 곡을 선정해야 합니다. 교과서에서 제시하고 있는 수준 정도는 알고 있어야 무난히 과제를 수행할 수 있답니다.
3. 개별적으로 조사한 곡을 아침, 점심, 저녁으로 나누어 구분하고 학급친구들을 대상으로 선호도조사를 합니다. 이들 결과를 토대로 팀별 토의를 거쳐 최종 선정해주세요.
4. 자신이 속한 팀을 제외하고 평가를 실시합니다. 발표핵심내용을 기록하고 '한 줄 평'과 '나의 별점'을 표기해 주시기 바랍니다

● 퀘스트2 : 고객의 감성을 자극할 카페공간을 디자인하라!

중심활동 : 카페공간 디자인하기, 카페이름과 대표간판 디자인하기

- 카페인테리어와 공간디자인의 중요성에 공감하며 [퀘스트2]의 문제상황 파악하기
- 카페인테리어 사례를 조사하고 배울 점을 메모하기
- 고객의 감성을 자극할 카페 공간스케치하기
- (선택활동) 카페의 분위기를 돋보이게 할 소품 선정하기(혹은 제작하기)
- 카페이름 정하고 간판디자인 시안 제작하기

Quest 퀘스트 02 고객의 감성을 자극할 카페공간을 디자인하라! ★★★★★

작은 카페라도 공간을 어떻게 디자인하고, 어떤 소품을 활용했는지에 ᄃ 전히 달라집니다. 값비싼 비용을 지불해가며 인테리어 공사를 진행할 수 ᆨ용이 늘어나 아무래도 부담이 커질 수밖에 없죠. ᄀ ᅴ 효과를 얻고자 합니다. 다양한 인테리어 사례 고 분위기를 돋보이게 할 소품들도 고를 계획입니 ᆻ진 카페 공간이 탄생되길 기대합니다.

최소한의 투자비용으로 최대의 효과를 얻고자 하는 목적이 달성되는데, 감각적인 카페공간 디자인이 필요함을 강조합니다. 카페인테리어가 인상적이었던 사례를 자유롭게 이야기하며 [퀘스트2]를 제시해주세요.

카페의 분위기를 돋보이게 할 소품을 선정하는 활동입니다. 직접 소품을 제작하는 것도 얼마든지 가능합니다. 현장상황에 따라 생략할 수도 있으니 무리하게 진행하진 마세요.

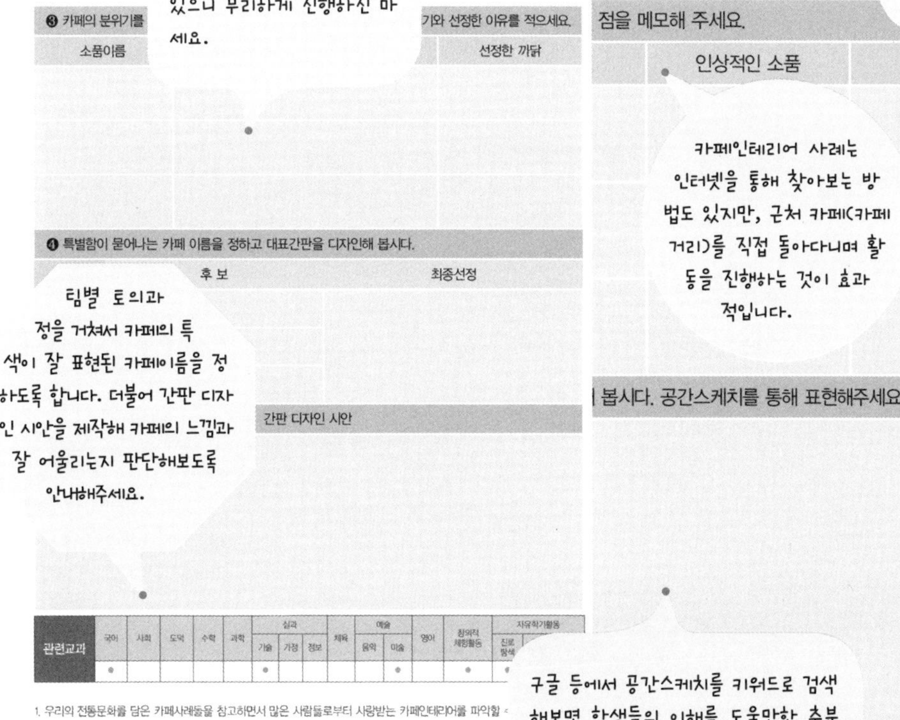

❸ 카페의 분위기를
기와 선정한 이유를 적으세요.
소품이름
선정한 까닭
점을 메모해 주세요.
인상적인 소품
배울 점
카페인테리어 사례는 인터넷을 통해 찾아보는 방법도 있지만, 근처 카페(카페거리)를 직접 돌아다니며 활동을 진행하는 것이 효과적입니다.
❹ 특별함이 묻어나는 카페 이름을 정하고 대표간판을 디자인해 봅시다.
후 보
최종선정
팀별 토의과정을 거쳐서 카페의 특색이 잘 표현된 카페이름을 정하도록 합니다. 더불어 간판 디자인 시안을 제작해 카페의 느낌과 잘 어울리는지 판단해보도록 안내해주세요.
간판 디자인 시안
봅시다. 공간스케치를 통해 표현해주세요.

관련교과	국어	사회	도덕	수학	과학	실과			체육	예술		영어	창의적 체험활동	자유학기활동
						기술	가정	정보		음악	미술			진로 탐색
	●					●					●		●	●

1. 우리의 전통문화를 담은 카페사례들을 참고하면서 많은 사람들로부터 사랑받는 카페인테리어를 파악할 ᄉ
2. '공간스케치'를 키워드로 검색하면 관련 사례가 무척 많습니다. 어떤 식으로 표현하면 좋을지 막막하다 참고하시기 바랍니다.
3. 소품을 직접 구입하기 어렵기 때문에 사진 자료로 대체하도록 합니다. 소품의 범위는 상당히 넓습니다. 니라 생활에서 흔히 사용되는 물건들도 여기에 포함될 수 있습니다.
4. 기존에 있는 카페이름을 그대로 사용하지 않도록 주의해 주세요. 이왕이면 특별한 의미가 담긴 이름이 되ᄂ 다. 아울러 카페분위기와 어울리는 간판을 디자인해 봅시다.

구글 등에서 공간스케치를 키워드로 검색해보면 학생들의 이해를 도울만한 충분한 자료들이 있습니다. 공간의 특징이 잘 드러나도록 지도해주세요.

Teacher Tips

● 퀘스트3 : 카페의 특색을 살린 대표메뉴 개발하기

중심활동 : 시그니쳐 음료와 음식개발하기, [선택]일러스트 레시피·메뉴판 제작하기

- 성공카페창업을 위해 시그니쳐 메뉴개발이 중요함을 이해하며 [퀘스트3]의 문제상황 파악하기
- 성공한 카페의 대표메뉴 조사하기
- 시그니쳐 음료와 음식 레시피 개발하고 직접 만들어 검증하기
- [선택활동] 일러스트 레시피와 일러스트 메뉴판 제작하기

Quest 퀘스트 03 카페의 특색을 살린 대표메뉴 개발하기 ★★★★★★

카페창업에 성공하기 위해 시그니처 음료와 음식 개발이 필수임을 강조하며 [퀘스트3]의 문제 상황을 제시해보도록 합니다. 카페에서 먹었던 맛있는 음식을 나열해보며, 어떤 메뉴가 시장성이 있는지 따져보는 시간도 갖도록 해주세요.

어떤 메뉴가 좋을까요? 카페의 분위기를 한껏 살린 인테리어를 구현했다고 하더라도 … 못한다면 성공할 수가 없을 것입니다. 카야 잼으로 만든 … ast) … 카페의 핵심메뉴로 사랑받는 것처럼 우리 문화의 … 입니다. 아무쪼록 고객의 사랑을 독차지할만한 '시 … 개발에 성공하길 바랍니다.

많은 사람들에게 사랑받는 카페를 조사하고, 이들 카페의 대표메뉴가 무엇인지 찾아보도록 안내해주세요.

❸ 많은 사람들에게 사랑받고 있는 특색 있는 카페메뉴를 찾아보고, 이들 사례를 … 록 합시다

❹ [선택] 다양한 사례를 참고하여 시그니처 음료와 음식 레시피를 일러스트로 표현해 보세요.

'일러스트 레시피'를 검색하면 손쉽게 다양한 사례를 찾아볼 수 있습니다. 이들 사례를 참고해서 시그니쳐 음료와 음식의 레시피를 일러스트로 표현하도록 안내해주세요. 물론 수업시간이 충분할 때 미술교과와 연계해서 진행하면 좋습니다.

… 시피(recipe)'를 적어주세요. 래시피에 따라 실제

카페를 대표할 시그니쳐 음료 2가지를 선정하고 레시피를 숙지하도록 지도합니다. 음료를 만드는 데 걸리는 시간의 중요성을 강조하며, 여러 번의 걸쳐 측정해보도록 해주세요.

… 방법(레시피)	맛 평점
	☆☆☆☆☆
	☆☆☆☆☆

… 맞는 일러스트 메뉴판을 제작해 주세요.

… 정하고 '래시피(recipe)' 를 적어주세요. 래시피에 따라 실제

음식을 만드는 방법(레시피)

시그니쳐 음식 1가지를 선택하고 [퀘스트3-2]처럼 레시피를 숙지하고 기록하도록 합니다. 실제 음식을 만들고 맛을 상호 평가하는 것도 중요하니 빼먹지 않도록 지도해주세요.

관련교과

'일러스트 메뉴'로 검색하면 손쉽게 일러스트로 표현한 메뉴판을 찾아볼 수 있습니다. 카페의 특색이 느껴지도록 하면서 동시에 고객의 관심을 이끌어내는 것이 중요함을 강조해주세요. 이 활동 역시 현장상황에 맞게 선택적으로 적용하면 됩니다.

1. 국내뿐만 … 목적이어야 …
2. 시그니처 … 서부터 만들어지 …
3. 카야 토스트가 … 의 전통음식 가운데 그 해답을 찾아보시길 바랄게요.
4. 인터넷 검색키워드로 '일러스트 레시피' 또는 '일러스트 메뉴'로 검색하면 참고할만한 자료가 많이 나옵니다. 관련 소프트웨어를 활용하거나 직접 그려서 표현하든 시각적인 즐거움을 줄 수 있도록 제작해 주세요.

● 퀘스트4 : 카페 창업펀드 모금하기

중심활동 : 사업설명회 준비하기, 카페창업펀드 모금하기

- 창업자금을 확보하는 것의 중요성을 인식하며 [퀘스트4]의 문제상황 파악하기
- 투자자의 마음을 사로잡을 사업설명회 시나리오 작성하기
- 사업설명회 시나리오를 바탕으로 프레젠테이션 자료 제작하기 / [선택]홍보영상 만들기
- 사업설명회 열고 투자자로부터 창업펀드 모금하기

Quest 퀘스트 04 창업펀드 모금하기

성공적인 카페창업을 위해선 자금 확보가 필수인 만큼, 창업펀드 모금을 위한 사업설명회에 심혈을 기울여야 함을 강조할 필요가 있습니다. 창업펀드 모금을 위해 필요한 절차를 설명하며 [퀘스트4]의 문제 상황을 제시해보도록 하세요.

그동안 많은 것을 준비했습니다. 이제 창업자금을 ... 여러분들의 사업계획에 공감하는 투자자와 함께 한 ... 것입니다. 우리의 문화가 담긴 특별한 카페, 그 차별성 ... 로 ... 시길 바랍니다. 열정적인 설명과 홍보가 있다면, 여러분는 ... 만날 수 있을 것입니다. 카페 창업펀드 모금 기회를 놓치지 마세요!

❶ 카페의 차별성을 강조한 사업설명회 시나리오를 작성해주세요.

성공적인 창업의 동반자를 모시고자 합니다. 저희가 제안 ...해 주시기 바랍니다. 저희가 창업할 카페의 ...

카페의 차별성이 부각되는 사업설명회 시나리오 작성을 학생들에게 요구합니다. 투자자의 마음을 사로잡는 것이 중요한 만큼 다양한 아이디어가 반영되도록 안내해주세요.

❸ 창업할 카페의 특색이 잘 드러나도록 인상 깊은 홍보영상을 제작해주세요.

☆영상콘티

창업할 카페의 특색이 돋보이는 홍보영상 제작활동입니다. 시간이 충분히 허락된다면 시도해볼만합니다. 다만, 성공적인 사업설명을 위한 부가적인 자료이므로 상황에 따라 얼마든지 생략이 가능한 활동입니다.

...자로부터 펀드 모금을 받습니다.

	기대평	투자금액

... 자료를 준비해주세요.

완성된 사업설명회 시나리오를 바탕으로 프레젠테이션 자료를 준비하도록 지도해주세요. 대략적인 스토리보드를 짜보고 프레젠테이션 전용소프트웨어를 활용해 제작할 수 있도록 해주세요.

팀별로 준비한 자료를 활용해 사업설명회를 엽니다. 발표 팀을 제외한 다른 팀의 학생들은 투자자로서의 역할을 담당하게 됩니다. 개별적으로 주어진 동일한 자금(가상화폐) 안에서 차별적으로 투자를 결정하도록 안내해주세요. 물론 자신이 속한 팀에는 투자를 할 수 없습니다.

...기활동 ...새 ...색 | 예술 체육

...습니다. 무엇 ... 에서 선정한 ... 을 제외한 모 ..., 결정합니다.

Teacher Tips

 **마무리**

'우리의 문화를 커피에 담다'의 대단원의 막은 준비한대로 교실 안에 작은 카페를 열어 창업성공을 맛보는 것으로 채워집니다. 학생들은 퀘스트5를 수행하며, 카페개업을 준비하게 되고, 마침내 개성 넘치는 작은 카페들이 교실 안에 정식오픈하게 됩니다.

● 퀘스트5 : 드디어 그곳에서 창업에 성공하다

중심활동 : 광고지나 팸플릿 제작하기, 카페대표메뉴 준비하기, 카페이벤트 준비하기

- 앞서 수행한 퀘스트 활동을 되짚어 보며 [퀘스트5]의 문제상황을 파악하기
- 고객의 시선을 사로잡을 광고지나 팸플릿 제작하기
- 카페의 대표메뉴 준비하기(시식용 사이즈로 준비할 것)
- 카페공간 꾸미기 방안 확정하기, 카페이벤트 3가지 준비하기

Quest 퀘스트 05 드디어 그곳에서 창업에 성공하다

****

그동안 성공적인 카페창업을 위해 차별화 전략을 세우고, 여러 문제들을 해결하며 열심히 달려왔습니다. 이제 드디어 꿈에 그리던 카페의 정식오픈을 목전에 두고 있는 상황입니다. 정말 얼마 남지 않았습니다. 과연, 실전에서 우리의 문화로 빚어낸 차별화 전략 …세의 경쟁력으로 이어질 수 있을까요? 두근두근, 설레는 마음으로 기다려봅니다. 우…그는 성공적인 창업을 위해 인상적인 오픈행사를 기획한다고 합니다. 카페의 차별성 …적으로 홍보하고, 시음하고 시식할 대표메뉴를 준비하여 고객의 까다로운 미각 …잡을 계획입니다. 카페 재방문을 유도할 다양한 이벤트도 함께 준비한다고 하니 …여전히 많이 남았네요. 작은 카페공간이지만 여기에 지금까지 준비한 모든 것을 …야 합니다. 자, 그와 여러분은 충분히 해낼 수 있습니다. 성공적인 창업을 위해 마…지 최선을 다해주세요!

퀘스트1에서부터 4까지의 활동을 되짚어보고, 카페의 정식오픈을 위해 필요한 것이 무엇인지 차근차근 살펴보며, [퀘스트5]의 문제상황을 제시하도록 합니다.

❶ 고객의 시선을 사로잡을 광고지나 팸플릿을 디자인하고 제작하도록 합니다.

자료 제작 방법 [소프트웨어 및 도구]	
홍보자료내용	
광고지 디자인 스케치	

고객의 관심을 끌어내기 위한 방안을 탐색하고, 직접적인 홍보방안을 논의하도록 안내해주세요. 광고지나 팸플릿을 디자인하고 제작하는데, 직접 그리고 표현하도록 하는 것도 좋지만, 스마트폰의 각종 앱을 도구로 활용해 제작하는 것이 더 효과적입니다. 손쉽게 제작할 수 있는 디자인 앱으로 캔바(Canva)와 몰디브(MOLDIV)를 추천합니다.

Canva: 사진 및 그래픽 Design 만들기
열기

MOLDIV 뷰티 카메라, 사진 편집
열기

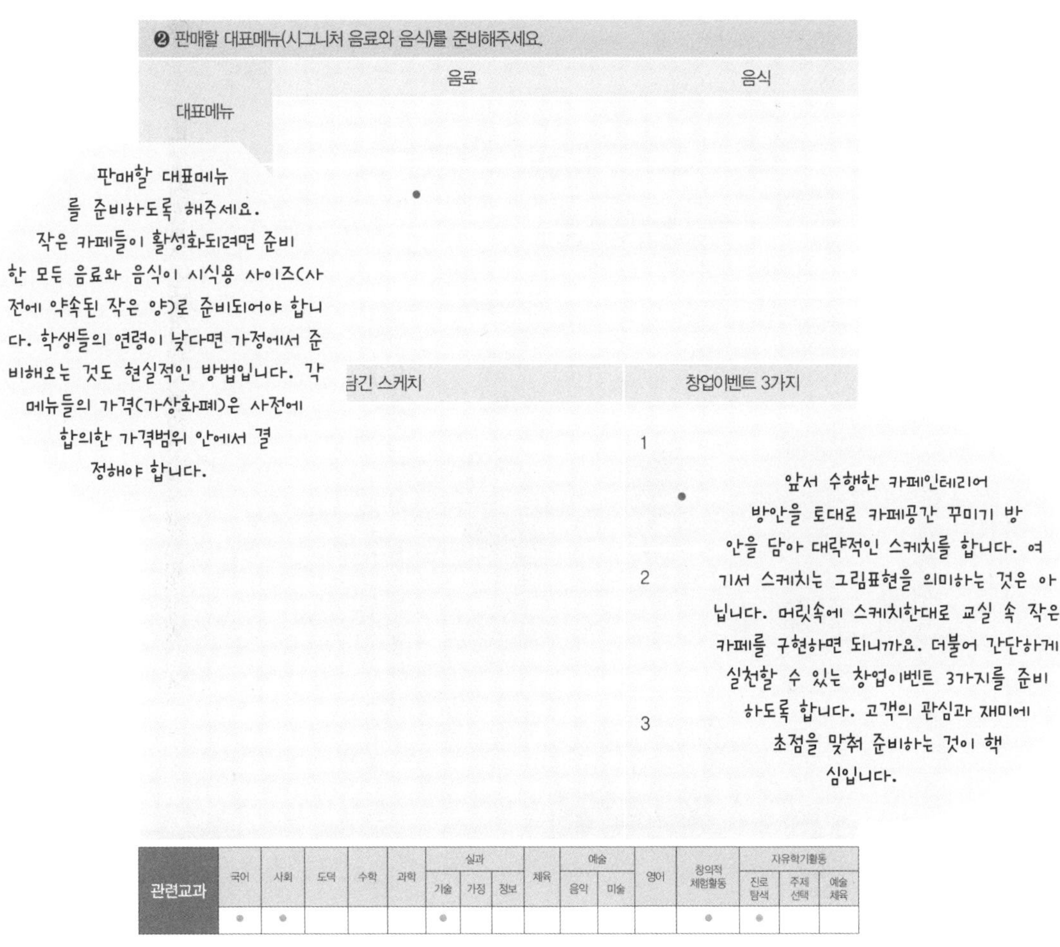

❷ 판매할 대표메뉴(시그니처 음료와 음식)를 준비해주세요.

	음료	음식
대표메뉴		

판매할 대표메뉴를 준비하도록 해주세요. 작은 카페들이 활성화되려면 준비한 모든 음료와 음식이 시식용 사이즈(사전에 약속된 작은 양)로 준비되어야 합니다. 학생들의 연령이 낮다면 가정에서 준비해오는 것도 현실적인 방법입니다. 각 메뉴들의 가격(가상화폐)은 사전에 합의한 가격범위 안에서 결정해야 합니다.

담긴 스케치	창업이벤트 3가지
	1
	2
	3

앞서 수행한 카페인테리어 방안을 토대로 카페공간 꾸미기 방안을 담아 대략적인 스케치를 합니다. 여기서 스케치는 그림표현을 의미하는 것은 아닙니다. 머릿속에 스케치한대로 교실 속 작은 카페를 구현하면 되니까요. 더불어 간단하게 실천할 수 있는 창업이벤트 3가지를 준비하도록 합니다. 고객의 관심과 재미에 초점을 맞춰 준비하는 것이 핵심입니다.

관련교과	국어	사회	도덕	수학	과학	실과			체육	예술		영어	창의적 체험활동	자유학기활동		
						기술	가정	정보		음악	미술			진로 탐색	주제 선택	예술 체육
	●	●				●							●	●		

1. 홍보자료를 어떻게 준비하면 좋을까요? '퍼블리셔', '파워포인트', '프레지' 등 익숙한 편집프로그램을 활용하거나 손수 직접 제작하도록 합니다.
2. 카페의 모든 메뉴는 가상화폐로 구입할 수 있습니다. 사전에 약속된 규칙에 따라 가상화폐를 사용할 수 있도록 합니다.
3. 가격은 정찰제로서 에누리 방식은 적용되지 않습니다. 메뉴가격 결정을 신중하게 해주세요.
4. 질서 있는 행사운영을 위해 먼저 모둠별로 카페홍보 시간이 주어집니다. 홍보이후에는 1부(A그룹)와 2부(B그룹)로 나누어 카페오픈행사를 열고 참여하게 됩니다.

공간의 제약으로 인해 학생들이 디자인한대로 구현하기가 어렵습니다. 마지막은 직접 만든 음료와 음식을 친구들과 나누는 시간으로 삼아서 가볍게 운영하는 것이 좋습니다. 앞서 선정한 카페음악은 사전에 선생님이 모아서 카페운영이 진행되는 동안 차례대로 들려주도록 해주세요. 일종의 소규모 먹거리 축제처럼, 즐거운 놀이처럼 만들면 성공입니다. 개별적으로 약속한 가상화폐를 제공하고, 모두 사용하도록 해주세요. 카페운영이 종료된 이후, 각 팀별 수입을 집계해보는 재미도 솔솔 합니다.

Teacher Tips

중심활동 : 우리 문화가 담긴 작은 카페 창업에 성공하기(발표)

- 교실 속 작은 카페 거리 구현을 위한 책상 배치 예

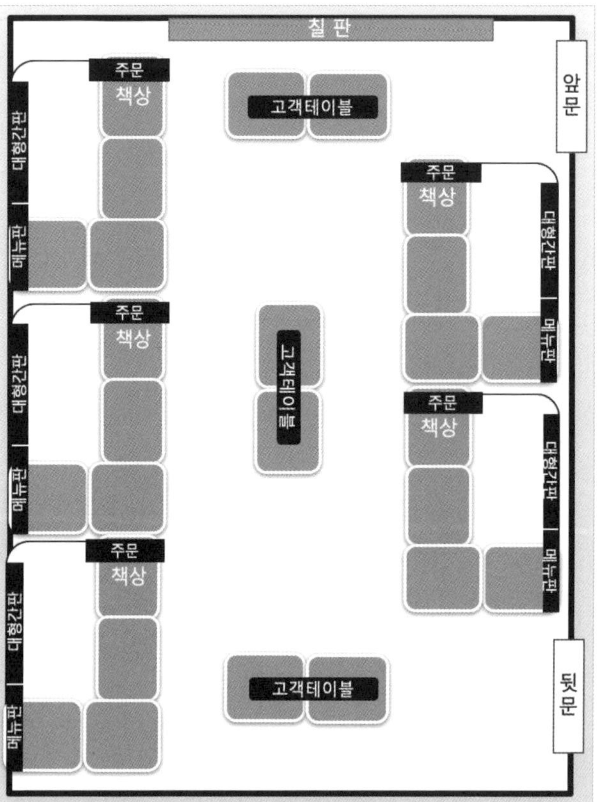

- 작은 카페를 구현하기 위한 모둠별 공간 배정하기
- 배정된 모둠별 공간을 인테리어 방안과 공간스케치를 반영해서 최대한 꾸미기
  : 공간에 대한 임대비용과 재료구입은 모금한 창업자금(가상화폐)으로 지불
- 질서 있는 행사운영을 위해 먼저 카페별 홍보 시간 갖기
- 카페공식홍보이후, 1부(A그룹)와 2부(B그룹)로 나누어 카페오픈행사를 열고 참여하기
- 각 모둠(6명)을 A(3명)와 B(3명)그룹으로 나누어 A그룹이 카페운영을 하면 B그룹이 고객역할, 2부에서는 B그룹이 카페운영, A그룹이 고객역할 수행하기
- 개인별 가상화폐 제공하고, 자신이 속한 카페를 제외하고 모두 사용하도록 약속하기
- 카페운영시간은 1부와 2부 각 15분 정도면 적정하며, 중간에 준비할 수 있는 적정시간 제공해주기
- 카페운영 종료 이후, 팀별 수입 집계하고, 최고의 수입을 자랑한 카페 발표하기
- 학생들은 성찰저널(reflective journal)을 작성해서 온라인 학습커뮤니티에 올리고 선생님은 덧글로 피드백 해주기(온라인)
- [선택] Level Up 피드백 프로그램에 따른 개인별 레벨 선정과 프로그래스바 혹은 리더보드 공개하기, 결과에 따른 뱃지 수여

우리의 문화를 커피에 담다 수업설계안 예

"우리의 문화를 커피에 담다" PBL수업은 게임화 전략(Gamification)이 반영된 수업으로 실질적인 활동은 6월 28일-7월13일, 최종발표 7월 13일 총 16일간 진행된다. PBL수업의 일반적인 전개과정인 '문제〉과제수행〉발표 및 평가〉성찰하기'의 일련의 학습과정을 따르며, 과제수행 과정을 활동별로 구분하고 단계화하여 학습과정의 용이성을 제공하고자 했다. 공개수업 부분은 과제수행과정의 4번째 단계인 '[퀘스트4]카페 창업자금 모금하기'이다.

공개수업일시	2018.7.11. 6교시	장소	5-8반 교실	지도교사	정 준 환
수업모형	프로젝트학습(PBL)	문제명	우리의 문화를 커피에 담다	대상학년반 (인원/모둠)	5학년 8반(26/5)
관련교과	국 어	2. 토의의 절차와 방법 10. 글쓰기의 과정	실 과	5. 나의 균형잡힌 식생활 6. 생활과 정보	
	사 회	3. [1] 우리 경제의 특징	미술	11. 쓰임이 있는 미술	
	음악	4. 음악 한바탕 축제	창체	교실 속 프로젝트학습 체험하기	
학습시간	학습기간	6/28-7/13(16일)	학습소요시간	온라인	6/28-7/12(15일)
				오프라인	400분(10차시)

구 분	수업 목표	중심교과
[퀘스트1]	- 우리의 '차' 문화에 대한 이해를 바탕으로 다도에 따라 차를 마실 수 있다. - 음악교과서에 수록된 곡 중에서 카페에 어울릴 전통음악을 선정할 수 있다. - 현대적 음악으로 재탄생한 전통음악을 조사해보고 카페 곡으로 선정할 수 있다. - 선정한 곡의 선호도 조사과정에서 다양한 곡을 감상하고 전통음악의 다양성을 이해할 수 있다.	음악/실과
[퀘스트2]	- 다양한 카페인테리어 사례를 조사하고, 장단점을 분석하며 벤치마킹할 수 있다. - 카페의 특색이 잘 드라나도록 디자인하고 공간스케치를 통해 표현할 수 있다 - 연출하고 싶은 카페분위기에 따라 소품을 선정할 수 있다. - 카페의 특색이 드러나는 간판을 디자인할 수 있다.	미술
[퀘스트3]	- 기존 카페메뉴사례를 찾아보고 장점과 단점을 분석하여 차별화된 필승전략을 세워볼 수 있다. - 주요 고객과 카페의 테마에 부합하는 대표 음료와 음식을 선정하고 레시피에 따라 만들 수 있다. - 만드는 시간과 맛 등을 검증하고 상품성을 평가할 수 있다. - 일러스트 레시피와 메뉴판을 제작할 수 있다.	실과/사회 미술
[퀘스트4] 카페 창업 펀드 모금	- 카페의 특색을 알릴 프레젠테이션 자료와 홍보영상을 제작할 수 있다. - 앞서 수행한 내용을 바탕으로 사업설명회 상황에 부합하는 발표를 할 수 있다. - 기존 카페와의 차별성을 부각시켜 상품의 경쟁력을 알림으로서 투자자로부터 창업자금을 모금할 수 있다.	사회/실과 창체
[퀘스트5]	- 공간별 개성이 잘 드러나도록 카페를 준비할 수 있다. - 기존 카페와의 차별성을 부각시켜 상품의 경쟁력을 알림으로서 효과적으로 카페를 홍보할 수 있다. - 주어진 시간을 효율적으로 활용하여 합리적인 소비와 이익 창출이 이뤄질 수 있도록 카페를 운영한다.	사회/미술 창체

Teacher Tips

공통	– 카페 창업 과정을 직접 체험함으로써 자유와 경쟁이 우리 경제의 중요한 특징임을 이해할 수 있다. – 다양한 매체에서 조사한 내용을 정리하고 자신의 언어로 재구성하는 과정을 통해 정보를 효과적으로 활용하고 이를 바탕으로 창의적인 산출물을 만들어 내는 과정을 통해 지식을 생산하고 소비하는 프로슈머로서의 능력을 향상시킬 수 있다. – 토의의 기본적인 과정과 절차 해결 방안에 따라 문제해결방법을 도출하고, 온라인 커뮤니티 등의 양방향 매체를 활용한 지속적인 학습과정을 경험함으로써 의사소통능력을 신장시킬 수 있다.	국어/사회
문제 개요	우리만의 고유문화가 담긴 커피상품을 개발하기 위한 카페 창업도전 임무가 5단계(Quest)에 걸쳐 제시된다.	
중심학습 활동	– [퀘스트1] 우리 차문화 조사 및 체험, 카페음악(국악, 퓨전 곡) 선정하기 – [퀘스트2] 카페 공간디자인(스케치), 간판디자인, 미니어쳐 등의 작업하기 – [퀘스트3] 카페 대표메뉴(음료와 음식)를 개발하고 일러스트 레시피와 메뉴판 제작하기 – [퀘스트4] 사업설명회를 열어 카페창업자금을 모금하기 – [퀘스트5] 카페 오픈행사를 열고 창업에 성공하기	

일정	단계		중심활동내용
6/28	문제의 출발		◆ [동기유발] 베트남과 싱가포르의 커피문화 엿보기 ◆ 우리만의 고유문화가 담긴 차별화된 카페창업 상황이 담긴 문제출발점을 제시하고 배경과 구체적인 상황이 드러나도록 설명하기 ◆ 이야기 속 '그'가 당면한 문제상황과 조건, 주인공으로서의 관점 제시하기 ◆ 게임화 전략에 따른 피드백 방법에 맞게 게임규칙(과제수행규칙) 안내하기 ◆ 수행할 핵심활동을 소개하며 학습흐름 안내하기
6/28 – 7/9	과제 수행	[퀘스트1] 우리음악과 차문화에서 답을 얻다	◆ [사전과제] 교과서 밖 우리음악(국악) 탐색하기 : 개별로 친구들에게 추천하고 싶은 1곡 선정해서 가져오기 ◆ [퀘스트1] 문제 제시하고, 중심활동 내용 파악하기 ◆ 음악교과서 둘째마당에 수록된 우리음악 감상하며 특징파악하기 ◆ 창업할 카페에 어울릴 만한 전통음악을 선정하고 이유 밝히기 ◆ 개별적으로 조사해온 교과서 밖 전통음악 곡에 대한 선호도 조사하기 ◆ 선호도 조사결과에 따라 아침, 점심, 저녁으로 나누어 카페에서 들려주면 좋을 곡을 최종결정하여 발표하기 ◆ [상호평가] 각 모둠의 발표를 듣고 한 줄 평과 나의 별점 부여하기
			◆ [개별선택과제] 퀘스트1-1. 우리의 차문화를 공부하고 다도 체험하기
		[퀘스트2] 고객의 감성을 자극할 카페공간을 디자인하라!	◆ [퀘스트2] 문제와 활동지를 제시하고 중심활동 설명하기 ◆ 학습주제 도출하고, 해결방안 탐색하기 ◆ 다양한 카페인테리어 사례를 조사하고 배움 점을 기록하기(벤치마킹하기) ◆ 고객의 감성을 자극할 카페공간을 디자인해서 공간스케치로 표현하기 : 공간스케치 키워드 검색을 통해 각종 사례를 참고하여 수행하기 ◆ [선택] 축소 모형(미니어처)을 제작하여 표현하기 / 3D 그래픽 도구를 활용해 카페 디자인하기(Home Design 3D 사용) ◆ 카페의 분위기를 돋보이게 할 소품을 선정하고 연출하고 싶은 분위기 반영해 보기 ◆ 카페이름을 결정하고 특색이 잘 드러나도록 대표간판 디자인 시안제작하기

		[퀘스트3] 카페의 특색을 살린 대표메뉴 개발하기	◆ [퀘스트3] 문제를 확인하고 핵심활동 파악하기 ◆ 퀘스트1-1 활동을 상기하며 다도와 다식에 대해 부연 설명하기 ◆ 특색 있는 카페음식 사례와 일러스트 레시피, 메뉴판 사례들을 공유하기 ◆ 많은 사람들에게 사랑받고 있는 특색 있는 카페메뉴에서 벤치마킹하기 ◆ 카페를 대표할 음료 2가지를 정하고 레시피 개발하기 / 실제 만들고 맛평가하기 ◆ 카페를 대표할 음식 1가지를 정하고 레시피 개발하기 / 실제 만들고 맛평가하기 ◆ 카페의 특성상 신속하게 음료와 음식을 만들 수 있어야 하므로 대표메뉴들의 만드는 시간을 검증하기 ◆ 대표메뉴를 시각적으로 알릴 수 있도록 일러스트 레시피 또는 메뉴판을 제작하기
7/10 – 7/13	결과 완성 및 발표	[퀘스트4] 카페 창업펀드 모금하기	[퀘스트4 문제 시나리오] 그동안 많은 것을 준비했습니다. 이제 창업자금을 충분히 확보하는 일만 남았습니다. 여러분들의 사업계획에 공감하는 투자자와 함께 한다면 보다 성공적인 창업이 가능해질 것입니다. 우리의 문화가 담긴 특별한 카페, 그 차별성을 부각하여 창업펀드를 모금해 보시길 바랍니다. 열정적인 설명과 홍보가 있다면, 여러분들은 분명히 성공파트너를 만날 수 있을 것입니다. 카페 창업펀드 모금 기회를 놓치지 마세요! ◆ [퀘스트4]의 문제를 파악하고 사업설명회 준비하기 ◆ 투자자를 사로잡을 프레젠테이션 준비하기(발표자료, 발표문 준비) ◆ 창업할 카페의 특색이 잘 드러나도록 홍보영상 제작하기 ▼ [공개수업] 카페 창업 위한 사업설명회를 열고 투자자로부터 펀드 모금받기 ◆ '우리 문화를 커피에 담다' PBL의 전체 학습과정을 되짚어보며 오늘의 활동 안내하기 ◆ 사업설명회 순서[5개 모둠]와 평가방법(기대평과 창업자금 투자) 소개하기 ◆ 각 모둠의 사업설명회는 홍보영상 시청과 퀘스트1에서 3까지 수행하며 완성한 카페창업계획을 발표하는 것으로 구성하기. ◆ 발표하는 모둠을 제외한 나머지 학생들과 참관하는 선생님 모두는 투자자로 참여하기. ◆ 발표를 듣고 포스트잇에 상호평가내용을 담은 기대평을 작성하고, 교사의 안내에 따라 모둠별 공간에 부착하기. ◆ 카페홍보와 창업계획을 듣고 투자자로서 창업펀드 모금함에 가상화폐(시드머니)를 넣도록 함. 개별 50시드 제공(최소 10시드 투자해야하며, 자신이 모둠은 투자할 수 없음). ◆ 수업시간은 융통성 있게 적용하며 모둠별로 최대 7분이 넘지 않도록 제한하기. ◆ 창업펀드 모금함에 투자된 금액(가상화폐)은 이후 활동인 '창업[퀘스트5]' 자금에 활용됨.
7/10 – 7/13	결과 완성 및 발표	[퀘스트5] 드디어 그곳에서 창업에 성공하다	◆ [퀘스트5]의 문제를 파악하고 창업 첫날 오픈행사를 위한 계획세우기 ◆ 역할분담을 통해 카페 개업식에 필요한 팸플릿, 광고지 / 시음(시식)할 대표메뉴 준비하기 ◆ 카페창업에 관련한 아이디어를 교환하고, 카페의 특색이 드러나도록 꾸미기(퀘스트4에서 모금한 창업자금으로 재료 구입하기) ◆ 모둠 구성원간의 협업을 통해 주어진 시간 내에 개성 있는 홍보 이벤트 준비하고 시연하기 ◆ 가상화폐를 이용하여 실제적으로 카페를 운영하고 경제 수익 창출하기
7/13	평가 및 성찰 [온라인]		◆ 성찰일기(reflective journal)를 작성해서 온라인 학습커뮤니티에 올리고 교사로부터 피드백 받기 ◆ 발표 및 활동 영상과 사진, 활동결과물을 학급커뮤니티에 공유하고 상호피드백 주고받기

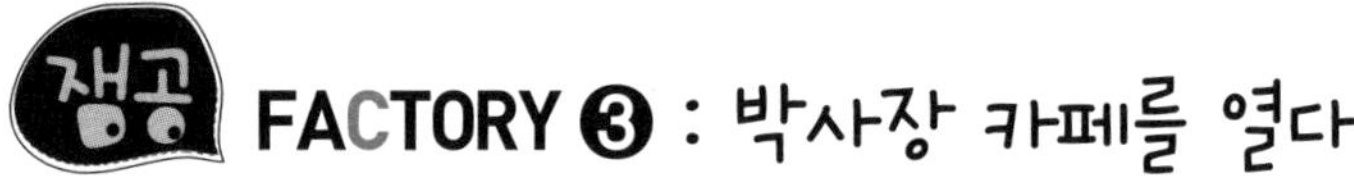

잼공 FACTORY ❸ : 박사장 카페를 열다

SYNOPSIS

'박사장, 카페를 열다'는 2014년 장내초등학교(2019년 기준) 주한경 선생님과 최미석 선생님의 초안을 토대로 필자가 각색하여 구성한 프로그램입니다. 성공적인 카페창업을 위한 9개의 퀘스트가 제공되며, 카페창업박람회 참가라는 상황을 배경으로 하고 있습니다. 이 수업은 '자유와 경쟁'을 배우는 사회단원을 비롯해 실과(기술·가정·정보), 미술, 음악, 국어 등의 교과영역과 통합하여 학습활동을 진행할 수 있습니다. 창업(진로)교육과 연계하여 창의적 체험활동이나 자유학년프로그램으로 활용하는 것도 가능합니다. 대상 학생을 고려하여 놀이하듯 즐겁게 적용해 보시기 바랍니다.

◆ 적용대상(권장): 초등학교 5학년 – 중학교 3학년

◆ 관련교과 내용요소(교육과정)

교과	영역	내용요소	
		초등학교 [5–6학년]	중학교 [1–3학년]
국어	말하기듣기	◆발표[매체활용] ◆체계적 내용 구성	◆발표[내용 구성] ◆매체 자료의 효과 ◆청중 고려
	쓰기	◆목적·주제를 고려한 내용과 매체 선정 ◆독자의 존중과 배려	◆감동이나 즐거움을 주는 글 ◆표현의 다양성
음악	감상	◆다양한 문화권의 음악	◆다양한 연주 형태의 음악 ◆음악의 역사·문화적 배경
미술	표현	◆표현 방법(제작) ◆소제와 주제(발상)	◆표현 매체(제작) ◆주제와 의도(발상)
	체험	◆이미지와 의미 ◆미술과 타 교과	◆이미지와 시각문화 ◆미술관련직업(미술과 다양한 분야)
실과 정보	자료와 정보	◆소프트웨어의 이해	◆자료의 유형과 디지털 표현
	기술활용	◆일과 직업의 세계 ◆자기 이해와 직업 탐색	
사회	경제	◆자유경쟁, 경제 정의	◆시장, 수요 법칙, 공급 법칙, 시장 가격

CORE ACTIVITY FLOW

문제제시

[동기유발] 이색적인 카페나 성공 사례를 이야기하며 시작하기

문제의 내용을 살펴보며, 핵심 활동이 무엇인지 정확히 파악하기

제한된 시간 안에 해결해야 하는 미션카드활동 주제 엿보기

문제출발점(Starting Point)에 등장하는 박가비의 동업자로서 최종목적 확인하기

과제수행

[퀘스트1] 카페의 주요고객을 정하고 카페 위치 선정하기 : 사전과제로 주변 지역 조사 수행

[퀘스트2] 카페이름을 정하고, 간판 디자인하기(제작하기)

[퀘스트3] 창업할 카페의 분위기를 살릴 배경음악 정하기(최소 3곡)

[퀘스트4] 기존카페(동네카페)와 비교해서 창업할 카페의 차별화 전략 세우기

[퀘스트5] 카페의 대표메뉴 정하기: 음료와 음식 종류 제한 / 메뉴판(일러스트) 제작하기

[퀘스트6] 카페의 특색이 잘 드러나도록 홍보자료 제작하기

[퀘스트7] 카페창업박람회에 사용할 시식용 음식과 음료 준비하기

발표 및 평가

[퀘스트8] 카페창업박람회 부스 공간 꾸미기

[퀘스트9] 카페창업박람회 열기

박사장, 카페를 열다
5.0
3.5
4.0
3.5

박사장, 카페를 열다
목적 : 카페 창업
장소 물색
상권 분석
차별화 전략
지인 초대
카페 오픈
메뉴 개발
3.0
3.5
3.5
4.0
5.0
3.5
4.0
3.5
휙 휙
사각 사각

Starting Point

박가비(35세)씨는 한국커피협회에서 인정한 커피전문가 2급 자격자입니다. 이 자격증을 따려고 그동안 많은 노력을 했습니다. 커피전문가라면 커피만 다루는 줄 알지만 결코 그렇지 않습니다. 카페에는 해야 할 일이 참 많기 때문입니다. 커피가 아닌 음료나 음식도 만들어야 하고 인테리어도 해야 합니다. 그리고 때에 따라 손님을 모을 행사(이벤트)도 필요합니다. 또 오는 손님에 따라 배려할 일도 많습니다.

가비씨는 그동안 다른 카페에서 아르바이트를 하며 경험을 쌓고 창업 자금을 모았습니다. 그리고 뜻 맞는 동업자도 만났습니다. 동업자는 바로 여러분들이죠. 이제 여러분은 박가비씨와 함께 카페를 창업하려고 합니다. 하지만 요즘 카페는 넘치도록 많습니다. 어떻게 해야 차별화된 전략으로 손님을 모을 수 있을까요?

*창업[創業]: 사업을 처음으로 시작하여 그 기초를 세움

QUEST 1

카페의 주요 고객을 누구로 할지, 어떤 곳(장소)에 열지 결정합니다.

카페를 창업하는 일은 쉬운 일이 아닙니다. 고려할 일이 하나 둘이 아니죠. 먼저 누구를 주요 고객으로 할지, 우리 동네에서 카페의 위치는 어디가 적합한지를 정해야 합니다. 첫 단추를 잘 꿰어야 하겠죠? 동업자들과 심사숙고하여 결정해주세요.

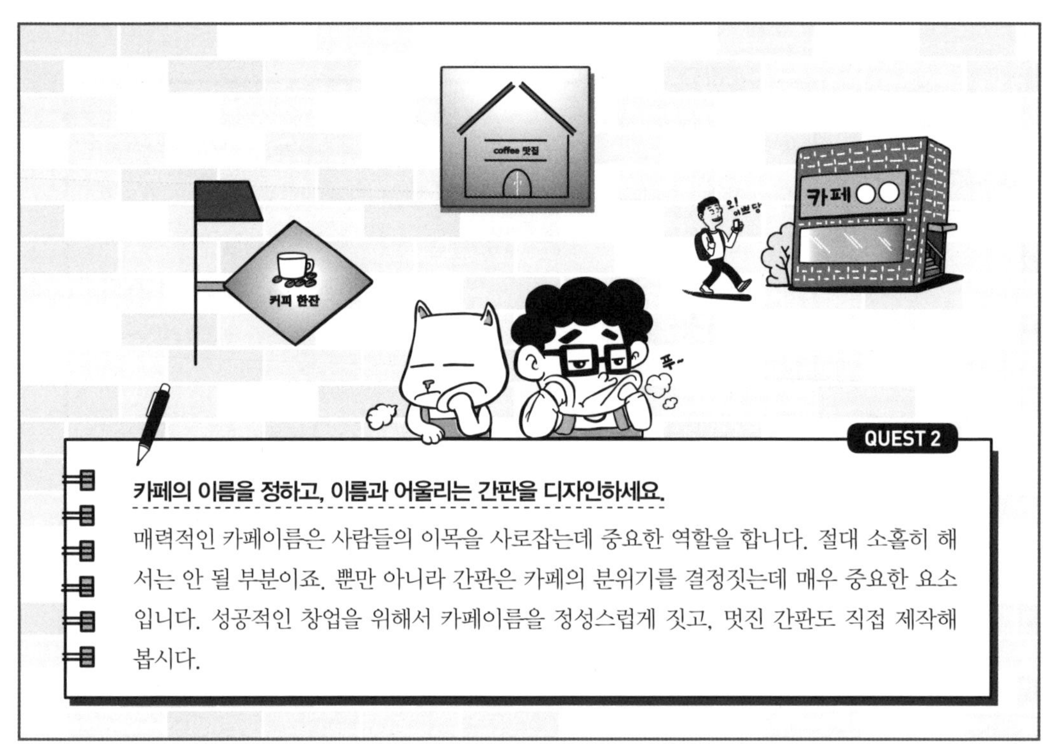

카페의 이름을 정하고, 이름과 어울리는 간판을 디자인하세요.

매력적인 카페이름은 사람들의 이목을 사로잡는데 중요한 역할을 합니다. 절대 소홀히 해서는 안 될 부분이죠. 뿐만 아니라 간판은 카페의 분위기를 결정짓는데 매우 중요한 요소입니다. 성공적인 창업을 위해서 카페이름을 정성스럽게 짓고, 멋진 간판도 직접 제작해 봅시다.

창업할 카페의 분위기를 살릴 곡을 선정해주세요.

카페의 분위기를 결정짓는데 특색있는 인테리어, 커피향과 더불어 음악이 중요한 요소를 차지합니다. 창업할 카페에서 어떤 곡을 배경음악으로 삼으면 좋을까요? 앞서 선정한 주요 고객을 고려하여 카페 곡을 선정해주세요(최소 3곡 이상).

QUEST 4

창업할 카페의 차별화 전략을 세우세요.

개성을 찾기 어려운 그저 그런 카페는 살아남을 수 없습니다. 카페창업에 성공하기 위한 필승전략이 있어야 하겠죠? 시장조사(기존카페의 장단점 분석 등)를 바탕으로 차별화 전략을 세워주세요.

QUEST 5

카페 대표메뉴를 결정하고, 메뉴판을 제작해주세요.

카페에서 커피를 빼놓을 수 없지만, 그렇다고 커피만 판매하는 것은 아닙니다. 다양한 음료와 디저트 음식까지 다양한 메뉴가 소비자를 유혹해야 성공할 수 있습니다. 동업자와 상의해서 카페의 대표메뉴를 결정하고, 이들 음료와 음식을 한 눈에 확인할 수 있는 메뉴판을 제작해주세요. 이왕이면, 일러스트로 표현하는 것을 강추합니다!

QUEST 6

카페 창업박람회에 참가합니다. 창업할 카페의 모든 것이 담긴 홍보자료를 제작하세요.

드디어, 카페오픈이 다가오고 있습니다. 창업할 카페의 성공여부를 가늠하기 위해 카페 창업박람회에 참가하기로 했는데요. 짧은 시간 동안 많은 고객을 만날 수 있는 절호의 기회이기도 합니다. 고객의 마음을 사로잡을 홍보방안을 세우고, 설득력있는 홍보물(영상, 포스터, 팸플릿 등)을 제작해 주세요.

QUEST 7

카페 창업박람회에 사용할 음료와 음식을 준비해 주세요.

박사장의 든든한 동업자인 여러분들은 카페 창업박람회에 사용할 음료와 음식을 준비해야 합니다. 참관객들이 맛을 체험할 수 있도록 시음(시식)용으로 준비하는 것이니 적정 수준의 양을 지키주길 바랄게요. 특별히 카페 창업박람회에서는 참관객들에게 가상화폐를 나눠줘 준비한 메뉴의 호응도와 매출 정도를 확인할 수 있도록 하고 있습니다. 준비한 음료와 음식의 값(가상화폐단위)을 미리 정해주세요.

QUEST 8

카페 창업박람회 부스 공간을 꾸며주세요.

카페 창업박람회 부스가 여러분들에게 할당됐습니다. 부스 공간이 협소하지만, 창업할 카페의 특색이 잘 담기도록 꾸며주세요. 반드시 앞서 준비한 모든 것이 이 공간 안에 구현될 수 있어야 합니다. 저는 박사장의 동업자인 여러분들의 센스를 전적으로 믿습니다.

QUEST 9

카페 창업박람회에 열정적으로 참여해 주세요.

오늘은 카페 창업박람회가 열리는 날입니다. 지금껏 열심히 달려왔고, 그것만으로도 박수받기에 충분합니다. 이제 유종의 미를 거둬야 하겠죠? 박사장과 여러분들이 준비한 카페의 매력이 가상 소비자인 참관객에게 제대로 전해지도록 운영의 묘미를 살려주세요. 성공적인 카페창업은 여러분들의 열정적인 참여를 통해 완성됩니다.

All-Clear
sticker

CHAPTER 09

한마음 축제의 마당, 지구촌 세계박람회

INTRO.

한마음 축제의 마당, 지구촌 세계박람회

1900년 파리만국박람회 한국관
Le Petit Journal – Pavillon de la Corée –

1851년 런던 하이드 파크에 지어진 수정궁에서 첫 세계박람회가 열렸습니다. 이후 수많은 국제박람회가 지구촌 방방곳곳에서 열리게 됩니다. 1993년 대전, 2012년 여수에서 열린 국제박람회 덕분에 우리에겐 엑스포(Expo)라는 이름이 더욱 친숙하게 남아있습니다. 사실 엑스포는 국제박람회기구(BIE)에서 주관하거나 공식적으로 인정하는 경우에만 개최할 수 있습니다. 특히 5년을 주기로 개최되는 등록박람회(Registered Expositions)의 규모가 제일 큽니다. 등록박람회는 주제 제한이 없으며, 2010년 상하이(중국), 2015년 밀라노(이탈리아), 2020년 두바이(UAE)에서 열렸거나 열릴 예정입니다. 참고로 대한민국이 개최했던 엑스포는 등록박람회 주기 사이에 1회 열리는 인정박람회(Recognized Expositions)입니다.

한편 세계박람회와 우리나라의 인연은 백년을 훌쩍 넘는 세월동안 이어지고 있습니다. 1900년 대한제국이 박람회를 통해 독립국임을 알리려 했고, 전시를 위해 고종황제가 쓰던 물건을 내놨다고 합니다. 그 당시 대형화보에 실린 그림만 보아도 참가규모를 짐작해 볼 수 있습니다. 한국관에는 주물로 만든 용을 비롯해 한국화, 놋그릇, 한지, 자기류, 악기 등 다양한 종류의 물건들이 전시됐다고 합니다. 전시가 끝난 후, 프랑스에 기증된 전통악기들은 파리의 악기박물관(Maison de la Musique)에서 여전히 만날 수 있습니다.

DRAGON
EN MÉTAL CISELÉ.

바람 앞에 등불처럼 위태롭기만 하던 대한제국을 당당하게 알릴 수 있었던 세계박람회는 그야말로 국제사회에 특별한 존재감을 각인시킬 수 있었던 공식무대였던 셈입니다. 이처럼 저마다 특별한 의미를 지녔던 세계박람회, 그렇다면 여러분들이 꿈꾸는 세계박람회는 어떤 모습입니까. 지구촌 세계박람회 프로젝트를 통해 우리만의 소중한 의미를 만들어 보는 것은 어떨까요? 지금부터 참가하는 모든 이가 한마음이 되는 축제의 마당을 펼쳐봅시다.

* 문제시나리오에 사용된 어휘빈도(횟수)를 시각적으로 나타낸 워드클라우드(word cloud)입니다. 워드클라우드를 통해 어떤 주제와 활동이 핵심인지 예상해 보세요.

한마음 축제의 마당, 지구촌 세계박람회

한마음 축제의 마당, 지구촌 세계박람회

아름답고 매력이 가득한 이곳에는 외국인을 비롯한 많은 이들의 발걸음이 끊이지 않고 있습니다. 이맘때가 되면 이곳저곳이 방문객들로 인해 더욱 붐비는데요. 놀랍게도 세계인의 축제가 매년 이곳에서 벌어지고 있기 때문입니다. 지구촌 세계박람회, 이름만 들어서는 뭔가 거창하게 느껴지겠지만 실상은 남녀노소 불문, 지역주민 모두가 한마음으로 참여하는 지역축제입니다. 특히 나이 어린 학생들의 참여가 두드러진다고 하는데요. 그래서인지 거리뿐만 아니라 학교곳곳에서 세계 각국의 고유문화를 직간접적으로 만날 수 있는 다채로운 체험프로그램과 볼거리들이 가득하다고 합니다.

이러한 지구촌 세계박람회는 참가규모에 따라 다소 차이는 있지만, 일반적으로 아시아, 유럽, 아메리카, 아프리카, 오세아니아 등의 대륙별 전시관을 열거나 인접 지역의 국가별로 전시관을 꾸리곤 합니다. 저마다 특색 있는 전시관에는 세계 각국의 대표적인 문화유산을 비롯해 유명 관광지, 전통음식 등을 만날 수 있으며, 참가자들의 퍼레이드 및 세계 문화이벤트, 퀴즈대회, 월드마켓 등의 다양한 문화교류행사가 준비되어 있습니다. 분명 이곳을 찾는 많은 방문객들에게 특별한 즐거움을 선사해 줄 것으로 확신합니다.

이상 잼공신문사 이지구 기자였습니다.

이지구 기자

지구촌 세계박람회 전시관 부스(팀)별로 행사 운영을 위한 기초자금이 먼저 지급됩니다(300시드). 그리고 퀘스트 수행에 따라 행사에 필요한 자금을 획득할 수 있게 됩니다. 시드머니는 퀘스트 수행과정에서 팀별 또는 개별적으로 획득한 ★(=10시드)을 기준으로 제공됩니다. 개별적으로 돌발미션을 수행하거나 각 퀘스트 수행이 끝난 직후, 배운 점과 느낀 점을 성찰일기에 기록하여 올리면 보너스 경험치★가 추가로 부여됩니다. 지구촌마블(선택활동)에 참여하여 해당 미션을 수행하면 자금을 확보할 수 있습니다.

PBL MAP

Quest 01.
행사에 참여할 후보국가 선정하기

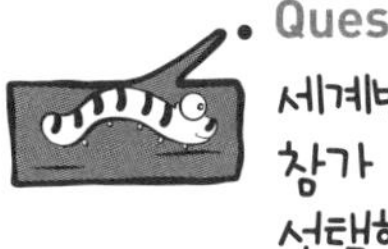

Quest 02.
세계박람회 참가 국가를 선택하라!

Quest 03.
특색 있는 체험프로그램 만들기

Quest 04.
전시자료 준비하기

Quest 05.
행사부스 꾸미기

Quest 06.
성공적인 세계박람회 행사를 진행하라!

프로젝트학습 

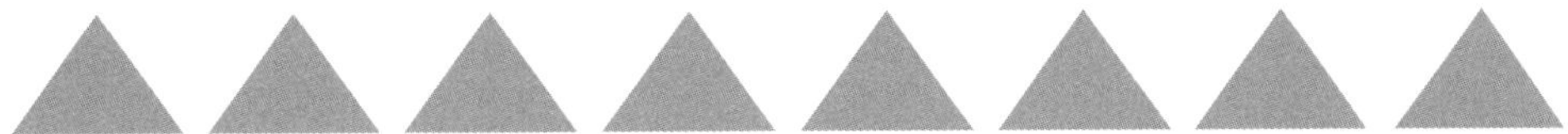

Quest 퀘스트 01

행사에 참여할 후보국가 선정하기

★★★★

우리 고장의 대표적인 지역축제로 자리매김한 지구촌 세계박람회가 드디어 열립니다. 뜻 깊은 행사인 만큼 이번 축제를 위한 준비과정에서부터 마무리까지 팀원들과 더불어 적극적으로 동참할 생각입니다. 이미 당신은 여러 국가들에 대해 관심을 기울여왔습니다. 각 나라들마다 특색있는 문화를 발전시켜왔기에 어떤 나라를 선택할지 고민입니다. 한편으로 방문객들에게 새로움을 줄 수 있는 잘 알려지지 않은 나라를 선택하는 것도 고려하고 있습니다. 아무튼 당신은 전시관별로 묶일 지역을 선택하고, 해당지역의 국가 중에 1-2개국을 선정하여 체험부스를 운영할 계획입니다. 이를 위해 먼저, 지역을 선택하고 사전조사를 실시하여 행사에 참여시킬 후보 국가를 선정해야 합니다. 그리고 최종적으로 총 5개 국가를 후보로 낙점하여 선정한 이유를 설득력 있게 밝혀야 합니다.

❶ 우리학교 지구촌 세계박람회의 전시관은 아래 5개 지역을 중심으로 합니다. 각 팀별로 '옥션(auction)'를 통해 원하는 지역을 획득하세요.

선택 ① 아시아 동북(한국, 중국, 일본 등), 동남(베트남, 태국, 필리핀 등), 남부(인도, 파키스탄, 네팔 등)	**선택** ② 아시아 중앙(우즈베키스탄, 아프가니스탄 등), 서남(사우디아라비아, 이란, 레바논, 이스라엘 등), 오세아니아(호주, 뉴질랜드 등)

선택 ③ 북아메리카(미국, 캐나다, 멕시코 등), 남아메리카(브라질, 아르헨티나, 칠레 등)	**선택** ④ 유럽 북부(노르웨이, 스웨덴, 핀란드 등), 서부(영국, 프랑스, 스위스, 독일 등), 남부(이탈리아, 그리스 등), 동부(루마니아, 헝가리, 폴란드, 크로아티아 등)	**선택** ⑤ 아프리카 북부(이집트, 리비아, 알제리, 모로코 등), 중남부(남아프리카 공화국, 앙골라, 콩고 등)

❷ 팀별로 해당 지역에 위치한 국가들을 파악하고, 역할을 나누어 개별적으로 조사할 나라를 정하도록 합니다. 이어서 개별적으로 맡은 나라에 대해 자세히 조사하여 공유합니다. ★

내가 맡은 나라	조사 내용	출처

※ 조사한 내용은 온라인 커뮤니티에 올려주세요.

❸ 개별적으로 조사한 내용을 토대로 후보 국가를 선정합니다. 팀원들의 의견을 민주적으로 반영하여 TOP5를 결정하고, 해당 국가의 정보와 선정이유를 자세히 밝힙니다. ★★★

TOP5	후보국가	선정이유
1		
2		
3		
4		
5		

관련교과	국어	사회	도덕	수학	과학	실과			체육	예술		영어	창의적 체험활동	자유학기활동		
						기술	가정	정보		음악	미술			진로 탐색	주제 선택	예술 체육
		●											●		●	

1. 지역선택 옥션(경매)은 기초자금으로 제공되는 시드머니로 입찰할 수 있습니다. 최고 금액을 제시한 팀에게 해당 지역선택권이 부여되며, 같은 금액 입찰일 경우 운명의 주사위 게임이 펼쳐집니다.
2. 행사의 특성상 다양한 자료들을 비교적 쉽게 구할 수 있어야 합니다. 이를 감안하여 후보 국가를 선택해 주세요. 오랜 역사와 풍부한 문화를 지닌 나라로 선정하는 것이 행사 준비를 훨씬 용이하게 해줍니다.
3. 퀘스트에서 제시한 조건을 모두 수행해야지만 ★를 획득할 수 있습니다. 개별미션 수행의 기회를 잘 살리면 좀 더 많은 시드머니를 획득할 수 있습니다. 조건에 미달되면 감점 요인이 발생하며 벌금이 부가됩니다.

나만의 교과서

4가지 기본항목을 채우고, 퀘스트 해결과정에서 공부한 내용이나 수집한 정보를 토대로 자신만의 방식으로 알차게 표현해 보세요. 그림이나 생각그물의 형태로 표현하는 것도 좋습니다.

ideas 문제해결을 위한 나의 아이디어	facts 문제와 관련하여 내가 알고 있는 것들

learning issues 문제해결을 위해 공부해야 할 주제	need to know 반드시 알아야 할 것

스스로 평가
자기주도학습의 완성!

나의 신 호 등

01	나는 기초자금으로 제공된 시드머니로 지역선정을 위한 경매활동에 참여했다.	1 2 3 4 5
02	나는 확보된 지역에 위치한 국가들을 파악하고, 맡은 나라에 대해 폭넓게 조사했다.	1 2 3 4 5
03	나는 개별적으로 조사한 내용을 공유하고, 팀원과 협의하여 후보국가를 선정하였다.	1 2 3 4 5
04	나는 적극적인 참여와 협력, 배려를 통해 모둠활동을 진행하였다.	1 2 3 4 5
05	나는 문제해결을 위해 탐구한 내용과 수집한 정보를 바탕으로 나만의 교과서를 멋지게 완성하였다.	1 2 3 4 5

자신의 학습과정을 되돌아보고 진지하게 평가해주세요.

Level up

오늘의 점수	나의 총점수

Quest 퀘스트 02

참가국가의 운영권을 획득하라! ★★★★★

여러분들이 선정한 후보국가 중에서 지구촌 세계박람회 행사에 참가하고 싶은 나라는 어디입니까? 세계박람회 운영을 책임지고 있는 주최 측에서는 사전에 선택지역별 선호조사를 하였고, 상대적으로 인기가 높은 8개국을 선정하였습니다. 여러분들은 이들 중에서 '행운을 잡아라!' 운명의 게임을 통해 원하는 나라의 운영권을 획득할 수 있습니다.

❶ 우리 팀이 운영권을 갖게 된 최종 국가

이제 각 팀별로 세계박람회에 참가할 국가가 정해졌습니다. 성공적인 행사 진행을 위해서는 우선 해당 국가의 고유문화와 역사, 지리적 특징 등에 대해 자세히 알아야 할 것입니다. 지구촌 세계박람회에 참가할 국가에 대해서는 기본적으로 역사, 문화(의식주 관련, 종교, 언어 등), 지리적 특징(지형, 기후, 인근 국가 등)이 조사해야 한다고 합니다. 물론 제시된 항목 외에 해당 국가의 이모저모를 구체적으로 살펴봐야겠죠?

❷ 팀별로 역할을 나누어 개별적으로 조사할 내용을 정하도록 합니다. 개별적으로 조사한 내용을 공유합니다. ★

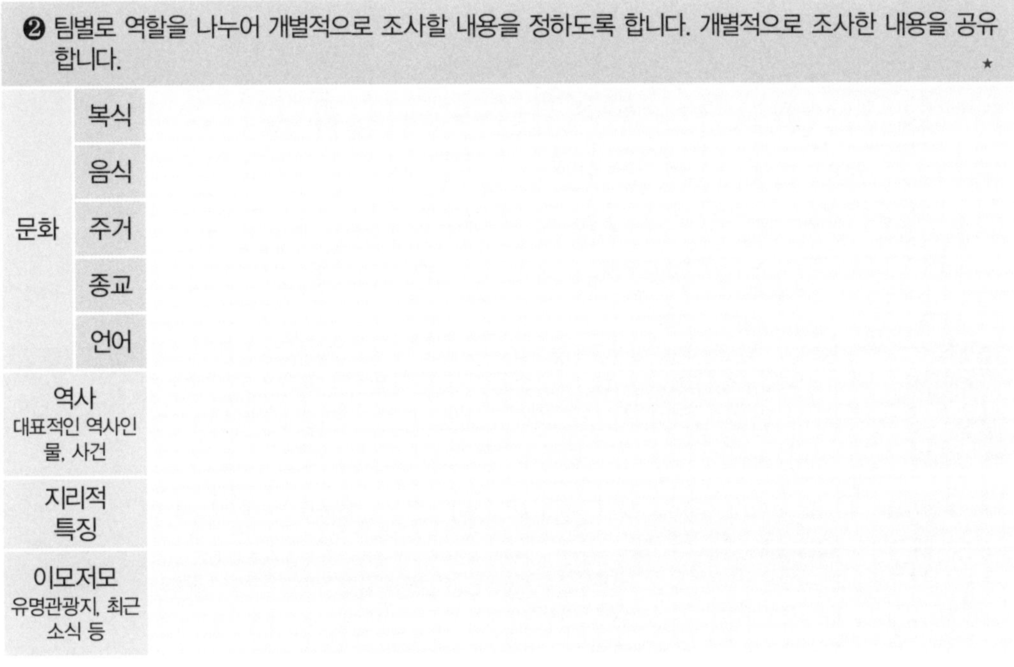

문화	복식	
	음식	
	주거	
	종교	
	언어	
역사 대표적인 역사인물, 사건		
지리적 특징		
이모저모 유명관광지, 최근 소식 등		

* 복식(服飾) : 옷의 꾸밈새, 옷과 장신구를 이르는 말
* 주거(住居) : 사람이 생활을 영위하는 장소 및 그 안에서 이루어지는 생활까지 모두 포함한 의미

❸ 조사한 내용을 바탕으로 참가 국가를 소개하는 동영상을 제작합니다. 동영상 제작이 완료되면 운영권을 최종 확정짓게 됩니다. ★★★★

스토리보드	
주요화면 구성안	
시나리오	
주요화면 구성안	
시나리오	

관련교과	국어	사회	도덕	수학	과학	실과			체육	예술		영어	창의적 체험활동	자유학기활동		
						기술	가정	정보		음악	미술			진로 탐색	주제 선택	예술 체육
		●						●					●		●	

1. '행운을 잡아라!' 게임은 주사위나 다트를 이용해 간단하게 진행됩니다. 고득점자에게 우선권이 주어지며, 게임 참가비와 도전횟수에 따라 비용이 발생합니다.
2. 선택한 국가의 역사와 문화를 자세히 알고 싶다면, 관련 TV방송이나 책을 통해 살펴보는 것이 좋습니다. 인터넷에 있는 단편적인 지식보다 훨씬 생생하고 정확한 정보를 제공해 줍니다.
3. 세계박람회 부스 방문객에게 보여줄 소개 동영상입니다. 해당 국가에 대한 관심을 이끌어낼 수 있도록 창의적인 방법으로 구성해 주세요. 컴퓨터뿐만 아니라 스마트폰의 동영상 편집도구를 이용해 손쉽게 만들 수 있습니다. 가급적 배경음악은 해당국가와 관련 있는 것으로 선정하도록 합니다.

나만의 교과서

4가지 기본항목을 채우고, 퀘스트 해결과정에서 공부한 내용이나 수집한 정보를 토대로 자신만의 방식으로 알차게 표현해 보세요. 그림이나 생각그물의 형태로 표현하는 것도 좋습니다.

ideas 문제해결을 위한 나의 아이디어	facts 문제와 관련하여 내가 알고 있는 것들

learning issues 문제해결을 위해 공부해야 할 주제	need to know 반드시 알아야 할 것

스스로 평가

자기주도학습의 완성!

		나의 신호등
01	나는 '행운을 잡아라!' 게임을 통해 최종 1개국의 운영권을 확보하였다.	1 2 3 4 5
02	나는 운영권을 확보한 국가의 문화, 역사, 지리적 특징 등을 자세히 파악하였다.	1 2 3 4 5
03	나는 조사한 내용을 바탕으로 해당 국가의 소개동영상을 제작하였으며 이를 통해 운영권을 최종적으로 확정지었다.	1 2 3 4 5
04	나는 적극적인 참여와 협력, 배려를 통해 모둠활동을 진행하였다.	1 2 3 4 5
05	나는 문제해결을 위해 탐구한 내용과 수집한 정보를 바탕으로 나만의 교과서를 멋지게 완성하였다.	1 2 3 4 5

자신의 학습과정을 되돌아보고 진지하게 평가해주세요.

Level up

오늘의 점수	나의 총점수

Quest 퀘스트 03

특색 있는 체험프로그램 만들기

★★★★★★

지구촌 세계박람회 행사는 실감나는 문화체험을 목표로 기획되고 있습니다. 앞서 조사한 내용을 바탕으로 해당 나라의 문화를 제대로 경험할 수 있는 프로그램을 준비하도록 합니다. 체험프로그램은 다른 나라의 코너에서는 경험할 수 없는 내용을 담고 있어야 합니다. 앞서 수행한 퀘스트 활동 내용을 바탕으로 '음악과 춤', '음식과 식사예절', '놀이/게임' 중 2개 영역 이상을 선택하고, 1가지씩 특색 있는 체험프로그램을 준비해 주세요.

❶ 체험프로그램에는 해당 국가의 어떤 전통문화를 담고자 합니까? 체험프로그램에 담을 내용을 알기 쉽게 정리하고 선정 이유를 밝히시오. ★★

영역	내 용	이 유

❷ 아래 제시된 영역 중 2개 이상을 선택하고 해당 영역에 맞는 체험프로그램을 만들어 봅시다. ★★★★

영역	프로그램 주제	활동내용
음악과 춤 ★★		
음식 식사예절 ★★		
놀이/게임 ★★		

관련교과	국어	사회	도덕	수학	과학	실과			체육	예술		영어	창의적 체험활동	자유학기활동		
						기술	가정	정보		음악	미술			진로 탐색	주제 선택	예술 체육
		●					●		●	●			●			●

1. 공간적 제약을 고려하여 체험활동을 결정해 주세요. 해당 국가의 전통 문화를 제대로 경험할 수 있는 주제를 선정합니다.
2. 행사 진행 상, 체험시간은 3분을 넘기면 안 됩니다. 짧은 시간 안에 참여하는 관람객이 인상적으로 경험할 수 있는 프로그램을 준비해 주세요.
3. 음식/식사예절 영역에서 음식 만들기 체험은 제외됩니다. 소량의 시식 정도만 허용됩니다.

나만의 교과서

4가지 기본항목을 채우고, 퀘스트 해결과정에서 공부한 내용이나 수집한 정보를 토대로 자신만의 방식으로 알차게 표현해 보세요. 그림이나 생각그물의 형태로 표현하는 것도 좋습니다.

ideas 문제해결을 위한 나의 아이디어	**facts** 문제와 관련하여 내가 알고 있는 것들

learning issues 문제해결을 위해 공부해야 할 주제	**need to know** 반드시 알아야 할 것

스스로 평가

자기주도학습의 완성!

		나의 신호등
01	나는 체험프로그램에 해당 국가의 전통문화가 반영될 수 있도록 하였다.	1 2 3 4 5
02	나는 체험프로그램에 담을 내용을 알기 쉽게 정리하고, 선정이유를 밝혔다.	1 2 3 4 5
03	나는 제시된 3가지 영역 중 2가지를 선택하여 체험프로그램을 만들었다.	1 2 3 4 5
04	나는 문제해결을 위해 탐구한 내용과 수집한 정보를 바탕으로 나만의 교과서를 멋지게 완성하였다.	1 2 3 4 5

자신의 학습과정을 되돌아보고 진지하게 평가해주세요.

Level up

오늘의 점수	나의 총점수

Quest 퀘스트 04

전시자료 준비하기

★★★★★

지구촌 세계박람회 부스에 선택한 국가의 문화와 역사를 잘 설명해 줄 수 있는 자료를 준비해야 합니다. 해당 국가의 문화적 특색이 잘 드러나도록 전시할 자료를 수집하고 관련 소품을 제작하는 것도 필요합니다. 다채롭고 풍부한 행사가 될 수 있도록 최선을 다해 주세요. 더불어 전시관 방문객에게 낼 세바퀴(세계를 바라보는 퀴즈의 준말) 문제도 만들어서 준비해 놓아야 합니다.

❶ [팀별] 부스를 풍성하게 채울 설명자료와 전시자료를 만들도록 합시다. ★★★★

구분		설명자료(방법)	전시자료 및 소품 목록
문화	생활 의식주		
	종교		
	언어		
역사 (인물,사건)			
기타 유명관광지, 최근소식 등			

❷ [개별] 세바퀴 문제를 3개 이상 만듭니다. 문제카드 형식으로 제작하세요. ★

유형	문제	정답

관련교과	국어	사회	도덕	수학	과학	실과			체육	예술		영어	창의적 체험활동	자유학기활동		
						기술	가정	정보		음악	미술			진로 탐색	주제 선택	예술 체육
			●										●		●	

1. 전시할 자료의 수집이나 소품 제작에는 어느 정도 한계가 있기 때문에 부분적으로 스마트폰이나 컴퓨터를 활용할 수 있는 방법을 생각하는 것이 좋습니다. 구성원의 소질과 적성을 고려하여 역할분담을 맡도록 하세요.
2. 세바퀴 문제는 부스 운영시 관람객에 제공되는 설명이나 전시물, 체험프로그램과 관련된 것이어야 합니다. 객관식, OX, 단답식 형식으로 만들어 주세요.

나만의 교과서

4가지 기본항목을 채우고, 퀘스트 해결과정에서 공부한 내용이나 수집한 정보를 토대로 자신만의 방식으로 알차게 표현해 보세요. 그림이나 생각그물의 형태로 표현하는 것도 좋습니다.

ideas 문제해결을 위한 나의 아이디어	facts 문제와 관련하여 내가 알고 있는 것들

learning issues 문제해결을 위해 공부해야 할 주제	need to know 반드시 알아야 할 것

스스로 평가

자기주도학습의 완성!

		나의 신호등
01	나는 앞서 조사한 내용과 확보한 자료를 토대로 전시자료를 제작했다.	1 2 3 4 5
02	나는 부스에서 활용할 관람객의 이해를 돕기 위한 설명 자료를 제작하였다.	1 2 3 4 5
03	나는 전시관 관객에게 사용할 세바퀴 퀴즈문제카드를 3개 이상 만들었다.	1 2 3 4 5
04	나는 문제해결을 위해 탐구한 내용과 수집한 정보를 바탕으로 나만의 교과서를 멋지게 완성하였다.	1 2 3 4 5

자신의 학습과정을 되돌아보고 진지하게 평가해주세요.

Level up

오늘의 점수	나의 총점수

Quest 퀘스트 **05**

행사부스 꾸미기

★★★★★

지구촌 세계박람회 D-1일, 내일이면 기다리던 행사가 열립니다. 우선, 준비한 전시자료와 소품을 어떻게 배치할지 고민하는 일부터 시작하세요. 관람객 편의를 감안하여 탁자 위치를 정하고 크기와 모양을 고려하여 배치하는 것이 필요합니다. 또한 야심차게 준비한 체험프로그램을 원활하게 실행할 수 있는 공간 확보도 중요하겠죠? 이왕이면, 선택한 나라의 이미지가 한 눈에 느껴지도록 특유의 문화적 색채가 반영된 행사 부스를 꾸미도록 하세요.

* 행사부스를 스케치하고 이를 토대로 꾸미기를 시작해 주세요.

관련교과	국어	사회	도덕	수학	과학	실과			체육	예술		영어	창의적 체험활동	자유학기활동		
						기술	가정	정보		음악	미술			진로 탐색	주제 선택	예술 체육
											●		●		●	

1. 부스꾸미기를 위해 제공되는 것은 기본적으로 책상4개와 의자4개입니다. 주어진 공간을 최대한 활용하여 배치해 주세요. 추가 물품은 월드마켓에서 구입하여 활용합니다.
2. 지구촌 세계박람회는 2부로 나누어 진행됩니다. 각 팀에서는 1부와 2부를 책임질 운영팀을 2개 조로 나누고, 설명과 활동이 원활히 이루어지도록 사전에 충분히 연습해 주세요.

나만의 교과서

4가지 기본항목을 채우고, 퀘스트 해결과정에서 공부한 내용이나 수집한 정보를 토대로 자신만의 방식으로 알차게 표현해 보세요. 그림이나 생각그물의 형태로 표현하는 것도 좋습니다.

ideas 문제해결을 위한 나의 아이디어	facts 문제와 관련하여 내가 알고 있는 것들

learning issues 문제해결을 위해 공부해야 할 주제	need to know 반드시 알아야 할 것

스스로 평가

자기주도학습의 완성!

		나의 신호등
01	나는 퀘스트 수행 등을 통해 확보한 시드머니를 활용해 부스꾸미기 재료를 확보했다.	1 2 3 4 5
02	나는 월드마켓(가칭)에서 필요한 만큼 알뜰하게 재료를 구입했다.	1 2 3 4 5
03	나는 주어진 공간을 최대한 활용하도록 했고, 부스꾸미기에 적극적으로 동참했다.	1 2 3 4 5
04	나는 문제해결을 위해 탐구한 내용과 수집한 정보를 바탕으로 나만의 교과서를 멋지게 완성하였다.	1 2 3 4 5

자신의 학습과정을 되돌아보고 진지하게 평가해주세요.

Level up

오늘의 점수	나의 총점수

Quest 퀘스트 06

성공적인 세계박람회 행사를 진행하라!

★★★★★

지금부터 지구촌 세계 박람회가 시작됩니다! 관람객 여러분들의 적극적인 참여를 기대하겠습니다.
빰빠밤

오늘 드디어 지구촌 세계박람회가 열립니다. 여러분들은 지금까지 세계박람회 행사를 위해 열심히 달려왔습니다. 이제 성공적인 부스 운영만 남았군요. 관람객의 마음을 사로잡을 수 있도록 최선을 다해 행사를 진행해 주세요.

* 전시관의 행사부스 위치와 관람객의 이동 동선을 그림으로 간단히 표현해 주세요.

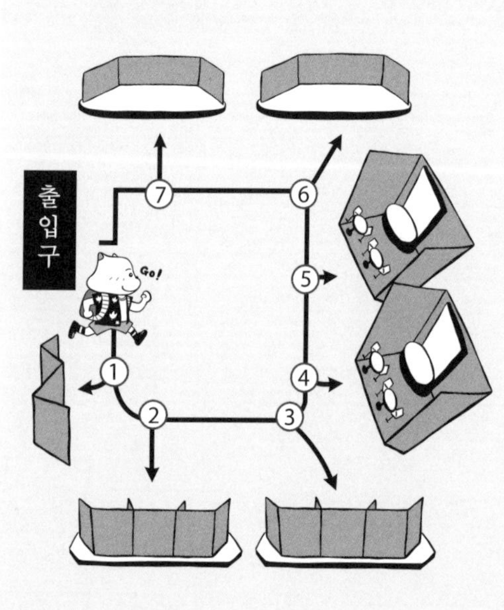

관련교과	국어	사회	도덕	수학	과학	실과			체육	예술		영어	창의적 체험활동	자유학기활동		
						기술	가정	정보		음악	미술			진로 탐색	주제 선택	예술 체육
			●										●		●	

1. 행사 진행은 1부로 2부로 나뉘어 진행됩니다. 팀 안에서 A와 B조로 나누어 부스운영과 관람객 역할을 번갈아 가며 맡으면 됩니다.
2. 전시관별 관람 제한시간과, 부스별 프로그램 진행 시간을 사전에 약속하고 이를 준수하도록 합니다.
3. 지구촌 세계박람회에서 제공하는 여권은 팀별로 제공됩니다. 각 부스에서 제공하는 모든 프로그램을 수행해야지 인증스탬프를 받을 수 있습니다.
4. 활동을 마치고 각 부스에 놓여 있는 방명록에 자신의 이름과 소속, 활동에 대한 소감을 간략하게 적어주세요.

나만의 교과서

4가지 기본항목을 채우고, 퀘스트 해결과정에서 공부한 내용이나 수집한 정보를 토대로 자신만의 방식으로 알차게 표현해 보세요. 그림이나 생각그물의 형태로 표현하는 것도 좋습니다.

ideas 문제해결을 위한 나의 아이디어	facts 문제와 관련하여 내가 알고 있는 것들

learning issues 문제해결을 위해 공부해야 할 주제	need to know 반드시 알아야 할 것

스스로 평가

자기주도학습의 완성!

나의 신호등

01	나는 관람객을 대상으로 해당 국가에 대한 다양한 프로그램을 적용했다.	①②③④⑤
02	나는 준비한 모든 것을 활용해 행사부스를 성공적으로 운영했다.	①②③④⑤
03	나는 관람객으로서 다른 행사부스의 프로그램에 적극적으로 참여했다.	①②③④⑤
04	나는 박람회 운영규칙을 준수했으며, 활동 이후 뒷정리도 완벽하게 했다.	①②③④⑤
05	나는 문제해결을 위해 탐구한 내용과 수집한 정보를 바탕으로 나만의 교과서를 멋지게 완성하였다.	①②③④⑤

자신의 학습과정을 되돌아보고 진지하게 평가해주세요.

Level up

오늘의 점수 나의 총점수

All-Clear
sticker

09 CHAPTER

한마음 축제의 마당, 지구촌 세계박람회

★Teacher Tips

Teacher Tips

'한마음 축제의 마당, 지구촌 세계박람회'는 제목에서도 드러나듯 세계 여러 나라의 역사와 문화 등을 탐구하고 체험하는 수업입니다. 얼핏 보았을 때 사회교과에 국한된 수업으로 여길 수도 있지만, 제공되는 활동의 성격에 따라 얼마든지 음악, 미술, 체육, 실과(기술/가정), 국어 등 여러 교과와 연계하여 진행할 수 있습니다. 뿐만 아니라, 다문화(문화다양성) 교육을 위한 창의적 체험활동, 중학교 자유학년(학기)활동 프로그램으로도 손색이 없습니다. 이 수업사례는 「재미와 게임으로 빚어낸 신나는 프로젝트학습(상상채널)」 269-288쪽에 자세히 소개되고 있으며, 동명의 에듀니티(eduniety.net) 온라인 직무연수 '27차시 지구촌 세계박람회 프로젝트' 편에서 만날 수 있습니다.

'지구촌 세계박람회'는 한 학급단위로도 얼마든지 적용할 수 있지만, 여러 학급(주로 학년단위)이 공동으로 진행했을 때 훨씬 만족도가 높은 수업입니다. 박람회라는 행사의 특성상 참여규모가 크면 클수록 분위기를 한껏 살릴 수 있으니 더욱 그렇습니다. 무엇보다 참여규모가 크면 클수록 학생들이 학습과정에서 직간접적으로 다루거나 만나게 될 나라와 관련 지식이 그만큼 풍부해집니다. 예를 들어 7개 학급, 전체 35개 모둠이 참여하는 지구촌 세계박람회가 진행된다면, 역사와 문화가 서로 다른 35개국이 참가하는 행사가 됩니다. 당연히 학급 수나 학급당 모둠수를 늘리면 더 많은 나라가 세계박람회에 참가하게 되겠죠? 교실의 경계를 넘어 학년(학교) 구성원이 모두 함께하는 '빅프로젝트'를 기획해보는 것은 어떨까요?

이 수업은 학생들이 반드시 수행해야만 하는 과제가 단계별로 많이 주어집니다. 학습량이 많이 요구되는 만큼 자발적인 참여가 없이는 성공적인 수업을 장담할 수 없습니다. 더욱이 여러 학급이 함께 공동으로 진행하는 규모가 있는 수업으로 꾸려질수록 학생들의 적극적 참여를 독려하거나 세심하게 살피고 관심 갖기가 쉽지 않습니다. 하나의 해법으로 이 수업은 학생들의 자발적인 참여를 유도할 수 있는 게임화(Gamification) 전략과 기법을 적극적으로 도입하여 반영하고자 했습니다. 자세한 내용은 이후 본문에서 구체적으로 확인할 수 있을 것입니다. 교과별 내용요소를 고려하여 특정 교과수업시간을 활용하여 적용할 수 있지만 주제 중심으로 창의적 체험활동이나 중학교 자유학년활동과 연계하여 운영하는 것도 충분히 고려해 볼 수 있습니다. 문제의 대체적인 수준을 고려할 때, 대략 초등학교 5학년 이상이면 무난히 도전할 수 있습니다. 수업의 목적에 맞게 추가적인 퀘스트를 개발하여 적용한다면 학습과정이 훨씬 더 풍부해질 수 있습니다. 이 수업과 관련된 교과별 내용요소를 정리해 본다면 다음과 같습니다.

교과	영역	내용요소	
		초등학교 [5-6학년]	중학교 [1-3학년]
국어	말하기 듣기	◆토의[의견조정] ◆발표[매체활용] ◆체계적 내용 구성	◆토의[문제 해결] ◆발표[내용 구성] ◆매체 자료의 효과
도덕	사회· 공동체와 의 관계	◆전 세계 사람들과 어떻게 살아갈까? (존중, 인류애)	◆세계 시민으로서 도덕적 과제는 무엇인가? (세계 시민 윤리)
미술	표현	◆표현 방법(제작) ◆소제와 주제(발상)	◆표현 매체(제작) ◆주제와 의도(발상)
	체험	◆이미지와 의미 ◆미술과 타 교과	◆이미지와 시각문화 ◆미술과 다양한 분야
실과 정보	자료와 정보	◆소프트웨어의 이해	◆자료의 유형과 디지털 표현
사회	지리인식 장소와 지역	◆국토의 위치와 영역, 국토애 ◆세계 주요 대륙과 대양의 위치와 범위, 대륙별 국가의 위치와 영토 특징	◆우리나라 영역 ◆위치와 인간 생활 ◆세계화와 지역화
	인문환경과 인간생활	◆세계의 생활문화와 자연환경 및 인문환경 간의 관계	◆문화권 ◆지역의 문화 변동

- 적용대상(권장): 초등학교 5학년 – 중학교 3학년
- 자유학년활동: 주제선택(권장)
- 학습예상소요기간(차시): 8 – 12일(10 – 12차시)
- Time Flow

8일 기준

Teacher Tips

● 수업목표(예)

QUEST 01	◆경매게임에 즐겁게 참여하면서 원하는 지역을 선정할 수 있다 ◆아시아, 유럽, 아메리카, 아프리카, 오세아니아 등 대륙별로 구분된 지역을 파악하고, 해당 지역에 위치한 대표적인 국가들에 대해 알 수 있다. ◆역할분담을 통해 선택한 지역의 국가들을 자세히 조사하고 공유할 수 있다. ◆개별적으로 조사한 국가들 중에서 세계박람회에 참가할 후보 국가를 선정하고, 핵심관련 정보와 선정 이유를 효과적인 자료를 활용하여 발표할 수 있다.
QUEST 02	◆선택한 지역별로 모여 게임에 즐겁게 참여하면서 원하는 참가국가의 운영권을 획득할 수 있다. ◆최종 선택한 국가의 고유문화와 역사, 지리적 특징 등을 자세히 조사할 수 있다. ◆인터넷의 다양한 멀티미디어 자료와 풍부한 정보를 활용하여 참가할 국가의 소개 동영상을 제작할 수 있다. ◆[선택]유투브(YouTube)를 통해 동영상을 올리고 공유할 수 있다.
QUEST 03	◆각 나라의 문화를 이해하는데 목적을 둔 체험프로그램이 될 수 있도록 관련 조사를 충실히 할 수 있다. ◆제시된 영역별로 주제표현이 잘 드러나도록 특색 있는 체험프로그램을 만들 수 있다.
QUEST 04	◆선정한 국가에 대한 이해를 높이는데 필요한 전시자료 및 소품을 준비할 수 있다. ◆설명자료가 방문객의 시선을 사로잡을 수 있도록 시각적 디자인을 적용할 수 있다. ◆해당 국가에 대해 꼭 알아야 할 정보를 위주로 퀴즈문제를 만들 수 있다.
QUEST 05	◆주어진 공간을 고려하고, 해당 국가의 특성이 잘 드러날 수 있도록 행사부스를 꾸밀 수 있다. ◆창의적인 발상으로 시각적인 주목을 받을 수 있도록 지구촌 세계박람회 부스 설치 및 꾸미기를 할 수 있다.
QUEST 06	◆도슨트가 되어 지구촌 세계박람회 부스 운영을 할 수 있다. ◆방문객의 입장에서 운영규칙에 따라 세계 여러 나라의 부스를 적극적으로 체험할 수 있다. ◆지구촌 세계박람회를 통해 여러 나라(35개국 정도)의 문화와 역사 등을 이해할 수 있다. ◆행사가 진행되는 동안 공공예절을 지키고, 배려와 협력을 통해 성공적인 세계박람회가 되도록 최선을 다할 수 있다.
공통	◆큐레이터의 입장이 되어 전시관 기획에서부터 자료조사, 프로그램 설계에 이르기까지 모든 과정을 적극적으로 수행할 수 있다. ◆이웃나라의 환경과 생활모습, 세계 여러 지역의 자연과 문화에 대한 이해를 바탕으로 제시된 문제들을 해결할 수 있다. ◆다양한 매체에서 조사한 내용을 정리하고 자신의 언어로 재구성하는 과정을 통해 정보를 효과적으로 활용하고 이를 바탕으로 창의적인 산출물을 만들어 내는 과정을 통해 지식을 생산하고 소비하는 프로슈머로서의 능력을 향상시킬 수 있다. ◆토의의 기본적인 과정과 절차에 따라 문제해결방법을 도출하고, 온라인 커뮤니티 등의 양방향 매체를 활용한 지속적인 학습과정을 경험함으로써 의사소통능력을 신장시킬 수 있다. ◆학습이 진행되는 과정에서 가상화폐를 활용하여 경제활동(수입과 지출)을 경험할 수 있다.

 시작하기

중심활동 : 문제출발점 파악하기, 학습흐름 이해하기

- INTRO.에서 소개된 세계박람회 이야기를 나누며 동기유발하기
- [선택] 사전에 개설한 대륙별 온라인 커뮤니티 활용방법 배우기
- 지역민의 한마음 축제로 준비될 지구촌 세계박람회 행사 성격을 이해하며 문제상황 파악하기
- 문제의 조건과 주인공으로서의 관점 이해하기
- 활동내용 예상해 보기, PBL MAP을 활용하여 전체적인 학습흐름과 각 퀘스트의 활동 파악하기
- 가상경제활동과 연계된 포인트 규칙을 정확히 이해하기
- [선택] '지구촌 마블' 게임방법 공유하고, 진행하기

엑스포(expo), 세계박람회에 대한 이해를 높이기 위해 활동지 첫 장인 'INTRO.' 내용을 공유하며 자유롭게 이야기를 나누는 것이 수업시작으로 좋습니다. 이왕이면 2012년에 열린 여수세계박람회 사례를 소개하며 학생들의 이해도를 높여주세요. 학생들이 자유롭게 홈페이지에 들어가 관련 정보를 찾아보도록 하는 것도 괜찮은 방법입니다.

2012 여수세계박람회재단 공식홈페이지(expo2012.kr)

학년이 전체 참여하는 형식의 '빅프로젝트'라면 원활한 수업진행을 위한 온라인 커뮤니티가 필요합니다. 사전에 대륙별로 온라인 커뮤니티를 개설하고 활용방법에 대해 학생들과 공유하는 시간을 갖도록 하세요. '네이버 밴드(band.us)'를 활용하면 손쉽게 대륙별 커뮤니티를 개설할 수 있습니다. 이어서 세계적인 행사로 성장한 '화천산천어축제'를 소개하며, 지역민의 한마음 축제로 준비될 '지구촌 세계박람회'의 문제출발점을 제시합니다.

Teacher Tips

학생들이 문제상황을 정확히 파악해 지구촌 세계박람회가 어떤 성격의 행사로 준비되어야 하는지 명확히 알도록 해주세요. 학생들의 사소하거나 엉뚱한 질문까지도 답변해주며, 친절함을 잃지 말아야 합니다. 부담감을 조장하거나 부정적인 감정은 활동 내내 독이 될 수 있으니 유의해주세요.

화천산천어축제(narafestival.com)]

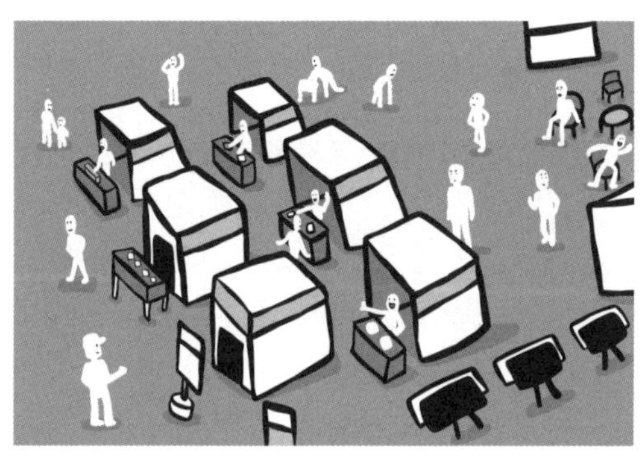

지구촌 세계박람회 관련 문제상황을 제대로 이해했다면, PBL MAP을 활용해 전체적인 학습흐름과 각 퀘스트별 중심활동을 짚어보는 활동을 갖습니다. 특히 수업이 진행되는 내내 적용될 포인트 규칙을 학생들이 정확히 이해하도록 하는 것이 중요합니다. 가상경제활동을 기반으로 수업이 진행되는 만큼, 가상화폐 단위와 활동별 수입이나 지출이 어떻게 발생하는지 등을 자세히 설명할 필요가 있습니다. 문제출발점에 제시된 포인트 규칙을 학생들과 함께 보면서 공유하도록 하세요. 포인트 규칙은 얼마든지 현장상황에 맞게 수정할 수 있습니다.

전개하기

'한마음 축제의 마당, 지구촌 세계박람회'는 총 6개의 기본퀘스트로 구성되어 있습니다. 기본퀘스트 수행과 별도로 지구촌마블(선택)이 진행됩니다. 지구촌마블 게임규칙은 단순합니다. 팀별로 주사위를 던지고 이동한 국가를 재연한 사진을 제작해 올리면 됩니다. 각 미션을 수행할 때마다 책정된 자금(가상화폐)을 획득할 수 있습니다. 지구촌 마블의 게임방법은 간단합니다. '우리 동네에서 세계를 만나다'라는 부제에서 알 수 있듯이 주사위를 던져 이동한 나라의 분위기를 학교나 동네의 특정장소에서 연출해 사진을 올리는 게임입니다. 미션수행의 양은 전적으로 학생들이 결정합니다. 학생들 입장에선 다다익선입니다.

동네 중화요리집에서 연출한 중국
학교운동장에서 연출한 사우디
학교시청각실에서 연출한 러시아(볼쇼이 발레)

한편 이 책의 부록으로 10, 20, 50시드 단위로 가상화폐도안이 제공되고 있습니다. 일반적인 화폐구분법처럼 액수가 커질수록 지폐의 크기가 커지는 방식으로 디자인되어 있으나, 색지를 이용해 복사하면 좀 더 명확하게 구분 지을 수 있습니다.

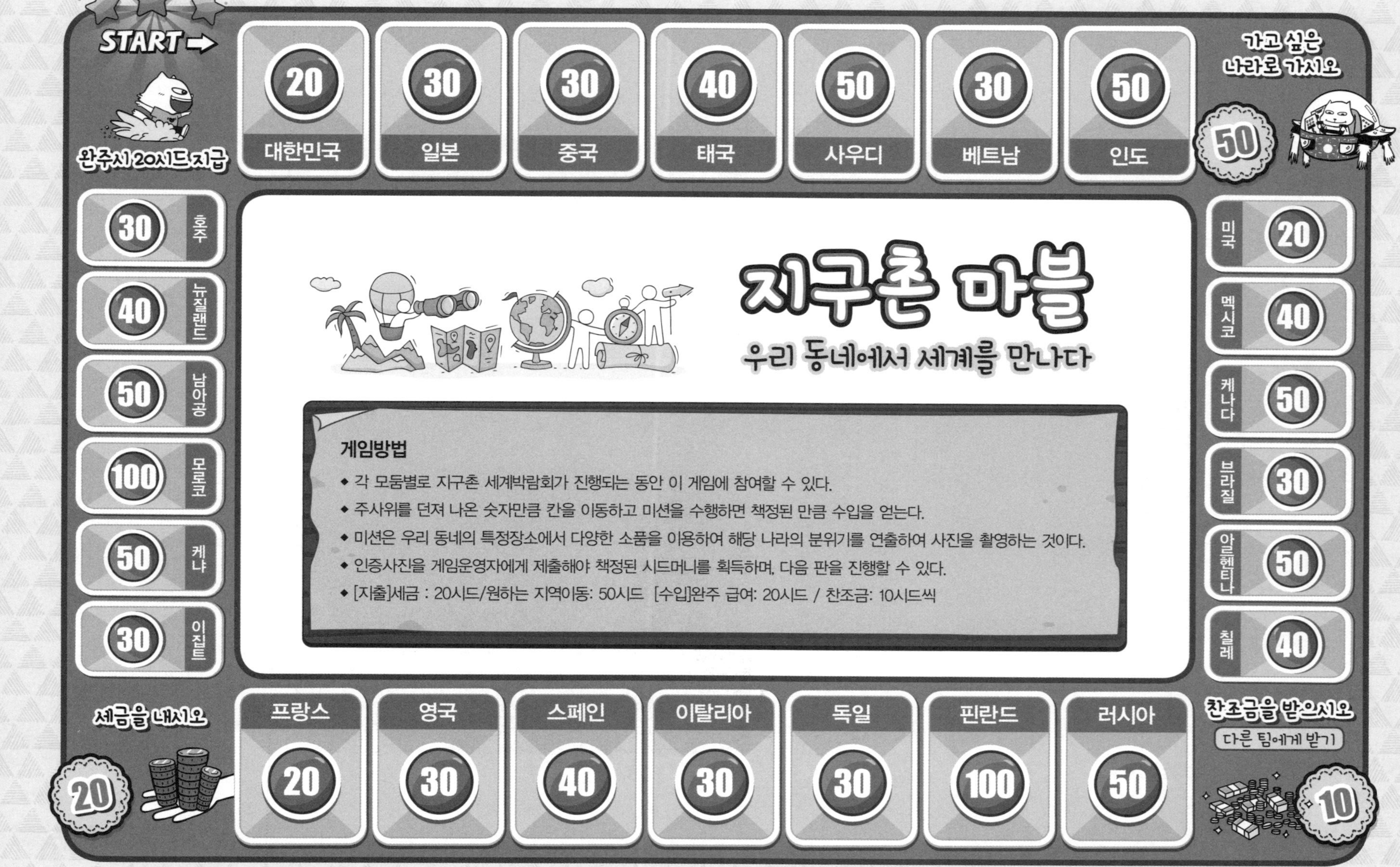
지구촌 마블
우리 동네에서 세계를 만나다
게임방법
◆ 각 모둠별로 지구촌 세계박람회가 진행되는 동안 이 게임에 참여할 수 있다.
◆ 주사위를 던져 나온 숫자만큼 칸을 이동하고 미션을 수행하면 책정된 만큼 수입을 얻는다.
◆ 미션은 우리 동네의 특정장소에서 다양한 소품을 이용하여 해당 나라의 분위기를 연출하여 사진을 촬영하는 것이다.
◆ 인증사진을 게임운영자에게 제출해야 책정된 시드머니를 획득하며, 다음 판을 진행할 수 있다.
◆ [지출]세금 : 20시드/원하는 지역이동: 50시드 [수입]완주 급여: 20시드 / 찬조금: 10시드씩
START
완주시 20시드 지급
대한민국 20
일본 30
중국 30
태국 40
사우디 50
베트남 30
인도 50
가고 싶은 나라로 가시오
50
미국 20
멕시코 40
케나다 50
브라질 30
알헨티나 50
칠레 40
찬조금을 받으시오
다른 팀에게 받기
10
러시아 50
핀란드 100
독일 30
이탈리아 30
스페인 40
영국 30
프랑스 20
세금을 내시오
20
이집트 30
케냐 50
모로코 100
남아공 50
뉴질랜드 40
호주 30

Teacher Tips

● 퀘스트1 : 행사에 참여할 후보국가 선정하기

중심활동 : 경매를 통해 지역선정하기, 후보국가 선정하기

- [퀘스트1] 문제상황 이해하고, 중심활동 내용 파악하기
- 5개 지역(대륙) 가운데 경매(옥션)를 통해 선정하기
- 선택한 지역의 국가를 개별적으로 선택(최소 2개국)하고 조사하기
- 후보국가 TOP5를 정하고, 해당 국가의 주요정보와 선정이유 밝히기

Quest 퀘스트 01 행사에 참여할 후보국가 선정하기

지역축제임을 강조하며 [퀘스트1] 문제상황을 제시합니다. 지구촌 세계박람회 전시관의 기준이 되는 선택지역(대륙별) 5곳에 대해 자세히 안내하고, 1-2개국을 선정하여 체험부스를 운영하게 된다는 사실을 알려주세요.

우리 고장의 대표적인 지역축제로 자리매김한 지구촌 세계... 은 행사인 만큼 이번 축제를 위한 준비과정에서부터 마... 로 동참할 생각입니다. 이미 당신은 여러 국가들에 대... 라마다 특색있는 문화를 발전시켜왔기에 어떤 나라... 객들에게 새로움을 줄 수 있는 잘 알려지지 않은... 니다. 아무튼 당신은 전시관별로 묶일 지역을 선택하고, 해당지역의 국가... 영할 계획입니다. 이를 위해 먼저, 지역을 선택하... 킬 후보 국가를 선정해야 합니다. 그리고 최종적... 정한 이유를 설득력 있게 밝혀야 합니다.

먼저 사회과부도(또는 구글지도 등)를 활용하여 모둠별 선택 지역에 위치한 국가들을 파악하도록 지도합니다. 해당 지역에 위치한 국가들 중에 개인별로 선호하는 나라를 고르고, 개별적으로 2개국 이상 자세히 조사할 수 있도록 해주세요. 단, 팀원 간의 조율을 통해 1개국 이상 중복되지 않도록 하는 것이 필요합니다.

...어 개별적으로 조사할 나라를 정하도록 합... 여 공유합니다. ★

...용	출처

※ 조사한 내용은 온라인 커뮤니티에 올려주세요.

...개 5개 지역을 중심으로 합니다. 각 팀별로 '옥션(auction)'를

선택 ② 아시아 중앙(우즈베키스탄, 아프가니스탄 등), 서남(사우디아라비아, 이란, 레바논, 이스라엘 등), 오세아니아(호주, 뉴질랜드 등)

유럽 북부(노르웨이, ...란드 등), 서부(영국, ...스, 독일 등), 남부(이... ...스 등), 동부(루마니아 ...란드, 크로아티아 등)

❸ 개별적으로 조사한 내용을 토대로 후보 국가를 선정합니다. 팀원들의 의견을 민주적으로 반영하여 TOP5를 결정하고, 해당 국가의 정보와 선정이유를 자세히 밝힙니다. ★★★

TOP5	후보국가	선정이유
1		
2		
3		
4		
5		

퀘스트1-1은 5개 지역(대륙)을 선정하기 위한 옥션으로 진행됩니다. 최고가 입찰 방식으로 경매를 진행해주세요(최저가격 50시드부터 10시드씩 올리며 진행). 공정한 경매를 통해 모둠별로 최종 확정지은 지역을 선포하고 서로 공유합니다. 선호하는 대륙을 차지하기 위해서 기본자금(300시드) 이상의 입찰이 이루어지는 경우가 있습니다. 마이너스통장(300시드 한도) 발급해 운영하는 것도 좋은 방법입니다.

개별적으로 조사한 나라에 대해 모둠별로 공유하고, 지구촌 세계박람회에 참가할 후보를 민주적인 방식(다수결)으로 선정합니다. 소외되는 학생이 발생하지 않도록 팀원 각자가 조사한 나라 중에서 1곳씩 추천받아 후보국가로 삼고, 다수결로 순위를 정하는 것이 좋습니다. 후보국가 TOP5가 정해지면, 해당 국가의 주요정보와 선정이유를 정리하여 간단히 발표하는 시간을 갖습니다.

Teacher Tips

● 퀘스트2 : 참가국가의 운영권을 획득하라!

중심활동 : 게임을 통해 참가국가 운영권 획득하기, 참가국가에 대해 조사하고 소개영상 만들기

- 세계박람회 참가국가 운영권을 획득하기 위한 [퀘스트2] 문제상황 파악하기
- 게임을 통해 세계박람회에 참가할 국가운영권을 획득하기
- 최종운영권을 획득한 국가에 대해 자세히 조사하고, 소개영상 제작하기

학년 단위로 진행되는 활동이라면, [퀘스트1]에서 선택한 지역별로 모여야 합니다. 예를 들어 각 반에서 유럽을 선택한 팀끼리 모여서 진행하는 방식입니다. 기존의 반이 아닌 지역(대륙)별로 모이는 것이며 이들 팀이 유럽관을 준비하는 것입니다. [퀘스트1]에서 선정한 후보국가 가운데 세계박람회 행사에 참여할 국가를 최종 선택해야 함을 설명합니다.

Quest 퀘스트 02 참가국가의 운영권을 획득하라!

여러분들이 선정한 후보국가 중에서 지구촌 세계박람 어디입니까? 세계박람회 운영을 책임지고 있는 주최 측에 사를 하였고, 상대적으로 인기가 높은 8개국을 선정하였 '행운을 잡아라!' 운명의 게임을 통해 원하는 나라의 운영권을 획득할

❶ 우리 팀이 운영권을 갖게 된 최종 국가

퀘스트2-1은 각 팀별로 선택한 지역의 후보국가 TOP5를 나열해보고, 중복적으로 언급되는 인기가 높은 8개국을 선정합니다. 학급 구분 없이 선택지역을 기준으로 모여서 '행운을 잡아라!' 게임을 진행합니다(참가비 1회당 50시드). 주사위, 다트던지기 등 우열을 가르기 쉬운 게임으로 진행하면 됩니다. 최고점을 기준으로 각 모둠이 선호하는 국가의 운영권을 확보하도록 하면 됩니다. 더불어 전시관(선택지역)별로 온라인 커뮤니티에 가입하도록 안내해주세요.

해졌습니다. 성공적인 행사 진행을 위 특징 등에 대해 자세히 알아야 할 것 는 기본적으로 역사, 문화(의식주 관 등)이 조사해야한다고 합니다. 물 으로 살펴봐야겠죠?

록 합니다. 개별적으로 조사한 내용을 공유

❸ 조사한 내용을 바탕으로 참가 국가를 소개하는 동영상 권을 최종 확정짓게 됩니다.

스토리보드	
주요화면 구성안	
시나리오	

개별적으로 조사한 내용을 모아서 참가 국가에 대한 소개 동영상을 제작합니다. 제작이 완료된 동영상은 전시관별 온라인 커뮤니티에 공유할 수 있도록 해주세요(유투브에 올려서 공유(선택)). 각 모둠별로 조사한 내용과 제작한 동영상을 약식으로 발표해 공유하는 시간도 갖도록 합니다.

실과			체육	예술		영어	창의적 체험활동	자유학기활동	
기술	가정	정보		음악	미술			진로 탐색	주제 선택
		●					●		●

게임을 통해 부스 운영권을 확보하였음을 알리고, 이를 확정 짓기 위해선 추가 과제를 수행해야 함을 알립니다. 팀별로 역할을 나누어 문화(복식,음식,주거,종교,언어), 역사(인물,사건), 지리적 특징(지형,기후 등), 이모저모(유명관광지, 최근소식 등) 등에 대해 개별적으로 조사하고 공부할 수 있도록 지도해주세요.

해 간단하게 진행됩니다. 고득점자에게 우선권이 주어지며, 게임

고 싶다면, 관련 TV방송이나 책을 통해 살펴보는 것이 좋습니다. 인터 단편적인 지식보다 훨씬 생생하고 정확한 정보를 제공해 줍니다.

3. 세계박람회 부스 방문객에게 보여줄 소개 동영상입니다. 해당 국가에 대한 관심을 이끌어낼 수 있도록 창의적으로 구성해 주세요. 컴퓨터뿐만 아니라 스마트폰의 동영상 편집도구를 이용해 손쉽게 만들 수 있습니다. 가급적 해당국가와 관련 있는 것으로 선정하도록 합니다.

● 퀘스트3 : 특색 있는 체험프로그램 만들기

중심활동 : 체험프로그램에 담을 참가국가의 전통문화 선정하기, 영역별로 체험프로그램 만들기

- 참가국가의 문화를 맛볼 수 있는 체험프로그램 만들기가 핵심임을 이야기하며 [퀘스트3]의 문제상황 파악하기
- 참가국가의 전통문화 가운데 체험프로그램에 담을 내용 선정하기
- '음악과 춤', '음식과 식사예절', '놀이, 게임' 3가지 영역 가운데 2가지를 선택하여 준비하기

Quest 퀘스트 03 특색 있는 체험프로그램 만들기

팀별로 최종행사 운영권을 확정지은 국가의 문화적 특색이 드러난 체험프로그램을 고안해야 함을 이해하고 제시된 문제상황을 파악하도록 도와줍니다.

ᅟ 행사는 실감나는 문화체험을 목표로 기획
ᅟ 나라의 문화를 제대로 경험할 수 있는
ᅟ 나라의 코너에서는 경험할 수 없는
ᅟ 내용을 바탕으로 '음악과 춤', '음식과
ᅟ 고, 1가지씩 특색 있는 체험프로그램을 준비해 주세요.

퀘스트3-1은 선택한 국가의 전통문화를 충분히 이해하고, '음악과 춤', '음식과 식사예절', '놀이, 게임' 영역을 고려하여 체험요소가 있는 사례들을 조사하는 활동입니다. 해당 국가에 대한 다양한 정보, 특히 관련 방송(예능, 다큐멘터리 등)을 참고할 수 있도록 안내해주세요.

ᅟ가의 어떤 전통문화를 담고자 합니까? 체험프로그램에 담을 내용을 알기
ᅟ를 밝히시오. ★★

	내 용	이 유

❷ 아래 제시된 영역 중 2개 이상을 선택하고 해당 영역에 맞는 체험

영역	프로그램 주제	
음악과 춤 ★★		
음식 식사예절 ★★		

'음악과 춤' 영역은 교과서 내용을 참고해보는 것도 좋습니다. 음악과 체육의 관련 단원을 참고하여 체험프로그램을 고안할 수 있도록 안내해주세요. 체험부스 운영상 3가지 영역 중 2가지를 골라 체험프로그램을 만들고 절대 3분을 넘지 않도록 준비하는 것이 필요합니다. 발표를 통해 모둠별로 준비한 체험프로그램을 시연해보고 공유해 보는 시간을 가져보는 것도 좋습니다.

[퀘스트3]활동이 끝나면 특정 장소에 월드마켓(가칭)을 준비해주세요. 월드마켓은 [퀘스트4] 전시자료 및 소품제작, [퀘스트5] 박람회 행사부스 꾸미기 활동에 진행되는 동안 운영되며, 제작에 필요한 각종 재료를 구입할 수 있는 곳입니다. 각종 미션을 수행하며 획득한 가상화폐를 이용해 책정된 가격에 맞춰 구입하도록 하면 됩니다.

영어	창의적 체험활동	자유학기활동		
		진로 탐색	주제 선택	예술 체육
	●			●

ᄅ 경험할 수 있는 주제를 선정합니다.
객이 인상적으로 경험할 수 있는 프로

됩니다.

Teacher Tips

● 퀘스트4 : 전시자료와 세바퀴 준비기

중심활동 : 전시자료 제작하기, 세바퀴 문제카드 만들기

- 전시자료제작활동이 핵심임을 이해하며 [퀘스트4]의 문제상황 파악하기
- 미술교과서 등의 시각디자인 사례를 참고하여 전시자료 제작하기
- 참가국가에 관한 주요지식을 묻는 세바퀴 문제카드 만들기

Quest 퀘스트 04 전시자료 준비하기

★★★★★

지구촌 세계박람회 부스에 선택한 국가의 문화와 역사를 잘 ... 를 준비해야 합니다. 해당 국가의 문화적 특색이 잘 드러... 고 관련 소품을 제작하는 것도 필요합니다. 다채롭고 풍부... 을 다해 주세요. 더불어 전시관 방문객에게 낼 세바퀴(... 제도 만들어서 준비해 놓아야 합니다.

지구촌 세계박람회 부스에 전시할 자료제작이 주요활동임을 강조하며 [퀘스트4]를 학생들에게 제시하도록 합니다. 주요 전시자료는 [퀘스트2]의 활동 내용을 토대로 제작하는 것이며, 해당 나라를 연상할 수 있는 소품선정도 함께 진행하도록 안내해 주세요.

퀘스트4-1은 미술교과서의 시각디자인 관련 사례를 참고하여 전시자료와 설명자료 고안하도록 하는 것이 좋습니다. 참가 국가의 문화적 특색이 잘 드러나도록 전시할 자료를 만들고, 소품을 제작할 수 있도록 지도해주세요.

❶ [팀별] 부스를 풍성하게 채울 설명자료와 전시자료를 만들도록 합시다.

구분		설명자료(방법)	전시자료
문화	생활 의식주		
	종교		
	언어		
역사 (인물,사건)			
기타 유명관광지, 최근소식 등			

퀘스트4-1은 미술교과서의 시각디자인 관련 사례를 참고하여 전시자료와 설명자료 고안하도록 하는 것이 좋습니다. 참가 국가의 문화적 특색이 잘 드러나도록 전시할 자료를 만들고, 소품을 제작할 수 있도록 지도해주세요.

❷ [개별] 세바퀴 문제를 3개 이상 만듭니다. 문제카드... 로 제작하세요. ★

유형	문제	정답

학생들이 준비한 대륙별 전시관을 빠짐없이 이용할 수 있도록 여권을 제공해주는 것이 좋습니다. 각 부스에서 준비한 모든 프로그램을 수행하면 인증도장(혹은 스티커)를 받는 식으로 진행하는데 매우 유용합니다.

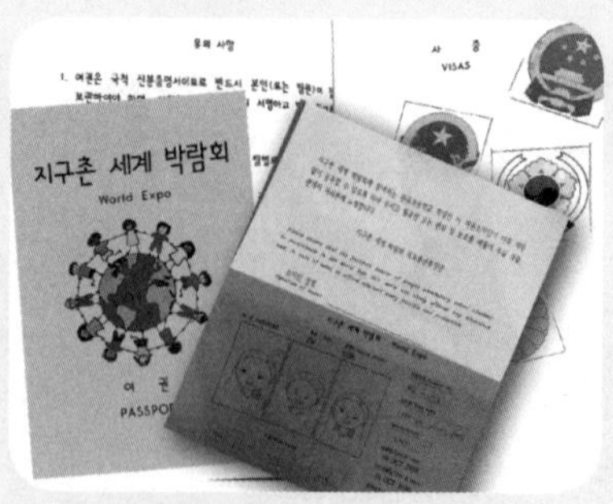

예술		영어	창의적 체험활동	자유학기활동		
음악	미술			진로 탐색	주제 선택	예술 체육
			●		●	

...부분적으로 스마트폰이나 컴퓨터를 활용할 수 있...
...할분담을 맡도록 하세요.
...로그램과 관련된 것이어야 합니다. 객관식, OX, 단...

여권표지가 필요한 선생님들은 아래 제시된 양식을 참고하거나 직접 복사해 활용해 보길 바랍니다.

지구촌
세계박람회

PASSPORT

여 권
PASSPORT

잼공클래스

EXPO. PASSPORT

팀이름
Team name

국적
Nationality

팀원 / Team member

발급일 / Date of issue

기간만료일 / Date of expiry

발급처
잼공클래스

유의사항

1. 여권은 국적증명서이며 반드시 본인(또는 팀원)이 보관해야 하며, 여권을 발급받는 즉시 팀이름과 팀원을 자세히 기재하시기 바랍니다.
2. 지구촌 세계박람회에서 제공하는 여권은 팀별(A와B)로 2개가 제공됩니다.
3. 여권분실 등으로 인한 재발급 비용은 100시드입니다.
4. 팀원(2-3명)이 여권을 가지고 각 부스에서 제공하는 모든 프로그램을 수행해야 인증스티커를 받을 수 있습니다. 전시관별로 4개 이상 관람하세요.
5. 전시관별 관람시간은 20분이며, 전시부스별 운영시간은 5분 이내입니다.
6. 활동을 마치고 각 부스 방명록에 자신의 이름 소속, 활동에 대한 소감을 남겨주세요.

Teacher Tips

마무리

'한마음 축제의 마당, 지구촌 세계박람회'의 피날레는 모두가 참여하는 세계박람회를 여는 활동으로 채워집니다. 앞서 퀘스트4까지의 활동을 토대로 행사부스를 꾸미고(퀘스트5), 지구촌 세계박람회를 진행하게 됩니다(퀘스트6).

● 퀘스트5 : 행사부스 꾸미기

중심활동 : 지구촌 세계박람회 행사부스 꾸미기

- [퀘스트5]의 문제상황을 파악하고 행사부스 꾸미기
- 행사부스를 대략적으로 스케치해보고 이를 토대로 설치하기
- 간판을 만들고, 부스입장료와 체험비용 등을 책정하는 등 행사부스를 운영하는데 필요한 준비활동하기

Quest 퀘스트 05 행사부스 꾸미기

지구촌 세계박람회 D-1일, 내일이면 기다리던 행사가 열립니다. 우선, 준
와 소품을 어떻게 배치할지 고민하는 일부터 시작하세요. 관람
위치를 정하고 크기와 모양을 고려하여 배치하는 것이 필요합니다. 또
한 체험프로그램을 원활하게 실행할 수 있는 공간 확보도 중요하겠
한 나라의 이미지가 한 눈에 느껴지도록 특유의 문화적 색채가 반영된
도록 하세요.

앞서 수행한 퀘스트 활동을 되짚어보고, 행사부스를 꾸며야 하는 [퀘스트5]의 문제상황을 제시합니다. 참여하는 학생들이 문제상황 속 지구촌 세계박람회를 위해 준비해야 할 것들에는 어떤 것이 있는지 꼼꼼하게 살펴보도록 하는 것이 중요합니다. 관람객의 이동동선을 감안해서 팀별 부스공간을 배정해야 하므로 이 점에 대해 함께 토의하는 시간을 갖는 것이 좋습니다.

* 행사부스를 스케치하고 이를 토대로 꾸미기를 시작해 주세요.

행사부스를 대략적으로 스케치해보고, 아이디어대로 전시관(교실 및 복도)에 부스설치 공간을 배정하고 준비한 전시자료 및 설명자료를 설치하도록 합니다. 가급적 설명공간, 전시공간, 체험공간을 분리하도록 안내해주세요. 참가국가의 문화적 색채(분위기)가 느껴지도록 행사부스 꾸미는 것이 중요하므로 이 부분을 강조합니다.

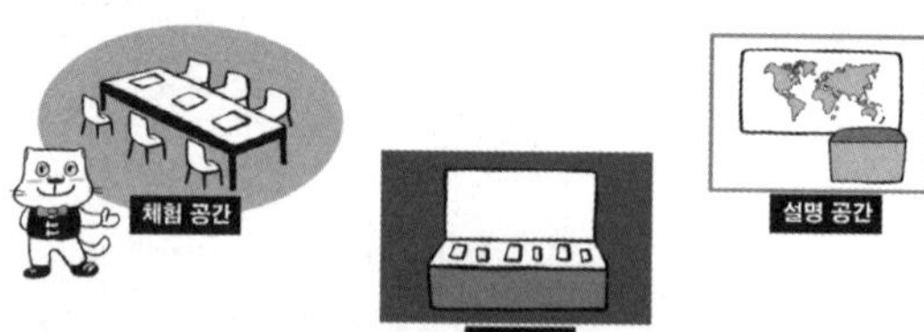

관련교과	국어	사회	도덕	수학	과학	실과			체육
						기술	가정	정보	

1. 부스꾸미기를 위해 제공되는 것은 기본적으로 책상4개와 의자4개입
추가 물품은 월드마켓에서 구입하여 활용합니다.
2. 지구촌 세계박람회는 2부로 나누어 진행됩니다. 각 팀에서는 1부와 2
이 원활히 이루어지도록 사전에 충분히 연습해 주세요.

방문객의 동선을 감안하여 부스를 설치하고, 사람들의 이목과 흥미를 끌 수 있는 간판 등을 만듭니다. 부스 입장료와 체험비용을 책정하고 가격표를 제작합니다(운영 주최 측에서 공지한 최고 가격을 넘길 수 없음). 부스꾸미기가 완료되면 운영팀별로 나누어 리허설을 진행하고 최종점검을 합니다.

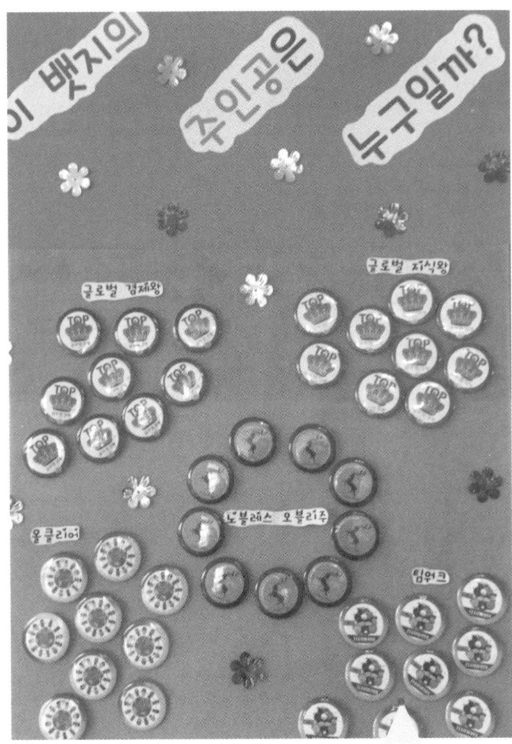

[뱃지]

모든 퀘스트를 수행한 학생들이게 부여되는 '올클리어' 뱃지, 가상경제활동을 통해 수익을 극대화한 학생들에겐 '글로벌 경제왕' 뱃지, 세바퀴 글로벌 문제를 맞춰서 지식주머니를 가득채운 학생들에게 '글로벌 지식왕' 뱃지 등 다양한 인증 수단을 뱃지나 스티커로 구현할 수 있습니다.

[가상화폐통장]

가상화폐의 수입과 지출을 상세히 기록할 수 있는 일종의 통장을 제공하는 것도 고려해볼 수 있습니다. 월드시드뱅크 통장을 꼼꼼하게 기록하면서 경제적 성과를 거둔 팀을 선정해 '글로벌 경제왕' 뱃지를 수여하는 것도 좋겠죠? 시중의 용돈 기입장을 활용해 제작할 수도 있습니다.

날짜	내용	수입	지출	잔액
9/25	기초 자금	300		
9/30	유럽 획득		510	-210
10/5	퀘스트1 수행	150		-60
10/6	퀘스트1 성찰저널	120		
10/6	사우디아라비아 사진촬영	50		
10/7	국가 그리기	360		
10/7	국가 연결 게임비		50	
10/10	환전 조금		10	
10/10	러시아 사진 촬영	50		
10/11	퀘스트2 수행	120		
10/11	소개 동영상	80		

날짜	내용	수입	지출	잔액
10/11	월드마켓에서 삼		230	430
10/11	퀘스트2 성찰저널	120		550
?	지도 그리기 완료	150		700
	환전금		10	690
10/12	프랑스 사진 촬영	20		710
10/13	파일 꾸미기	50		
10/13	모로코 사진 촬영	100		880
10/18	퀘스트 3,4 성찰저널	240		1120
10/18	포토존 만들기	100		1220
10/18	자리세		240	980
10/18	(2) 여권 구입		500	480
10/19	포토존 만들기	100		580
10/19	세계지구촌박람회	630		1210

글로벌 지식 주머니

관 이름	세바퀴 퀴즈에서 받은 스티커 붙이기	스티커 합계
아시아 1관		
아시아 2관		
아메리카		
유럽		
아프리카		

[글로벌 지식주머니]

[퀘스트4]에서 준비한 세바퀴 퀴즈문제를 부스를 관람한 관객에게 출제하고, 정답을 맞추면 스티커를 주는 방식입니다. 이른바 글로벌 지식주머니에 스티커가 모일수록 '글로벌 지식왕'에 가까워지는 것이겠죠?

Teacher Tips

● 퀘스트6 : 성공적인 세계박람회 행사를 진행하라!

중심활동 : 지구촌 세계박람회 운영하고 참가하기

- [퀘스트6]의 문제상황을 파악하고 세계박람회 행사 진행하기
- 행사부스의 위치와 관람객의 이동동선 체크하며 최종리허설하기
- 합의된 규칙에 따라 세계박람회 진행하기
- 체험부스운영하고 관람객으로서 참여하며 지구촌 세계박람회 즐기기, (온라인) 성찰저널 작성하기

Quest 퀘스트 06 성공적인 세계박람회 행사를 진행하라! ★★★★★

지금부터
지구촌 세계 박람회가
시작됩니다! 관람객
여러분들의 적극적인
참여를 기대하겠습니다.
빰빠밤

오늘 드디어 지구촌 세계박람회가 열립니다. 여러분들은 지금까지 세계박람회 행사를 위해 열심히 달려왔습니다. 이제 성공적인 부스 운영만 남았군요. 관람객의 미[..]을 사로잡을 수 있도록 ...

세계박람회 행사진행이 핵심임을 강조하면 문제를 제시합니다. 직업체험부스 지구촌 세계박람회 행사 시작에 앞서 팀별로 방문객이 활용할 여권을 발급합니다(1부와 2부를 구분해서 팀별 2개의 여권 발급).

* 전시관의 행사부스 위치와 관람객의 이동 동선을 그

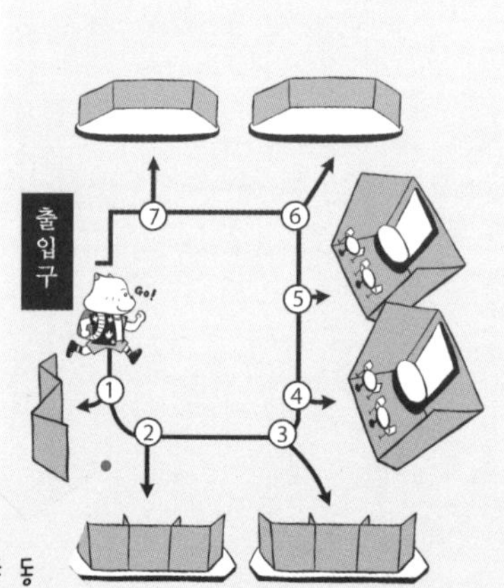

전시관의 행사부스 위치와 관람객의 이동 동선을 체크해보고 간단히 그림으로 표현하도록 안내해주세요. 동선에 따라 이동할 수 있도록 바닥에 화살표를 표시하는 것도 좋은 방법입니다. 모든 준비가 끝났다면 최종리허설을 통해 마지막 점검을 하도록 지도해주세요.

국어	사회	도덕	수학	과학	실과			체육	예술		영어	창의적 체험활동	자유학기활동		
					기술	가정	정보		음악	미술			진로 탐색	주제 선택	예술 체육
		●										●		●	

.사 진행은 1부로 2부로 나뉘어 진행됩니다. 팀 안에서 A와 B조로 나누어 부스운영과 관람객 역할을 번갈아 가며 맡으면 됩니다.
2. 전시관별 관람 제한시간과, 부스별 프로그램 진행 시간을 사전에 약속하고 이를 준수하도록 합니다.
3. 지구촌 세계박람회에서 제공하는 여권은 팀별로 제공됩니다. 각 부스에서 제공하는 모든 프로그램을 수행해야지 인증스탬프를 받을 수 있습니다.
4. 활동을 마치고 각 부스에 놓여 있는 방명록에 자신의 이름과 소속, 활동에 대한 소감을 간략하게 적어주세요.

지구촌 박람회는 활동의 성격상 다른 학년의 학생들과 학부모 모두를 초대하는 방식으로 운영할 수 있습니다. 학교축제행사와 연계하여 진행한다면 여러모로 더 효과적입니다. 현실적인 상황을 고려하여 융통성 있게 진행해보세요. 학년 단위 5개 전시관을 기준으로 필요한 시수는 대략 4차시(160분) 정도입니다. 전시관 단위로 그룹을 정하고 행사부스 운영팀을 A와 B로 구분해서 둔다면 그림과 같은 방식으로 진행할 수 있습니다. 그룹별(전시관별)로 이미 구분한 A조와 B조가 역할을 바꿔가며 도슨트로서 행사부스를 운영하는 형태입니다. 세계박람회 1부는 각 그룹 A조가 발표를 주도하며, B조는 자신이 속한 곳을 제외한 나머지 전시관을 차례대로 방문하고, 방문객으로서 역할을 수행하는 방식입니다.

6학년 학생들이 지구촌 세계박람회 활동을 실제 벌이는 모습입니다. 앞서도 밝혔듯이 이 수업영상은 「재미와 게임으로 빚어낸 신나는 프로젝트학습」 에듀니티 온라인 연수 27차시에 제시되어 있습니다. 당시 지구촌 세계박람회 전체 전시관 배치와 체험그룹 이동 동선을 그림으로 나타내면 다음과 같습니다.

Teacher Tips

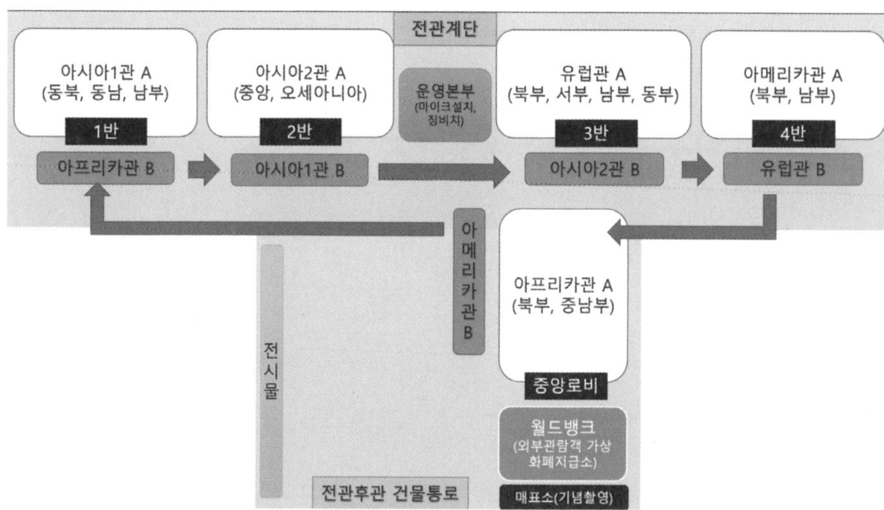

전시관별로 체험그룹이 체류할 수 있는 시간을 20분으로 정한다면, 자신이 속한 전시관을 제외한 4개 전시관을 방문하게 되며, 총 80분(2차시)이 소요됩니다. 또한 1부(A그룹 운영주도)와 2부(B그룹이 운영주도)를 각각 진행해야 하기 때문에 160분(4차시)의 시간이 요구됩니다. 준비와 1부에서 2부로 전환되는데 필요한 시간 등은 쉬는 시간(10분)을 활용해서 운영하면 됩니다. 아무튼 학년 단위의 공동수업이면서 참여하는 학생들이 많을수록 시간계획 및 운영이 매우 중요함을 명심해주세요.

| 지구촌 세계박람회 활동 벌이기 5학급 공동수업(5개 전시관) 예

- ◆지구촌 세계박람회는 1부와 2부로 나뉘며, 그룹별(전시관별)로 이미 구분한 A조와 B조가 역할을 바꿔가며 도슨트로서 부스 운영 주도하기
- ◆세계박람회 1부는 각 그룹 A조가 발표를 주도하며, B조는 자신이 속한 곳을 제외한 나머지 전시관을 차례대로 방문하고, 방문객으로서 역할 수행하는 방식, 같은 방식으로 역할을 바꾸어 2부 진행하기
- ◆각 전시관에 체류할 수 있는 시간을 20분으로 제한하기
- ◆전시관에서 전시관으로 이동할 때는 징처럼 소리 전달이 확실한 수단사용하기
- ◆방문객은 각 전시관의 7개 부스 중에서 최소 4곳을 방문해야 하며, 정해진 입장료와 체험비용 지불하기(단, 부스 방문은 같은 팀 구성원이 짝이 되어 해야 함).
- ◆부스별 활동을 수행한 이후에는 여권에 해당 국가의 인증도장 받기.
- ◆전시관마다 마련된 공간에 개별적으로 최고의 부스를 선정하기 위한 인기투표 참여하기
- ◆각 팀의 여권과 인기투표결과를 집계하여 특별한 인증뱃지 제공하기
- ◆교사는 관찰자로서 학생들의 활동 장면을 동영상과 사진으로 촬영하고 온라인 커뮤니티를 통해 공유하기

아울러 후속 활동으로 배운 내용과 느낀 점을 일종의 '개념지도(conceptual map)'로 표현해 볼 수 있습니다. 팀원 간의 다양한 논의를 통해 핵심키워드 중심으로 개념지도를 표현하도록 지도해보세요. 지구촌 세계박람회 PBL수업설계안도 제공하고 있으니 참고하기 바랍니다.

Teacher Tips

지구촌 세계 박람회 수업설계안 예

"한마음 축제의 마당, 지구촌 세계박람회" PBL 수업은 게임화 전략(Gamification)이 반영된 수업으로 실질적인 활동은 10월4일-10월18일, 최종발표 10월 19일 총 16일간 진행됩니다. 큰 틀에서는 PBL 수업의 일반적인 전개과정인 '문제〉과제수행〉발표 및 평가〉성찰하기'의 일련의 학습과정을 따르지만, 과제수행 과정을 활동별로 구분하고 단계화하여 학습과정의 용이성을 제공하고 있습니다.

<table>
<tr><td>문제명</td><td colspan="3">한마음 축제의 마당, 지구촌 세계 박람회</td><td>대상학년
(인원/학급/모둠)</td><td>6학년(194/7/35)</td></tr>
<tr><td rowspan="6">관련 교과</td><td rowspan="2">국어</td><td>2. 자료를 활용한 발표</td><td rowspan="2">사회</td><td colspan="2">2. 이웃 나라의 환경과 생활모습</td></tr>
<tr><td>8. 정보를 활용한 기사문</td><td colspan="2">3. 세계 여러 지역의 자연과 문화</td></tr>
<tr><td>실과</td><td colspan="4">5. 건강한 식생활의 실천 2) 음식만들기와 식사 예절</td></tr>
<tr><td>체육</td><td colspan="4">4. 표현활동</td></tr>
<tr><td rowspan="2">미술</td><td>9. 소통의 세계로(시각디자인)</td><td rowspan="2">창체</td><td colspan="2" rowspan="2">스마트러닝 + PBL</td></tr>
<tr><td>12. 함께 떠나는 미술사 여행</td></tr>
<tr><td rowspan="2">학습 시간</td><td rowspan="2">학습기간</td><td rowspan="2">10/4–10/19(16일)</td><td rowspan="2">학습소요시간</td><td>온라인</td><td>10/4–10/18(15일)</td></tr>
<tr><td>오프라인</td><td>480분(12차시)</td></tr>
<tr><td>구분</td><td colspan="4">수업 목표</td><td>중심교과</td></tr>
<tr><td>[퀘스트1]
행사에 참여할
후보국가
선정하기</td><td colspan="4">– 아시아, 유럽, 아메리카, 아프리카, 오세아니아 등 대륙별로 구분된 지역을 파악하고, 해당 지역에 위치한 대표적인 국가들에 대해 알 수 있다.
– 역할분담을 통해 선택한 지역의 국가들을 자세히 조사하고 공유할 수 있다.
– 개별적으로 조사한 국가들 중에서 세계박람회에 참가할 후보 국가를 선정하고, 핵심관련 정보와 선정이유를 효과적인 자료를 활용하여 발표할 수 있다.</td><td>국어/사회</td></tr>
<tr><td>[퀘스트2]
참가국가의
운영권을
획득하라!</td><td colspan="4">– 선택지역별로 게임에 즐겁게 참여하면서 원하는 참가국가의 운영권을 획득할 수 있다.
– 최종 선택한 국가의 고유문화와 역사, 지리적 특징 등을 자세히 조사할 수 있다.
– 인터넷의 다양한 멀티미디어 자료와 풍부한 정보를 활용하여 참가할 국가의 소개 동영상을 제작할 수 있다.
– [선택]유투브(YouTube)를 통해 동영상을 올리고 공유할 수 있다.</td><td>사회/창체</td></tr>
<tr><td>[퀘스트3]
특색있는
체험활동
만들기</td><td colspan="4">– 각 나라의 문화를 이해하는데 목적을 둔 체험프로그램이 될 수 있도록 관련 조사를 충실히 할 수 있다.
– 제시된 영역별로 주제표현이 잘 드러나도록 특색 있는 체험프로그램을 만들 수 있다.</td><td>사회/실과
체육</td></tr>
<tr><td>[퀘스트4]
전시자료와
세바퀴
준비하기</td><td colspan="4">– 선정한 국가에 대한 이해를 높이는데 필요한 전시자료 및 소품을 준비할 수 있다.
– 설명자료가 방문객의 시선을 사로잡을 수 있도록 시각적 디자인을 적용할 수 있다.
– 해당 국가에 대해 꼭 알아야 할 정보를 위주로 퀴즈문제를 만들 수 있다.</td><td>사회/미술</td></tr>
<tr><td>[퀘스트5]
행사부스
꾸미기</td><td colspan="4">– 주어진 공간을 고려하고, 해당 국가의 특성이 잘 드러날 수 있도록 행사부스를 꾸밀 수 있다.
– 창의적인 발상으로 시각적인 주목을 받을 수 있도록 지구촌 세계박람회 부스 설치 및 꾸미기를 할 수 있다.</td><td>미술</td></tr>
</table>

[퀘스트6] 성공적인 세계박람회 행사를 진행하라!	- 도슨트가 되어 지구촌 세계박람회 부스 운영을 할 수 있다. - 방문객의 입장에서 운영규칙에 따라 세계 여러 나라의 부스를 적극적으로 체험할 수 있다. - 지구촌 세계박람회를 통해 여러 나라(35개국 정도)의 문화와 역사 등을 이해할 수 있다. - 행사가 진행되는 동안 공공예절을 지키고, 배려와 협력을 통해 성공적인 세계박람회가 되도록 최선을 다할 수 있다.	사회/창체
공통	- 큐레이터의 입장이 되어 전시관 기획에서부터 자료조사, 프로그램 설계에 이르기까지 모든 과정을 적극적으로 수행할 수 있다. - 이웃나라의 환경과 생활모습, 세계 여러 지역의 자연과 문화에 대한 이해를 바탕으로 제시된 문제들을 해결할 수 있다. - 다양한 매체에서 조사한 내용을 정리하고 자신의 언어로 재구성하는 과정을 통해 정보를 효과적으로 활용하고 이를 바탕으로 창의적인 산출물을 만들어 내는 과정을 통해 지식을 생산하고 소비하는 프로슈머로서의 능력을 향상시킬 수 있다. - 토의의 기본적인 과정과 절차에 따라 문제해결방법을 도출하고, 온라인 커뮤니티 등의 양방향 매체를 활용한 지속적인 학습과정을 경험함으로써 의사소통능력을 신장시킬 수 있다. - 학습이 진행되는 과정에서 가상화폐를 활용하여 경제활동(수입과 지출)을 경험할 수 있다.	사회/국어

※ 프로슈머 [Prosumer]: 앨빈 토플러 등 미래 학자들이 예견한 생산자(producer)와 소비자(consumer)를 합성한 말

문제 개요	아름답고 매력이 가득한 우리 고장에 지구촌 세계박람회가 열린다. 다채로운 체험프로그램과 볼거리들을 준비하여 방문객들에게 특별한 즐거움을 선사해 보자.
중심학습 활동	- [퀘스트1] 옥션을 통해 희망 지역을 선택하고, 선택한 지역의 5개 후보 국가를 선정하여 발표하기 - [퀘스트2] 세계박람회에 참가할 국가를 최종 선정하고, 해당 국가의 소개 동영상을 제작하기 - [퀘스트3] 국가별 문화를 실감나게 경험할 수 있는 체험프로그램 만들기 - [퀘스트4] 부스운영에 필요한 설명자료와 참가국가의 문화를 잘 나타내줄 전시자료 만들기 전시관 방문객을 대상으로 한 퀴즈문제 개발하기 - [퀘스트5] 지구촌 세계박람회 전시관과 부스 설치 및 꾸미기 - [퀘스트6] 지구촌 세계박람회 부스 운영하기

일정	단계		중심활동내용
10/4	문제의 출발	시나리오	아름답고 매력이 가득한 이곳에는 외국인을 비롯한 많은 이들의 발걸음이 끊이지 않고 있습니다. 이맘때가 되면 이곳저곳이 방문객들로 인해 더욱 붐비는데요. 놀랍게도 세계인의 축제가 매년 이곳에서 벌어지고 있기 때문입니다. 지구촌 세계박람회, 이름만 들어서는 뭔가 거창하게 느껴지겠지만 실상은 남녀노소 불문, 지역주민 모두가 한마음으로 참여하는 지역축제입니다. 특히 나이 어린 학생들의 참여가 두드러진다고 하는데요. 그래서인지 거리뿐만 아니라 학교곳곳에서 세계 각국의 고유문화를 직간접적으로 만날 수 있는 다채로운 체험프로그램과 볼거리들이 가득하다고 합니다. 이러한 지구촌 세계박람회는 참가규모에 따라 다소 차이는 있지만, 일반적으로 아시아, 유럽, 아메리카, 아프리카, 오세아니아 등의 대륙별 전시관을 열거나 인접지역의 국가별로 전시관을 꾸리곤 합니다. 저마다 특색 있는 전시관에는 세계 각국의 대표적인 문화유산을 비롯해 유명 관광지, 전통음식 등을 만날 수 있으며, 참가자들의 퍼레이드 및 세계 문화이벤트, 퀴즈대회, 월드마켓 등의 다양한 문화 교류행사가 준비되어 있습니다. 분명 이곳을 찾는 많은 방문객들에게 특별한 즐거움을 선사해 줄 것으로 확신합니다. 이상 이지구 기자였습니다.
			◆ 문제의 출발점을 제시하고 배경과 상황 안내하기 ◆ 문제의 조건과 주인공으로서의 관점 제시하기 - [퀘스트1-5]는 큐레이터, [퀘스트6]은 도슨트로서의 역할 수행 ◆ 게임화 전략에 따른 피드백 방법에 맞게 게임규칙(과제수행규칙) 안내하기 ◆ 가상화폐(시드머니)를 소개하고 수입과 지출방법에 대해 설명하기 ◆ PBL MAP을 활용하여 퀘스트 수행과정을 대략적으로 짚어보며 중심활동 이해하기 ◆ 정보 조사 및 공유, 온라인 학습커뮤니티 활용 기준 제시하기

Teacher Tips

일정	단계	활동	구분	내용
10/4 –6	**과제 수행**	**[퀘스트1] 행사에 참여할 후보국가 선정하기**	시나리오	우리 고장의 대표적인 지역축제로 자리매김한 지구촌 세계박람회가 드디어 열립니다. 뜻 깊은 행사인 만큼 이번 축제를 위한 준비과정에서부터 마무리까지 팀원들과 더불어 적극적으로 동참할 생각입니다. 이미 당신은 여러 국가들에 대해 관심을 기울여왔습니다. 각 나라들마다 특색있는 문화를 발전시켜왔기에 어떤 나라를 선택할지 고민입니다. 한편으로 방문객들에게 새로움을 줄 수 있는 잘 알려지지 않은 나라를 선택하는 것도 고려하고 있습니다. 아무튼 당신은 전시관별로 묶일 지역을 선택하고, 해당지역의 국가 중에 1-2개국을 선정하여 체험부스를 운영할 계획입니다. 이를 위해 먼저, 지역을 선택하고 사전조사를 실시하여 행사에 참여시킬 후보 국가를 선정해야 합니다. 그리고 최종적으로 총 5개 국가를 후보로 낙점하여 선정한 이유를 설득력있게 밝혀야 합니다.
				◆ [퀘스트1] 문제 제시하고, 중심활동 내용 파악하기 ◆ 지구촌 세계박람회 전시관의 기준이 되는 선택지역 5곳에 대해 간략하게 소개하기 ◆ 최고가 입찰 방식으로 경매 진행하기 (최저가격 50시드부터 10시드씩 올리며 진행) ◆ 경매를 통해 모둠별로 최종 확정지은 지역을 선포하고 서로 공유하기 ◆ 사회과부도(또는 구글지도 등)를 활용하여 모둠별 선택지역에 위치한 국가들을 파악하기 ◆ 해당 지역에 위치한 국가들 중에 개인별로 선호하는 나라를 고르고, 개별적으로 2개국 이상 자세히 조사하기(단, 1개국 이상 중복되지 않도록 주의하기) ◆ 개별적으로 조사한 나라에 대해 모둠별로 공유하고, 지구촌 세계박람회에 참가할 후보를 민주적인 방식(다수결)으로 선정하기 / 또는 소외되는 학생이 발생하지 않도록 모둠원 각자가 조사한 나라 중에서 1곳씩 추천받아 후보국가로 삼고, 다수결로 순위를 정하기 ◆ 후보국가 TOP5를 정하고, 해당 국가의 주요정보와 선정이유를 정리하여 발표하기
10/7	과제 수행	[퀘스트2] 참가국가의 운영권을 획득하라! ❶	시나리오	여러분들이 선정한 후보국가 중에서 지구촌 세계박람회 행사에 참가하고 싶은 나라는 어디입니까? 세계박람회 운영을 책임지고 있는 주최 측에서는 사전에 선택지역별 선호조사를 하였고, 상대적으로 인기가 높은 8개국을 선정하였습니다. 여러분들은 이들 중에서 '행운을 잡아라!' 운명의 게임을 통해 원하는 나라의 운영권을 획득할 수 있습니다.
				◆ 각 모둠별로 선택한 지역의 후보국가 TOP5를 기준으로 선호조사 실시하기 ◆ 선호조사결과를 바탕으로 지역별로 인기가 높은 8개국을 선정하기 ◆ 학급 구분 없이 선택지역을 기준으로 모여서 '행운을 잡아라!' 게임 진행하기(참가비 1회당 50시드) ◆ 최고점을 기준으로 각 모둠이 선호하는 국가의 운영권을 확보하기 ◆ 전시관(선택지역)별로 온라인 커뮤니티(네이버 밴드)에 가입하기
10/7 –12	과제 수행	[퀘스트2] 참가국가의 운영권을 획득하라! ❷	시나리오	이제 각 팀별로 세계박람회에 참가할 국가가 정해졌습니다. 성공적인 행사 진행을 위해서는 우선 해당 국가의 고유문화와 역사, 지리적 특징 등에 대해 자세히 알아야 할 것입니다. 지구촌 세계박람회에 참가할 국가에 대해서는 기본적으로 역사, 문화(의식주 관련, 종교, 언어 등), 지리적 특징(지형, 기후, 인근 국가 등)이 조사해야 한다고 합니다. 물론 제시된 항목 외에 해당 국가의 이모저모를 구체적으로 살펴봐야겠죠?
				◆ 게임을 통해 부스 운영권을 확보하였음을 알리고, 이를 확정짓기 위해 각 팀이 해야 할 추가 과제를 제시하기 ◆ 팀별로 역할을 나누어 문화(복식, 음식, 주거, 종교, 언어), 역사(인물, 사건), 지리적 특징(지형, 기후 등), 이모저모(유명관광지, 최근소식 등) 등에 대해 개별적으로 조사하고 공부하기 ◆ 다른 정보 외에도 교과서 내용을 참고하고, 쉬운 말로 재구성하기(정리한 내용은 온라인 커뮤니티에 올리기) ◆ 조사내용을 바탕으로 참가 국가에 대한 소개 동영상 제작하기 ◆ 제작이 완료된 동영상은 전시관별 온라인 커뮤니티에 공유하기(유투브에 올려서 공유하기(선택)) ◆ 각 모둠별로 조사한 내용과 제작한 동영상을 발표하기

10/12 –17	과제 수행	시나리오	지구촌 세계박람회 행사는 실감나는 문화체험을 목표로 기획되고 있습니다. 앞서 조사한 내용을 바탕으로 해당 나라의 문화를 제대로 경험할 수 있는 프로그램을 준비하도록 합니다. 체험프로그램은 다른 나라의 코너에서는 경험할 수 없는 내용을 담고 있어야 합니다. 앞서 수행한 퀘스트 활동 내용을 바탕으로 '음악과 춤', '음식과 식사예절', '놀이/게임' 중 2개 영역 이상을 선택하고, 1가지씩 특색 있는 체험프로그램을 준비해 주세요.
		[퀘스트3] 특색있는 체험 프로그램 만들기	◆ 모둠별로 맡은 나라의 문화적 특색이 드러나도록 체험프로그램 고안하기 ◆ '음악과 춤', '음식과 식사예절', '놀이, 게임' 영역을 고려하여 체험적인 요소가 있는 사례를 충분히 조사하기 ◆ 체육의 표현활동 단원을 참고하여 주제표현이 잘 이루어질 수 있도록 체험프로그램 짜기 ◆ 3가지 영역 중 2가지를 골라 체험프로그램을 만들고 절대 3분을 넘지 않도록 하기 ◆ 발표를 통해 모둠별로 준비한 체험프로그램을 공유하기
10/14 –18	과제 수행	시나리오	지구촌 세계박람회 부스에 선택한 국가의 문화와 역사를 잘 설명해 줄 수 있는 자료를 준비해야 합니다. 해당 국가의 문화적 특색이 잘 드러나도록 전시할 자료를 수집하고 관련 소품을 제작하는 것도 필요합니다. 다채롭고 풍부한 행사가 될 수 있도록 최선을 다해 주세요. 더불어 전시관 방문객에게 낼 세바퀴(세계를 바라보는 퀴즈의 준말) 문제도 만들어서 준비해 놓아야 합니다.
		[퀘스트4] 전시자료와 세바퀴 준비하기	◆ 미술교과서의 시각디자인(9단원) 사례를 참고하여 전시자료와 설명자료 고안하기 ◆ 참가 국가의 문화적 특색이 잘 드러나도록 전시할 자료를 만들고, 소품 제작하기 ◆ 참가 국가를 상징하는 도장(or스티커)을 제작하기(세계박람회에서 여권도장으로 활용) ◆ 개별적으로 참가국가에 대한 주요 지식을 묻는 퀴즈 문제 3개 이상 만들기 ◆ 부스별로 전시할 자료와 소품, 퀴즈 문제 등을 활용하여 리허설(발표) 진행하기 ◆ 리허설과 함께 10초 홍보하기(선택)
10/18 –19	과제 수행	시나리오	지구촌 세계박람회 D-1일, 내일이면 기다리던 행사가 열립니다. 우선, 준비한 전시자료와 소품을 어떻게 배치할지 고민하는 일부터 시작하세요. 관람객 편의를 감안하여 탁자 위치를 정하고 크기와 모양을 고려하여 배치하는 것이 필요합니다. 또한 야심차게 준비한 체험프로그램을 원활하게 실행할 수 있는 공간 확보도 중요하겠죠? 이왕이면, 선택한 나라의 이미지가 한 눈에 느껴지도록 특유의 문화적 색채가 반영된 행사부스를 꾸미도록 하세요.
		[퀘스트5] 행사부스 꾸미기	◆ 배정된 전시관(교실 및 복도)에 부스설치 공간을 배정하고 준비한 전시자료 및 설명자료 설치하기 ◆ 참가국가의 문화적 색채(분위기)가 느껴지도록 행사부스 꾸미기 ◆ 방문객의 동선을 감안하여 부스를 설치하고, 사람들의 이목과 흥미를 끌 수 있는 간판 등을 만들기 ◆ 부스 입장료와 체험비용을 책정하고 가격표 제작하기(운영 주최 측에서 공지한 최고 가격을 넘길 수 없음) ◆ 부스꾸미기가 완료되면 운영팀별로 나누어 리허설을 진행하고 점검하기

Teacher Tips

<table>
<tr><td rowspan="3">10/
19</td><td colspan="2"></td><td>시
나
리
오</td><td>오늘 드디어 지구촌 세계박람회가 열립니다. 여러분들은 지금까지 세계박람회 행사를 위해 열심히 달려왔습니다. 이제 성공적인 부스 운영만 남았군요. 관람객의 마음을 사로잡을 수 있도록 최선을 다해 행사를 진행해 주세요.</td></tr>
<tr><td>발표
하기</td><td colspan="2">[퀘스트6]
성공적인
세계박람회
행사를
진행하라!</td><td>◆ 지구촌 세계박람회 행사 시작에 앞서 팀별로 방문객이 활용할 여권 발급하기(1부와 2부를 구분해서 팀별 2개의 여권 발급)
◆ 지구촌 세계박람회는 1부와 2부로 나뉘며, 그룹별로 이미 구분한 A조와 B조가 역할을 바꿔가며 도슨트로서 부스 운영 주도하기
◆ 세계박람회 1부는 각 그룹 A조가 발표를 주도하며, B조는 자신이 속한 곳을 제외한 나머지 전시관을 차례대로 방문하고, 방문객으로서 역할 수행하기. 2부에는 역할을 바꾸어 수행하기
◆ 각 전시관(전체 5개관)에 체류할 수 있는 시간은 20분으로 제한되며, 각 부에 총 4개 전시관을 방문하는데 총 80분 소요예정.
◆ 방문객은 각 전시관의 7개 부스 중에서 최소 4곳을 방문해야 하며, 정해진 입장료와 체험비용 지불하기(단, 부스 방문은 같은 팀 구성원이 짝이 되어 해야 함).
◆ 부스별 활동을 수행한 이후에는 여권에 해당 국가의 인증도장 받기.
◆ 전시관마다 마련된 공간에 개별적으로 최고의 부스를 선정하기 위한 인기투표 참여하기
◆ 각 팀의 여권과 인기투표결과를 집계하여 특별한 인증뱃지 제공하기
◆ 교사는 관찰자로서 학생들의 활동 장면을 동영상과 사진으로 촬영하고 온라인 커뮤니티를 통해 공유하기</td></tr>
<tr><td colspan="3">평가 및 성찰</td><td>◆ [선택] 지구촌 세계박람회를 통해 배우고 느낀 점을 중심으로 팀별 개념지도 만들기
◆ 성찰일기(reflective journal)를 작성해서 온라인 학습커뮤니티에 올리고 교사로부터 피드백 받기
◆ 개인별 수행 결과에 따른 올클리어 뱃지 수여하기</td></tr>
</table>

All-Clear
sticker

Maker Note 06

저작권 걱정 없이 이미지, 영상, 음악 등을 맘껏 사용할 수 있어.

인터넷 검색을 통해 원하는 이미지나
영상, 음악 등을 찾더라도 저작권 우려 때문에
사용하지 못할 때가 많지?
지금부터 저작권 걱정 없이 이용할 수 있는
방법을 알려주도록 할게.

먼저 소개할 곳은 픽사베이(pixabay.com),
절대 무료이미지라고 무시하면 곤란해.
질도 상당히 우수한 편이니까 말이야.

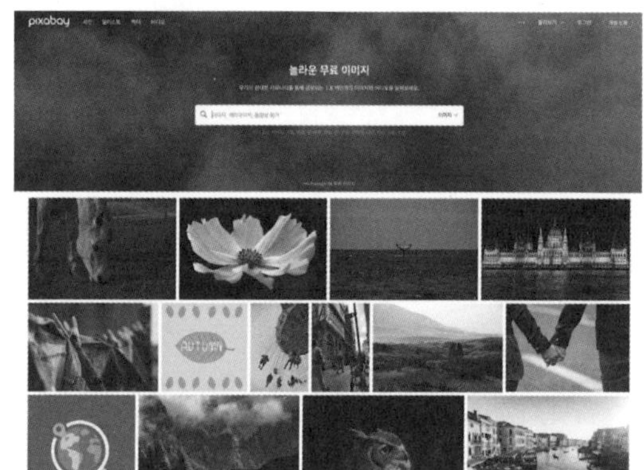

pixaboy.com

픽사베이는 회원가입을 하지 않아도 이미지 다운로드가
가능하지만 원활하지 않을 수 있어.
회원가입 후 이용하는 것을 추천할게.

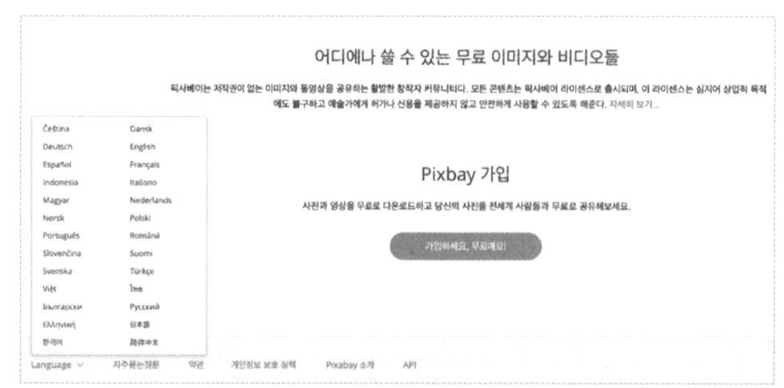

홈페이지 하단 부분
언어 설정탭에서
한국어를 선택하고
이용하면 더욱 편리하니
참고해.

자주묻는질문

Pixabay는 무엇인가요?

픽사베이는 저작권이 없는 이미지와 동영상을 공유하는 활발한 창작자 커뮤니티다. 모든 콘텐츠는 픽사베이 라이센스로 출시되며, 이 라이센스는 심지어 상업적 목적에도 불구하고 예술가에게 허가나 신용을 제공하지 않고 안전하게 사용할 수 있도록 해준다.

이미지를 그냥 사용하면 되는 건가요?

사용자는 어떠한 허가 요청이나 지불 없이 상업적/비상업적 목적으로 이미지를 복사, 수정, 배포 및 이용할 수 있습니다. 그러나 컨텐츠는 상표, 광고, 개인정보보호 권리에 따라 보호될 수 있습니다. 자세히 보기 ...

이미지를 페이스북 혹은 다른 소셜 플랫폼에서 이용할 수 있습니까?

소셜 미디어 플랫폼에서도 이미지를 자유롭게 이용할 수 있습니다.

픽사베이 홈페이지 '자주묻는질문' 코너에서 확인할 수 있듯이 사용자는 저작권 걱정없이 자유롭게 이미지를 복사하고 수정, 배포할 수 있음을 알 수 있어. 자유롭게 이용해보라고.

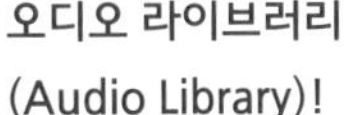

영상제작에 있어서 배경음악은 너무나 중요하지. 그런데 막상 음원을 찾으려고 하면 쉽지 않아. 마음에 든다고 해도 저작권 때문에 쉽사리 사용할 수도 없지. 무료음원만 있다면 이런 고민은 없을 텐데 말이야. 그래서 소개할게. 오디오 라이브러리(Audio Library)!

Maker Note 06

저작권 걱정 없이 이미지, 영상, 음악 등을 맘껏 사용할 수 있어.

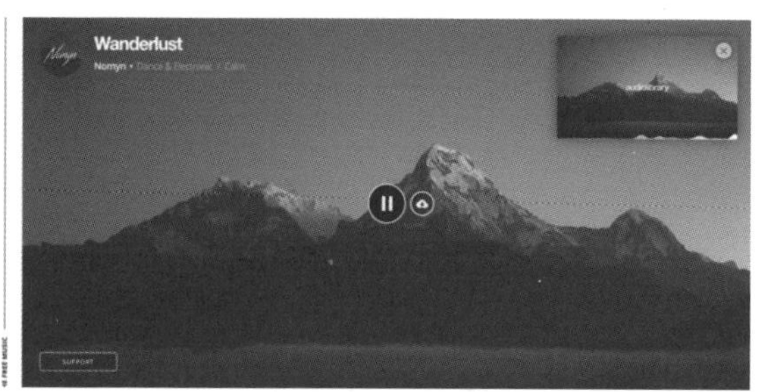

audiolibrary.com.co

오디오 라이브러리
홈페이지 화면에 이미지 가운데
플레이버튼과 다운로드버튼이
위치해 있어. 플레이버튼을 누르면
오른쪽 상단에 플레이창이 떠서
바로 음악을 들을 수 있어.

다운로드 버튼을 누르면
옵션 창이 떠 오디오 라이브러리에서
직접 다운로드를 진행할지 여부를
결정하면 돼. 음악을 사용한 콘텐츠에는
라이센스 표기는 해야 해.
'CLICK TO COPY LICENCE'를
클릭해서 음원이 공개된 사이트에
표기해줘.

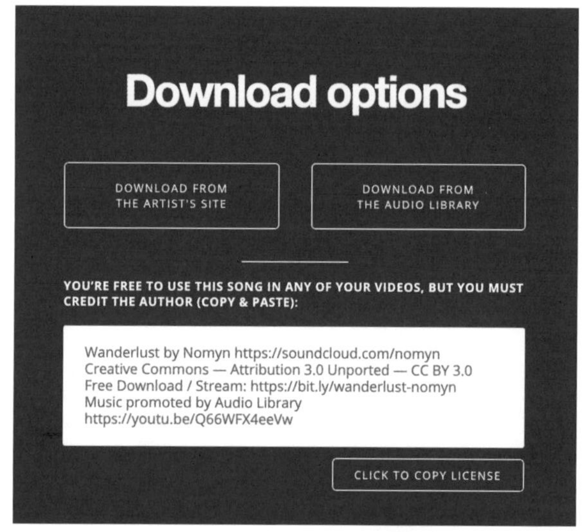

오디오 라이브러리는 일종의
음원중개 역할도 해. 그럴 때는 음원이
위치한 사이트에 가서 회원가입하고
이용하면 되니까 부감 갖진 말자고.
번거롭지만, 무료음원을 확보하는데
그 정도는 해야겠지? 참고로 대부분의
음원이 '사운드 클라우드(sound cloud)'
에 등록되어 있어.

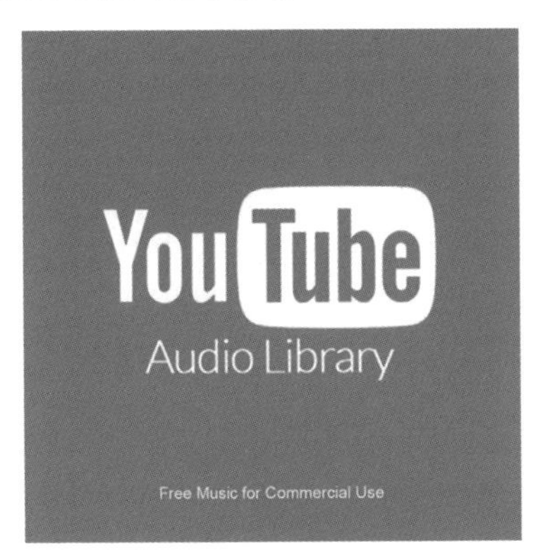

유튜브(youtube.com)에 저작권 문제가 없는 음원을 제공하는 채널이 있어. 앞서 살펴 본 오디오 라이브러리에 수록된 곡하고 중복되는 경우도 있어. 어떤 곡이든지 라이선스 표기는 필수니까 잊지 말라고.

유튜브에서도
저작권 걱정 없는 음원을
쉽게 구할 수 있구나!

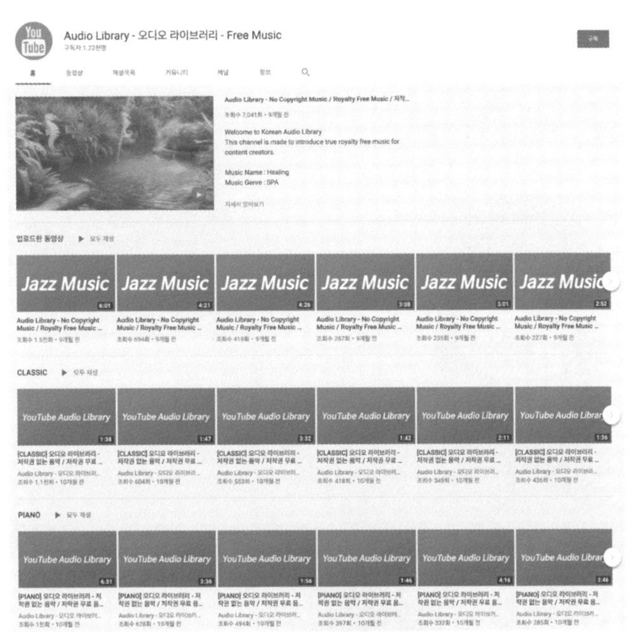

저작권 걱정 없이 이용 가능한 영상클립인데, 게다가 무료라면 얼마나 좋을까? 영상의 배경으로 사용하기 적합한 테마별 영상클립까지 가득하다면 정말 유용하겠지? 커버(coverr.co)는 회원가입 없이 원하는 영상클립을 검색하고, 다운받아 사용할 수 있는 것이 특징이야.

Maker Note 06

저작권 걱정 없이 이미지, 영상, 음악 등을 맘껏 사용할 수 있어.

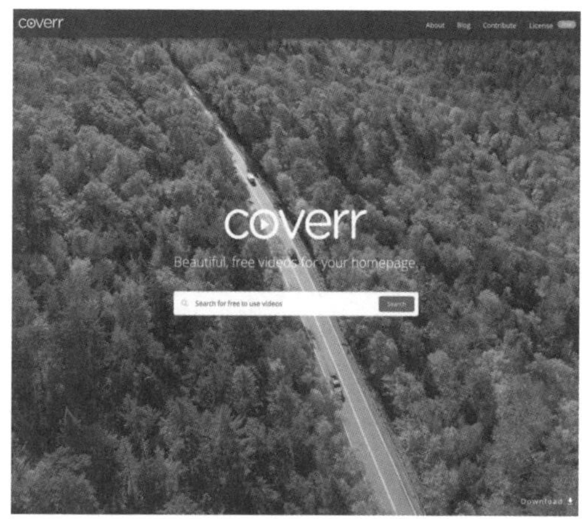

홈페이지 메인배경영상 다운로드 버튼↑

흥미로운 점은
홈페이지 메인화면 자체가
무료영상을 배경으로 하고 있는데,
하단 부분의 다운로드 버튼을 클릭하면
메인화면의 영상클립을
곧바로 컴퓨터에 저장할 수 있어.

검색 창에 필요한 영상의 핵심키워드
입력해야 하는데 반드시 영어로 검색해야 해.

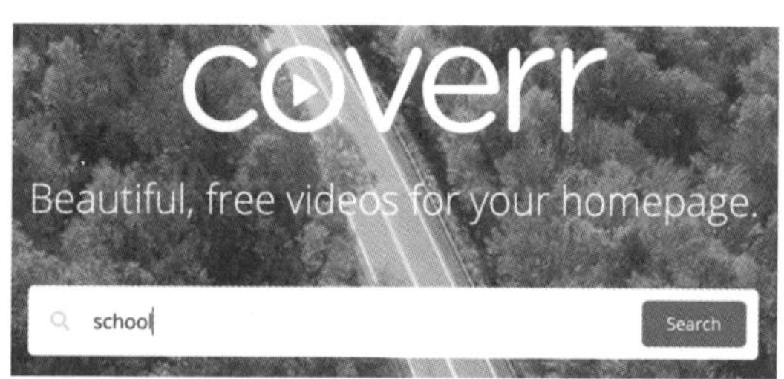

Coverr free' 항목이
곧바로 다운로드 가능한
무료영상클립, 'Shutterstock'
항목 영상클립은 대부분
유료니까 참고해.

무료영상클립의
섬네일을 클릭하면 아래와 같이
팝업레이어가 나타난다고.
상단 오른쪽 'DOWNLOAD FREE'
버튼 누르면 원하는 영상클립을
확보할 수 있어.

애니메이션은 스토리를 재미있게 표현하는데 매우
효과적이지. 만약 영상을 제작하는데 있어서 주제에 맞는
애니메이션을 자유롭게 활용할 수 있다면 얼마나 좋을까?
비드러리(vidlery.com)는 고맙게도 저작권 걱정없는
애니메이션 소스자료를 무료로 배포하는 곳이야.

비드러리 홈페이지 갤러리에
전시된 마음에 드는 애니메이션을
클릭해서 별도의 회원가입 없이
곧바로 다운로드 받아 활용할 수 있어.
홈페이지에 들어가서
'Animations' 버튼을
클릭하도록 해.

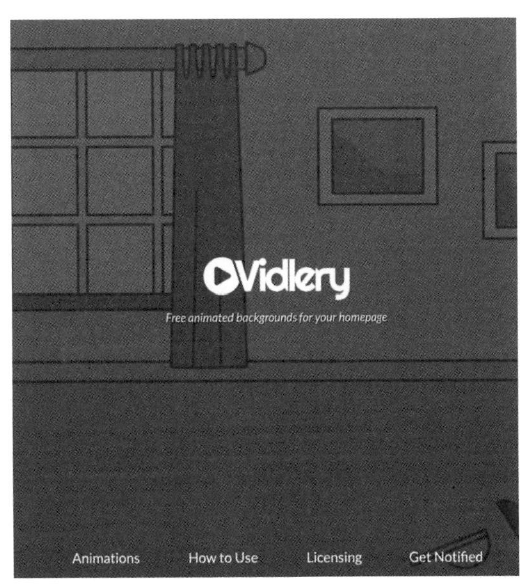

vidlery.com

Maker Note 06

저작권 걱정 없이 이미지, 영상, 음악 등을 맘껏 사용할 수 있어.

Animations

애니메이션 주요장면이 보여지는 섬네일(thumbnail) 가운데 하나를 선택하겠어. 어떤 걸 선택할까?

Playing Guitar ×

See it as a Cover | Download

팝업레이어에서
다운로드 버튼을 클릭하면
선택한 애니메이션 소스자료를
확보할 수 있어. 저작권 걱정없이
맘껏 활용하라고.

쉬운 디자인 플랫폼, 망고보드. 무료로 시작하기

누구나 디자이너가 된다.

mangoboard.net

다양한 유형의
온라인 출판물을 제작하는데
유용한 망고보드
(mangoboard.net)를 소개할게.
회원가입을 하면 무료로
이용 가능해.

요금제

요금별 제공기능	무료사용자	학생	일반	프로

이용요금

회원가입

이메일로 망고보드 회원가입

회원가입

※회원가입 후 SNS계정과 연동 가능

SNS 계정으로 회원가입

유료로 이용하면 워터마크
표시없이 사용할 수 있네.
회원가입은 SNS계정과 연계해
손쉽게 진행할 수 있구나!

템플릿 메뉴로 들어가면
각종 디자인들을 만날 수 있어.
사용처와 템플릿 유형을
미리 선택해 작성하면 편리해.

템플릿

사용처를 선택해주세요.

Maker Note 06

저작권 걱정 없이 이미지, 영상, 음악 등을 맘껏 사용할 수 있어.

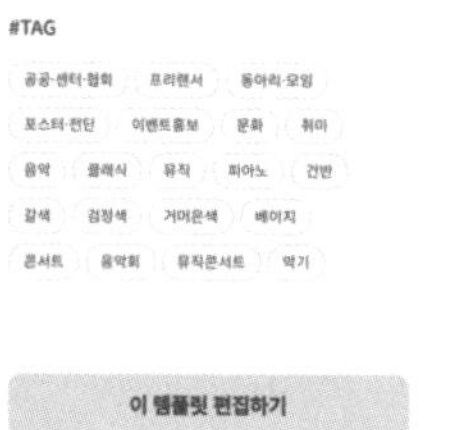

마음에 드는
템플릿 섬네일을 클릭하며
해당 템플릿이 확대되서
보여 지고, 오른쪽에
[이 템플릿 편집하기] 버튼을
누르면 편집화면으로
넘어가.

편집화면은 매우 직관적으로
구성되어 있어.
각각 목적에 맞게
텍스트와 이미지 등을
모두 수정할 수 있으니
도전해보라고.
상당히 많은 디자인 템플릿을
보유하고 있으니 유용하게
활용해보자. 프로젝트학습
등과 같은 활동에서
학습도구로서 유용하게
활용될 거야.

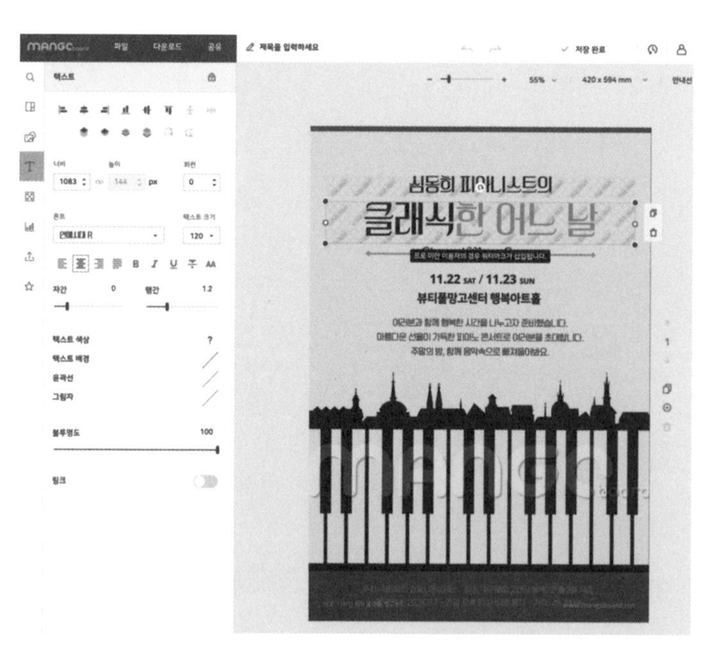

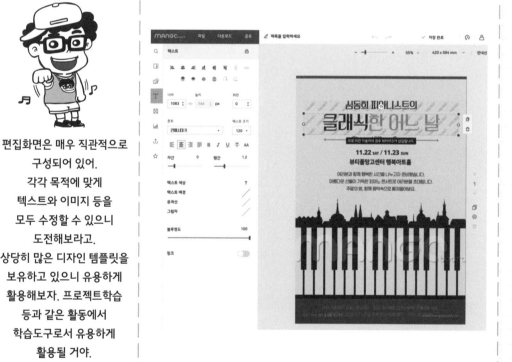

미리캔버스(miricanvas.com)는
서비스 전체가 무료로 망고보드보다
선택의 폭이 넓어. 각종 템플릿을
저작권 걱정 없이 맘껏 사용할 수 있다고.

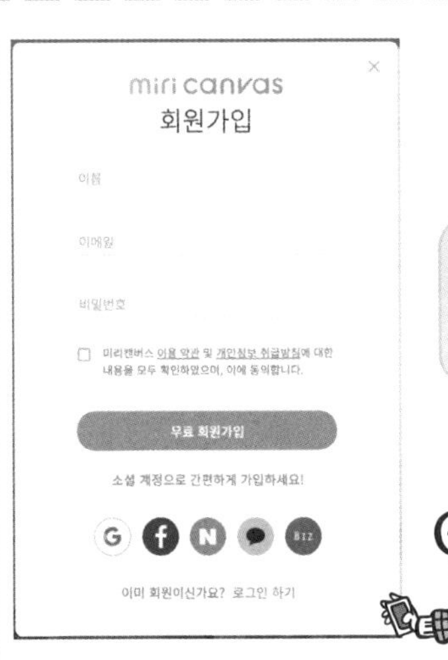

회원가입은 망고보드처럼
SNS계정과 연계해 손쉽게
진행할 수 있어.

회원가입 후,
로그인해서 들어가면
'새 디자인 문서' 화면과 버튼이
있을 거야. 여기를 클릭하면 템플릿을
분류한 카테고리가 나타나는데,
이 중에서 하나를 선택하면 돼.

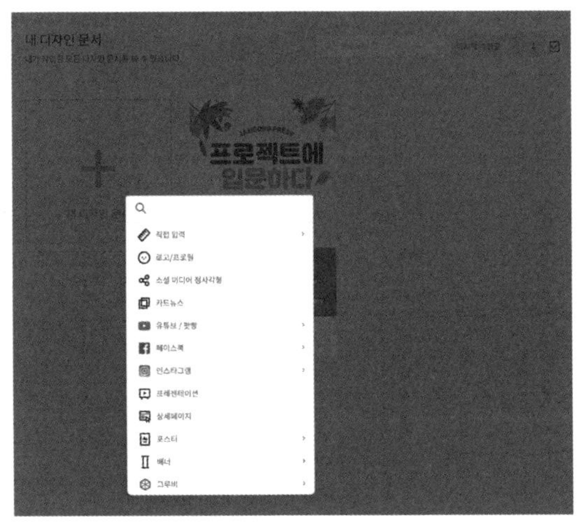

Maker Note 06

저작권 걱정 없이 이미지, 영상, 음악 등을 맘껏 사용할 수 있어.

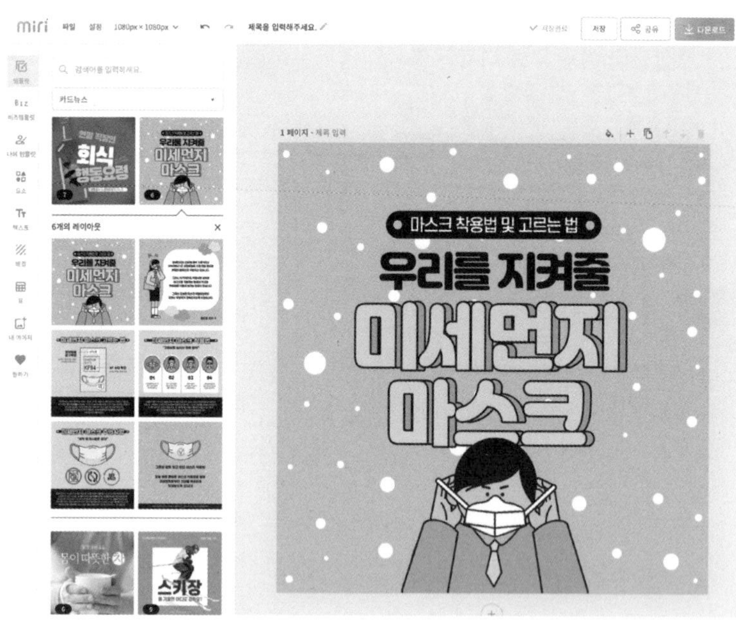

카드뉴스 카테고리를 선택했다면, 여기에 묶여 있는 수많은 템플릿이 노출되고, 선택한 템플릿의 레이아웃 전체를 확인할 수 있도록 썸네일을 제공해줘.

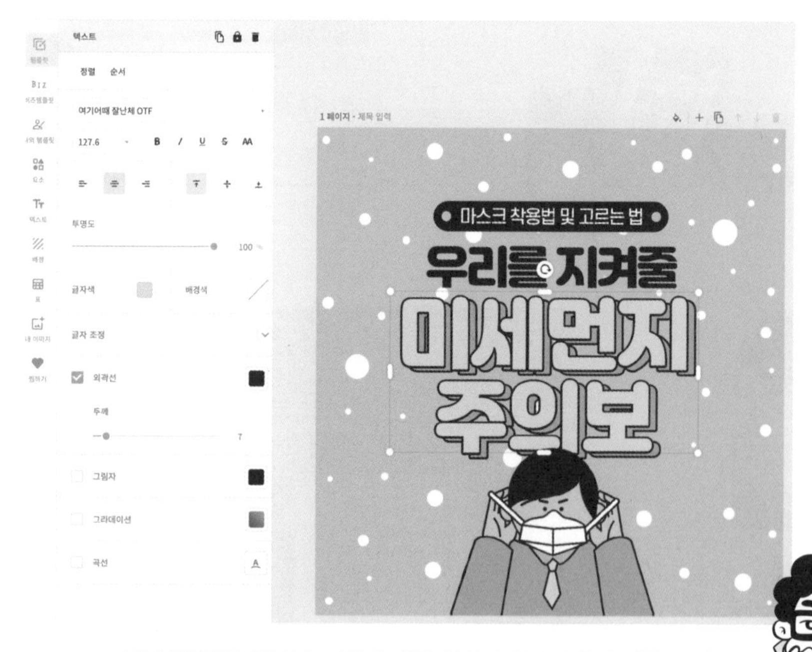

(윙)

모든 템플릿은 텍스트, 이미지, 배경 등의 모든 요소를 수정할 수 있고, 그대로 저장할 수 있어. 상업적인 목적으로 서비스하는 곳이 아니라서 일체의 광고표기도 없을뿐더러 저작권 걱정 없이 맘껏 사용할 수 있는 것이 특징이야.

프로젝트학습활동에서 저작권 걱정 없는

자료를 활용해 메이킹(Making)해 보자!

All-Clear
sticker

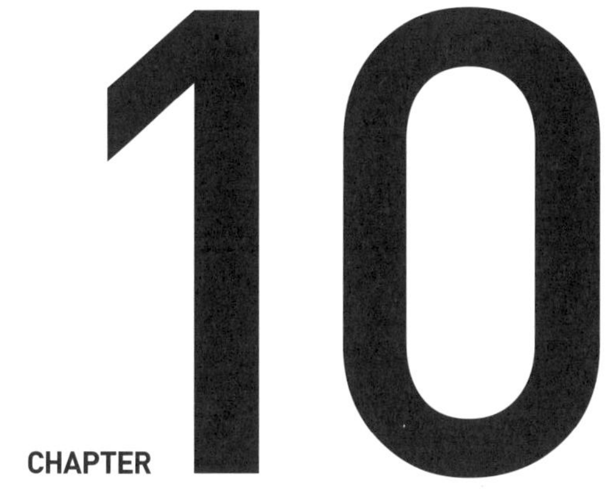

CHAPTER 10

The Futurist, 미래를 보다

INTRO.

The Futurist, 미래를 보다

2016년 스위스 다보스포럼에서 4차 산업혁명이 전 세계적인 화두가 되면서 지금까지 사회, 교육 전반에 그야말로 광풍이 몰아치고 있습니다. 인공지능, 사물인터넷, 자율주행, 로봇, 드론, 3D프린터 등 혁신적인 기술들이 인간이 가지고 있던 기존의 일자리를 빠르게 빼앗을 것이라 예측하기도 했습니다. 과연 그럴까요?

분명한 것은 이런 예상들이 상당한 근거를 가지고 있다는 점입니다. "그렇지만…"이라는 생각들로 인해 눈에 보이는 변화마저 외면하고 있는지도 모를 일입니다. 그도 그럴 것이 과거의 산업혁명 때도 '기계가 일자리를 대체할 것이다'는 경고가 있었지만 실제는 사라진 일자리보다 그보다 많은 새로운 일자리가 생겼습니다. 물론 '4차 산업혁명'도 충분히 그럴 수 있습니다. 미래는 아직 결정되지 않았으니까요. 그런데 마음은 왜 이토록 불안해지는 것일까요? 저명한 미래학자들이 하나같이 사회의 급변을 예상하고 있으니 더욱 그런지도 모르겠습니다. 통제할 수 없는 미래, 주저하는 사이 재앙적인 결과가 찾아오지 않도록 '나'를 둘러싼 세상의 변화를 읽을 수 있어야 할 것입니다. 이를 통해 변화의 흐름 속에 자신의 미래를 당당히 개척할 수 있는 힘을 길러야 합니다. 미래학자처럼 생각하고 통찰을 얻어 주저함 없이 행동으로 옮길 수 있는 능력을 갖춰야 할 것입니다. 세상에 뒤쳐질 것만 같은 공포감에 사로잡혀 치열하게 경쟁하며 앞만 보고 내달리지 말고, '내가 어디로 가고 있는지', '변화의 흐름에 부합하는지', '어떤 영향을 받게 될지' 등을 종합적으로 생각하며 한 걸음 한 걸음 신중하게 내딛기 바랍니다.

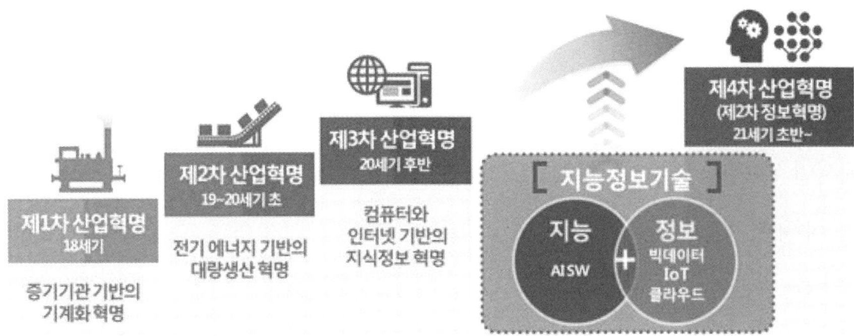

아무쪼록 이번 프로젝트학습을 통해 미래학자가 되어 앞으로 세상을 내다보는 힘을 기르며 변화의 흐름에 부합하는 진로를 모색하길 기대하겠습니다.

* 문제시나리오에 사용된 어휘빈도(횟수)를 시각적으로 나타낸 워드클라우드(word cloud)입니다.
워드클라우드를 통해 어떤 주제와 활동이 핵심인지 예상해 보세요.

The Futurist, 미래를 보다

불과 며칠 전만 해도 전혀 예상하지 못했다. 누군가에게는 갑작스런 일이었고, 택시와 버스, 화물트럭 등을 운전하며 생계를 이어가던 사람들에게 그야말로 날벼락과 같은 소식이었다. 이제 그 규모조차 가늠할 수 없을 정도의 많은 사람들이 생존을 위협받게 됐다. 어쩌면 국내에서만 수백만 명이 일자리를 잃게 될 것이고, 그들의 가족도 차가운 거리로 내몰릴지 모르는 상황이다. 그 시작은 글로벌 기업들이 혁신적인 제품을 주창하며 전격적으로 무인자동차만을 생산한다고 발표하면서부터이다. 시동버튼을 누르고, 목적지를 말하기만 하면 자동차가 알아서 이동한다는 사실에 당시 사람들은 열광했다. 그러나 그것이 자신들에게 어떤 부메랑으로 작용할지 미처 예상하진 못했다. 무인자동차의 등장은 그야말로 이동수단의 혁명적인 변화를 이끌어냈지만, 어떤 이들에게는 엄청난 고통으로 작용했다. 자동차 운전과 관련된 직업들이 무인자동차로 대체되는 속도만큼이나 빠르게 사라졌다. 운전면허, 정비, 보험 등 기존 자동차 시장과 연결된 수많은 일자리 역시 위태롭긴 마찬가지다. 더욱이 전기자동차가 기존의 자동차를 빠르게 대체해 나가면서 가솔린과 디젤을 판매하던 동네주유소부터 석유화학기업에 이르기까지 벼랑 끝으로 내몰렸다. 무인자동차가 몰고 온 변화는 가히 쓰나미와 같았다. 위기가 기회일 수 있다고 했던가. 지금껏 경험하지 못했던 변화 속에서 우리는 해야 할 일들을 찾아야 한다. 그러기 위해선 '오늘'의 창을 통해 '미래'를 내다보는 힘이 절실하다. 이른바 퓨처리스트, 미래학자인 당신의 능력을 맘껏 발휘해보자.

"미래는 과거나 현재처럼 눈으로 볼 수 있는 것이다. 과거와 현재를 바꿀 수 없듯이 미래 역시 바꿀 수 없는 것이며, 이미 정해져 있는 것이다." _미래학자 토마스 프레이(Tomas Frey)

PBL MAP

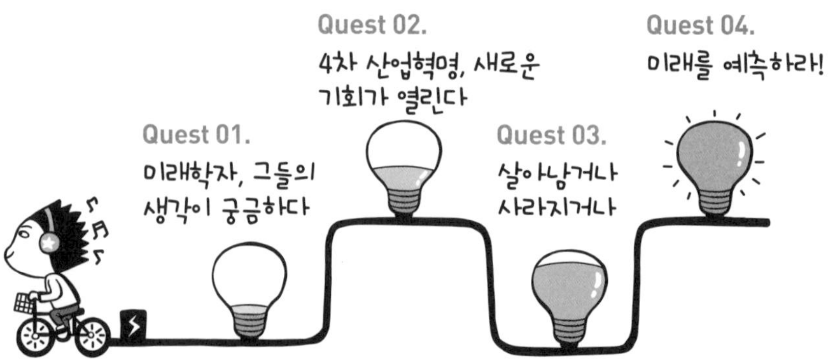

Quest 퀘스트 01

미래학자, 그들의 생각이 궁금하다

_과제난이도 ☆☆☆☆☆☆

문제상황

과거에도 노스트라다무스와 같이 미래를 예견하던 예언가나 점술가, 종교인 등이 있었다. 이들의 예언은 불확실한 내일을 두려워한 많은 사람들에게 직·간접적인 영향을 미쳐왔다. 다만 이들은 오늘날의 미래학자들과는 성격이 완전히 다르다. 과거의 예언가들은 종교적인 신념을 토대로 미래를 내다보고 있는 반면, 미래학자들은 철저히 과학적 근거를 통해 미래를 예측한다. 그리고 미래학자들의 예측들은 대부분 오늘날의 현실이 되어가고 있다. 10년 후, 20년 후, 가까운 미래에 우리는 어떤 세상에 살고 있을까. 미래학자, 그들의 생각이 궁금하다.

과제수행(활동) 내용을 공부한 순서에 따라 기록합니다. 특히 과제를 수행하면서 새롭게 알게 된 지식과 더 알고 싶어진 지식을 간략하게 정리하는 것이 핵심입니다. 스스로 혹은 선생님이나 부모님을 통해 각 활동별로 수행한 내용을 되짚어보며 평가도 진행해 보도록 하세요.

월/일[시간]	과제수행(활동) 내용	알게 된 것	더 알고 싶은 것	수행평가
/ [ ]	(예) ◆역사 속 유명한 예언가들 조사 ◆현대 미래학자들 중 대표적인 인물 조사 및 관련 글이나 책 읽기 ◆과거 예언 가운데 현실이 된 것들 찾아보기	◆노스트라다무스의 대표적인 예언들 ◆토마스 프레이, 엘빈 토플러의 미래예측들 ◆스마트폰 등장과 함께 변화된 세상	◆과학적인 방법으로 예언한 인물들과 관련 내용들 ◆유명 과학자들이 4차 산업혁명과 관련해 예측한 것들 ◆가까운 미래에 현실이 될 일들	상 중 하
/ [ ]				상 중 하
/ [ ]				상 중 하

관련교과	국어	사회	도덕	수학	과학	실과			체육	예술		영어	창의적 체험활동	자유학기활동		
						기술	가정	정보		음악	미술			진로 탐색	주제 선택	예술 체육
	○	○	○	○	○	○	○	○	○	○	○	○	○	○	○	○

★ 나만의 잼공포인트

자신의 호기심을 자극하거나 충족시킨 재미있는 내용을 간단하게 메모해 주세요.

나의 지혜나무

배운 내용의 중심용어(단어)들로 지혜나무를 완성해 주세요. 관련성이 높은 용어들을 한 가지에 묶어주는 것이 중요합니다. 탐스런 지식열매가 가득 차도록 자유롭게 꾸며주세요.

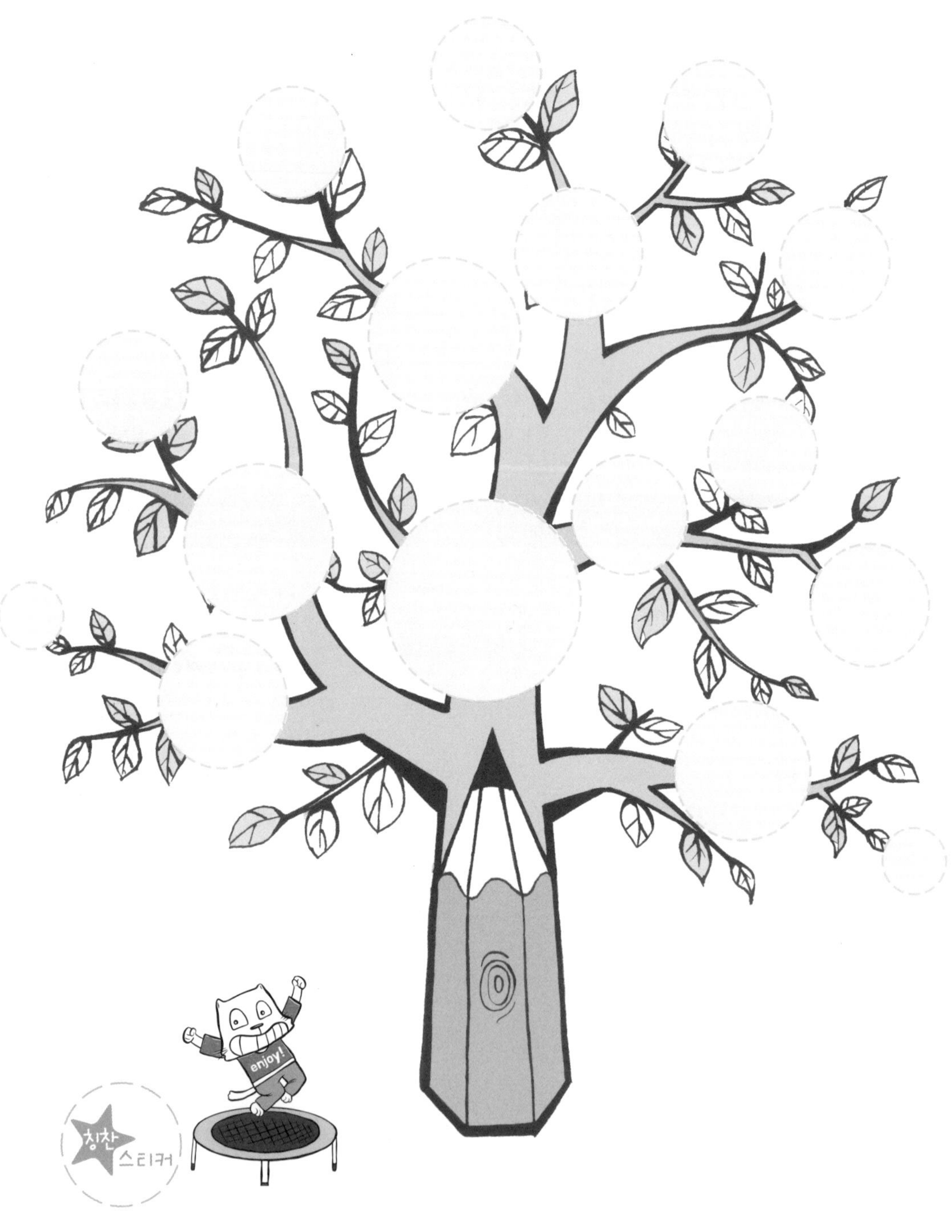

공부한 내용 중에 오랫동안 기억 속에 담아 두고 싶은 지식은 무엇입니까? 여러분들이 엄선한 지식열매를 보물상자에 담아주세요.

Visual Thinking

지혜나무와 지식보물상자에 담긴 내용들을 그림으로 나타내어보자. 머릿속에 떠오르는 생각대로 제시된 형태 위에 자신만의 방식으로 표현하면 됩니다.

스토리텔링 **Story Telling**

개념스케치북에 그려진 그림 속에서 떠오르는 이야기를 꺼내어 적어 봅시다. 어떤 이야기든 상관이 없습니다.

스스로 평가 자기주도학습의 완성!

나의 신 호 등

01	나는 퀘스트 문제 상황을 과제(활동)에 맞게 작성하고 공부할 주제를 도출했다.	1 2 3 4 5
02	나는 과제수행 내용을 기록하면서 알게 된 것과 알고 싶은 것을 잘 정리했다.	1 2 3 4 5
03	나는 공부한 내용을 바탕으로 지혜나무를 멋지게 완성했다.	1 2 3 4 5
04	나는 공부한 내용 중에 오랫동안 기억에 담아 둘 지식열매를 보물상자에 담았다.	1 2 3 4 5
05	지혜나무와 지식보물상자에 담긴 내용을 떠올리며 그림으로 재미있게 표현했다.	1 2 3 4 5
06	나는 개념스케치북에 그린 그림 속 이야기를 잘 니타내었다.	1 2 3 4 5

자신의 학습과정을 되돌아보고 진지하게 평가해주세요.

오늘의 점수 나의 총점수

Quest 퀘스트 02

4차 산업혁명, 새로운 기회가 열린다

_과제난이도 ☆☆☆☆☆☆

문제상황

19세기 산업혁명은 이전 인류가 경험하지 못한 전혀 다른 세상을 열었다. 거의 모든 부분에 엄청난 영향을 끼쳤다. 과학, 산업, 기술의 발전을 거듭하며 오늘까지 숨 가쁘게 달려왔다. 그리고 그 결과를 토대로 지금껏 경험하지 못했던 세상을 향해 내달리고 있다. 무인자동차, 인공지능(AI), 3D프린터, 사물인터넷(IoT), 드론, 로봇, 가상현실 등으로 대표되는 4차 산업혁명 시대가 성큼 다가온 것이다. 또다시 인류는 도저히 피할 수도 없는 엄청난 변화 앞에 놓이게 됐다.

우리는 꼭 알아야만 한다. 4차 산업혁명이 가져 올 변화 속에서 과연 어떤 새로운 기회들이 열리게 될까. 알면 보이는 법이다.

과제수행(활동) 내용을 공부한 순서에 따라 기록합니다. 특히 과제를 수행하면서 새롭게 알게 된 지식과 더 알고 싶어진 지식을 간략하게 정리하는 것이 핵심입니다. 스스로 혹은 선생님이나 부모님을 통해 각 활동별로 수행한 내용을 되짚어보며 평가도 진행해 보도록 하세요.

월/일[시간]	과제수행(활동) 내용	알게 된 것	더 알고 싶은 것	수행평가
/ [ ]	**(예)** ◆무인자동차의 오늘과 내일에 대한 탐구 ◆인공지능의 발전상황과 다가올 변화들 ◆3D프린터가 산업분야별로 끼칠 영향들	◆무인자동차의 기술적 진전과 풀어야 할 과제들 ◆인공지능이 대체해가고 있는 직업들 ◆건축 분야에서 3D프린터의 활용과 앞으로의 미래들	◆무인자동차시대가 본격적으로 오면 생겨날 직업들 ◆인공지능과 구별될 수 있는 인간의 지능 ◆3D프린터의 도입으로 급격하게 변할 산업들	상 중 하
/ [ ]				상 중 하
/ [ ]				상 중 하

관련교과	국어	사회	도덕	수학	과학	실과			체육	예술		영어	창의적 체험활동	자유학기활동		
						기술	가정	정보		음악	미술			진로탐색	주제선택	예술체육
	○	○	○	○	○	○	○	○	○	○	○	○	○	○	○	○

★ 나만의 잼공포인트

자신의 호기심을 자극하거나 충족시킨 재미있는 내용을 간단하게 메모해 주세요.

나의 지혜나무

배운 내용의 중심용어(단어)들로 지혜나무를 완성해 주세요. 관련성이 높은 용어들을 한 가지에 묶어주는 것이 중요합니다. 탐스런 지식열매가 가득 차도록 자유롭게 꾸며주세요.

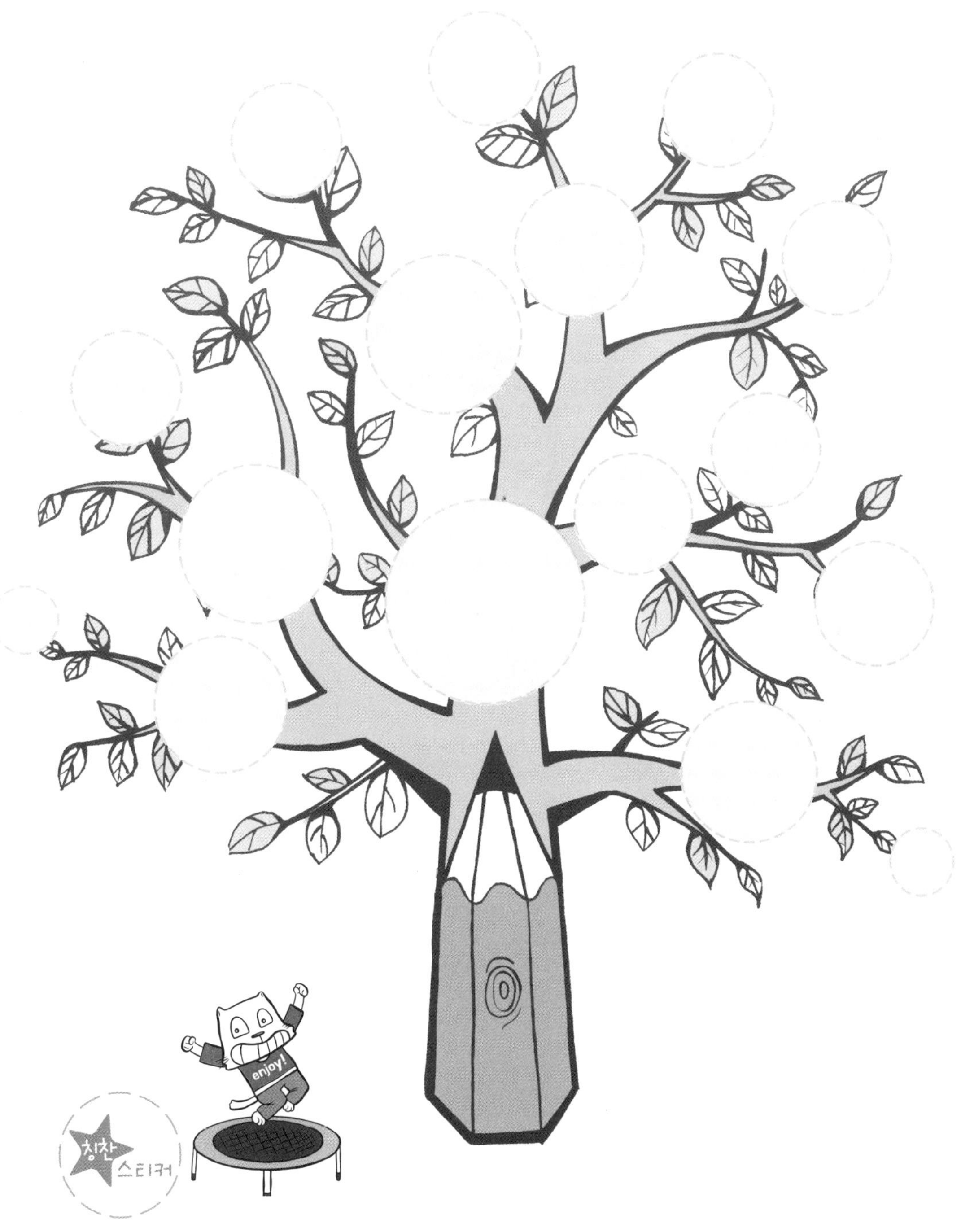

공부한 내용 중에 오랫동안 기억 속에 담아 두고 싶은 지식은 무엇입니까? 여러분들이 엄선한 지식열매를 보물상자에 담아주세요.

지혜나무와 지식보물상자에 담긴 내용들을 그림으로 나타내어보자. 머릿속에 떠오르는 생각대로 제시된 형태 위에 자신만의 방식으로 표현하면 됩니다.

Visual Thinking

스토리텔링 Story Telling

개념스케치북에 그려진 그림 속에서 떠오르는 이야기를 꺼내어 적어 봅시다. 어떤 이야기든 상관이 없습니다.

스스로 평가 자기주도학습의 완성!

		나의 신호등
01	나는 퀘스트 문제 상황을 잘 파악하고 공부할 주제를 도출했다.	1 2 3 4 5
02	나는 과제수행 내용을 기록하면서 알게 된 것과 알고 싶은 것을 잘 정리했다.	1 2 3 4 5
03	나는 공부한 내용을 바탕으로 지혜나무를 멋지게 완성했다.	1 2 3 4 5
04	나는 공부한 내용 중에 오랫동안 기억에 담아 둘 지식열매를 보물상자에 담았다.	1 2 3 4 5
05	나는 다양한 방법을 적용하여 공부한 내용을 토대로 '비주얼 씽킹' 활동을 했다.	1 2 3 4 5
06	나는 개념스케치북에 그린 그림 속 이야기를 잘 나타내었다.	1 2 3 4 5

자신의 학습과정을 되돌아보고 진지하게 평가해주세요.

오늘의 점수 나의 총점수

Quest 퀘스트 03

살아남거나 사라지거나

_과제난이도 ☆☆☆☆☆☆

문제상황

"내리실 분 없으면 오라이~"

오래 전 시내버스에는 요금징수와 하차안내를 맡았던 버스안내원이 있었다. 당시 제법 많은 여성들이 버스안내원으로 종사했다. 그러나 요금수납기와 자동문이 달린 버스가 등장하자 이들의 직업은 순식간에 사라졌다. 버스비를 교통카드로 결제하면서부터 토큰과 회수권을 판매하던 간이 부스도 사라졌다. 한때, 동네슈퍼마켓보다 더 많았던 비디오대여점도 인터넷 TV의 등장과 함께 빠르게 사라져갔다. 이처럼 과학기술의 발전으로 인해 없어진 직업들은 이미 수없이 많다. 그러니 4차 산업혁명의 시대는 차원이 다르다. 과연 현재 유망한 직업들이 미래에도 살아남을 수 있을까. 가까운 미래에 사라질 직업들에는 어떤 것이 있을지 조사해 보자. 끝내 사라져 버릴 신기루를 향해 무작정 내달릴 수는 없지 않은가.

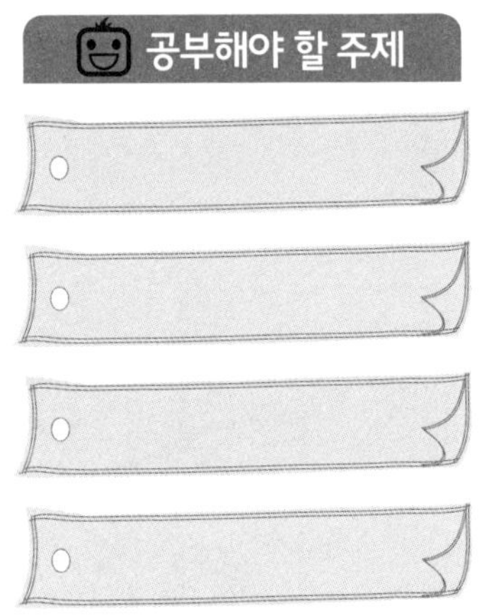

과제수행(활동) 내용을 공부한 순서에 따라 기록합니다. 특히 과제를 수행하면서 새롭게 알게 된 지식과 더 알고 싶어진 지식을 간략하게 정리하는 것이 핵심입니다. 스스로 혹은 선생님이나 부모님을 통해 각 활동별로 수행한 내용을 되짚어보며 평가도 진행해 보도록 하세요.

월/일[시간]	과제수행(활동) 내용	알게 된 것	더 알고 싶은 것	수행 평가
/ [ ]	(예) ◆과거 사라진 직업들과 그 이유에 대한 탐구 ◆4차 산업혁명으로 사라질 위기에 빠진 직업들 ◆기술의 발달과 상관없이 살아남을 직업들	◆공통적으로 사라진 직업들은 기술의 발전과 관련됨. ◆당장 인공지능의 발달속도와 동시에 빠르게 대체되는 산업이 발생하고 있음. ◆스포츠와 예술영역, 창의적인 활동을 기반으로 직업들이 생존가능성이 높음.	◆사라진 직업과 연결해서 새롭게 등장한 직업들 ◆기술의 발달과 더불어 새롭게 생겨날 직업들 ◆기존 직업의 생존력을 높일 수 있는 방법들	상 중 하
/ [ ]				상 중 하
/ [ ]				상 중 하

관련교과	국어	사회	도덕	수학	과학	실과			체육	예술		영어	창의적 체험활동	자유학기활동		
						기술	가정	정보		음악	미술			진로 탐색	주제 선택	예술 체육
	○	○	○	○	○	○	○	○	○	○	○	○	○	○	○	○

★ 나만의 잼공포인트

자신의 호기심을 자극하거나 충족시킨 재미있는 내용을 간단하게 메모해 주세요.

나의 지혜나무

배운 내용의 중심용어(단어)들로 지혜나무를 완성해 주세요. 관련성이 높은 용어들을 한 가지에 묶어주는 것이 중요합니다. 탐스런 지식열매가 가득 차도록 자유롭게 꾸며주세요.

공부한 내용 중에 오랫동안 기억 속에 담아 두고 싶은 지식은 무엇입니까? 여러분들이 엄선한 지식열매를 보물상자에 담아주세요.

지혜나무와 지식보물상자에 담긴 내용들을 그림으로 나타내어보자. 머릿속에 떠오르는 생각대로 제시된 형태 위에 자신만의 방식으로 표현하면 됩니다.

Visual Thinking

스토리텔링 Story Telling

개념스케치북에 그려진 그림 속에서 떠오르는 이야기를 꺼내어 적어 봅시다. 어떤 이야기든 상관이 없습니다.

스스로 평가 자기주도학습의 완성!

		나의 신호등
01	나는 퀘스트 문제 상황을 과제(활동)에 맞게 작성하고 공부할 주제를 도출했다.	1 2 3 4 5
02	나는 과제수행 내용을 기록하면서 알게 된 것과 알고 싶은 것을 잘 정리했다.	1 2 3 4 5
03	나는 공부한 내용을 바탕으로 지혜나무를 멋지게 완성했다.	1 2 3 4 5
04	나는 공부한 내용 중에 오랫동안 기억에 담아 둘 지식열매를 보물상자에 담았다.	1 2 3 4 5
05	지혜나무와 지식보물상자에 담긴 내용을 떠올리며 그림으로 재미있게 표현했다.	1 2 3 4 5
06	나는 개념스케치북에 그린 그림 속 이야기를 잘 나타내었다.	1 2 3 4 5

자신의 학습과정을 되돌아보고 진지하게 평가해주세요.

Quest 퀘스트 04

미래를 예측하라!

_과제난이도 ☆☆☆☆☆☆

문제상황

당신은 퓨처리스트로서 미래학자들의 대표적인 주장과 4차 산업혁명, 이로 인해 사라질 직업들에 관해 깊이 있게 연구했다. 이제 본연의 임무로 돌아와 미래를 예측하는 일에 전념해야 한다. 과연 미래는 어떤 세상일까. 어떤 새로운 직업들이 등장하게 될까. 학교와 교실, 거리의 풍경, 우리의 일상은 어떤 모습으로 바뀔까.

분명한 것은 새로운 도전꺼리와 기회가 넘치는 새로운 세상이 펼쳐지고 있다는 점이다. 퓨처리스트로서 미래를 정확히 예측하고, 희망을 이야기해보자. 잊지 말자! 당신이 바로 변화의 주인공이라는 것을…

과제수행(활동) 내용을 공부한 순서에 따라 기록합니다. 특히 과제를 수행하면서 새롭게 알게 된 지식과 더 알고 싶어진 지식을 간략하게 정리하는 것이 핵심입니다. 스스로 혹은 선생님이나 부모님을 통해 각 활동별로 수행한 내용을 되짚어보며 평가도 진행해 보도록 하세요.

월/일[시간]	과제수행(활동) 내용	알게 된 것	더 알고 싶은 것	수행평가
/ [ ]	(예) ◆미래학자들의 대표적인 주장들을 바탕으로 미래예측을 구체화하기 ◆관심이 있는 분야를 중심으로 가까운 미래 모습 예측하기	◆아는 만큼 미래를 예측할 수 있음. ◆사라지는 직업만큼이나 새로운 직업들이 많이 등장함. ◆변화는 두려움이 아닌 도전의 대상	◆다양한 분야의 전문가들이 말하는 미래의 희망 ◆따뜻한 미래를 위해 필요한 것들 ◆소외된 사람들을 위한 좋은 대책들	상 중 하
/ [ ]				상 중 하
/ [ ]				상 중 하

관련교과	국어	사회	도덕	수학	과학	실과			체육	예술		영어	창의적 체험활동	자유학기활동		
						기술	가정	정보		음악	미술			진로 탐색	주제 선택	예술 체육
	○	○	○	○	○	○	○	○	○	○	○	○	○	○	○	○

★ 나만의 잼공포인트

자신의 호기심을 자극하거나 충족시킨 재미있는 내용을 간단하게 메모해 주세요.

나의 지혜나무

배운 내용의 중심용어(단어)들로 지혜나무를 완성해 주세요. 관련성이 높은 용어들을 한 가지에 묶어주는 것이 중요합니다. 탐스런 지식열매가 가득 차도록 자유롭게 꾸며주세요.

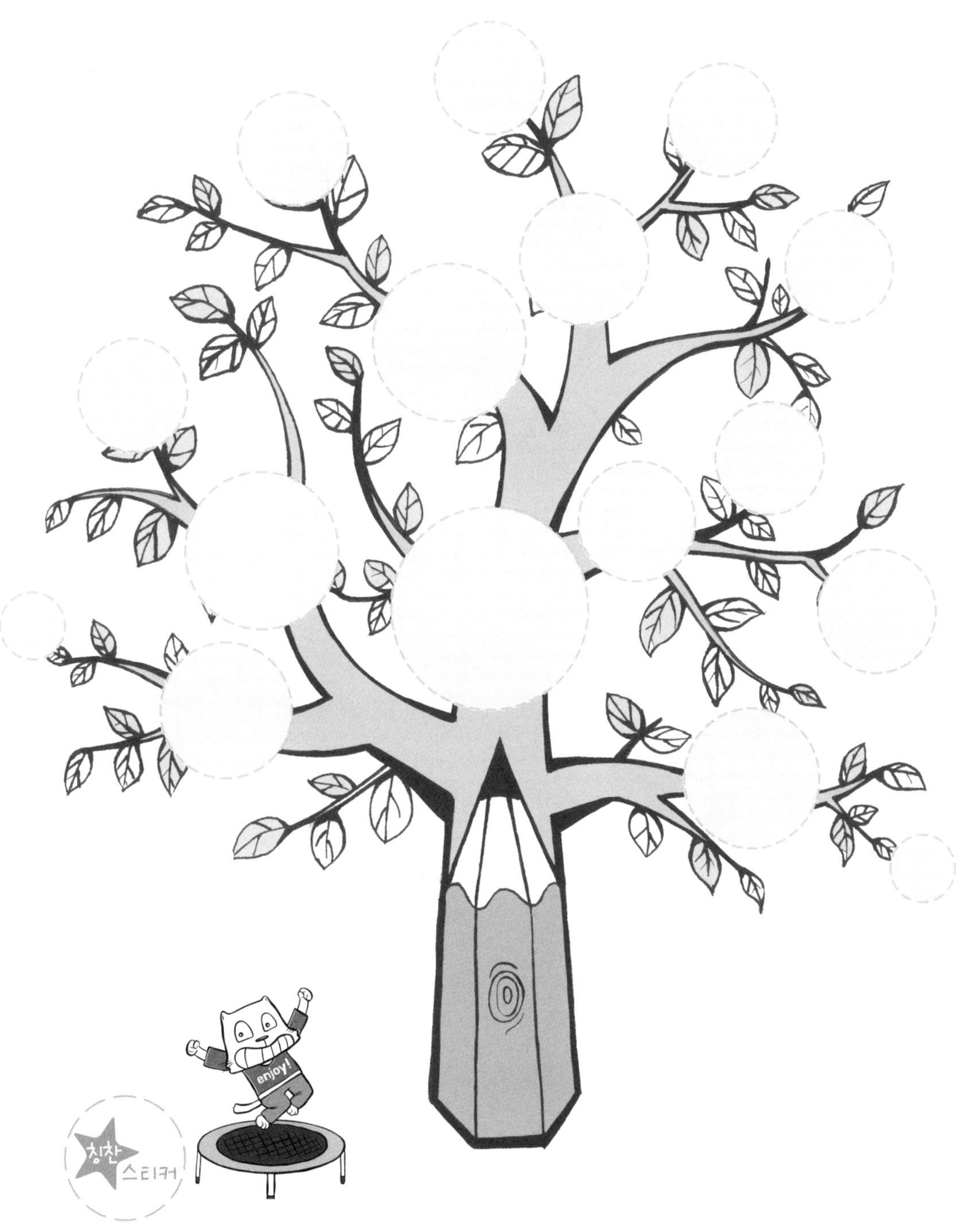

공부한 내용 중에 오랫동안 기억 속에 담아 두고 싶은 지식은 무엇입니까? 여러분들이 엄선한 지식열매를 보물상자에 담아주세요.

지혜나무와 지식보물상자에 담긴 내용들을 그림으로 나타내어보자. 머릿속에 떠오르는 생각대로 제시된 형태 위에 자신만의 방식으로 표현하면 됩니다.

Visual Thinking

스토리텔링 Story Telling

개념스케치북에 그려진 그림 속에서 떠오르는 이야기를 꺼내어 적어 봅시다. 어떤 이야기든 상관이 없습니다.

스스로 평가 자기주도학습의 완성!

		나의 신 호 등
01	나는 퀘스트 문제 상황을 과제(활동)에 맞게 작성하고 공부할 주제를 도출했다.	1 2 3 4 5
02	나는 과제수행 내용을 기록하면서 알게 된 것과 알고 싶은 것을 잘 정리했다.	1 2 3 4 5
03	나는 공부한 내용을 바탕으로 지혜나무를 멋지게 완성했다.	1 2 3 4 5
04	나는 공부한 내용 중에 오랫동안 기억에 담아 둘 지식열매를 보물상자에 담았다.	1 2 3 4 5
05	지혜나무와 지식보물상자에 담긴 내용을 떠올리며 그림으로 재미있게 표현했다.	1 2 3 4 5
06	나는 개념스케치북에 그린 그림 속 이야기를 잘 나타내었다.	1 2 3 4 5

자신의 학습과정을 되돌아보고 진지하게 평가해주세요.

오늘의 점수 나의 총점수

프로젝트학습을 수행하는 과정에서 배우고 느낀 점은 무엇입니까? 머릿속에 담겨진 그대로 꺼내어 마인드맵으로 표현해 봅시다. 더불어 학습과정에서 얻게 된 빅아이디어, 창의적인 생각을 정리하는 것도 잊지 마세요.

Big Idea! Creative Thinking!

나의 지식사전

프로젝트를 수행하는 과정에서 알게 된 중요한 지식을 '나의 지식사전'에 남기도록 합니다.
특히 해당 지식의 소멸시점을 예상하고 그 이유를 함께 기록해 보세요.

핵심용어	중심내용	내가 생각하는 지식유효기한과 이유

★나에게 보내는 칭찬 한 마디

All-Clear
sticker

10 CHAPTER

The Futurist, 미래를 보다

★Teacher Tips

Teacher Tips

'The Futurist, 미래를 보다'는 「설레는 수업, 프로젝트학습 PBL워크북 Lv3」에 수록된 문제입니다. 이 수업은 앞서 제시했던 프로젝트학습양식과는 다른 형식을 사용하고 있는데요. 셀프프로젝트학습양식은 주제의 성격과 상관없이 다양한 활동이 가능하도록 고안된 것이 특징입니다. 셀프프로젝트학습의 구체적인 활용방법에 대해서는 '실전가이드❽ [SELF-PROJECT] 셀프프로젝트학습 활용방법!' 편에 자세히 제시하고 있습니다. 이 수업은 학생들이 4차 산업혁명 시대에 펼쳐질 가상의 문제상황을 해결하는데 방점을 두고 있습니다. 특히 미래에 사라지거나 살아남게 될 직업을 예측하며, 자신의 진로에 대해 고민할 수 있는 기회를 제공하고 있습니다. 아무쪼록 관련 교과나 진로를 주제로 창의적 체험활동, 자유학년활동과 연계하여 적용해보시길 바랍니다.

최근 들어 값싼 노동력을 찾아 중국과 동남아시아, 중남미 등으로 생산시설을 옮겼던 다국적 기업의 제조공장들이 하나둘씩 자국으로 돌아가고 있다고 합니다. 이런 현상은 제품을 생산하는데 인간의 노동력이 필요로 하지 않는 무인공장, 즉 '스마트 팩토리(smart factory)'의 등장과 관련이 깊습니다. 대표적으로 세계적인 스포츠 브랜드인 아디다스(adidas)가 자국(독일)에 가동하고 있는 '스피드 팩토리(Speed Factory)'를 들 수 있는데요. 공장 상주인력은 10명에 불과하지만, 생산량은 연간 100만 켤레나 된다고 합니다. 게다가 개인 맞춤형 신발제작에 일반 공장은 최소 20일이 소요되는 반면, '스피드 팩토리'는 하루면 충분해서 소비자가 원하는 디자인의 신발주문이 들어오면, 이를 제조해 1-2일 만에 배송하는 것이 가능합니다. 600명의 숙련공이 매달려야 겨우 달성가능한 생산량을 3D 프린터와 로봇이 가뿐하게 대신하고 있는 것이지요. 자동차뿐만 아니라 인간이 해오던 많은 일들이 무인화 되어가면서 일자리의 급격한 변화가 예측되고 있는 상태입니다.

유튜브(youtube.com)

아디다스의 스피드 팩토리 사례를 소개하면서 관련 영상을 활용해 4차 산업혁명 시대의 변화가 어떤 모습인지 예측해 본다면 수업의 동기형성에 도움이 될 것입니다.

가능하다면, 수업 전에 공상과학(SF)영화를 보며, 현실화된 기술들을 따져 보는 것도 매우 흥미로운 경험이 될 수 있습니다. 영화의 재미를 만끽하며, 미래기술을 엿볼 수 있는 작품으로는 2015년에 개봉된 디즈니의 '투모로우랜드(Tomorrowland)'가 있습니다. 더불어 유튜브 채널인 한국직업방송에서 제작한 'SF영화로 보는 4차 산업혁명' 편을 시청한다면, 최첨단 기술의 수준을 실감나게 느낄 수 있을 것입니다.

이 수업은 기술과 과학 교과와 직접적으로 연계하여 진행할 수 있지만, 진로를 주제로 자유학년(학기)활동, 창의적 체험활동 프로그램으로 활용하는 것이 좀 더 폭넓은 학습을 가능하게 만들어 줍니다. 아래 교과영역과 내용요소를 참고하여 현장 상황에 맞게 탄력적으로 적용해 보시기 바랍니다.

교과	영역		내용요소	
			초등학교 [5-6학년]	중학교 [1-3학년]
국어	듣기 말하기		◆토의[의견조정] ◆발표[매체활용] ◆체계적 내용 구성	◆토의[문제 해결] ◆발표[내용 구성] ◆매체 자료의 효과
창의적 체험 활동	자율		◆창의주제활동	◆주제선택활동 -주제 탐구형 소집단 공동 연구, 자유 연구, 프로젝트 학습
	진로		◆진로탐색활동	◆진로정보탐색활동
실과 기술	기술 활용	적응	◆일과 직업의 세계 ◆자기 이해와 직업 탐색	◆기술의 발달 ◆기술과 사회 변화
		혁신	◆발명과 문제해결 ◆로봇의 기능과 구조	◆기술적 문제해결 ◆발명 아이디어의 실현 ◆기술의 이용과 표준
		지속 가능		◆적정기술 ◆지속가능한 발전

Teacher Tips

이 수업은 제시된 과제의 난이도를 고려할 때, 초등학교 5학년 이상이면 무난하게 도전할 수 있습니다. 4차 산업혁명 기술에 대한 올바른 이해를 토대로 미래 진로에 대한 통합적이고 창의적인 해법을 모색하도록 해주세요.

- 적용대상(권장): 초등학교 5학년 – 중학교 3학년
- 자유학년활동: 주제선택(권장)
- 학습예상소요기간(차시): 6 – 10일(7 – 10차시)
- Time Flow

8일 기준

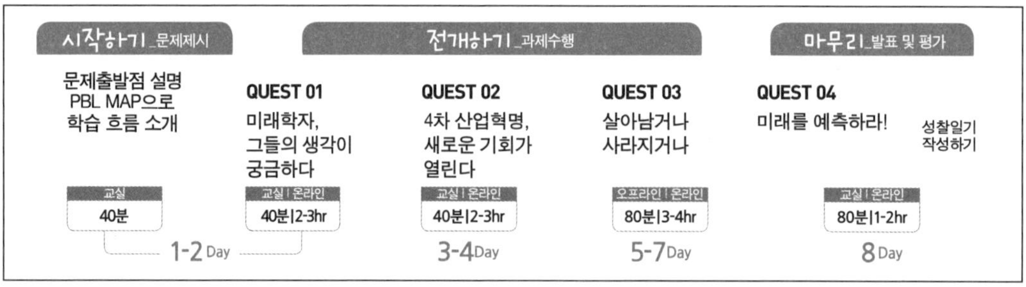

시작하기_문제제시	전개하기_과제수행			마무리_발표 및 평가	
문제출발점 설명 PBL MAP으로 학습 흐름 소개	QUEST 01 미래학자, 그들의 생각이 궁금하다	QUEST 02 4차 산업혁명, 새로운 기회가 열린다	QUEST 03 살아남거나 사라지거나	QUEST 04 미래를 예측하라!	성찰일기 작성하기
교실 40분	교실 | 온라인 40분 | 2-3hr	교실 | 온라인 40분 | 2-3hr	오프라인 | 온라인 80분 | 3-4hr	교실 | 온라인 80분 | 1-2hr	
1-2 Day		3-4 Day	5-7 Day	8 Day	

- 수업목표(예)

QUEST1	◆현대 미래학자들 중 대표적인 인물을 조사하고 예측한 내용을 파악할 수 있다. ◆과거에 예측한 내용들 가운데 현실이 된 부분을 조사할 수 있다. ◆4차 산업혁명 기술들로 인해 가까운 미래에 현실이 될 일들을 예상해 볼 수 있다.
QUEST2	◆4차 산업혁명 기술들(무인자동차, 인공지능(AI), 3D프린터, 사물인터넷(IoT), 드론, 로봇, 가상현실 등)이 무엇인지 자세히 파악할 수 있다. ◆4차 산업혁명 기술들이 미래사회에 몰고 올 변화를 예상할 수 있다. ◆4차 산업혁명 시대에 찾아올 새로운 기회를 예측할 수 있다.
QUEST3	◆과거 사라진 직업들과 그 이유에 대한 탐구할 수 있다. ◆4차 산업혁명으로 사라질 위기에 빠진 직업들을 파악할 수 있다. ◆기술의 발달과 상관없이 살아남을 직업들에 대해 조사할 수 있다. ◆기술의 발달과 더불어 새롭게 생겨날 직업들을 예측해볼 수 있다.
QUEST4	◆미래학자로서 과학적 근거를 바탕으로 구체적인 미래상을 표현할 수 있다. ◆미래학자들의 대표적인 주장들을 바탕으로 미래예측을 구체화할 수 있다. . ◆관심이 있는 분야를 선정하여, 이를 중심으로 미래모습을 예측할 수 있다. ◆예측한 미래상에 희망찬 따뜻한 미래모습을 위한 제언을 담아낼 수 있다.

공통	◆다양한 매체에서 조사한 내용을 정리하고 자신의 언어로 재구성하는 과정을 통해 창의적인 산출물을 만들어낼 수 있다. 이 과정을 통해 지식을 생산하기 위해 소비하는 프로슈머로서의 능력을 향상시킬 수 있다. ◆토의의 기본적인 과정과 절차에 따라 문제해결방법을 도출하고, 온라인 커뮤니티 등의 양방향 매체를 활용한 지속적인 학습과정을 경험함으로써 의사소통능력을 신장시킬 수 있다.

※ 프로슈머 [Prosumer]: 앨빈 토플러 등 미래 학자들이 예견한 생산자(producer)와 소비자(consumer)를 합성한 말

 **시작하기**

중심활동 : 문제출발점 파악하기, PBL MAP 작성하기

- 문제의 배경이 되는 무인자동차 시대의 갑작스런 도래를 이야기하며 관심 불러일으키기
- 무인자동차 시대가 초래할 변화에 대해 다양한 의견을 나누고, 그 이유에 대해 자유롭게 토론하기
- 미래예측의 중요성을 강조하며, 퓨처리스트로서 문제출발점이 '나의 문제'로 인식되도록 부연 설명하기
- (선택)셀프프로젝트학습 활동지를 어떻게 활용해야 하는지 설명해 주기(학습자가 알고 있다면 생략)
- (선택)자기평가방법 공유, 온라인 학습커뮤니티 활용 기준 제시하기
- PBL MAP을 활용하여 전체적인 학습흐름을 설명하고, 각 퀘스트의 활동주제를 적어보고 실천계획을 어떻게 기록하는지 안내하기

문제출발점의 배경이 되는 무인자동차 시대의 도래와 관련해서 인상적인 자료(사진, 영상)를 제시하며 수업을 시작해보는 것은 어떨까요? 스마트폰의 깜짝 등장이 몰고 온 변화, 이를테면, 1등 핸드폰 기업 노키아 몰락, 매체의 통합(TV+비디오+카메라+MP3+녹음기+컴퓨터+…), 개인 단위 미디어 활성화(블로그, 유튜브, 페이스북, …) 등을 이야기하며, 무인자동차의 대중화가 초래할 변화에 대해 예상해 보는 시간을 가져보는 것도 고려해 볼 만합니다.

2019 현대모비스 CF장면

무인자동차에 대한 관심을 끄는 데는 기업 광고만한 것이 없습니다. 무인자동차 관련 최신 광고를 보여주며, 무인자동차 시대로 접어들었을 때, 구체적으로 어떤 변화가 일어날지 자유롭게 이야기하는 것도 좋습니다. 어떻게 수업을 시작하든 문제상황의 핵심인 무인

Teacher Tips

자동차 시대가 초래할 변화에 대해 학생들이 관심을 가질 수 있도록 지도해주세요.

무인자동차 시대에 관심을 유발하는데 성공했다면, 문제출발점을 학생들에게 제시하도록 합니다. 문제 속 극단적인 상황이 충분히 가능성 있는 시나리오임을 강조하고, 어떤 변화가 일어날지 맘껏 상상할 수 있도록 분위기를 조성하는 것이 중요합니다. 무엇보다 기술의 변화가 직업의 소멸과 관련이 깊다는 사실에 주목하도록 안내해주세요. 참여하는 학생들이 문제출발점에 담긴 상황에 완전 몰입하도록 만들려면 의도적인 위기감 조성도 필요할 수 있습니다. 무인자동차 시대가 초래할 대량 실직사태를 운운하며, 이렇게 한마디를 던져보는 것은 어떨까요?

"그런데 말이에요, 이 모든 현실은 이미 과거 미래학자들이 예측한 것들이에요."

자연스럽게 문제의 제목이기도 한 '퓨처리스트(futurist)', 즉 미래학자에 대한 이야기에 주목시키고, 제시된 상황을 파악하도록 돕습니다.

토마스 프레이 관련 방송장면

이왕이면 문제상황에서 언급되는 미래학자 '토마스 프레이(Thomas Frey)'에 관해 이야기를 나누거나 관련 강연영상을 보여주는 것도 좋습니다. 그의 강연이나 인터뷰 영상은 유튜브(YouTube)나 여러 채널의 특집방송을 통해 접할 수 있습니다. TEDx강연도 있으니 학생들의 수준을 고려하여 선정해주세요.

어떤 방식이든 미래학자의 역할을 학생들이 제대로 이해할 수 있도록 하는 것이 중요합니다. 미래를 준비하고 대비할 수 있는 시간이 있음에도 불구하고, 오늘의 변화들에 관심을 가지지 않게 되면 예측된 위기라 할지라도 속수무책으로 당할 수밖에 없음을 강조해주세요. 미래세대인 학생들로부터 공감을 얻는 것이 무엇보다 중요합니다. 학생들이 퓨처리스트로서 문제상황에 빠져들었다면 수업의 첫 단추는 제법 잘 꿴 것입니다.

더불어 셀프프로젝트학습 활동지에 대한 경험이 없는 학생들에겐 각 공간에 어떤 내용을 기록하고 어떻게 활용하면 좋을지 설명해 주도록 합니다. 물론 이미 익숙한 학생들을 대상으로 하는 경우, 이런 과정은 생략해도 되겠지요? 자기평가방법이나 온라인 학습커뮤니티 활용에 관한 설명 역시 필요에 따라 선택적으로 실시하면 됩니다.

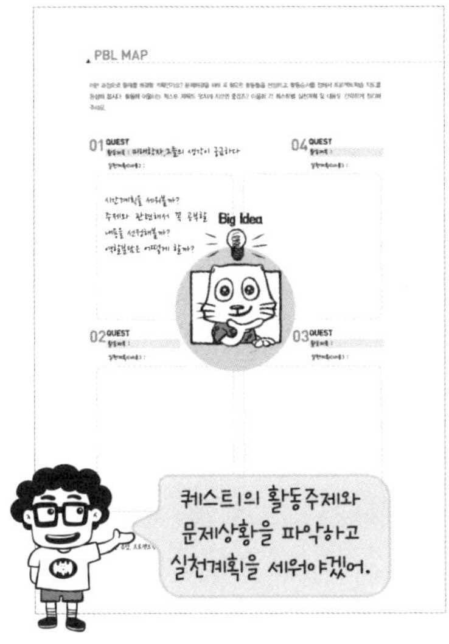

앞서 학습의 흐름만 시각적으로 나타낸 PBL MAP과 달리 셀프프로젝트학습양식에서 제공하는 것은 각 퀘스트별 실천계획을 작성하도록 하고 있습니다. 먼저 각 퀘스트별 활동제목을 학생들에게 공개하고 이를 기록하도록 안내합니다. 앞으로의 학습흐름을 파악하고 주요활동을 예상할 수 있도록 부연 설명도 해 줍니다. 여기까진 이 책에서 제공하는 PBL수업과 크게 다르지 않습니다.

여기서 기존의 방식과 구분되는 것은 각 퀘스트별 실천(학습)계획을 기록하는 공간이 있다는 점을 들 수 있습니다. 이 공간은 활동이 시작되기 전에 한꺼번에 쓰는 것이 아니라 각 퀘스트별로 과제수행에 앞서 작성하는 것이 특징입니다.

더불어 'Time Flow'가 제시되어 있습니다. 쉽게 말해 학습자가 직접 시간계획을 세우는 공간인데요. 학습이 종료된 이후, 예상한 시간과 실제 사용된 시간의 차이가 왜 발생했는지 따져보도록 하는 것도 좋습니다. 수업운영에 있어서 도입하고자 하는 규칙이나 평가방법, 학생들에게 낯설게 여길만한 새로운 학습환경이 있다면, 그것이 장애가 되지 않도록 충분히 설명해 주어야 합니다.

전개하기

'The Futurist, 미래를 보다'는 총 4개의 기본 퀘스트로 구성되어 있습니다. 아무쪼록 이 수업을 실천하며 학생들의 긍정적인 반응을 직접 체감해보시기 바랍니다. 동시에 셀프프로젝트학습 워크북의 사용방법을 익혀서 다른 수업에서도 요긴하게 활용해 보시길 권합니다. 참고로 각종 수업에서 셀프프로젝트학습 워크북을 어떻게 활용하면 좋을지 이 책의 '실전가이드❽ [SELF-PROJECT] 셀프프로젝트학습 활용방법!'편에서 자세히 다루고 있습니다.

Teacher Tips

● 퀘스트1 : 미래학자, 그들의 생각이 궁금하다

중심활동 : 대표적인 미래학자 조사하기, 미래학자들의 대표적인 예측 알아보기

- 미래학자의 대표적인 주장을 이야기하며 문제상황을 파악하고 공부해야 할 주제 도출하기
- PBL MAP의 퀘스트1 실천계획공간에 공부해야 할 주제를 토대로 과제수행계획 작성하기
- (온라인) '나의 퀘스트 여정' 에 공부해야 할 주제별로 활동한 핵심내용을 기록하고, 이를 통해 알게 된 것과 더 알고 싶은 것을 구분하여 정리하기
- 개념스케치북과 지식보물상자, 스토리텔링 등으로 구성된 나만의 교과서 작성과 스스로평가 실시하기

Quest 퀘스트 01 미래학자, 그들의 생각이 궁금하다

_과제난이도 ☆☆☆☆☆

문제상황

...거에도 노스트라다무스와 같이 미래를 예견하던 예언가 ...종교인 등이 있었다. 이들의 예언은 불확실한 내일 ...은 사람들에게 직·간접적인 영향을 미쳐왔다. ...래학자들과는 성격이 완전히 다르 ...종교적인 신념을 토대로 미래를 내다 ...자들은 철저히 과학적 근거를 통해 미 ...래학자들의 예측들은 대부분 오늘 ...다. 10년 후, 20년 후, 가까운 미래에 ...있을까. 미래학자, 그들의 생각이 궁

The Futurist, 미래를 보다' 의 첫 번째 퀘스트는 미래학자의 주장들을 자세히 살펴보도록 하는데 있습니다. 특히 최근에 주목받고 있는 미래학자를 중심으로 살펴본다면 문제를 해결하는데 도움이 된다는 점을 강조하며 문제를 제시합니다. 미래학자들의 강연이나 기사문, 책 등 인터넷을 통해 손쉽게 접할 수 있는 자료가 많으며, 특히 공영방송에서 기획한 프로그램에서부터 유튜브와 테드(ted.com)에 들어가면 관련 유명인사의 강연 자료들을 쉽게 찾을 수 있다는 점을 알려주세요. 더불어 이들 영상 대부분이 한국어 자막을 지원하고 있습니다. 관련 안내도 꼭 해주세요.

공부해야 할 주제

문제상황을 토대로 공부해야 할 주제를 도출할 수 있도록 안내합니다. 공부해야 할 주제는 팀마다 조금씩 다를 수 있습니다. '역사 속 위대한 예언가', '대표적인 미래학자', '과거 예측가운데 현실이 된 사례', '4차 산업기술과 관련해 예측한 내용', '미래사회 관련 과학영화나 다큐멘터리' 등 팀마다 관심을 가진 분야에 따라 공부주제를 선정해서 기록하도록 합니다.

...동) 내용을 공부한 순서에 따라 기록합니다 ...식을 간략하게 정리하는 것이 핵심입니다. 스 ...되짚어보며 평가도 진행해 보도록 하세요.

	과제수행(활동) 내용	알게 ...		
/ [ ]	(예) ◆역사 속 유명한 예언가들 조사 ◆현대 미래학자들 중 대표적인 인물 조사 및 관련 글이나 책 읽기 ◆과거 예언 가운데 현실이 된 것들 찾아보기	◆노스트라다무스의 대표... ◆토마스 프레이, 엘빈 토... ◆스마트폰 등장과 함께...		
/ [ ]				중 하 상

공부해야 할 주제를 선정했다면, 이어서 PBL MAP 실천(학습)계획을 세우도록 해야 합니다. 굳이 구체적일 필요는 없습니다. 학습주제를 기준으로 역할분담을 하고 대략적인 시간계획을 세워서 활동할 내용을 간략하게 작성하면 됩니다. 일반적으로 학습계획세우기 활동에 학습자가 부담을 느끼는 경우가 많습니다. 익숙하지 않은 상태에서 무리하게 진행되지 않도록 주의해 주세요. 이어서 실천계획을 세웠다면, 약속된 일정에 맞게 과제수행을 하고 그 결과를 '나의 퀘스트 여정'에 간단히 작성하면 됩니다. 나의 퀘스트 여정은 과제수행날짜(시간)를 기준으로 주요활동내용, 알게 된 것, 더 알고 싶은 것을 기록할 뿐만 아니라 수행평가결과를 표기하도록 되어 있습니다. 수행평가는 가급적 자기점검 차원에서 스스로 진행될 수 있도록 안내해 주세요.

과제수행내용을 '나의 퀘스트 여정'에 기록하는 것과 동시에 또는 마무리 짓고 나서 '나만의 교과서'를 적극적으로 활용할 수 있도록 안내합니다. '나의 지혜나무'와 '지식보물상자'를 채워나가다 보면 핵심용어 중심으로 공부한 내용을 재미있게 상기해가며 정리해 나갈 수 있도록 만듭니다.

나만의 교과서

나의 지혜나무 배운 내용의 중심용어(단어)들로 지혜나무를 완성해 주세요. 관련성이 높은 용어들을 한 가지에 묶어주는 것이 중요합니다. 탐스런 지식열매가 가득 차도록 자유롭게 꾸며주세요.

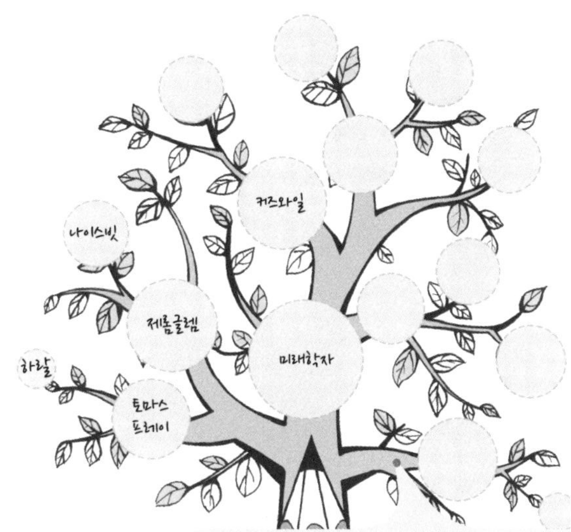

지혜나무를 표현할 때는 나무줄기를 꼭 고려해야 합니다. 나무줄기는 일종의 분류와 같다고 생각하면 되는데, 제시된 예처럼 미래학자라는 줄기에 선정한 인물을 표기해 둔 것에서 알 수 있듯이 말입니다. 제시된 공간이 부족하다면 얼마든지 추가로 그려 넣어 지혜나무를 풍부하게 표현할 수 있습니다. 풍성한 열매가 가득 맺힌 지혜나무가 될 수 있도록 팀원 간에 서로 공유하고 지식열매를 추가할 수 있도록 안내해 주시기 바랍니다.

Quest 나만의 교과서

지식보물상자 공부한 내용 중에 오랫동안 기억 속에 담아 두고 싶은 지식은 무엇입니까? 여러분들이 엄선한 지식열매를 보물상자에 담아주세요.

존나이스빗의 메가트렌드에 주목할 것은 '하이테크, 하이터치'

지식보물상자는 말 그대로 오랫동안 기억에 남겨두고 싶은 지식들을 담는 공간입니다. 지혜나무의 열매와 중복돼도 상관없는데요. 앞서 지혜나무가 핵심용어(키워드)나 상징적 이미지 등으로 표현하는 공간이었다면, 지식보물상자는 선정한 지식의 핵심내용을 기록하는 공간이라고 여기면 됩니다.

Teacher Tips

나만의 교과서 성격은 비주얼 노트북(visual notebook)을 지향하고 있습니다. '개념스케치북' 공간에는 자신이 공부한 내용을 낙서하듯 그림으로 나타내는 것이 핵심입니다. 지혜나무와 지식보물상자에 담긴 내용을 제시된 형태 위에 머릿속에 떠오르는 대로 자유롭게 표현해 보도록 안내해주세요.

나만의 교과서

개념 스케치북

지혜나무와 지식보물상자에 담긴 내용들을 그림으로 나타내어보자. 머릿속에 떠오르는 생각대로 제시된 형태 위에 자신만의 방식으로 표현하면 됩니다.

Visual Thinking

앞서 수행한 '지혜나무'와 '지식보물상자', 그리고 '개념스케치북'으로 이어진 활동을 토대로 떠오른 이야기를 창작하는 공간입니다. 작가가 되어 상상의 나래를 펼칠 수 있도록 분위기를 조성해주세요. 완성한 스토리텔링은 팀 단위로 공유하고, 간단히 발표해 보는 것도 좋습니다.

Quest 나만의 교과서

스토리텔링 **Story Telling**

개념스케치북에 그려진 그림 속에서 떠오

스스로 평가 자기주도학습의 완성!

나의 신호등

01	나는 퀘스트 문제 상황을 과제(활동)에 맞게 작성하고 공부할 주제를 도출했다.	① ② ③ ④ ⑤
02	나는 과제수행 내용을 기록하면서 알게 된 것과 알고 싶은 것을 잘 정리했다.	① ② ③ ④ ⑤
03	나는 공부한 내용을 바탕으로 지혜나무를 멋지게 완성했다.	① ② ③ ④ ⑤
04	나는 공부한 내용 중에 오랫동안 기억에 담아 둘 지식열매를 보물상자에 담았다.	① ② ③ ④ ⑤
05	지혜나무와 지식보물상자에 담긴 내용을 떠올리며 그림으로 재미있게 표현했다.	① ② ③ ④ ⑤
06	나는 개념스케치북에 그린 그림 속 이야기를 잘 나타내었다.	① ② ③ ④ ⑤

Level up 오늘의 점수 나의 총점수

이제 남은 건 '스스로 평가', 학습과정을 곱씹어보며 나의 신호등을 결정하는 공간입니다. 평가기준을 선생님이 제시할 수도 있지만 그것보다는 본래 취지에 맞게 자기평가방법으로 활용할 것을 권장합니다. 자신에게 지나치게 엄격하기 보다는 자신을 많이 칭찬하는 방향으로 진행될 수 있도록 안내해 주세요. 설사 냉철하게 평가하더라도 자존감에 상처는 남기지 않도록 주의해 주셔야 합니다. 이어서 스스로 평가점수 합계는 '오늘의 점수'에 기록하고, 앞서 집계했던 퀘스트별 스스로 평가점수까지 더해서(누계해서) '나의 총점수'를 표기하도록 안내합니다.

● 퀘스트2 : 4차 산업혁명, 새로운 기회가 열리다

중심활동 : 4차 산업혁명에 대해 공부하기, 새로운 기술의 오늘을 통해 내일(미래) 예측하기

- 미래학자들이 예견한 변화의 핵심에 4차 산업혁명이 있음을 전제로 각종 정보와 자료수집, 관련 공부의 필요성 인식하기
- 문제상황에 대한 이해를 토대로 공부해야 할 주제를 도출하고 PBL MAP의 실천계획 수립하기
- (온라인) '나의 퀘스트 여정'에 공부해야 할 주제별로 활동한 핵심내용을 기록하고, 이를 통해 알게 된 것과 더 알고 싶은 것을 구분하여 정리하기
- 개념스케치북과 지식보물상자, 스토리텔링 등으로 구성된 나만의 교과서 작성과 스스로평가 실시하기

Quest 퀘스트 02 4차 산업혁명, 새로운 기회가 열린다

미래학자들의 다양한 주장들을 접했다면, 변화의 핵심인 4차 산업혁명이 무엇인지 제대로 알 필요가 있음을 강조합니다. 미래를 정확히 내다볼 수 있는 유능한 퓨처리스트가 되기 위해서라도 꼭 알아야 할 부분임을 재차 강조할 필요가 있습니다.

인류역사에서 산업의 변화는 교육뿐만 아니라 정치, 경제, 예술, 문화 등 사회 전체에 큰 영향을 미치게 된다는 사실을 강조하며 문제상황을 제시해주세요. 각 퀘스트 수행의 목적이 4차 산업혁명이 무엇인지 알고, 그것을 통한 새로운 기회가 무엇인지 모색하는데 있음을 과제를 수행하는 동안 거듭 언급해주세요.

문제상황

19세기 산업혁명은 이전 인류가 경험하지 못한 전혀 다른 세상을 열었다. 거의 모든 부분에 엄청난 영향을 끼쳤다. 과학, 산업, 기술의 발전을 거듭하며 오늘까지 숨 가쁘게 달려왔다. 그리고 그 결과를 토대로 지금껏 경험하지 못했던 세상을 향해 내달리고 있다. 무인자동차, 인공지능(AI), 3D프린터, 사물인터넷(IoT), 드론, 로봇, 가상현실 등으로 대표되는 4차 산업혁명 시대가 성큼 다가온 것이다.
할 수도 없는 엄청난 변화 앞에
우리는 꼭 알아야만 한다.
서 과연 어떤 새로운 기회들

문제상황을 파악했다면 공부해야 할 주제를 도출하도록 해주세요. 4차 산업혁명의 대표적인 기술인 '무인자동차', '인공지능', '3D프린터', '드론(무인항공기)', '로봇' 등의 오늘과 내일을 '공부해야 할 주제'로 삼을 수 있습니다. 이를 토대로 퀘스트1에서 수행했던 대로 PBL MAP의 실천계획을 작성하도록 안내합니다. 학생들이 막막해 한다면 공부해야 할 주제와 실천계획을 상호 공유해 보는 것도 좋습니다.

나의 퀘스트 여정

과제수 … 새롭게 알게 된 지식과 더 알고 싶어진 … 모님을 통해 각 활동별로 수행한 내용을 …

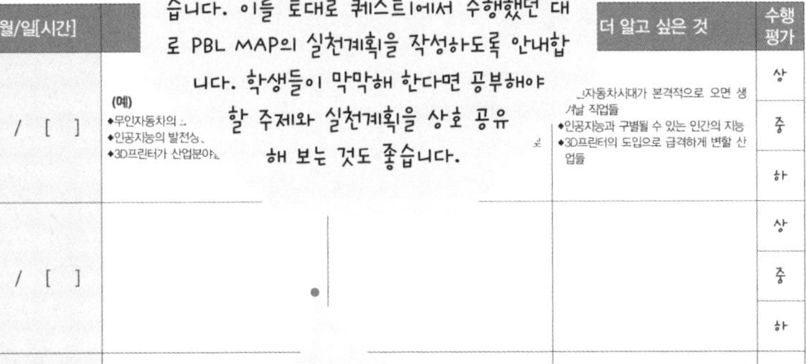

월/일[시간]		더 알고 싶은 것	수행평가
/ [ ]	(예) ◆무인자동차의 ◆인공지능의 발전상 ◆3D프린터가 산업분야	…자동차시대가 본격적으로 오면 생겨날 직업들 ◆인공지능과 구별될 수 있는 인간의 지능 ◆3D프린터의 도입으로 급격하게 변할 산업들	상 / 중 / 하
/ [ ]			상 / 중 / 하
/ [			

관련교과	국어
	○

도출한 학습주제와 실천계획에 따라 나의 퀘스트 여정을 수행하고, 그 결과를 퀘스트1에서 설명한 동일한 방식으로 기록하도록 합니다. 특히 4차 산업혁명에서 핵심이 되는 기술들이 무엇인지 하나씩 따져보도록 하고, 오늘을 근거로 내일을 예측하도록 지속적으로 강조해야 합니다. 더불어 '나만의 교과서'를 과제수행과정과 직후에 작성할 수 있도록 안내하는 것도 잊지 마세요.

'나만의 잼공포인트'는 학습과정에서 가장 재미있게 느껴졌던 부분을 간단히 남기는 공간이야.

★ 나만의 잼공포인트

자신의 호기심을 자극하거나 흥미시킨 재미있는 내용을 간단하게 메모해 주세요.

Teacher Tips

● 퀘스트3 : 살아남거나 사라지거나

중심활동 : 살아남거나 사라질 직업들 조사하기, 미래 새롭게 등장할 직업 예측하기

- 문제상황을 파악하며 기술의 발전으로 인해 초래되는 직업의 변화 인식하기
- 문제상황에 대한 이해를 토대로 공부해야 할 주제를 도출하고 PBL MAP의 실천계획 수립하기
- (온라인) '나의 퀘스트 여정'에 공부해야 할 주제별로 활동한 핵심내용을 기록하고, 이를 통해 알게 된 것과 더 알고 싶은 것을 구분하여 정리하기
- 개념스케치북과 지식보물상자, 스토리텔링 등으로 구성된 나만의 교과서 작성과 스스로평가 실시하기

Quest 퀘스트 03 살아남거나 사라지거나

_과제난이도 ☆☆☆☆☆☆

과학기술의 발전과 함께 사라진 직업들을 꼽아보고, 새롭게 등장한 직업들에 대해 이야기를 나눠봅니다. 학생들의 관심이 많은 분야, 예를 들어 '유튜버'라는 직업이 등장할 수 있었던 까닭을 이야기하다보면 기술과 직업의 관계를 이해할 수 있을 것입니다.

문제상황

"내리실 분 없으면 오라이~"
오래 전 시내버스에는 요금징수와 하차안내를 맡았던 버스안내원 … 있었다. 당시 제법 많은 여성들이 버스안내원으로 종사했다. 그러 … 요금수납기와 자동문이 달린 버스가 등장하자 이들의 직업은 순 … 간에 사라졌다. 버스비를 교통카드로 결제하면서부터 토큰과 회수 … 을 판매하던 간이 부스도 사라졌다. 한때, 동네슈퍼마켓보다 더 많 … 던 비디오대여점도 인터넷 TV의 등장과 함께 빠르게 사라져갔다. … 처럼 과학기술의 발전으로 인해 없어진 직업들은 이미 수없이 많다. … 러나 4차 산업혁명의 시대는 차원이 다르다. 과연 현재 유망한 직 … 들이 미래에도 살아남을 수 있을까. 가까운 미래에 사라질 직업들 … 는 어떤 것이 있을지 조사해 보자. 끝내 사라져 버린 … 무작정 내달릴 수는 없지 않은가.

공부해야 할 주제

문제상황을 파악했다면 공부해야 할 주제, 이를테면 '사라진 직업들', '4차 산업혁명 기술로 인해 사라질 위기에 놓인 직업들', '미래에도 살아남을 직업들', '새롭게 등장할 직업들' 등을 도출해 보고, 이를 토대로 PBL MAP의 실천계획을 작성하도록 안내합니다.

앞서 [퀘스트2]를 통해 4차 산업혁명 시대에 부각되고 있는 기술들에 대해 자세히 알게 되었다면, [퀘스트3]도 순조롭게 진행되기 마련입니다. 더욱이 학생들이 기술의 발전과 직업의 변화가 연결되어 있음을 인식하고 있다면, 문제상황에서 강조하는 '살아남거나 사라지거나'의 의미를 파악하는데 어려움이 없을 것입니다. 기존의 직업이 없어지는 만큼, 새로운 직업들이 등장한다는 점을 강조하며 문제를 제시해 주세요.

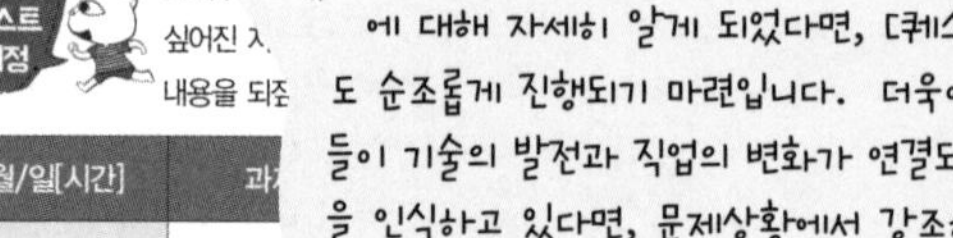

나의 퀘스트 여정

과제수행 … 새롭게 알게 된 지식과 더 알고 싶어진 … 을 통해 각 활동별로 수행한 내용을 되짚 …

월/일[시간]	과제		… 고 싶은 것	수행평가
/ [ ]	(예) ◆과거 사라진 … ◆4차 산업혁명으 … ◆기술의 발달과 상 …		… 연결해서 새롭게 등장한 … 더불어 새롭게 생겨날 직 … 생존력을 높일 수 있는 방 …	상 / 중 / 하
/ [ ]				상 / 중 / 하
/ [ ]				상 / 중

관련교과(하단에 위치)'에는 공부한 내용과 연계된 교과 정보를 체크해 주는 곳이야.

나의 퀘스트 여정을 수행하고, 그 내용을 간략하게 정리하여 기록하는 것은 기본입니다. 학생들이 잘 수행할 수 있도록 격려해 주세요. 과거 유망직업이다가 기술의 발전으로 사라진 사례를 찾아보도록 하고, 4차 산업혁명의 핵심기술들이 발전하면 어떤 직업에 위협을 가할지 폭넓게 논의하도록 하는 것이 중요합니다. 이와 관련된 정보들은 책이나 인터넷을 통해 쉽게 찾아볼 수 있으므로 검증된 자료거나 믿을 수 있는 전문가가 생산한 정보를 활용할 수 있도록 안내해주세요. 나만의 교과서에 공부한 내용들을 시각적으로 표현하도록 안내하는 것도 잊지 마세요.

수업의 마무리는 앞서 수행했던 퀘스트1-3의 활동 내용을 토대로 미래를 예측(관심분야를 중심으로)하고, 그 결과를 설득력 있게 발표하는 시간으로 채워집니다. 「설레는 수업, 프로젝트학습 PBL달인되기2: 진수」 '8장. 차이나는 클래스, 세상의 모든 질문을 허하라!'처럼 미니강연을 제작하는 활동으로 진행해도 좋습니다.

● 퀘스트4 : 미래를 예측하라!

중심활동 : 퓨쳐리스트로서 예측한 미래 발표하기

- 퓨쳐리스트로서 미래를 예측해야 함을 인식하고 문제상황 파악하기, 이를 토대로 공부해야 할 주제를 도출하고 PBL MAP의 실천계획 수립하기
- (온라인) '나의 퀘스트 여정' 에 공부해야 할 주제별로 활동한 핵심내용을 기록하고, 이를 통해 알게 된 것과 더 알고 싶은 것을 구분하여 정리하기
- 개념스케치북과 지식보물상자 등으로 구성된 나만의 교과서 작성과 스스로평가 실시하기
- 퓨쳐리스트로서 예측한 미래와 과학적 근거를 제시하며 최종결과 발표하기
- Big Idea 활동과 나의지식사전을 작성하며 학습과정을 통찰해 보고 되짚어보기

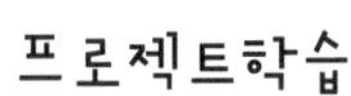

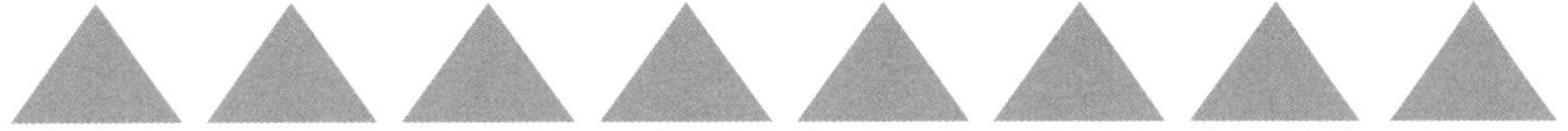

Teacher Tips

과제난이도는 선생님이 제시해주거나 학생들의 주관적인 판단기준에 따라 표기하면 되는 거야.

체크!

Quest 퀘스트 04

미래를 예측하라!

_과제난이도 ☆☆☆☆☆☆

퀘스트4는 이전의 활동들을 종합하고 이를 토대로 나만의 해법을 제시하는 과정임을 강조합니다.

문제상황

처리스트로서 미래학자들의 대표적인 주장과 4 이로 인해 사라질 직업들에 관해 깊이 있게 연구 -연의 임무로 돌아와 미래를 예측하는 일에 전념 과연 미래는 어떤 세상일까. 어떤 새로운 직업들이 세 될까. 학교와 교실, 거리의 풍경, 우리의 일상은 어떤 모습으로 바뀔까.

분명한 것은 새로운 도전꺼리와 기회 상이 펼쳐지고 있다는 점이다. 퓨처리스 예측하고, 희망을 이야기해보자. 잊지 말 의 주인공이라는 것을…

문제상황에 드러나듯 퓨처리스트로서 앞으로 겪게 될 세상을 예측해 보는 활동이 핵심입니다. 앞서 공부한 내용을 토대로 참여하는 학생들이 맘껏 상상하며 과학적 근거를 토대로 설득력 있는 예측이 나올 수 있도록 안내해 주세요. 학생들 가운데는 미래를 암울하게 예측하는 경우가 있습니다. 미래에 펼쳐질 새로운 기회와 희망을 보는 것이 퓨처리스트의 기본적인 사명임을 강조해주세요. 우리가 겪게 될 일상의 변화부터 하나씩 예측해 보는 것도 좋은 접근방법입니다.

공부해야 할 주제

- ○
- ○

과제수행(활동) 내용을 공부하 …게 알게 된 지식과 더 알고 싶어진 지식을 간략하게 정리 … 통해 각 활동별로 수행한 내용을 되짚어보며 평가도 진…

월/일[시간]	과제수행(활동) 내용		…알고 싶은 것	수행평가
/ [ ]	(예) ◆미래학자들의 대표적인 주장들을 바탕으로 미래예측을 구체화하기 ◆관심이 있는 분야를 중심으로 가까운 미래 모습 예측하기	◆아는 만큼 미래를 예측할 수 있음. ◆사라지는 직업만큼이나 새로운 직업들이 많이 등장함. ◆변화는 두려움이 아닌 도전의 대상	◆다양한 분야의 전문가들이 말하는 미래의 희망 ◆따뜻한 미래를 위해 필요한 것들 ◆소외된 사람들을 위한 좋은 대책들	상 중 하
/ [ ]				상 중 …
/ [ ]				

학생들이 문제상황을 파악하였다면, 그것에 부합하는 '공부해야 할 주제'를 도출하도록 지도해주세요. 다른 퀘스트 활동과 마찬가지로 실천계획에 따라 과제수행을 진행하고 나의 퀘스트 여정에 간략하게 기록하도록 합니다. 활동을 통해 배운 내용들은 나만의 교과서에 정리해 주세요.

관련교과	국어	사회	도덕	수학	과학	실과			체육	예술		영어	창의적 체험활동	자유학기활동		
						기술	가정	정보		음악	미술			진로 탐색	주제 선택	예술 체육
	○	○	○	○	○	○	○	○	○	○	○	○	○	○	○	○

★ 나만의 잼공포인트

자신의 호기심을 자극하거나 충족시킨 재미있는 내용을 간단하게 메모해 주세요.

프로젝트학습의 발표과정까지 모두 마치게 되면 전체 학습과정을 되짚어보며 기록하는 공간인 'Big Idea'를 만나게 됩니다. PBL수업의 마무리는 자기평가방법인 하나인 성찰저널이 맡고 있는데, 셀프프로젝트학습에선 빅아이디어 공간이 대신하고 있답니다. 성찰저널이 글로 표현하는 것이라면 빅아이디어는 마인드맵을 비롯해 다양한 방식으로 표현할 수 있는 것이 특징이지요. 아무쪼록 형식에 구애받지 말고, 학습자가 원하는 표현방식을 최대한 존중해가며 빅아이디어 활동을 진행해 주시길 바라겠습니다.

프로젝트학습을 수행하는 과정에서 배우고 느낀 점은 무엇입니까? 머릿속에 담겨진 꺼내어 마인드맵으로 표현해 봅시다. 더불어 학습과정에서 얻게 된 빅아이디어, 생각을 정리하는 것도 잊지 마세요.

마지막으로 퓨처리스트로서 과학적 근거를 토대로 예측한 미래를 설명자료와 함께 발표하는 시간을 갖습니다. 각 팀의 발표가 진행되는 동안에는 질의응답을 통한 상호검증도 필요하지만 다양한 아이디어가 공유되는 것 자체에 좀 더 의미를 두고 운영해 주세요. 학생들로 하여금 전체 과정이 성공경험으로 남을 수 있도록 긍정적인 피드백을 제공해 주는 것도 잊지 말기 바랍니다. 선생님은 관찰자로서 이들 작품을 디지털 기록으로 남기고, 발표영상을 촬영하여 온라인 커뮤니티에 올릴 수도 있습니다.

모든 과정을 끝까지 완주했다면, 그것 자체만으로 대단한 거야. 그러니 나에게 칭찬 한마디 투척해 보라고.

Big Idea! Creative Thinking!

나의 지식사전

프로젝트를 수행하는 과정에서 알게 된 중요한 지식을 '나의 지식사전'에 남기도록 합니다. 특히 해당 지식의 소멸시점을 예상하고 그 이유를 함께 기록해 보세요.

핵심용어	중심내용	내가 생각하는 지식유효기한과 이유

나의 지식사전은 '나만의 교과서'에 담은 지식들 중에서 제일 중요하다고 판단되는 5가지를 선정하여 기록하도록 되어 있습니다. 더불어 미래에 이 지식이 어떻게 활용될지 생각하며 지식유통기한을 표기하도록 하고 있으니 각 공간의 활용방법을 학생들에게 친절하게 설명해 주세요.

★나에게 보내는 칭찬 한 마디

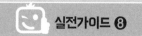

「셀프프로젝트학습」은 학생용 워크북으로 나만의 교과서 난이도에 따라 총3권으로 구성되어 있는 것이 특징입니다. 교육현장의 여건과 적용하고자하는 수업방식에 따라 개별 혹은 짝이나 팀(3-4명) 단위로 워크북을 활용할 것을 권장합니다. 시리즈 순서와 상관없이 자신이 원하는 레벨의 책을 활용하는 것도 얼마든지 가능합니다. 셀프프로젝트학습 워크북의 활용방법은 '주제중심 프로젝트학습', '교과서 중심 수업', '자율주제학습'으로 나누어 소개됩니다.

'자기주도학습의 완성, 셀프프로젝트학습'은 상당수의 내용들을 학습자 스스로 채워나가도록 구성되어 있습니다. 교육현장에서 이 양식에 어떤 내용들을 담아낼지 결정하는 것은 전적으로 수업을 운영하는 교수자의 몫입니다.

❶ 주제중심 프로젝트학습에 활용하는 방법

「설레는 수업, 프로젝트학습」에서 수록된 PBL 프로그램은 기본적으로 정교화된 문제상황을 제공해 주고 있습니다. 학교현장의 선생님들이 동일한 방식으로 문제상황을 그려나간다면 좋겠지만, 여러 가지 현실적인 제약 때문에 실천에 옮기지 못할 때가 많죠. 글을 쓴다는 것 자체가 부담으로 작용해서 엄두조차 내지 못하는 경우도 있습니다. 충분히 그럴 수 있습니다. 그래서인지 소개되고 있는 PBL 현장사례 중 상당부분이 주제중심으로 진행되곤 합니다. 구체적인 문제상황이 빠진 터라 PBL 수업에서 요구하는 활동이 제대로 이루어지기 어렵지만 수업준비과정이 용이해서인지 줄곧 채택됩니다. 물론 문제상황을 대신할 수 있는 자료(신문기사, 사진, 영상 등)를 단계마다 제공하거나 즉흥적인 상황설정과 부연설명이 이루어지면 단순 조사활동에 머물지 않고 상당히 만족스런 학습결과를 얻을 수도 있습니다. 글로 작성된 시나리오를 통해 굳이 전달하지 않더라도 문제상황을 설득력있게 제시할 수도 있습니다. 허나 선생님의 순발력과 즉흥성에 기대어 프로젝트수업을 운영하는 것은 체계적인 접근방식일 수 없으며, 원하는 학습효과를 담보해내기 어렵습니다. 아무리 선생님의 개인적인 능력이 탁월하더라도 한계는 분명 있기 마련이죠. 이런 측면에서 본 장에서 제시하고 있는 셀프프로젝트학습의 형식은 문제시나리오의 작성권한을 참여하는 학습자에게 과감하게 이양한다는 점에서 교수자에 의해 프로젝트학습과제의 완성도를 높이던 기존의 방식과는 결을 달리합니다.

우선 프로젝트학습주제를 교수자가 제시해주고, 제시된 주제에 어울리는 문제상황을 학습자가 직접 작성하는 방법을 들 수 있습니다. 예를 들어 우리 동네 창업에 성공하기라는 주제의 프로젝트학습을 제시하고자 한다면 그와 관련된 가상의 상황을 직·간접적인 경험과 상상력을 동원해 참여하는 학생들이 손수 채워나가도록 하는 것입니다. '우리 동네 창업'이라는 큰 주제만 선생님이 제시하고, 나머지(각 단계별 활동주제와 문제시나리오 작성 등)를 학생들이 자율적으로 진행하도록 하거나 대주제와 단계별 활동주제까지 선생님이 제시하고 주제와 관련된 문제상황을 학생들이 작성하도록 하는 것입니다.

범위가 넓으니까 창업할 업종을 선정해야 할 것 같아. 우리 동네에 경쟁력 있는 빵집을 창업한다는 전제 하에서 빵집으로 성공한 사례를 찾는 것이 좋겠어. 여기에 어울리는 상황(이야기)을 써봐야겠다.

더 나아가 대주제와 활동주제, 핵심적인 문제상황까지 선생님이 구술해주고 이를 중심으로 학생들이 각색하도록 하는 방법이 있습니다. 학생들 입장에서 문제시나리오를 수월하게 작성할 뿐만 아니라 선생님 입장에서도 학습해야 할 주요내용을 놓치지 않을 수 있습니다.

결국 학습자에게 얼마만큼의 자율성을 부여하는지가 관건입니다. 대주제와 활동주제(퀘스트), 문제상황까지 교수자가 모두 제시해주는 방법에서 큰 주제만 제시하고 나머진 학습자가 채워나가도록 하는 방법까지 실천현장과 수업내용을 고려하여 결정하도록 해주세요. 이왕이면 초기 교수자의 적극적인 개입을 진행하다가 점차 학습자의 자율성을 확대해 나가는 방향으로 진행하는 것이 좋습니다.

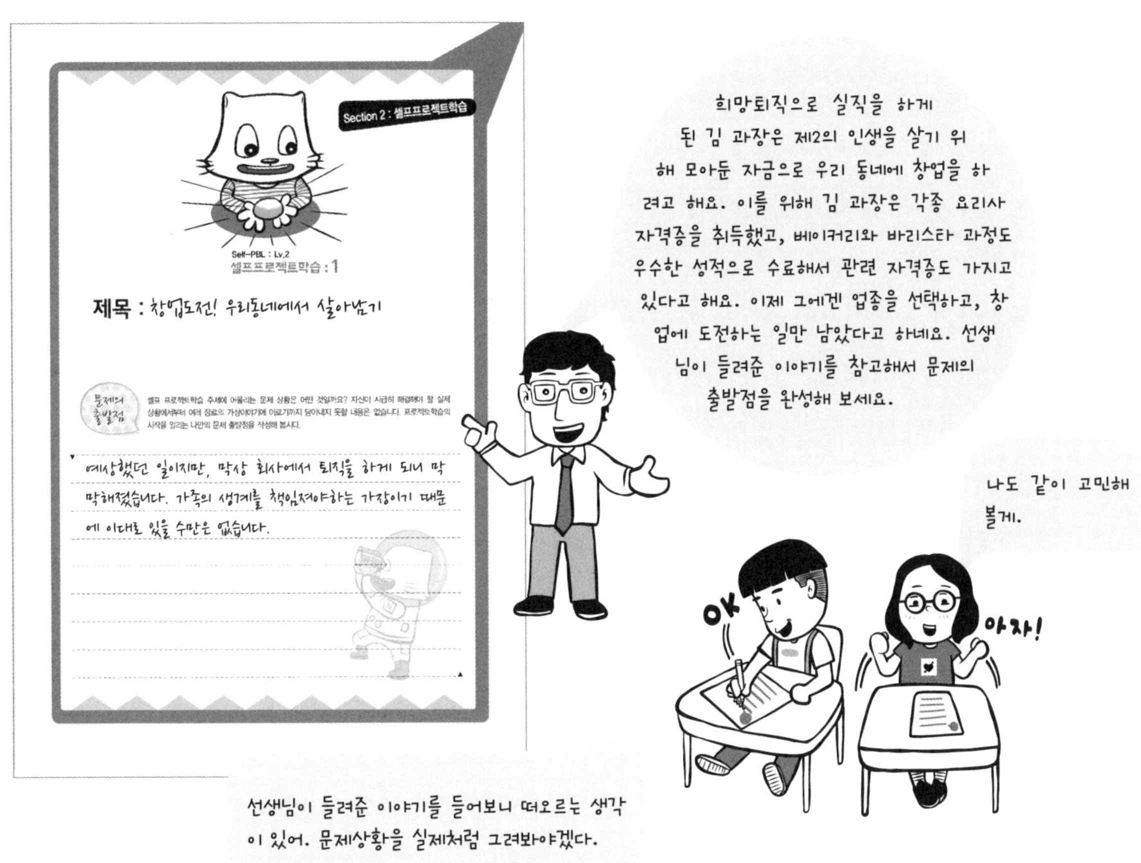

셀프프로젝트학습 양식은 아이디어 수준의 PBL 문제라도 곧바로 적용이 가능하도록 해줍니다. 학습자에 의해 완성된 문제시나리오가 다른 프로젝트학습에 새로운 영감을 주기도 하고, 때론 동일한 주제의 PBL 수업에서 즉시 활용해도 손색이 없을 정도로 수준 높은 프로그램이 나오기도 합니다. 어찌 보면 선생님과 학생들이 빚어낸 집단지성의 산물이라고 볼 수도 있겠죠. 여하튼 주제중심 프로젝트학습에 활용하는 대표적인 방법들을 참고해서 실천현장에 맞게 효과적으로 활용되길 바랍니다.

❷ 교과서 중심 수업에 활용하는 방법

통합교과적인 성격의 프로젝트학습에서 교과서를 고스란히 담아내기란 상당히 어렵습니다. 구성주의적인 학습환경을 실천하고자 하는 교수자의 관점에서 비춰봤을 때 더욱 그렇습니다. 현실적인 이유에서 교과지식의 습득을 목적으로 프로젝트학습을 설계하여 적용하기도 하지만, 결과적으로 핵심적인 성격(실제적이고 비구조적인 과제 등)을 충족하지 못한 채 무늬만 프로젝트학습으로 남는 경우가 대부분이죠. 여하튼 교과서를 중시할 수밖에 없는 현장 분위기 속에서 교과의 단원과 내용범위에서 벗어난 시도는 참 어려운 일입니다. 기존 수업에 대한 비판적인 시각을 갖고 있다하더라도 교과서를 외면한 채, 수업을 진행하는 건 불가능에 가까운 일이죠. 물론 교과내용을 창의적으로 해석하고 재구성하여 프로젝트학습으로 구현해 나간다면 이상적이겠지만, 이를 실천해 나가는데 필요한 역량과 시간은 선생님들의 입장에서 턱없이 부족한 것도 사실입니다. 이런 문제들은 늘 선생님을 고민스럽게 만듭니다. 과연 어떻게 해결해 나가면 좋을까요? 절충할 지점은 어디에 있을까요?

이러한 고민의 해법으로 필자는 프로젝트학습이 갖고 있는 고유의 학습패턴을 경험할 수 있는 방식으로 셀프프로젝트학습 양식의 활용을 제안하고자 합니다. PBL이 취해야 하는 관점과 과제의 성격 등은 잠시 미루어 두고 말이죠. 이렇게 되면 교과서 중심의 수업을 운영하더라도 프로젝트학습의 고유패턴에 맞춰 학습과정을 안내할 수 있다고 봅니다.

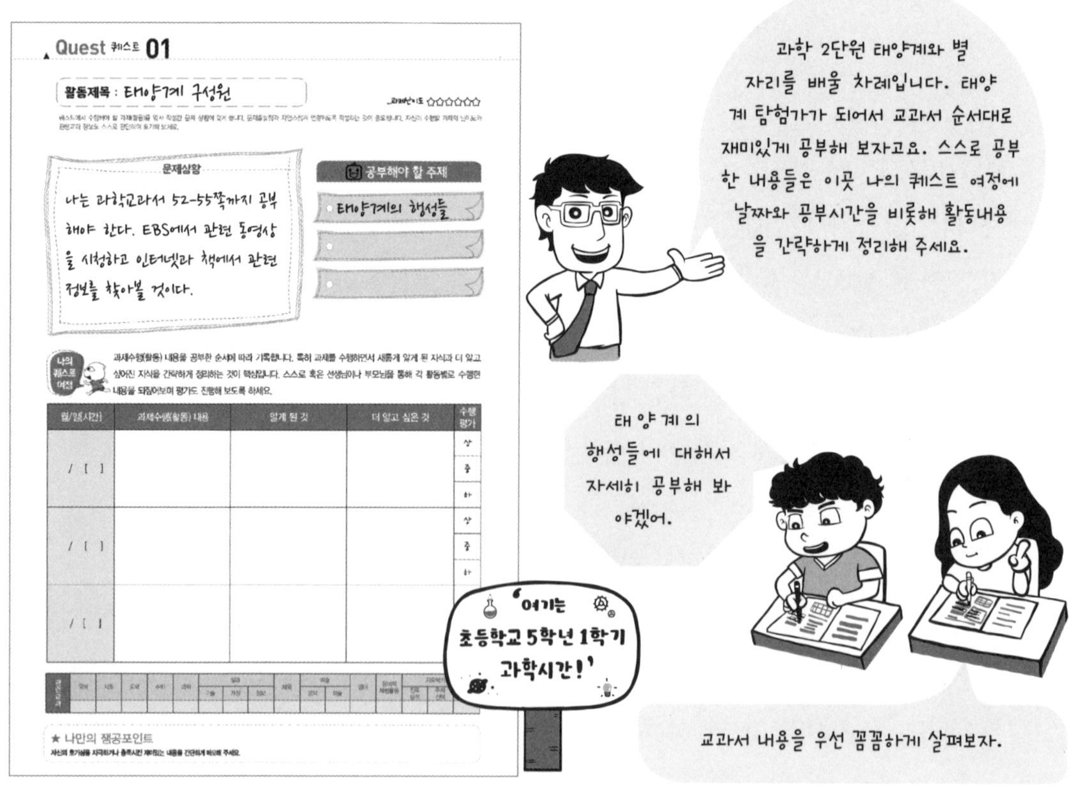

흔히 거꾸로 수업으로 잘 알려진 플립러닝(Flipped Learning)의 형식적인 틀로도 충분히 활용 가능하고요. 플립러닝에서 강조하는 전형적인 형태의 수업(필자는 거꾸로 수업의 궁극적인 모습 중에 하나가 프로젝트학습에 있다고 보지만, 이를 논외로 합니다), 즉 온라인을 통한 선행학습 뒤에 학습자 간의 토론, 교수자의 강의를 진행하는 역진행 수업 방식에도 셀프프로젝트학습 양식을 활용할 수 있습니다.

최근 교과서 안에는 PBL 수업으로 발전시킬 만한 활동들이 많이 수록되어 있습니다. 이들 콘텐츠를 프로젝트학습의 흐름에 맞게 적용만 한다면 훨씬 질 좋은 결과를 얻을 수 있을 겁니다. 이를테면 초등학교 5학년 1학기 과학 2단원 '태양계와 별자리' 수업의 경우, '태양계 탐험하기 대작전'이라는 제목으로 명명하고 퀘스트❶ 태양계 구성원(52-55쪽) - 퀘스트❷ 태양계 행성의 크기와 거리(56-59쪽) - 퀘스트❸ 태양계 탐사계획세우기(60-63쪽) 등 교과서 순서 그대로 진행한다고 합시다. 분명 교과서 중심의 수업이지만 한편의 잘 짜여진 PBL 수업이라 해도 과언이 아닐 것입니다. 학습자 입장에선 전체 공부과정을 태양계 탐사계획을 세우는 여정으로 받아들일 수 있는 만큼, 나름 설득력있는 문제상황을 제공해 준다고 볼 수 있습니다.

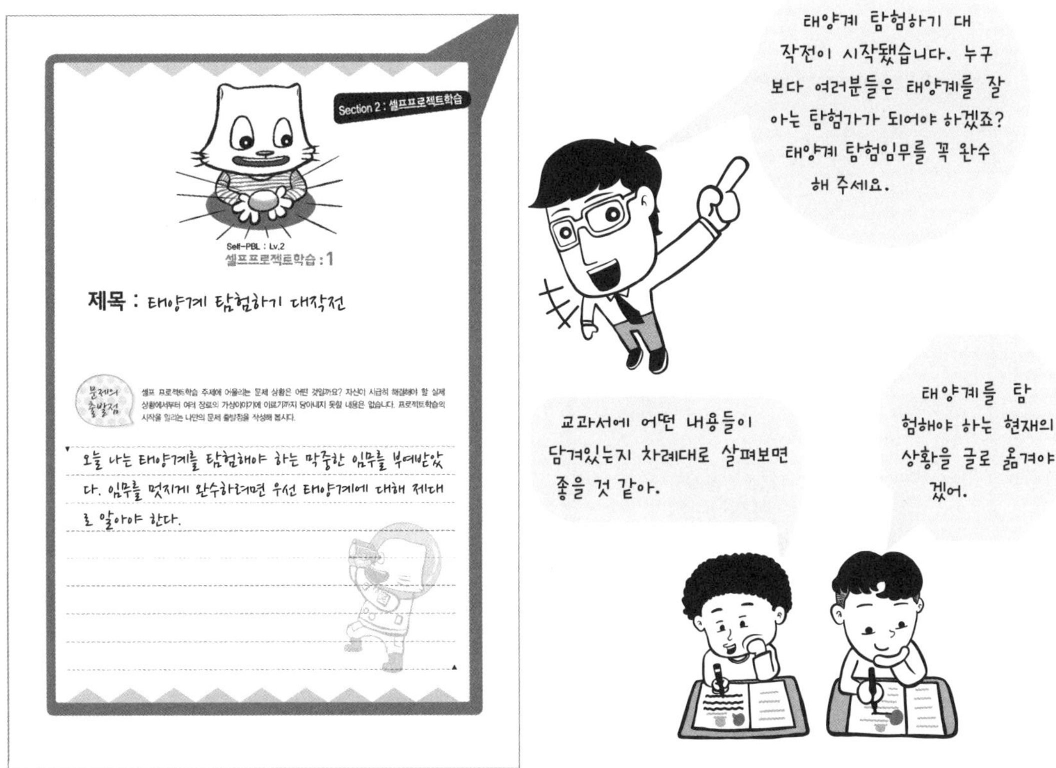

한걸음 더 나아가 통합교과적인 프로젝트학습의 본래 성격을 최대한 충족시킬 수 있도록 교과서 중심의 수업을 진행해 볼 수 있습니다. 큰 주제 안에 연계할 교과내용을 분석하고, 이를 토대로 교과서를 활용하는 것이 핵심포인트, 공부할 내용은 교과서 활용의 용이성을 고려해서 동일학년(학기)에서 다루는 것으로 결정하는 것이 좋습니다. 예를 들어 '나는야 나무의사'라는 제목으로 초등학교 5학년 1학기 과학 3단원 '식물의 구조와 기능'을 중심으로 수업을 진행한다고 한다면, 퀘스트❶ 식물의 구조 관찰하기(82-83쪽) - 퀘스트❷ 뿌리와 줄기가 하는 일(84-89쪽) - 퀘스트❸ 잎과 꽃이 하는 일(90-97쪽) 등의 순서로 과학교과공부를 하고, 이 활동과 연계하여 비슷한 시기에 다루고 있는 환경관련 사회교과내용(54-69쪽)을 공부하도록 하는 방식입니다. 그렇게 되면 나무의사로서 식물의 구조와 기능에 대해 배우면서 외부로부터 식물이 어떤 영향 혹은 위협을 받을 수 있을지 추론해 볼 수 있게 됩니다. 더불어 최종 발표하는 형식에 따라서는 국어교과서의 활용도 충분히 가능합니다. 만약 초등학교 5학년 학생들이 광고로 표현하고자 한다면 6단원 '말의 영향' 국어활동 5-1가 110-113쪽을 활용하면 되는 것처럼 말이죠. 광고에 시각디자인을 강조한 산출물을 만들고 싶다면 이와 관련된 미술교과단원과도 연계할 수 있습니다.

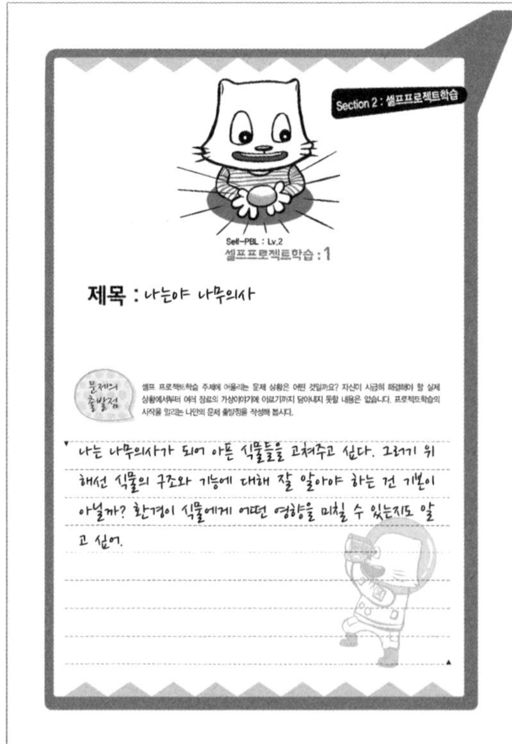
Section 2 : 셀프프로젝트학습

Self-PBL : Lv.2

셀프프로젝트학습 : 1

제목 : 나는야 나무의사

문제의 출발점

셀프 프로젝트학습 주제에 어울리는 문제 상황은 어떤 것일까요? 자신이 시급히 해결해야 할 실제 상황에서부터 여러 장르의 가상이야기에 이르기까지 담아내지 못할 내용은 없습니다. 프로젝트학습의 시작을 알리는 나만의 문제 출발점을 작성해 봅시다.

나는 나무의사가 되어 아픈 식물들을 고쳐주고 싶다. 그러기 위해선 식물의 구조와 기능에 대해 잘 알아야 하는 건 기본이 아닐까? 환경이 식물에게 어떤 영향을 미칠 수 있는지도 알고 싶어.

그냥 여러 고민할 것 없이 '교과서 파헤치기'라는 주제로 수업을 진행할 수도 있습니다. 학기 초 교과서 내용 전체 중에 학생들이 배우고 싶은 단원을 자율적으로 선택해서 집중적으로 공부하는 방식입니다. 이와 같은 방식은 복습 차원에서 학기 말에 적용해도 괜찮습니다. 최종적으로 공부한 내용을 상호교차 검토하고 발표하는 시간을 갖게 된다면 수업에 참여하는 학생들 모두 앞으로 배워야 하거나 혹은 앞서 배웠던 내용들을 직·간접적으로 공유할 수 있으니 그것 자체만으로도 의미있는 활동이 될 수 있지 않을까요?

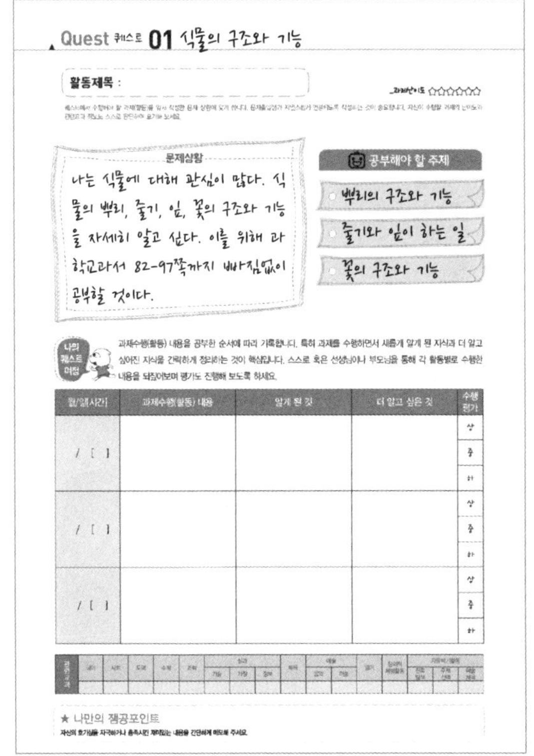

Quest 퀘스트 01 식물의 구조와 기능

활동제목 :

과제난이도 ☆☆☆☆☆

문제상황

나는 식물에 대해 관심이 많다. 식물의 뿌리, 줄기, 잎, 꽃의 구조와 기능을 자세히 알고 싶다. 이를 위해 과학교과서 82-97쪽까지 빠짐없이 공부할 것이다.

공부해야 할 주제

- 뿌리의 구조와 기능
- 줄기와 잎이 하는 일
- 꽃의 구조와 기능

나의 퀘스트 여정

과제수행(활동) 내용을 공부한 순서에 따라 기록합니다. 특히 과제를 수행하면서 새롭게 알게 된 지식과 더 알고 싶어진 지식을 간략하게 정리하는 것이 핵심입니다. 스스로 혹은 선생님이나 부모님을 통해 각 활동별로 수행한 내용을 되짚어보며 평가도 진행해 보도록 하세요.

월/일(시간)	과제수행(활동) 내용	알게 된 것	더 알고 싶은 것	수행평가
/ [ ]				상 중 하
/ [ ]				상 중 하
/ [ ]				상 중 하

★ 나만의 꿀잼포인트

자신의 호기심을 자극하거나 흥미로운 내용을 간단하게 메모해 주세요.

❸ 학습자의 흥미에서 출발하는 자율주제학습에 활용하는 방법

셀프프로젝트학습의 기본취지는 주제선정, 문제의 출발점, 퀘스트별 문제상황 등 시작부터 마지막 과정까지 학생들이 전적인 권한을 부여하도록 하는데 있습니다. 셀프프로젝트학습의 진수는 학생들이 자신의 흥미와 호기심에 따라 주제를 선정하고, 주제에 어울리는 상황을 적절한 방식으로 표현해가며 스스로에게 부여한 문제를 해결해 나가는 데서 맛볼 수 있는 셈이죠. 이를 위해선 다른 사람(특히 선생님)에 의한 평가보다 자기 스스로 만족할 만한 과정으로 채우는 것이 무엇보다 중요합니다. 이런 취지의 수업을 진행하는데 활동지 양식에 빈 칸이 없도록 가득 채우라고 한다거나 줄마다 빈틈이 없도록 빼곡하게 글을 써야 한다고 강조하게 되면 흥미를 반감시킬 수 있습니다. 활동이 진행되는 동안 무리하게 개입하지 않도록 각별히 주의해야 합니다. 몇 자의 글, 그림 한 컷이라도 거기에 학생들의 흥미가 담겨있을 수 있으니 눈높이 자체를 없애고 허용적인 자세를 견지해 나가도록 해 주세요.

셀프프로젝트학습에서 다루지 못할 주제는 사실상 없습니다. 사회적 통념이나 도덕적 윤리적 가치에 특별히 어긋나지 않는다면 말이죠. 학생들의 흥미와 호기심에 따라 마음이 가는대로 주제를 정하고 실천에 옮기면 되는 수업입니다. 만약 혼자만의 힘으로 셀프프로젝트 수업과정을 수행하기 어려워하거나 무기력한 학생이 있다면, 비슷한 흥미를 지녔거나 친밀감이 형성된 친구와 함께 할 수 있도록 배려해주는 것이 필요합니다. 무엇보다 선생님의 시각에서 학생들이 소극적인 모습을 보이거나 빈약한 결과를 도출하더라도 실망하지 말고 끝까지 완주할 수 있도록 용기를 북돋아 주는 것이 중요합니다.

셀프프로젝트학습 활동의 내용이 생산과 창작활동에 방점을 찍게 된다면 4차 산업혁명과 함께 주목받고 있는 '메이커 교육(maker education)'과도 자연스레 연결됩니다. 원하는 사물을 즉석해서 만들어낼 수 있는 3D 프린터, 레이저 절단기, 고성능 디지털기기 등을 갖춘 '메이커 스페이스(maker space)'가 마련되어 있다면 더더욱 그렇습니다. 메이커활동이 교과에 구애받지 않는 자율적인 창작 활동인 만큼 근본적으로 셀프프로젝트학습이 지향하는 방향과 동일합니다. 학생들이 메이커활동을 진행하면서 제시된 셀프프로젝트학습의 흐름에 따라 활동과정과 결과를 기록할 수 있도록 안내해 주세요.

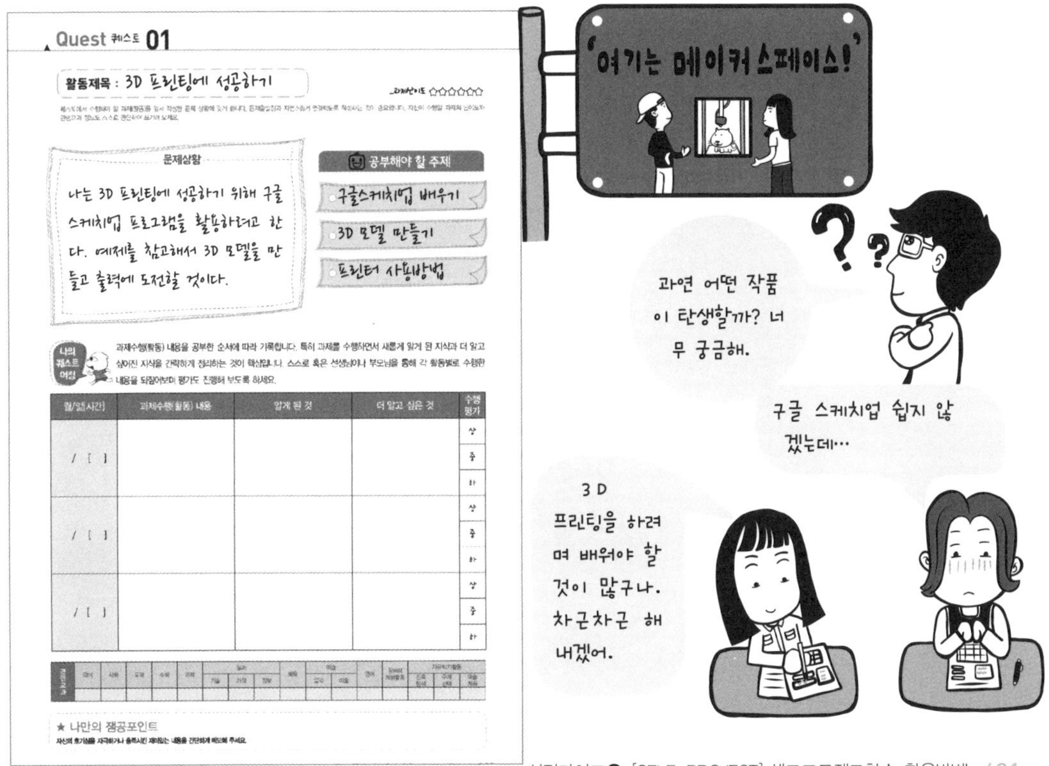

지금까지 셀프프로젝트학습의 활용방법을 크게 3가지로 나누어 설명하였습니다. 어떤 수업에 셀프프로젝트학습 워크북을 사용할지는 현장상황을 누구보다 잘 아는 선생님의 몫입니다. 필자로서는 학생들이 프로젝트학습의 패턴을 익히고 문제해결을 위한 체계적인 접근방식을 익혀나갈 수 있는 기회가 되길 바랄 뿐입니다. 학생용 워크북으로 출판된 「셀프프로젝트학습」 시리즈를 개별 혹은 팀별로 활용해 보는 것도 권장하고 싶습니다. 다른 책들과 달리 상당수의 내용들을 학생들 스스로 채워나가도록 구성되어 있기 때문에, 어떤 면에서는 작가로서 책의 원고를 집필하는 프로젝트학습의 활동으로 여겨질 수도 있습니다. 각자 경험한 교과수업과 각종 활동들을 담아낸 이 세상 하나밖에 없는 나만의 책을 만드는 작업이 될 수 있는 것이죠. 거대한 여정의 주인공이 되어 나만의 멋진 책을 완성하는 활동인 만큼 학생들의 만족도가 남다릅니다. 아무쪼록 학교현장에서의 적극적인 활용을 통해 만족스런 결실을 맺어나가길 바랍니다.

All-Clear
sticker

에필로그 교사, 프로젝트학습에서 답을 찾다

'지금 내가 프로젝트학습에 대해 아는 것은 무엇일까?'

'과연, 알고 있다고 믿고 있는 지식들이 옳은 걸까?'

모든 수업은 설계가 필요한 전문가적인 행위이며, 직·간접적으로 연계된 이론적 토대 위에 세워집니다. 당연히 '프로젝트학습(Project Based Learning: PBL)'이라는 모형을 전문가로서 현장에 실천하고 싶다면, 수업의 토대가 되는 '이론(theory)'들을 섭렵할 필요가 있습니다. 특정 수업사례를 참조하고 그대로 따라했다고 해서, 오랜 세월 반복적으로 실천해왔다고 해서 그 수업을 온전히 이해할 수 있는 것은 아닙니다. '이론'이라는 과학적이고 검증된 창으로 들여다보지 않는 한 프로젝트학습을 제대로 실천했는지 여부조차 판단할 수 없기 때문입니다. 이론이라 불리는 모든 지식들은 집단지성의 산물이며, 실제를 근거로 삼습니다. 당연히 이론과 실제의 세계는 별다른 곳에 위치한 것이 아니라 하나의 세상 속에 촘촘히 연결되어 있는 것입니다.

그래서 이론은 실제를 바라보는 해석적 틀이며, 그것을 관찰하고 분석한 연구가들에 의해 하나의 이론으로 체계화된 것입니다. 수업에 적용하는 교수학습모형과 이와 관련된 교수학습이론들도 마찬가집니다. '보는 눈'이 있어야 자신의 PBL수업을 분석할 수 있고, 부족한 부분을 찾아 개선도 시도할 수 있습니다. '안다'라는 착각에서 벗어나 프로젝트학습의 진수가 무엇인지 제대로 맛볼 수 있게 됩니다.

최근 들어 혁신학교, 거꾸로 수업, 융합교육(STEAM), 자유학년제 등에 적용된 PBL사례들이 넘쳐나지만, 안타깝게도 이들 수업이 프로젝트학습의 관점에 부합하는지 여부는 뒷전일 때가 많습니다. 늦은 시간까지 공들여 만든 수업이 무늬만 프로젝트학습이라면 여러모로 속상한 일일 것입니다. 교육현장에 프로젝트학습을 제대로 실천하고 싶다면, PBL로 빚어낸 자신의 창의적인 수업을 점점 발전시켜나가고 싶다면, 지속적인 공부가 필요하겠죠? 무엇보다 프로젝트학습에 대한 제대로 된 안목을 형성하기 위해서라도 관련 이론을 공부하는 것은 필수일 것입니다.

이런 이유로 필자는 프로젝트학습을 교육의 대안으로 삼아 실천하는 교사를 위해 「교사, 프로젝트학습에서 답을 찾다 01 THEORY: 아는 만큼 보이는 법」을 집필하였습니다.

참고로 「교사 프로젝트학습에서 답을 찾다」는 '1편 THEORY: 아는 만큼 보이는 법!'을 시작으로 '설계(Design)', '실천(Action)'까지 총3편으로 집필될 예정입니다. 이론이라는 단단한 토대 위에 창의적으로 PBL수업을 설계하고, 성공적인 실천을 이끌어내는데 이 책이 도움이 되길 고대하면서 말입니다. '1편 THEORY: 아는 만큼 보이는 법!'은 크게 세 부분으로 나뉩니다.

「PART1. 프로젝트학습이라 불리는 모형들이 궁금하다」는 프로젝트학습의 철학을 공유하는 교수학습모형들을 통합적이고 융합적인 관점에서 바라보고 자세히 소개하고 있습니다. 이들 교수학습모형들을 적극적으로 프로젝트학습 범주 안으로 가져와 변주곡을 끊임없이 연주하듯 교사 스스로 창의적인 수업을 빚어내도록 하는데 초점을 두고 있습니다.

이어서 「PART2. 프로젝트학습이 담긴 철학이 무엇일까」는 '앙꼬 없는 찐빵'처럼 철학이 빠진 프로젝트학습이 되지 않도록 하기 위해 교사가 가져야 할 관점이 무엇인지 담고 있습니다. 여기에는 학습의 본질에 해당하는 지식에 대한 관점에서부터 프로젝트학습이 부각될 수밖에 없는 사회문화적 배경, 필자의 오랜 연구를 통해 체계화시킨 PBL에 나타난 재미이론(fun learning)까지 망라되어 있는 것이 특징입니다.

마지막으로 「PART3. 프로젝트학습은 진화하고 있다」는 테크놀로지의 혁신적인 변화 흐름에 맞춰 프로젝트학습이 어떻게 변화하고 있는지 보여주고 있습니다. 새로운 시대에 적응적인 형태로 진화를 멈추지 않고 있는 프로젝트학습의 진면목을 확인할 수 있습니다.

특별히 이 책에는 저학년과 고학년 학생을 대상으로 적용해볼 수 있는 13개의 PBL프로그램이 담겨 있습니다. '잼공팩토리(JAMGONG FACTORY)' 섹션은 필자가 PBL실천의 묘미를 알아가는 과정에서 관련 이론들을 섭렵해나갔듯, 독자들 역시 그러한 경험들을 만끽하길 바라면서 수록한 것입니다. 더불어 이 책은 본문의 내용에 따라 예상되는 Q&A, 개념이해를 위한 부가적인 설명, 관련 정보 등을 66개의 'Guiding Tips'로 묶어 친절하게 제공해 주고 있는 것도 특징입니다.

무엇보다 이 책에서 설명하는 이론은 실제와 밀접하게 연계되어 있으며, 대부분 사례를 중심으로 설명이 이루어지고 있습니다. 더욱이 다양한 상황을 담은 삽화들이 풍부하게 제공되고 있어서 이론에 대한 이해를 높이고, 고정관념에 따른 심리적인 거리를 어느 정도 해소해 주고자 한 것이 큰 특징 중에 하나입니다. 아무쪼록 프로젝트학습에서 답을 찾는 교육자들에게 인식의 폭을 넓혀주는 이론서로서 가치와 의미를 지니길 바래봅니다.

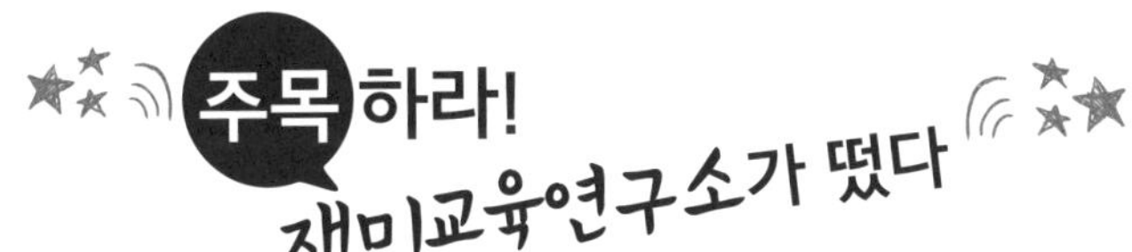

재미교육연구소
Simple-Social-Serious Fun! Project Based Learning with Jamlab!

재미와 게임으로 빚어낸 프로젝트학습을 만들기 위해 열혈남녀들이 까다로운 과정을 거쳐 재미교육연구소(이후 잼랩)의 일원이 되었습니다. 이들은 초·중등학교, 특수학교, 박물관·미술관 등 각기 다른 교육현장을 무대로 프로젝트학습을 실천해왔던 숨은 실력자들이기도 합니다. 다르게 생각하고 새롭게 접근하는데 익숙한 개성 강한 이들의 좌충우돌 스토리가 흥미진진하게 펼쳐지는 잼랩엔 뭔가 특별한 것이 있습니다.

"경계를 넘나들며 통합의 길을 모색하다!"

프로젝트 학습
Project Based Learning

초·중등교사, 특수교사, 학예사(에듀케이터), 교수설계전문가, 박물관·미술관교육 전문가 등이 잼랩에 폭넓게 참여할 수 있는 것은 핵심적인 지향점을 '통합'에 두고 있기 때문입니다. 국민공통기본교육과정(10학년) 안에서 교과를 넘어 학년, 학교 간 통합을 추구하고, 형식교육과 비형식교육의 경계를 허물기 위한 생산적인 활동이 협업을 통해 이루어지고 있습니다. 잼랩이 추구하는 무학년은 대상과 장소를 인위적으로 섞어버리는 물리적인 결합이 아닌 콘텐츠 중심의 자율적인 통합을 전제로 합니다. 'PBL CREATOR BAND', 무엇보다 잼랩은 다양한 분야의 PBL 크리에이터가 모여 변주곡을 연주하듯 창의적인 작품을 구현해내는 하모니 밴드를 지향하고 있습니다.

"잼랩의 심장! 잼공팩토리"

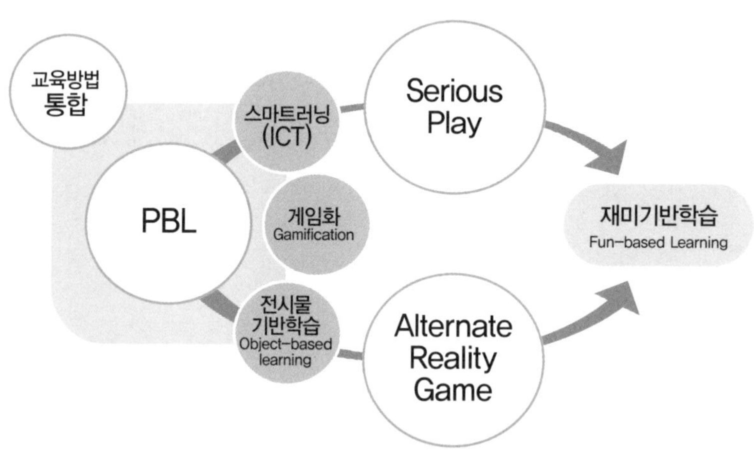

'잼공(재미있는 공부 or 재미공작소의 약자)'은 잼랩이 구현하고자 하는 재미와 게임으로 빚어낸 프로젝트학습의 고유 명칭입니다. 잼공이라는 이름 자체가 학습자의 관점에선 '재미있는 공부', 교육실천가 관점에선 '재미공작소'라는 의미를 내포하고 있습니다. 잼랩은 세 가지 성격의 재미(3S-Fun)를 기반으로 하는 학습환경을 구현하고자 게임화를 전제로 다양한 교육방법의 통합을 추구합니다. 교실이라는 제한된 공간에서부터 박물관이나 특정지역 등의 광범위한 공간에 이르기까지 주제에 따라 규모를 달리하며 다채로운 잼공프로그램이 탄생하고 있습니다. 더욱이 잼공은 주제나 실시된 공간에 따라 부가적인 이름이 더 해집니다. 이를테면 삼청동이나 정동과 같이 특정 지역(동네)를 무대로 프로젝트학습이 진행될 경우에는 잼공타운, 박물관일 경우엔 잼공뮤지엄 등으로 불리는 식입니다. 참고로 잼공프로그램의 대표적인 유형은 다음과 같습니다.

이러한 잼공프로그램은 '실행공동체(Community of Practice)'를 뜻하는 CoP팀과 특정 과제수행 중심의 TF팀을 통해 만들어집니다. 이들 팀 하나하나가 바로 잼랩의 심장! '잼공팩토리'인 것입니다. 지금 이 순간에도 잼공팩토리에선 교실을 무대로(잼공클래스), 때론 박물관과 미술관을 무대로(잼공뮤지엄), 특정지역을 무대로(잼공타운), 보드게임+놀이를 접목시킨(잼공플레이) 다채로운 PBL프로그램들이 만들어지고 있습니다.

"CPR로 무장한 연구원이 있다!"

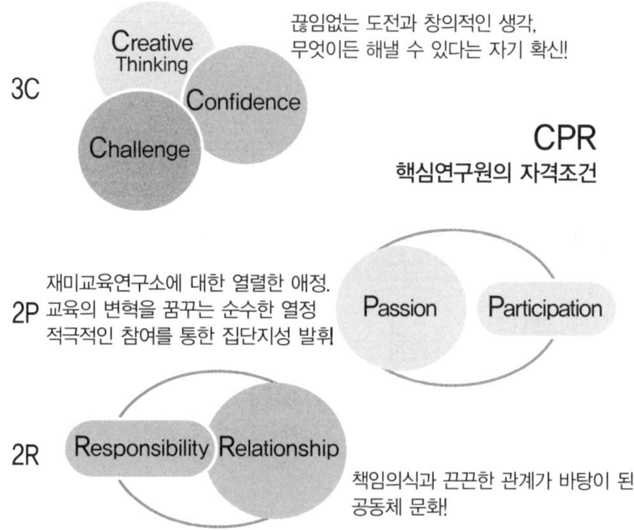

연구원들은 잼랩의 구성원이기에 앞서 각자 자신의 삶의 터전이 있는 어엿한 직업인이기도 합니다. 이들은 자신의 소중한 시간과 경제적인 부담을 감수하면서 자발적인 참여를 지속하고 있습니다. 잼랩의 모든 활동은 연구원들에게 창의적인 생산성을 끊임없이 요구합니다. 특히 재미와 게임으로 빚어낸 프로젝트학습을 팀별 혹은 개별로 구현하다보면, 자연스레 연구원들의 역량 강화로 이어지기 마련입니다. 단, 이 과정에서 'CPR'이라는 핵심연구원의 자격조건이 기본적인 전제가 됩니다. 근본적으로 'CPR'을 갖추지 못한 사람은 잼랩의 문화에 빠져들 수가 없습니다. 진지한 재미로 가슴 뛰는 교육세상을 만들고자 하는 잼랩의 시도들, 그 밑바탕엔 CPR(일반적으로 심폐소생술을 의미한다)로 무장한 연구원들이 있습니다. 지금 이 순간도 다채로운 잼공프로그램들이 이들에 의해 탄생되고 있습니다. 잼랩의 구성원들이 써 내려가는 작지만 의미 있는 도전의 역사들은 앞으로도 쭉 계속될 것입니다.

“잼랩의 일은 진지한 놀이다!”

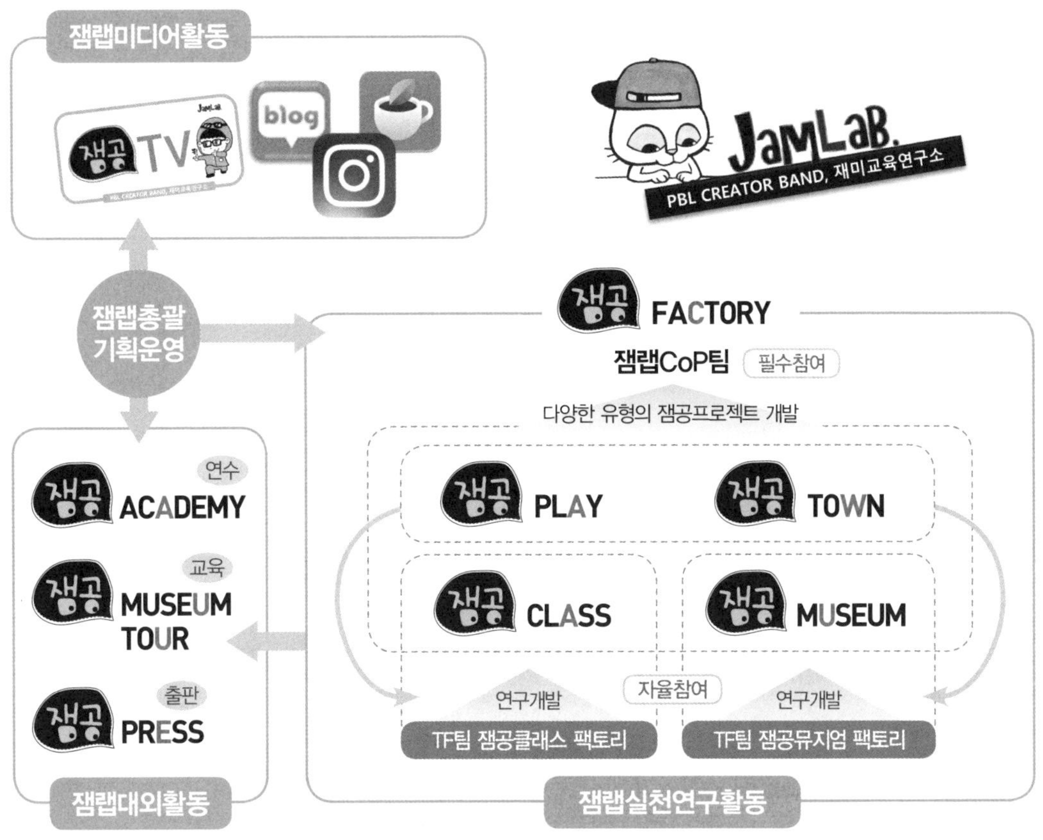

진지한 재미에 빠지면 노력을 앞세우지 않더라도 놀라운 생산성을 보여주기 마련입니다. 그래서 잼랩에서 벌이는 대내외활동은 늘 창조적인 사고를 기반으로 한 진지한 놀이, 그 자체라고 할 수 있습니다. 만약 어떤 일이 노력만이 요구될 정도로 심각해지거나 엄숙해지게 되면 가던 길을 멈추고, 원점부터 다시 시작하는 것도 주저하지 않을 겁니다. 놀이엔 실패란 없는 법이니까요. 모든 과정이 소중하고 아름다운 경험일 뿐입니다. 그렇기에 잼랩의 문화 속엔 다르게 생각하고 새롭게 접근하는 모든 도전들이 언제나 환영받습니다. 잼랩만의 특별한 문화가 만들어내는 놀이터가 어떻게 진화해 갈까요? 전문분야도, 교육현장도, 출발점마저 다른 사람들이 모였지만 잼랩이라는 ‘매직서클(magic circle)’안에 너나할 것 없이 푹 빠져 지내고 있는 것만은 틀림없습니다.

“잼랩의 공식적인 창을 만들다!”

2015년 3월 28일, 잼랩과 상상채널이 MOU를 체결했습니다. 이후로 잼랩에서 생산한 다양한 저작물과 사례들이 상상채널을 통해 지속적으로 출판되고 있습니다. 이어서 2017년 9월 잼랩의 온라인 연수과정(30시간)도 에듀니티 행복한 연수원에 개설됐습니다. 이제 「재미와 게임으로 빚어낸 신나는 프로젝트학습(상상채널)」을 책뿐만 아니라 동명의 연수로도 만나볼 수 있습니다.]

에듀니티 행복한 연수원(happy.eduniety.net)

더불어 잼랩의 다양한 소식들은 블로그(jamlab.kr), 카페(cafe.naver.com), 유튜브(잼공TV) 등의 잼랩미디어 활동을 통해 매일매일 접할 수 있습니다. 아무쪼록 새로운 교육을 향한 갈망, 열정으로 똘똘 뭉친 사람들 간의 활발한 교류의 장이 되어주길 바래봅니다. 자, 그럼 이 책을 통해 잼랩과 함께 잼공할 준비를 해보는 것은 어떨까. 마음이 움직인다면 과감히 실천으로 옮겨보자.

참고문헌

- 강인애. (2003). 우리시대의 구성주의. 서울: 문음사.
- 강인애. (2006). 디지털 시대의 학습테크널러지. 서울: 문음사.
- 강인애, 윤혜진, 황중원. (2017). 메이커교육: 4차 산업혁명시대에 다시 만난 구성주의. 서울: 내하출판사.
- 강인애, 윤혜진, 정다애, 강은성. (2019). 메이커교육의 이론과 실천. 서울: 내하출판사.
- 강인애, 정준환. (2007). 유비쿼터스 시대에 학습테크놀로지가 지닌 교육적 함의, 교육발전연구, 5-31
- 강인애, 정준환, 정득년. (2007). PBL의 실천적 이해. 서울: 문음사.
- 강인애, 정준환, 서봉현, 정득년. (2011). 교실 속 즐거운 변화를 꿈꾸는 프로젝트 학습. 서울: 상상채널.
- 정준환. (2012). 방송콘텐츠 기반 e-PBL을 위한 온라인 학습모듈 설계 및 개발. 한국컴퓨터정보학회논문지, 17(1), 105-115.
- 정준환. (2015). 재미와 게임으로 빚어낸 신나는 프로젝트학습. 서울: 상상채널
- 정준환. (2016). 설레는 수업, 프로젝트학습 PBL달인되기1: 입문. 서울: 상상채널
- 정준환. (2018a). 부모, 프로젝트학습에서 답을 찾다. 서울: 상상채널
- 정준환. (2018b). 셀프프로젝트학습 잼공노트북 Lv1. 서울: 상상채널
- 정준환. (2018c). 설레는 수업. 프로젝트학습 PBL달인되기2: 진수. 서울: 상상채널
- 정준환. (2019). 교사, 프로젝트학습에서 답을 찾다. 01.THOERY: 아는 만큼 보이는 법. 서울: 상상채널
- 정준환. (2020). 잼공독서프로젝트 1탄 기존 독서상식을 비틀어 볼까. 서울: 상상채널
- 정준환, 강인애. (2012). 학습의 재미에 대한 개념적 탐색을 통한 재미발생구조 도출. 학습자중심교과교육연구, 12(3), 479-505.
- 정준환, 강인애. (2013a). PBL에 나타난 학습의 재미요소 추출과 상호관계에 관한 연구. 교육방법연구, 25(1), 147-170.
- 정준환, 강인애. (2013b). 학습자 관점에서 드러난 PBL의 재미요소에 대한 질적 연구. 학습자중심교과교육연구, 13(3), 291-324.

찾아보기

기타

B

C

D

E

F

I

L

M

N

P

S

T

U

10
SEED MONEY
인권
넬슨 만델라(세계 최초 흑인 대통령)

10
SEED MONEY
인권
아름다운 청년 전태일(노동운동가, 인권운동가)

10
SEED MONEY
인권
마랄라 유사프자이(최연소 노벨평화상 수상, 여성 인권 운동가)

10
SEED MONEY
인권
넬슨 만델라(세계 최초 흑인 대통령)

10
SEED MONEY
10
SEED MONEY
인권
넬슨 만델라(세계 최초 흑인 대통령)

10
SEED MONEY
10
SEED MONEY
인권
아름다운 청년 전태일(노동운동가, 인권운동가)

10
SEED MONEY
10
SEED MONEY
인권
마랄라 유사프자이(최연소 노벨평화상 수상, 여성 인권 운동가)

10
SEED MONEY
10
SEED MONEY
인권
넬슨 만델라(세계 최초 흑인 대통령)

20
SEED MONEY
20
SEED MONEY
MEDECINS SANS FRONTIERES
국경없는의사회
(국제 인도주의 의료 구호 단체)

20
SEED MONEY
20
SEED MONEY
SYRIA CIVIL DEFENSE
하얀 헬멧
(시리아 민간 구조대)

20
SEED MONEY
20
SEED MONEY
Help a child
unicef
유니세프
(유엔 아동기금)

20
SEED MONEY
20
SEED MONEY
MEDECINS SANS FRONTIERES
국경없는의사회
(국제 인도주의 의료 구호 단체)

20
SEED MONEY
20
SEED MONEY
SYRIA CIVIL DEFENSE
하얀 헬멧
(시리아 민간 구조대)

20
SEED MONEY
20
SEED MONEY
Help a child
unicef
유니세프
(유엔 아동기금)

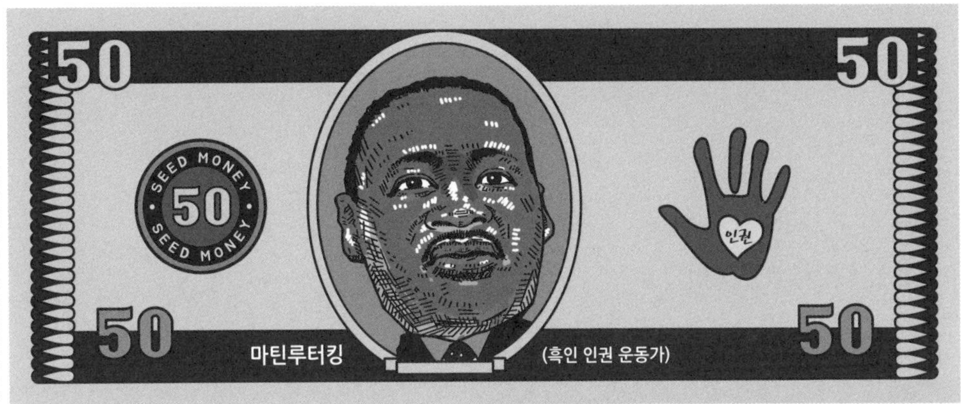
50
50
SEED MONEY
50
SEED MONEY
인권
50
마틴루터킹
(흑인 인권 운동가)
50

50
50
SEED MONEY
50
SEED MONEY
인권
50
마틴루터킹
(흑인 인권 운동가)
50

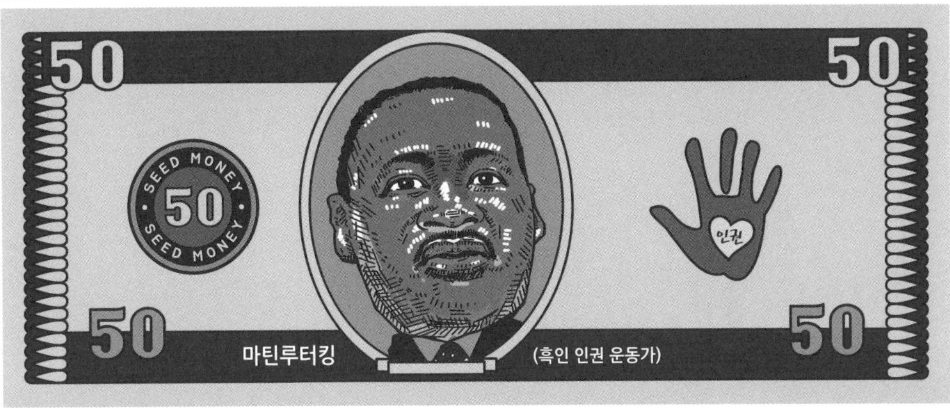
50
50
SEED MONEY
50
SEED MONEY
인권
50
마틴루터킹
(흑인 인권 운동가)
50

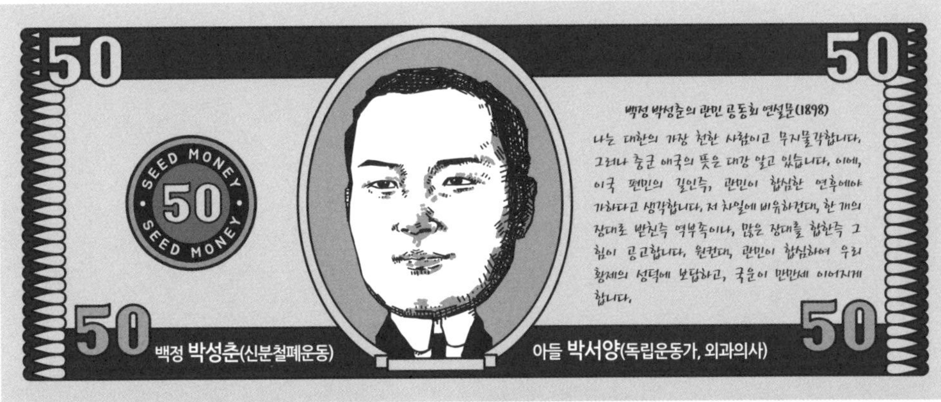
50
50
SEED MONEY
50
SEED MONEY
백정 박성춘의 관민 공동회 연설문(1898)
나는 대한의 가장 천한 사람이고 무지몰각합니다. 그러나 충군 애국의 뜻은 대강 알고 있습니다. 이에, 이국 편민의 길인즉, 관민이 합심한 연후에야 가하다고 생각합니다. 저 차일에 비유하건대, 한 개의 장대로 받친즉 역부족이나, 많은 장대를 합한즉 그 힘이 공고합니다. 원컨대, 관민이 합심하여 우리 황제의 성덕에 보답하고, 국운이 만만세 이어지게 합니다.
50
50
백정 박성춘(신분철폐운동)
아들 박서양(독립운동가, 외과의사)

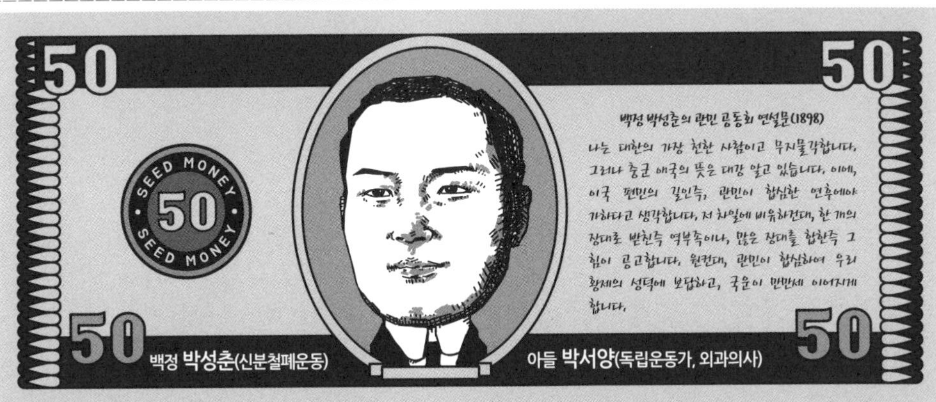
50
50
SEED MONEY
50
SEED MONEY
백정 박성춘의 관민 공동회 연설문(1898)
나는 대한의 가장 천한 사람이고 무지몰각합니다. 그러나 충군 애국의 뜻은 대강 알고 있습니다. 이에, 이국 편민의 길인즉, 관민이 합심한 연후에야 가하다고 생각합니다. 저 차일에 비유하건대, 한 개의 장대로 받친즉 역부족이나, 많은 장대를 합한즉 그 힘이 공고합니다. 원컨대, 관민이 합심하여 우리 황제의 성덕에 보답하고, 국운이 만만세 이어지게 합니다.
50
50
백정 박성춘(신분철폐운동)
아들 박서양(독립운동가, 외과의사)

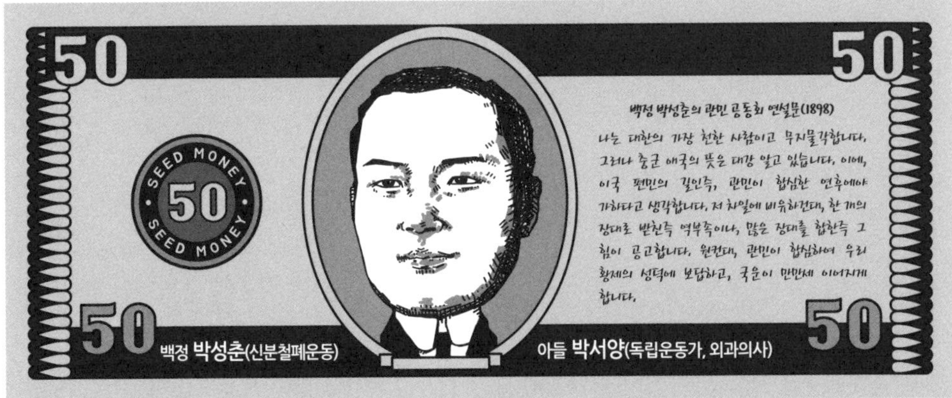
50
50
SEED MONEY
50
SEED MONEY
백정 박성춘의 관민 공동회 연설문(1898)
나는 대한의 가장 천한 사람이고 무지몰각합니다. 그러나 충군 애국의 뜻은 대강 알고 있습니다. 이에, 이국 편민의 길인즉, 관민이 합심한 연후에야 가하다고 생각합니다. 저 차일에 비유하건대, 한 개의 장대로 받친즉 역부족이나, 많은 장대를 합한즉 그 힘이 공고합니다. 원컨대, 관민이 합심하여 우리 황제의 성덕에 보답하고, 국운이 만만세 이어지게 합니다.
50
50
백정 박성춘(신분철폐운동)
아들 박서양(독립운동가, 외과의사)